KB262505

왕의 하루

왕의 하루

지은이_ 이한우
사진_ 권태균

1판 1쇄 발행_ 2012. 11. 27.
1판 9쇄 발행_ 2018. 8. 27.

발행처_ 김영사
발행인_ 고세규

등록번호_ 제406-2003-036호
등록일자_ 1979. 5. 17.

경기도 파주시 문발로 197(문발동) 우편번호 10881
마케팅부 031)955-3100, 편집부 031)955-3200, 팩시밀리 031)955-3111

값은 뒤표지에 있습니다.
ISBN 978-89-349-6069-0 04900

홈페이지 http://www.gimmyoung.com   블로그 blog.naver.com/gybook
페이스북 facebook.com/gybooks   이메일 bestbook@gimmyoung.com

좋은 독자가 좋은 책을 만듭니다.
김영사는 독자 여러분의 의견에 항상 귀 기울이고 있습니다.

실록과 사관이
미처 쓰지 못한 비밀의 역사

왕의 하루

이
한
우

김영사

조선 국왕의 하루,
조선 국왕의 일생

연대기가 역사가 될 수 없고 어떤 인물의 연보가 그의 전기가 될 수 없는 이유는 한 가지다. 연대기나 연보에는 의미가 빠져 있기 때문이다.

의미는 역사 속의 당사자가 부여하는 것이 아니라 역사를 해석하는 후대의 몫이다. 같은 시대, 같은 사건, 같은 인물을 두고서 해석이 달라지는 이유는 결국은 해석자의 의미 부여 방식이 다르기 때문일 것이다.

필자는 전문 역사 연구자는 아니다. 그 대신 《조선왕조실록》 완독을 통해 조선시대에 대한 통각(統覺)을 갖고 있다고 생각한다. 통각이란 통일적인 감각이다. 이런 감각이 있을 때 시대나 사건 그리고 인물에 대한 나름의 근거 있는 의미 부여가 가능해진다. 즉 해석자 개인의 취향이나 호불호(好不好)를 벗어나 역사 자체, 시간 자체가 부여하는 의미에 보다 가까워질 수 있다는 뜻이다.

이번 작업을 하면서 새삼 의미와 통각의 중요성을 절감할 수 있었다. 하루의 의미가 커지고 작아지고는 필자의 선호도와는 무관하게 해당 임금이 처한 상황에 대한 종합적인 검토, 즉 통각에 입각한 입체적인 판단을 통해 결정된다는 것을 알 수 있었다. 그렇기 때문에 기존의 역사 개론서에서 수없이 다룬 사건이나 인물이라 하더라도 새로운 해석의 전망을 확보할 수 있었고 그에 따라 의미 부여 또한 새로움을 가질 수 있었다.

그러면 왜 조선 국왕의 '하루'인가? 그것은 한 시대의 역사를 형성함에 있어 최고의 권력자인 국왕의 영향력이 클 수밖에 없기 때문이다. 예를 들면 1392년 7월 17일 조선이 개국하던 날, 고려의 장수이자 대정객인 이성계의 하루와 건국의 기초를 다진 지략가 정도전의 하루가 같을 수 없다. 게다가 그날 하루, 이성계의 결단과 행동이 미친 영향과 저 시골 농부의 하루 농사일이 같은 의미를 가질 수 없다.

이런 평범한 진리에도 불구하고 조선 국왕의 '하루[一日]'를 통해 조선 국왕의 일생(一生)을 살피고 나아가 조선 500년 역사의 속살을 들여다보려는 기획은 간단치 않았다. 그 '하루'를 어떻게 잡을 때 국왕들의 일생들이 드러나고 동시에 조선사의 내면을 제대로 들여다볼 수 있을까 하는 것은 상당한 난제(難題)일 수밖에 없었다. 그것도 단행본 한 권 분량으로.

그러나 시작이 있으면 끝이 있고 궁하면 통한다고 했던가? 처음에는 막막했던 그림이 하나하나씩 완성되어가면서 '하루'를 통해 '일생'을 살핀다는 기획은 참으로 놀랍다는 새로운 경험을 하게 되었다. 국왕의 하루라고 하지만 그 하루하루가 늘 같을 수는 없다. 특히 임금의 하루는 어떤 사건과 연루되었느냐에 따라 지극히 단조로울 수도 있고 지극히 복합적이고 함축적일 수도 있다. 심지어 하루는커녕, 불과 반나절 동안 일어난 사건이 조선사의 물줄기를 바꿀 수도 있었다. 그래서 국왕의 하루는 대단히 중요하고 의미심장할 수밖에 없다.

이렇게 가닥이 잡힌 후 2001년부터 2007년까지 《조선왕조실록》을 통독한 경험을 바탕으로 필자는 조선 역사를 형성하는 데 있어 결정적인 계기들을 제공한 날들을 추려내는 데 집중했다. 그리고 하루를 추려내는 작업을 진행해갈수록 그 '하루'를 들여다보는 관점도 여러 가지가 가능할 수 있다는 것이 자연스럽게 드러났다.

첫째는 조선이 건국하던 바로 그날, 태조 이성계의 심정을 추체험(追體驗)해본 다음 그 하루를 중심으로 무슨 일이 일어났는지를 살펴보는 방식이다. 이런 식으로 연산군이 회상하는 중종반정 당일의 심정과 폐위에 이르게 된 과정, 광해군이 회상하는 인조반정 당일의 심정과 폐위에 이르게 된 과정, 정조의 최후와 그에 이르게 된 과정 등을 살펴본 것이 1부를 이룬다.

둘째는 신하들과 맞서 정치력을 발휘해야 했던 조선 국왕들의 결단의 하루를 추려내어 그 '하루'들을 생생하게 복원한 다음, 1부와 마찬가지로 그에 이르게 된 과정을 정리했다. 임금을 임금이게 해주는 것은 타고난 이유도 있겠지만, 신하들의 끊임없는 공세를 어떤 식으로건 막아내지 않고서는 왕의 권위를 지속적으로 유지하기 어렵기 때문이다. 이를 통해 우리는 외형적으로는 아무런 일이나 사건이 일어나지 않았던 '하루'들도 실은 그 밑에서 임금과 신하들 간에 끊임없는 권력투쟁이 진행되고 있었다는 점을 간접적으로나마 알 수 있을 것이다.

셋째는 즉위식, 제왕학 수련, 묘호(廟號) 제정, 효와 불효, 국혼(國婚), 등이 이루어지는 현장 속 국왕의 '하루'를 선정하여 면밀하게 살펴본 다음 통사(通史)의 방식을 원용해 모든 임금의 즉위식, 제왕학, 국혼, 묘호 제정 등의 약사(略史)를 정리했다. 이를 통해 조선사, 특히 조선 왕실의 부침을 통시적으로 살피는 시각을 갖게 될 것이다.

출판계의 현황을 볼 때 조선사의 개요와 관련해서는 그동안 어지간한 이슈들은 다 다루었다고 해도 과언이 아니다. 물론 좀 더 세부적으로 들어가면 여전히 전인미답의 영역들이 있겠지만 그것은 전문가들의 영역이고, 일반인들이나 역사 마니아 수준에서 보자면 요즘 같아서는 오히려 흥미 위주의 조선사 관련서들이 너무 많아서 탈일 지경이다.

혹시 이 책이 그런 책 중의 하나를 더하는 것은 아닌지 걱정이 없는 것은 아니다. 그러나 씨줄과 날줄이 교차하는 '하루'에 주목해 조선 역사의 골격을 새롭게 살필 수 있다는 점에서 감히 말하자면 기존에 없었던 작업임을 자부한다. 이를 통해 독자들은 여기서 미처 다루지 못한 인물이나 사건들도 입체적으로 볼 수 있는 안목을 갖게 되리라 믿는다.

이번에 처음으로 김영사 박은주 대표와 인연을 맺게 되었다. 필자에게 '하루' 기획에 참여할 수 있는 기회를 준 박 대표에게 이 자리를 빌어 깊이 감사드린다. 또 다른 작업들 때문에 약속보다 조금 원고가 늦어졌음에도 잘 인내해준 편집자 여러분께도 죄송하고 감사한 마음을 전한다. 늘 그렇지만 가족들의 인내와 희생, 그리고 주변에서 필자의 이야기를 잘 들어주고 쓴소리를 아끼지 않은 많은 분들에게도 미안함과 고마움을 함께 표한다.

2012년 11월

탄주(灘舟) 이한우 쓰다

1
역사를 바꾼
운명의 하루

왕의 하루를 찾아서

◎　왕의 새벽

서구의 중세에서 교회의 종소리가 하루 노동의 일과를 정해주었다면 조선에서 한양 도성의 정상적인 하루 일과는 파루(罷漏)로 시작해 인정(人定)으로 끝이 났다.

종루에 물시계와 함께 큰 종이나 쇠북을 걸어놓고 밤 10시경에 종을 스물여덟 번 쳐서 인정을 알리면 도성의 8문이 닫히고 통행금지가 시작되며, 새벽 4시경인 오경삼점(五更三點)에 종을 서른세 번 쳐서 파루를 알리면 도성의 8문이 열리고 통행금지가 해제됐다.

이 제도가 언제부터 실시된 것인지는 분명치 않지만 학계에서는 태조 이성계가 한양에 도읍하고 도성 구축을 완료한 후부터로 추정한다. 인정에 스물여덟 번의 종을 울리는 것은 우주의 일월성신 28수(宿)에 고하여 밤사이의 안녕을 기원하는 것이고, 파루 때 종을 서른세 번 치는 것은 제석천이 이끄는 하늘의 33천(天)에 고하여 그날 하루의 국태민안을 기원하는 불교적인 의미를 갖고 있다. 인정이 울린 후 도성 안에서는 통행이 금지됐는데 이를 어기는 사람을 범순자(犯巡者)라 했고 이들을 단속하는 사람을 순작군(巡綽軍)이라 했다. 범순자는 경수소에 구금했다가 그 다음 날 위반한 시간에 따라 10도(度), 20도, 30도 등 차등 있게 곤장형을 집행했다.

파루에서 시작해 인정에서 끝나는 일상생활의 규칙은 왕이라고 해서 예외는 아니었다. 오히려 조선의 왕들은 예(禮)의 모범을 보여야 했기에 누구보다 철저하게 파루에서 시작해 인정으로 끝나는 하루의 예를 지키지 않을 수 없었다.

조선의 왕들은 특별한 경우가 아니면 침전에서 파루를 알리는 종소리를 들었다. 경복궁의 침전은 강녕전(康寧殿), 창덕궁의 침전은 대조전(大造殿), 창경궁의 침전은 통명전(通明殿), 경희궁의 침전은 융복전(隆福殿), 덕수궁의 침전은 함녕전(咸寧殿)이었다. 대궐에 따라 왕과 왕비의 침전이 따로 있는 경우도 있었고 통합돼 있는 곳도 있었다.

침전은 왕의 은밀한 공간이자 유일한 '사적 영역'이었다. 즉 침전에서 눈을 떠 침전의 문을 나서기까지는 사사로운 인간으로서의 자유를 비교적 맘껏 누릴 수 있는 시간이었다. 파루와 함께 왕이 일어나는 순간부터 침전 주변 상궁과 궁궐 시녀들은 맡은 바 임무에 따라 정신없이 움직였다. 왕이 기침하는 순간 왕의 방 테두리의 작은 방들에서 숙직을 섰던 지밀상궁들이 들어와서 이부자리를 정리한다. 수라간에서는 왕의 아침 수라 준비로 요란하고 양치와 세수, 옷을 책임진 대전의 차비(差備, 담당자)들은 조금의 실수도 없도록 치밀한 준비를 갖춘다. 이때면 내시들도

왕이나 왕비가 사용했던
이동식 화장실 매화틀

침전 주변에 와서 혹시 있을지 모를 왕의 급명을 기다린다.

왕의 몸을 옥체(玉體), 얼굴을 용안(龍顔)이라고 하듯이 왕의 대변은 모양이 매화를 닮았다고 해서 매화라고 불렀다. 그래서 이동식 변기를 매화틀이라고 불렀다. 때로는 소변을 포함해서 매우(梅雨)틀이라고도 했다. 왕의 소변은 용수(龍水)라 했다. 왕이 매화틀을 사용하고 나면 담당 상궁이 있어 명주로 깨끗이 닦아야 했다.

다음은 양치질. 칫솔이 없던 시절 왕의 치아〔玉齒〕는 어떻게 관리했을까? 제대로 할 수 없었다고 보는 것이 일반적이다.

조선의 세조, 성종, 연산군, 중종, 광해군, 현종은 모두 치통으로 고생했던 왕들이다. 치통은 주로 양치질을 제대로 하지 않아 생긴 충치나 잇몸 염증 때문에 생기는 것이었다. 세조는 1456년(세조 2) 1월 제주도에까지 사람을 보내 '치통을 치료할 수 있는 여의(女醫)'를 물색했고 성종은 1480년(성종 11) 7월 한양을 찾은 명나라 사신에게 부탁해 치통 약을 구해올 것을 명했다가 신하들과 작은 논쟁을 벌여야 했다. 오늘날의 비서실장 격인 도승지 김계창이 '전하의 치통을 다른 나라에서 알게 해서는 안 된다'고 반대했기 때문이다. 최고 통치자의 건강은 예나 지금이나 극비 사항이다. 성종은 짜증을 내며 "옛 기록을 보면 적국에 가서도 의원을 구해오는데 하물며 중국인데 무슨 문제가 된단 말인가?"라고 은근히 사신들에게 물어볼 것을 재촉했다. 당시에는 충치를 제대로 치료할 수 있는 의술이 발달돼 있지 않았기 때문에 왕이라도 고스란히 고통을 당할 수밖에 없었다. 치통을 특히 심하게 앓았던 왕은 중종이었다. 1544년(중종 39) 6월 29일 중종은 승정원에 다음과 같은 명을 내린다.

"나에게 이앓이 증세가 있는데 아픈 이는 빠졌지만 또 다른 이가 아프고 흔들린다. 이 이가 빠지면 음식을 먹기 어려울 것이고, 잇몸도 붓고 진물이 나오는데 약으로 고칠 수 있겠는가?"

지금 우리는 이빨 빠진 왕의 목소리를 듣고 있다. 당시에 새 이를 해 넣었을 리는 만무하기 때문이다. 달리 묘약도 없었을 것이다. 그러나 주상이 명을 내렸는데 의술을 담당하던 내의원에서 그냥 있을 수는 없었다. 내의원을 책임지고 있던 강현은 다음과 같은 처방을 내린다.

"먼저 옥지산으로 양치질을 한 다음 청위산을 복용하고, 뇌아산을 아픈 이 곁에 바르고 피마자 줄기를 아픈 이에 눌러주어야 합니다. 다만 뇌아산에는 양의 정강이뼈를 넣어야 하므로 쉽게 지을 수 있는 것이 아닙니다."

이후 치통에 대한 언급이 나오지 않는 것으로 보면 치료의 성공 여부는 알 수 없지만 적어도 통증은 잡은 것으로 보인다. 옥지산은 전통 의학에서 치통 치료제였고, 청위산은 일종의 해열제였으며, 뇌아산은 아마 고름 제거 약이었을 것이다. 오늘날의 의학 상식으로 보면 충치는 내복약을 복용할 게 아니라 긁어내는 것이 상책이다. 성종 때 제주의 의녀 장덕은 이 분야의 최고 권위자였다. 성종도 집권 초부터 충치로 인한 치통을 심하게 앓았는데 장덕을 통해 큰 효과를 보았다. 1488년(성종 19) 9월 28일 성종은 제주목사 허희에게 글을 내려 장덕이 죽었으니 그를 이어 "이의 벌레를 잘 제거하는 사람이면 남녀를 막론하고 찾아내서 보고할 것”을 지시했다. 이렇게 해서 찾아낸 인물이 제주도에 살던 노비 귀금이었다. 귀금은 장덕으로부터 직접 기술을 전수받았다. 조정에서는 귀금을 한양으로 불러 올려 면천시킨 다음 여의로 임명했다. 그리고 다른 여의 두 명으로 하여금 귀금에게 기술을 익히도록 했다. 하지만 고급 노하우를 쉽게 공개하거나 전수할 바보는 없다. 결국 이것이 문제가 되어 귀금은 성종의 면전에 불려오게 된다. 승정원을 통하지 않고 왕이 직접 노비 출신의 여의를 어전에 불렀다는 것만 봐도 그 기술의 비중을 짐작할 수 있다. 성종은 귀금에게 호통을 친다.

“여의 두 사람으로 하여금 따라다니게 했는데 네가 숨기고 전해주지 않으니 네가 그 이익을 독차지하고자 함이 아니냐? 만약 끝까지 숨기고 가르쳐주지 않는다면 고문을 가하면서 국문을 하겠노라!”

명나라에서 약을 구하려 했을 만큼 치통이라면 이가 갈리는 성종이었으니 분노도 그만큼 컸다. 그러나 귀금은 눈 하나 깜짝하지 않고 이렇게 답했다.

“제가 일곱 살 때부터 이 기술을 배우기 시작하여 열여섯 살이 되어서야 완성했는데, 지금 제가 마음을 다해 가르치지 않는 것이 아니고 그들이 익히지 못할 뿐입니다.”

두 여의가 제대로 배우지 못하는 것이지 자기 잘못은 아니라는 항변이었다. 귀금이 왕 앞에서도 거짓말을 한 것이었는지 아니면 정말로 두 여의의 능력에 문제가 있었던 것인지는 귀금만이 알 뿐이다. 일단 성종은 귀금의 말을 그대로 믿고서 풀어주었다. 그 바람에 그 기술은 제대로 전수되지 못했고 이후에도 많은 왕들이 치통으로 고생해야 했다. 허준도 광해군의 치통은 치료하지 못했다.

흥미롭게도 연산군이 일종의 칫솔을 사용하려 했던 기록이 있다. 연산군도 아버지 성종을 닮아 치아가 좋지 못했다. 중종반정으로 쫓겨나기 6개월쯤 전인 1506년(연산군 12) 2월 28일 그는 이런 전교를 내린다.

"봉상시(奉常寺)의 종 송동을 취홍원으로 차송(借送)하여 양치질하는 나무를 만들어 바치게 하라."

그리고 3월 5일에는 양치목(養齒木)을 만드는 송동의 부역을 모두 감해줄 것을 명한다. 그만큼 양치목 구하는 일을 중시했던 것이다. 양치목은 과연 무엇이었을까? 학설에 따르면 양치질은 양지(楊枝)에서 나왔다는 주장이 있다. 버드나무 가지를 이쑤시개처럼 깎아서 이를 쑤신 다음에 소금물로 행궈내는 것이 양치(養齒)였기 때문이다. 이를 궁중 용어로는 '수부수하시다'고 했다. 이어 용안을 씻는 세수를 했는데 이는 '소세 듭시다'고 했다.

◎　　왕의 문안 인사

수부수와 소세를 마친 왕은 곤룡포를 입고 면류관을 씀으로써 왕으로서의 위엄을 갖춘다. 이제 왕실 어른들에게 문안을 여쭤야 했다. 효의 나라 조선에서는 왕실 어른들에게 문안 인사를 드리는 것 자체가 중요한 행사 중 하나였다.

1401년(태종 1) 1월 14일 문하부(훗날의 의정부) 참찬사 권근이 새로 즉위한 태종 이방원에게 '치도(治道) 6조목'이라는 글을 올리는데 여기에 왕의 문안 인사가 왜 중요한지를 보여주는 내용이 나온다. 첫 번째 조목이다.

첫째는 정성과 효도를 독실하게 하는 것입니다. 신이 들으니, 옛적에 문왕이 세자가 되어 왕계(王季)에게 조알(朝謁)하기를 하루에 세 번씩 했다 합니다. 전하께서 일찍이 동궁에 계실 적에 태상왕(太上王)을 받들어 섬김이 정성과 공경이 갖추어 지극했으니 효도라고 할 수 있지만, 문왕이 세 번 조알한 일에 비교하면 미치지 못함이 있습니다. 이제 왕위에 오르셨으니 만기(萬機)가 지극히 번다하여 날마다 친히 조알하시기는 참으로 어려운 일이옵니다. 그러니 마땅히 매일 세 차례씩 신하를 보내어 수라를 드리고 문안하시옵소서. 그리고 열흘에 한 번씩 친히 나가서 뵈시되, 법가(法駕, 공식 가마)를 갖추지 말고 금위(禁衛, 경호원)만을 거느려서 간편함을 좇으시고 매사에 반드시 정성과 공경을 다하여 마음을 기쁘게 해 드리기에 힘쓰소서. 비록 날마다 정성을 다했더라도 스스로 지극하다 생각지 마시고 반드시 순 임금과 문왕이 어버이 섬기던 것처럼 하시며 상왕을 섬기는 데도 이 도리를 따르소서.

주나라 문왕의 경우 하루에 세 차례 문안을 올렸는데 그 정도는 아니어도 하루에 한 번 정도도 문안을 드려야 한다는 제언이었다. 물론 하루에 한 번도 매번 본인이 하는 것은 아니고 환관이나 승지를 보내도 무방했다.

일반적으로는 왕실 어른에 대한 문안 인사의 경우 대왕대비, 왕대비, 대비 순으로 하는 것이 관례였지만 태종의 경우는 아버지 이성계가 태상왕, 형 정종이 상왕의 자리를 지키고 있었기 때문에 이들에 대해서도 다 문안 인사를 드려야 했다.

어른들에 대한 문안 인사가 끝나면 이번에는 왕자들로부터 문안 인사를 받을 차례였다. 그중에서도 특히 다음 왕위를 잇게 될 나라의 근본〔國本〕, 즉 세자의 문안 인사가 가장 중요했다.

문안 인사를 정성(定省)이라고도 했는데 이는 '밤에는 부모의 이부자리를 정해드리고〔昏定〕 새벽에는 안부를 살핀다〔晨省〕'는 말의 줄임말이다. 세자의 문안 인사도 원칙적으로는 매일 해야 하지만 가장 효심이 깊었던 세자(훗날의 문종)가 연희궁에 머물던 세종을 찾아 문안을 했을 때를 보면 대략 4~6일에 한 번꼴로 문안 인사를 올리고 있다. 그리고 이때의 문안은 정성과는 다른 성격의 문안이었다. 같은 궁궐에 머물 때는 매일 직간접적으로 정성을 행해야 했다. 세자는 밤새 평안함을 살피는 일과 더불어 부왕이 드시게 될 아침 식사, 즉 어선(御膳)의 점검을 행하는 감선(監膳) 혹은 시선(視膳)도 책임져야 했다.

왕실의 상하 문안 인사를 끝낸 왕은 편전에서 조정 대신들의 문안 인사를 받기도 했다. 특히 왕이 환우 중일 때는 통상 정승급이 맡는 약방제조가 승지를 대동하고서 침전으로 와서 간밤의 문안을 점검하기도 했다.

명종은 병약해 젊은 나이에 세상을 떠나게 된다. 1566년(명종 21) 9월 13일 새벽 약방제조의 문안을 받는 명종의 모습을 보자.

약방제조 등이 문안하고 이어서 아뢰기를

"어제 의관에게 전교하신 말을 삼가 보고 황공함을 견디지 못했습니다. 의가의 방술은 병근을 살피는 것이 근본이 되고 약만을 제조하는 것은 말단이 됩니다. 신들은 모두 보잘것없는 위인으로서 의약(醫藥)의 이치는 알지 못하고 한갓 의관의 입에만 의지할 뿐이므로 본말의 선후를 까맣게 모르니 직무를 이행치 못한 죄가 너무도 심합니다. 대죄(待罪)합니다"

하니 답하기를

"나는 약질로 본디 심열이 있어 병이 잦은 듯하다. 10여 년 이래로 더욱 더한 것 같다. 계해년에 세자를 잃고 매우 상심한 나머지 또 큰 상사를 만나 지금 한없이 슬퍼하는 중에 있으며 족통이 있은 지 거의 1년이 되니 심열이 자연 없을 수 없다. 또한 건장한 왕과 같지 않아 근년에 심열이 더 발생한다. 지난 가을 큰 병을 치른 후로는 정신이 반은 상실되어 마음이 심란하다. 그러나 종묘사직의 중대함을 위하여 마음을 동요치 않고 안정을 취하여 열을 가시게 하려 하고 의관도 매번 마음을 안정시키기를 청한다. 그런데 인심이 불순하여 말을 삼가지 않으므로 불안정함을 면치 못하니 어느 때에 심열이 멈추겠는가? 약방은 매번 약물을 올리고 한 번도 행실을 삼가는 사람을 택할 일을 청하지 않았기 때문에 어제 우연히 의관에게 말했던 것이다. 나처럼 불민한 왕이 조정의 일에 대해 무슨 말을 하겠는가? 내시 중에 삼가지 않는 자를 계속 치죄하는데 과연 죄와 법이 서로 맞게 다스려지고 있는지 모르겠다. 경들은 말세에 끌리지 말고 더욱 소임에 신중을 기하라. 개개인이 언행을 조신한다면 심열도 점점 가실 것이다. 대죄하지 말라" 했다.

병에 차도를 보이지 않던 명종은 전날 의관에게 다음과 같이 말했다.
"국가가 내의원을 설립한 목적은 문안만 하도록 하기 위한 것이 아니다. 그리고 왕의 병을 치료하는 데도 한갓 약물만 올려서는 안 되는데 제조는 간혹 문안은 하지만 병을 치료하는 근본은 알지 못하고, 의관은 날마다 들어와 약물만 들도록 청하면서 병을 치료하는 방법은 알지 못하니

  | 왕의 하루 |

말세의 일이 이와 같다. 의관은 마땅히 삼가라."

이 말을 전해들은 약방제조는 자신도 지적됐기 때문에 죄를 청했던 것이다. 상황에 따라서는 문안이 이처럼 목이 달아날 수 있는 긴박한 사안일 때도 있었다.

◎　**왕의 조회와 경연**

문안 인사를 마친 왕은 편전으로 나아간다. 아침에 이뤄지는 경연, 즉 조강(朝講)을 위해서다. 경복궁의 경우 사정전이 편전이고 창덕궁은 선정전이 편전이었다.

《홍문관지》에 따르면 조강은 평명(平明, 해 뜰 무렵), 주강(晝講)은 오정(午正), 석강(夕講)은 미정(未正, 2시 전후)에 행하도록 되어 있었다. 그러나 조강은 비교적 정확하게 지켜졌지만 주강과 석강은 때에 따라 바뀌었다.

경연은 엄격한 절차를 따라 진행됐다. 조선 개국 직후인 1392년 7월 28일 제정된 문무백관의 관제에 따르면 경연을 담당하는 관리는 다음과 같았다.

> 경연관은 경서와 역사서를 진강(進講)함을 관장하는데, 영사(領事) 1명은 시중(侍中, 정승) 이상이고, 지사(知事) 2명은 정2품이고, 동지사(同知事) 2명은 종2품이고, 참찬관(參贊官) 5명은 정3품이고, 강독관(講讀官) 4명은 종3품이고, 검토관(檢討官) 2명은 정4품이고, 부검토관(副檢討官)은 정5품이고, 서리(書吏)는 7품이다.

이후 간관들은 태조에게 매일 한 번은 경연을 열 것을 주청했지만 당시 이성계는 나이가 많았기 때문에 하루 한 번의 경연도 힘들어했다. 경연을 싫어한 점은 이방원 또한 마찬가지였다. 다만 이방원은 그 이유가 "이미 나는 공부가 되어 있어서"였다는 점에서 아버지 이성계와는 차이가 있었다.

상왕인 아버지가 지켜보는 가운데 4년간 왕에 재위했던 세종의 경연은 엄격할 수밖에 없다. 경연 참석 자체가 왕의 자질을 점검하는 중요한 기준 중 하나였기 때문이다.

세종은 즉위 직후부터 경연에 참석하여 송나라 진덕수의 《대학연의(大學衍義)》를 배웠는데 거의 매일 경연을 열어 제왕학을 익혀나갔다. 주요 정사는 상왕이 주관하고 있었기 때문에 세종은 제왕학 습득에만 전념했다. 1418년(세종 즉위년) 11월 29일 세종의 경연 장면을 잠깐 살펴보자.

경연에 나아가 《대학연의》를 강하다가 우문사급(宇文士及)이 (당나라의) 태종을 모시고 곁에서 탄복해 칭찬했다는 말에 이르러 왕이 말하기를

"예로부터 간사하고 아첨하는 신하가 왕에게 아양을 부리는 형상이 이와 같았지만 그 신명(身命)을 끝까지 보전한 자가 없었다"

라고 하니 정초가 아뢰기를

"서책을 통해 충신과 간신을 분별하는 것은 비록 신과 같은 혼몽(昏蒙)한 사람도 알 수 있사오니, 임금이 먼저 마음을 바로잡아 근원이 맑고 깨끗해야 사람들의 진실과 허위에 환하여 어둡지 않을 것입니다. 한갓 문자로써 신하의 간사하고 아첨함을 살피는 일은 예로부터 있지 않습니다"고 하니 왕이 "알겠다"고 말했다.

역사서에서 충신과 간신이 분류된 상태에서 책을 읽으면 충신과 간신을 구분해내는 것이 쉬운 듯해도 정작 현실에서는 쉽지 않은 일이라고 정초가 지적하자 세종이 허심탄회하게 받아들이고 있는 것이다.

대부분의 경연에서는 학문적 토론에만 그치지 않고 당면한 과제들도 다양하게 다루고 논의했다.

한 시간 정도 진행되는 조강이 끝나면 왕은 본격적인 국정 집행에 앞서 주요 신하들을 접견하는 조회를 연다. 조강이 이론이었다면 조회는 본격적인 실천을 위한 몸 풀기라고 할 수 있다. 조회는 조선 초부터 그 중요성이 강조됐다. 1395년(태조 4) 11월 28일 간관 이정견(李廷堅) 등이 상서(上書)한 내용이다.

대개 왕은 깊은 궁궐 속에서 팔짱만 높이 끼고 있어서 여러 가지 작은 일을 알지 못하므로, 반드시 누군가를 인견(引見)하고 물어보아서 득실을 알게 된 뒤에야 민정(民情)이 막히지 않고 정사에 잘못이 없을 것입니다. 우리 조정에서 한 달에 6번씩 조회하는 법은 한갓 신하들의 조알만 받으려 하는 것이 아니라 조정의 정사를 들어 결정하려는 것입니다. 전하께서 매 아일((衙日, 조회날)마다 예로써 대신을 접하시고 치도를 강론하심은 참으로 정사하는 요긴한 일이라 할 수 있습니다.

그러나 이성계는 이 상소를 받아들이지 않았고 정종이나 태종 또한 고려의 관례를 들어 조회를 등한시했다. 그런 점에서 앞서 보았던 권근의 '치도 6조목' 중 두 번째 항목을 참고할 필요가 있다. 고려와 조선의 차이를 드러내 보여주기 때문이다.

둘째는 청정(聽政)을 부지런히 하는 것입니다. 예전에 어진 왕이 매일 새벽에 조정에 앉아 정사를 들었는데, 진나라 이세(二世)가 궁궐 깊은 곳에서 환관으로 하여금 명령을 전하게 했고 수나라 양제가 닷새에 한 번 조회를 보았으니 이것이 모두 나라를 망치는 정사입니다. 고려 말년에 이 법을 준용(遵用)해 닷새에 한 번씩 조회하면서 이것을 아일이라고 했습니다. 궁중에서 나오지 않고 멀리서 조례를 받거나 혹은 예(禮)만 받고 정사는 듣지 않으며 혹은 예까지 아울러 폐했습니다. 이에 이름만 있고 실상은 없이 날로 해이해져 나라를 잃는 데에 이르렀으니, 이는 은나라의 사례를 거울로 삼아야 할 것입니다. 조선이 개국해 세 성군(聖君)께서 잇달아 일어났지만 이 폐법(弊法)은 오히려 전철을 밟고 있으니 참으로 한스러운 일입니다.

이런 우여곡절을 거친 후 세종 때가 되어서야 조회는 비로소 자리를 잡게 된다. 조회를 아침에 한다고 해서 조참(朝參)이라고도 했고 매일 행해진다고 해서 상참(常參)이라고도 했다. 내용 면에서는 차이가 있다. 조참은 매 아일에 받는 조회를 말하는 것으로 문무백관이 모두 모이는 대조회를 말하며 당상관 이상이 매일 열던 소규모의 조회를 상참이라 했다.

◎　　**왕의 수라**

왕이 조강과 조회를 하는 동안 왕의 아침 식사를 책임지는 소주방, 수라간 등은 정신없이 바쁘게 돌아간다.

왕과 왕비 및 대궐 내 주요 인사
들의 식사를 책임지던 관아는 사용
원(司饔院)이었다. 사용원은 그 중요
성 때문에 이조 소속이었고 정승급
이 도제조를 맡았다.

왕의 밥상은 수라상이라 불렀다.
수라는 고려 말 몽골에서 온 말로
본다. 수라상의 내용은 《한국민족
문화대백과》를 참조한다.

수라상은 소주방(대궐 안의 음식
만드는 곳)에서 주방상궁이 차린
다. 탕약을 드리는 날을 제외하
고는 아침 수라 전에 미음이나
무리죽을 먼저 올린다. 그런 다
음에 상전에서 아침 수라 올리는

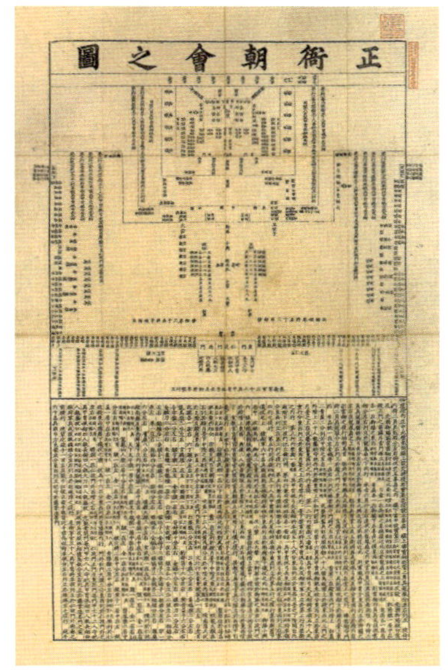

정아조회지도(正衙朝會之圖). 조정에서
조회를 할 때 문무백관들과 의장물의 위
치를 문자만을 사용하여 도표식으로 표
현한 그림. 조선 왕의 통치 체제를 확립
하려는 목적으로 제작됐다. 목판본, 전체
길이 135.5×89.0cm, 1778년경, 규장각
소장

시각을 알려오면 거기에 맞추어 아침 수라를 대령한다.

수라상을 차릴 때에는 대원반, 곁반, 책상반 등 모두 3개의 상을 쓴다.
각 상에 올리는 내용물은 대원반의 경우는 은수저 1벌, 은입사시 1벌,
흰밥, 미역국, 간장류, 김치류, 찬품류, 토구 등이며, 곁반의 경우 기미
용 은입사시 1벌, 금테를 한 상아저 1벌, 팥밥, 곰국, 찬품류, 빈 그릇 1
개, 빈 접시 2개, 냉수 대접(여름에는 사기대접, 겨울에는 은대접) 등이다.
또한 책상반에는 퇴선간에서 끓인 조치, 전골, 찜과 더운 음식을 받았다

가 원반으로 올린다.

이 밖에 냉수 주전자, 숭늉 주전자, 빈 접시 1개, 휘건(고운 목아사나 고운 무명), 첩 뚜껑, 행주, 가위 등을 올린다.

수라상은 기본 음식 외에 열두 가지 찬품이 올려지는 12첩반상을 원칙으로 한다. 그러나 그 이상이어도 상관이 없으며 찬물의 내용은 계절에 따라 바뀐다. 수라상에 올리는 기본 음식과 열두 가지 반찬은 다음과 같다.

기본음식 : 밥(흰밥, 팥밥), 국(미역국, 곰국), 김치(섞박지, 깍두기, 동치미), 장(초간장, 초고추장, 겨자즙), 조치(젓국조치, 고추장조치), 찜(갈비찜), 전골 등이다.

반찬 : 숙채(애호박나물, 숙주나물, 도라지나물 등 삼색나물), 생채(무생채), 구이(너비아니구이, 생선구이), 조림(조기조림, 사태장조림), 전(민어전, 뒤쌈), 적(송이산적, 사슬적), 자반(북어무침, 장똑도기, 대구포, 어란, 장포육), 젓갈(새우젓), 회(육회, 민어회), 편육, 장과(삼합장과, 오이통장과), 별찬(육회, 어회, 어채, 수란) 등이다.

수라상이 완전히 준비되면 방으로 가져간다. 대원반은 남에서 북으로 향해 놓고, 곁반은 수라상의 동편에 약간 떨어져 나란히 놓으며, 책상반은 원반과 곁반 사이의 앞쪽에 기미상궁을 마주보도록 놓는다. 수라상을 방에다 준비한 다음에는 왕을 모시고 들어온다.

왕이 좌정하면 은쟁반에 받쳐진 찬품 단자를 들여와 왕에게 보이고 내어간다. 이어 왕이 사용할 수저를 냉수 대접에 한 번 헹구어 행주에 닦아 바친다. 그러면 곁반과 책상반 옆에 앉아 있는 기미상궁이 기미를 하고, 수라상궁의 시중을 받으며 왕이 음식을 들기 시작한다.

　　왕이 수라를 드는 동안에는 그날의 번인 3명의 궁녀가 책상반 위쪽에
일렬횡대로 양수거지(兩手据地) 하고 앉아 지켜본다.

　　왕의 수라는 당연히 전국 8도에서 온 특산물로 진수성찬을 준비했다.
다만 가뭄이나 홍수 같은 천재지변이 있을 때는 음식의 가짓수를 줄이는
감선(減膳)을 했고 국상이 났을 때는 고기를 제외한 나물류 중심의 소선
(素膳)을 했다. 감선을 하다가 원래의 어선으로 돌아가는 것은 복선(復膳)
이라고 했다. 성종의 경우에는 가뭄이 계속될 때 반찬을 물리고 그냥 맨
밥에 물을 말아서 먹기도 했다. 이를 수반(水飯)이라 했다.

　　이렇게 정성껏 준비된 수라를 왕이 들게 되는 시간은 대략 오전 10시
경이었다. 기침하자마자 초조반(初早飯)
이라 해서 간단한 죽을 먹기 때문에 이
때까지 견딜 수 있었을 것이다. 왕들이
좋아하던 죽 중에는 타락죽(駝酪粥)이 있
었는데《영조실록》에 이와 관련된 언급
이 나온다. 1753년(영조 29) 7월 9일 영
조는 내의원에게 더 이상 타락죽을 올리
지 말라며 이렇게 명한다.

　　"다섯 주발의 타락죽을 위하여 열여
덟 마리의 송아지가 젖을 굶게 하는 것
은 어진 정치가 아니다."

　　그만큼 타락죽은 귀한 음식이었다.

수라간의 현판. 수라는 원래 몽골
어로서 탕미(湯味)를 뜻한다.

수라를 마치면 정사를 보기 시작한다. 우선 편전에서 오늘날의 비서실에 해당하는 승정원의 업무 보고를 받는다. 승정원은 줄곧 6승지 체제를 유지했다. 도승지를 정점으로 좌승지, 우승지, 좌부승지, 우부승지, 동부승지가 있었고 이들은 각기 6조에 상응하여 업무를 분장하고 있었다. 통상적으로는 도승지는 이방, 좌승지는 호방, 우승지는 예방, 좌부승지는 병방, 우부승지는 형방, 동부승지는 공방을 맡았다.

조선이 탄생했을 때는 승정원이 없었고 중추부 내에 왕명 출납을 맡는 기구가 있다가 승추부를 거쳐 승정원으로 발전했다. 그리고 세종 때까지만 해도 승지라 하지 않고 고려의 유습을 따라 대언(代言)이라 하고 도승지는 지신사(知申事)라고 했다. 그런데 세종이 "신(申)에는 상하를 오간다는 뜻이 있지만 승지(承旨)는 오직 왕의 명을 아래로 내리는 것"이라 하여 도승지와 승지로 명칭을 바꿨다. 이 일에서 세종의 왕권 강화에 대한 의지를 엿볼 수 있다.

승지들은 맡은 분야에 따라 그날의 주요 국사와 전국에서 올라온 공문서들 중에서 간추린 것들만 보고하고 왕은 대부분 "그리 하라〔允〕"고만 했다.

그러나 사안이 중요하거나 주요 인물이 올린 상소의 경우에는 반드시 왕에게 올려야 했다. 이 순간이 대단히 중요하다. 반드시 알려야 하는데 묵살했다가 승지의 목이 날아가기도 하고 승지가 올린 상소로 인해 큰 필화가 생겨나기도 했기 때문이다.

이 때문에 승지는 6승지 모두가 정3품 당상관으로 엘리트 중에서도 엘리트만으로 엄선했다. 승지 자리는 훗날 판서를 거쳐 정승으로 가는 출세의 지름길이었다.

이어 핵심 국정을 삼정승 육판서들과 논의하게 되는데 우리가 사극에서 보듯이 정전에서 거창하게 진행하는 경우는 드물었다. 특히 보안이 요구되거나 파급력이 큰 현안일수록 왕이 극소수의 정승이나 판서들과만 의논하는 경우가 많았고, 국가 대사의 경우에는 전직 정승과 판서들을 불러들이는 등 일정한 양식은 없었다. 심지어 낮에 술을 먹는 경우도 있었다. 특히 세조의 정치는 '주석(酒席) 정치'로 불릴 만큼 늘 술이 함께했다. 그리고 종종 왕실 종친들을 불러 민원 사항을 듣고 술자리를 베풀면서 활쏘기도 하고 주연도 베풀었다.

이어서 점심을 먹거나, 주강을 열어 다시 신하들과 책을 읽다가 현안을 토의하거나, 책에 등장하는 인물이나 사건을 평하면서 각 신하들의 의견을 두루 듣기도 했다. 조선 중기 이후로 갈수록 권한이 점점 비변사를 비롯한 신하들의 손에 넘어갔기 때문에 실제로 왕이 국정에 쏟는 시간은 많지 않았다고 할 수 있다.

◎　　**왕의 밤 생활**

통상적으로 5시 무렵이면 왕으로서의 공식적인 일과는 끝이 난다. 조정 대신들도 승정원 당직 승지를 제외하고는 모두 퇴근을 한다. 이때부터 왕은 자신만의 생활을 가질 수 있다. 이때부터는 사관의 시야에서도 벗어나기 때문에 실록은 이때의 일을 기록하고 있지 않다. 아니, 기록할 수가 없었다.

왕의 사생활은 침전을 중심으로 이뤄진다. 경복궁의 침전은 강녕전이고 그 이름은 정도전이 지었다. 왜 이런 이름을 지었는지를 통해 왕의 사생활이 어떠해야 하는지에 대한 시각을 조금이나마 엿볼 수 있다.

《서경》 홍범구주(洪範九疇)의 오복(五福) 중 셋째가 강녕(康寧)입니다. 왕이 마음을 바르게 하고 덕을 닦아 황극(皇極)을 세우게 되면 오복을 향유할 수 있으니, 강녕이란 것은 오복 중 하나이며 그 중간을 들어서 남은 것을 다 차지하려는 것입니다. 그러나 마음을 바르게 하고 덕을 닦는다는 것은 여러 사람들이 함께 보는 곳에 있는 것이며, 역시 애써야 되는 것입니다. 한가하고 편안하게 혼자 거처할 때는 너무 안일한 데에 지나쳐 경계하는 마음이 번번이 게으른 데 이를 것입니다. 마음이 바르지 못한 바가 있고 덕이 닦이지 못한 바가 있으면 황극이 세워지지 않고 오복이 이지러질 것입니다. 옛날 위(衛)나라 무공(武公)이 스스로 경계한 시에 "네가 군자와 벗하는 것을 보니 너의 얼굴을 상냥하고 부드럽게 하고 잘못이 있을까 삼가는구나. 너의 방에 있는 것을 보니 다른 사람이 보지 않는 곳에서도 부끄러움이 없도록 하는구나" 했습니다. 무공의 경계하고 근신함이 이러하므로 구십을 넘어 향수(享壽)했으니, 황극을 세우고 오복을 누린 것의 밝은 징험이옵니다. 공부를 쌓는 것은 원래 한가하고 아무도 없는 혼자 있는 데서 시작되는 것입니다. 원컨대 전하께서 무공의 시를 본받아 안일한 것을 경계하고, 공경하고 두려워하는 마음을 두어 황극의 복을 누리시면, 성자신손(聖子神孫)이 계승돼 천만대를 전할 것입니다. 그래서 연침(燕寢)을 강녕전이라 했습니다.

여기서 핵심은 "다른 사람이 보지 않는 곳에서도 부끄러움이 없도록 하는구나"이다. 그러나 그것은 유교적 이상일 뿐 왕도 사람이었다.

침전은 우물 정(井)자 모양을 하고서 가운데 왕이 자는 방 주변에 8개의 방이 있었다. 합방(合房)은 통상적으로 왕이 왕비나 후궁의 침전이나 침소로 찾아가는 방식으로 이뤄졌다. 다만 궁녀들의 경우에는 제조상궁이 인도해 왕의 침전을 찾았던 것으로 봐야 한다. 영조의 친모 최씨도 그런 경우다. 이렇게 왕의 하루도 여느 서민들이나 다를 바 없이 저물어갔을 것이다. 그리고 이 시간대에 이루어진 역사 또한 만만치 않았을 것이다. 그러나 아쉽게도 밤의 기록이 없기에 더 이상의 추적은 불가능하다. 그리고 왕은 다시 새로운 하루를 맞았다.

1

역사를 바꾼

운명의 하루

조선의 첫날이 열리다, 태조 이성계의 하루

◎ **어느 변방 무장의 고백**

보잘것없는 고려의 일개 무장에 불과했던 내가 고려 왕조의 성(姓)을 갈고서 조선이라는 새로운 나라를 세우게 될 줄을 그 누가 알았겠는가? 글자는 겨우 깨쳤으나 공맹의 가르침을 체계적으로 배운 바 없고 조정의 정치를 곁에서 살핀 적은 있지만 정치는 애당초 나의 관심 밖이었다. 다만 국왕 이하 조정 신하들의 문란한 행태로 인해 수많은 백성들이 말할 수 없는 고초를 겪고 있고, 특히 수시로 침범하는 왜구들로 인해 해안가 백성들은 농사는커녕 잠도 제대로 이룰 수 없는 지경으로 떨어진 나라 사정에 대해, 공직의 한 자리를 차지하고 있는 사람으로서 말할 수 없이 큰 공분을 느꼈던 것은 사실이다.

역사가라는 사람들은 내가 1388년(우왕 14) 5월 요동 정벌에 나섰다가 압록강 하구에 있는 위화도에서 회군한 사실을 들어 그때 이미 새로운 나라를 세우려 했다는 식의 주장을 한다고 들었다. 한마디로 터무니없는 일이다.

나는 1392년 7월 17일 조선이 개국하던 날까지도 고려의 중흥을 기대했던 사람이다. 물론 위화도회군 이후 4년 동안 고려 말의 정치 상황을 뒤돌아보면 어떤 계획을 갖고서 우왕과 창왕과 공양왕을 적기에 내쫓은 듯이 보이지만, 그 또한 역사의 실상과 부합하지 않는다. 우왕이나 창왕은 끊임없이 나를 향해 반격을 시도했고 선정이나 나라의 재건에는 관심이 없었다. 그 세 사람 중에서 단 한 명이라도 임금으로서의 위엄을 갖추고서 신하들을 다스리고 백성들을 사랑했다면, 나는 결코 조선의 창건자, 건국 영웅이라는 과분하고 두려운 자리의 근처에도 가지 못했을 것이다.

나의 속마음은 조선이 개국하던 날에도 그대로 표출되지 않았던가? 개국 닷새 전인 7월 12일 공양왕이 우리 집을 찾아와 술을 한잔했다. 몇 잔 술이 들어가니 공양왕이 제안을 해왔다. 자신의 왕위만 지켜주면 모든 권력과 권한은 나에게 넘겨주겠다고. 그러나 나는 그 제안을 받아들일 수 없었다. 오히려 나의 바람은 신하에게 그 같은 거래를 하지 않고 당당하게 왕의 자리를 지켜주는 것이었다. 이 때문에 공양왕의 제안을 거절한 것이지 왕위까지 넘겨주지 않아 거절한 것은 결코 아니다.

기록에도 나오지만 내가 공양왕과 술을 마시고 있던 그 시각, 문하시중(고려의 영의정) 배극렴이 왕대비를 찾아가 공양왕의 폐위를 건의했다. 나는 뒤늦게 전해들었고 당연히 사전에 의논한 바는 없었다.

그에 앞서 4월 4일 나의 못난 아들 방원이가 정몽주를 살해한 것도 내 뜻과는 전혀 무관했다. 방원이가 우리 집을 방문하고 돌아가는 정몽주

를 당장 처단하자고 했을 때 나는 절대로 안 된다고 했다. 그런데 아들
놈이 자기 수하들을 거느리고 임의대로 정몽주를 죽여버렸던 것이다.
그것은 평생 전장에서 살아온 나의 인생관에도 반하는 짓이다. 정 죽이
려면 당당하게 했어야지 그렇게 야밤에 강도 짓 하듯 사람을 죽여서는
안 되는 것이다. 그 일로 인해 내가 방원이를 멀리했다는 사실은 잘 알
터이다.

공양왕이 나를 찾아오게 된 것도 자신을 지켜줄 정몽주 같은 인물이
더 이상 없음을 뒤늦게 인지하고서였다. 그러나 나는 공양왕의 개과천
선, 대오각성을 기대했지 내가 그 자리를 차지한다는 생각은 결코 하지
않았다.

그런데 일은 나의 뜻과 상관없이 굴러가고 있었다. 그것은 시대의 흐
름이지 내 의지의 산물은 아니다. 누가 하늘의 뜻과 백성의 바람을 이길
수 있단 말인가?

7월 13일, 왕대비는 배극렴의 건의를 받아들여 공양왕을 폐하여 원주
로 내려보내고 불초한 나를 감록국사(監錄國事)에 임명하는 교서를 발표
했다. 감록국사는 일종의 임시 국왕이라고 할 수 있다. 당시 모든 권력은
나에게 있었다. 왕대비까지 수용한 마당에 마음만 먹으면 당장 왕위에
오를 수 있었다. 그러나 나는 그렇게 하지 않았다. 몇몇이 찾아와 왕위에
오를 것을 강권했지만 강력하게 거부했다. 형식적인 사양이 아니었다.

그렇게 사흘이 흘렀다. 16일 아침 배극렴, 조준, 정도전, 남은 등 일찍
부터 내 세력이 되어준 사람들은 물론이고 모든 조정 대신들이 우리 집
앞에 몰려왔다. 그들 중에 누군가는 왕대비가 내어준 국새까지 받들고
있었다. 나는 하인들에게 문을 닫아걸고 절대 열어주지 말라는 엄명을

조선 건국의 영웅 태조 이성계의 어진. 조선 왕의 전신상으로는 유일한 자료로서 조선 초기 선묘 위주의 초상화 기법이 잘 드러나 있다. 150×218cm, 경기전 소장

내렸다. 그날 저녁 무렵 배극렴을 비롯한 몇몇이 마침내 문을 밀치고 들어와 내 앞에 국새를 내놓았다. 그때의 두려움과 떨림은 지금도 잊을 수 없다. 어찌 감히 일개 무인 따위가 국새의 책임자가 될 수 있단 말인가? 밤늦게까지 언쟁과 논박이 오갔다. 그때 내가 할 수 있는 말은 딱 한 가지뿐이었다.

"예로부터 제왕의 일어남은 천명이 있지 않으면 안 된다. 나는 실로 덕이 없는 사람인데 어찌 감히 이를 감당하겠는가?"

그러나 그들의 간절한 바람을 외면할 수도 없었다. 고려의 왕실은 이미 쇠망했고 내가 고려의 왕위에 오를 수도 없는 형편이었다. 밤을 꼬박 새우며 고민에 고민을 거듭했고 마침내 결심했다.

'나야 못난 사람이지만 저 훌륭하고 뜻이 곧은 인재들이 있지 않은가? 저들이 도와줄 것이다. 나에게 주어진 운명을 피하지 말자.'

그리고 다음 날 나는 마지못해 수창궁에 나아가서 왕위에 올랐지만 그날도 나는 어좌에 앉을 수가 없어 줄곧 기둥 옆에 서서 백관들의 하례를 받았다. 형식적인 사양이 아니라 내 본심이 그러했다. 끝으로 그날 내가 왕위에 올라 했던 말을 꼭 기억해주기 바란다.

"내가 과거에 수상(首相, 문하시중)이 되었을 때도 오히려 두려워하는 생각을 가지고 항상 직책을 다하지 못할까 걱정했는데, 어찌 오늘날 이런 일을 보게 될 것이라 생각이나 했겠는가? 내가 만약 몸만 건강하다면 필마(匹馬)로도 피할 수 있지만 마침 지금은 병에 걸려 손발을 제대로 쓸 수 없는데 이 지경에 이르렀으니, 경들은 마땅히 각자가 마음과 힘을 합하여 덕이 적은 사람을 보좌하라."

해동(海東)은 고려나 조선이다. 육룡(六龍)이란 이성계의 고조부부터 아버지까지 4대를 임금으로 추존하면서 태조와 태종을 함께 일컫는 말이다. 제2대 조선 국왕인 정종은 계통에서 제외했다. 태종이 정종을 사실상 국왕으로 인정하지 않으려 했기 때문이다.

이성계의 고조부 목조(穆祖), 증조부 익조(翼祖), 조부 도조(度祖), 아버지 환조(桓祖), 그리고 태조 이성계와 태종 이방원을 함께 일컬어 '해동육룡'이다.

고조부 목조의 이름은 이안사(李安社, ?~1274〔고려 원종 15〕)로서 사는 곳은 전라도 전주였고 아버지 이양무의 묘는 강원도 삼척에 자리하고 있다. 이안사의 집안은 대대로 무신을 배출한 전형적인 무인 집안이었다.

《태조실록》에 따르면 이안사는 무인 집안 출신답게 "성품이 호방하여 사방(四方)을 경략할 뜻이 있었다"고 한다. 용맹과 지략이 남보다 뛰어났던 20대의 청년 이안사는 관기(官妓)와의 염문으로 전주의 수령과 갈등을 빚었다. 이는 관기를 건드릴 수 있을 만큼 이안사의 집안이 만만찮은 토호였다는 뜻이기도 하다.

주관(州官)이 중앙 조정의 힘을 빌려 군사로 자신을 도모하려 한다는 것을 알게 된 이안사는 강릉도 삼척현으로 이주했다. 이때 이안사를 따라간 백성의 수가 170여 호나 되었다고 한다. 대략 1,000여 명이 따라간 것이다. 이 무렵 고려 전 해안은 왜구로부터 고통을 받고 있었고 삼척이라고 예외가 아니었다. 이안사는 그곳에서 배 15척을 만들어 왜구를 막아냈고, 야굴대왕이라는 몽골 장수가 침략했을 때는 인근의 두타산성을 터전으로 맞서 싸우기도 했다. 그런데 마침 자신과 충돌을 빚었던 주관이 강릉도안렴사가 되어 삼척으로 온다는 소식이 전해졌다. 안렴사란 조선의 관찰사와 비슷한 순회 보직이었다. 고려 때는 지방에 대한 중앙의 통제력이 약하고 안렴사의 권한은 막강했기 때문에 이안사는 불미스러운 조우를 피해 삼척을 떠나지 않을 수 없었다.

이안사는 자신을 따르는 백성 170여 호를 거느리고 배를 타고 북상하여 동북면 의주(宜州, 지금의 덕원)로 옮겨갔다. 이곳에서도 이안사가 특유의 리더십을 발휘해 세력을 얻게 되자 고려 조정은 그를 의주병마사(지역 사령관)에 임명해 인근 고원 지역을 방어하는 책임을 맡겼다. 그러나 얼마 후 원나라의 세력이 강해지자 이안사는 약 1,000호를 거느리고 산길대왕이라는 몽골 장수에게 투항했고, '다루가치(達魯花赤)'라는 원나라 관직을 받아 요동 지역 오동(斡東)으로 옮겨간다. 이때가 1254년(고려 고종 41)이었다.

이에 대해서는 약간의 보충 설명이 필요하다. 당시 동북면으로 침입하는 몽골군에 맞서 싸우던 동북면병마사 신집평의 무리한 작전이 주민들의 반감을 사서 여의치 않게 되자, 용진현 사람 조휘(趙暉)와 정주 사람 탁청은 신집평을 살해한 후 몽골에 투항했다. 몽골은 화주에 쌍성총관부를 설치하고 조휘를 총관, 탁청을 천호(千戶)로 삼았다. 그 바람에 이안사가 터를 잡고 있던 의주는 쌍성총관부에 예속됐고, 이안사와 그가 거느린 유리민(遊離民) 집단은 원나라의 개원로(開元路, 지금의 중국 길림성과 요녕 남부 지역)에 편입되면서 원나라 장수 산길의 휘하에 속하게 되었다. 산길의 회유를 받아들인 이안사는 고려를 배반하고 천호를 거느린 수장이 되어 여진족까지 다스리면서 오동에서 여생을 마친다. 그가 세상을 떠난 해는 1274년(고려 원종 15)이었다.

◎ **이행리와 이선래, 원과 고려 사이에서**

이안사에게는 6명의 아들이 있었는데 그중 넷째 아들이 훗날 '익조'로 추존받은 이행리(李行里, 생몰년 미상)다. 이안사가 죽자 이행리는 이듬해 3월 '천호 및 다루가치'라는 아버지의 관직을 그대로 이어받는다. 습봉(襲封)으로서 이것은 당시의 관행이기도 했다. 이 무렵 원나라 세조는 일본 정벌을 준비하고 있었다. 이행리도 자신의 병사들을 선발해 원정군에 합류했다. 마침내 1281년(고려 충렬왕 7) 원나라의 일본 정벌이 감행됐다. 이때 이행리는 원나라 신하의 자격으로 충렬왕을 알현할 기회를 가졌는데, 그 자리에서 이행리는 아버지 이안사가 북방으로 달아난 것은 호랑이 아가리를 피하기 위함이지 나라를 배반하려 했던 것은 아니라며 용서를 빌었고, 충렬왕도 크게 책하지 않고 관대하게 받아들여주었다. 당시 원과 고려의 관계를 생각할 때 이안사의 '망명'은 그다지 심각한 사안이 아니었다.

이후 이행리는 오동을 근거지로 삼으면서도 동북면의 안변, 화주, 함주 등을 자주 방문하면서 활동 영역을 꾸준히 확대했다. 더불어 1300년(고려 충렬왕 26) 원나라로부터 승사랑(承事郞)이라는 직책을 받았는데, 이는 그만큼 원나라와의 관계가 가까워졌다는 의미이다. 문제가 된 것은 여진족과의 마찰이었다. 이행리를 눈엣가시로 여긴 여진족들은 그가 기성(崎城, 〈용비어천가〉에 보이는 하관성(奚關城)이 이곳이다)을 정찰할 때 암살을 시도했다. 다행히 그곳을 탈출한 이행리는 두만강 하류의 적도로 피해 화를 면할 수 있었다. 이후 그를 따르던 오동의 주민들이 이곳으로 옮겨왔고, 이행리는 이곳에서 한동안 살다가 배 10척을 만들어 이안사의 연고지인 의주로 옮겨와 죽었다. 이행리는 오동에 살 때 부인 손씨와의 사이에서 두 아들을 두었지만 안변으로 돌아온 후 손씨가 죽자 호장(戶長) 최기열의 딸과 재혼해 이선래(李善來)를 낳았다. 그에게는 모두 8명의 아들이 있었고 이선래는 그중 넷째였다. 그가 '도조'로서 이성계의 조부가 되는 인물이다.

몽골 이름으로는 '발안첩목아'라 불렸던 이선래는 후에 이름을 이춘(李椿, ?~1342〔고려 충혜왕 복위 3〕)으로 바꿨고, 관례대로 아버지 이행리의 관직을 이어받았다. 이춘은 박씨와 결혼해 자흥(子興, 몽골 이름 탑사불화)과 자춘(子春) 두 아들을 낳았으며, 박씨가 죽자 쌍성총관의 딸 조씨와 재혼해 완자불화(完者不花)와 나해(那海) 두 아들과 3명의 딸을 두었다. 이춘은 재혼 당시 의주에서 화주(和州, 지금의 함흥평야)로 근거지를 옮겼는데, 학계에서는 "이춘이 화주로 옮긴 것은 농업과 목축에 편리한 점도 있었지만 후처 조씨가 인근의 실력자 조휘의 손녀였으므로 처가의 정치적 세력을 이용하려는 의도에서였다"고 해석한다.

하지만 이 일은 훗날 복잡한 후계자 쟁탈전의 씨앗이 된다. 1334년(고려 충숙왕 복위 3)부터 풍질(風疾)을 앓았던 이춘은 전처소생의 장남 탑사불화를 후계자로 삼으려 했지만, 후처 조씨는 자신의 아들인 완자불화가 후계자가 되기를 원했다. 당시 원나라에서는 이행리를 따라온 오동의 백성들을 다른 곳으로 이주시키려는 계획을 세웠는데, 이는 백성들을 분리시켜 그 세력을 약화시키려는 것이었으며 이러한 책동의 배후에는 조씨가 개입되어 있었다.

이 와중에 1342년(고려 충혜왕 복위 3) 이춘이 죽자 장남 탑사불화가 관직을 이었지만 2개월 만에 사망함으로써 본격적인 후계자 전쟁이 벌어진다. 탑사불화의 아들이자 장손인 교주(咬住, 이천계〔李天桂〕)는 아직 나이가 어렸고, 야심을 품은 후처소생 나해가 모계 세력을 업고 관직을 세습하려 했다. 형 완자불화가 아니라 동생 나해가 나선 것은 완자불화가 이미 사망했기 때문일 가능성이 높다.

전처소생과 후처소생 간의 갈등은 남방 유리민의 후예 박씨 세력과 조씨 세력 간의 대결로 번졌다. 이춘의 전처 박씨가 오동 지역의 관리 박광(朴光)의 딸이었고, 교주의 어머니도 박씨였다. 갈등은 이춘의 상중에 나해가 원나라에서 직첩으로 내린 선명(宣命)과 인신(印信)을 훔쳐가면서 절정에 달했다.

이때 이성계의 아버지 이자춘은 형수 박씨로 하여금 교주를 데리고 개원로의 관청에 가 호소하게 했다. 원나라 측에서는 '후처 조씨가 적실이 아니므로 조씨 소생은 후계자가 될 수 없고, 교주는 유약하므로 장성할 때까지 숙부 자춘이 습직할 것'을 명하면서 사건을 마무리 지었다. 원나라 측에서 박씨 편을 든 것은 쌍성총관인 조씨의 독점 세력이 형성되는 것을 꺼렸기 때문이다.

◎　　　**동북면의 패자로 떠오른 이자춘**

이자춘(1315〔고려 충숙왕 2〕~1361〔고려 공민왕 10〕)은 이러한 과정을 통해 대대로 내려오던 세습 관직을 차지하게 되었다.

훗날 '환조'로 추존받는 이자춘은 이선래의 둘째 아들로 부인은 영흥의 토호 최한기의 딸이었다. 이자춘은 형의 천호 관직을 어부지리로 습직했지만 시간이 지나면서 독자적인 체제를 갖춰갔다. 몽골 이름으로 '오로사불화'라 불렸던 이자춘은 어려서부터 특출 난 면이 있었고, 장성하면서 말타기와 활쏘기를 잘했으며, 그가 습직을 하게 되자 사졸들이 기꺼이 좇았다고 한다. 실록에서는 "교주가 점점 장성하자 환조가 직사(職事)를 돌려주고자 했지만 교주가 사양하고 받지 않았다"라고 되어 있지만, 사실은 이자춘이 독립적인 세력을 구축한 것으로 봐야 한다. 훗날 이천계는 이자춘이 공민왕을 알현할 때 함께했고, 공민왕은 그를 경호 부대인 우달치에 소속시켰으며, 이후 이천계는 중순군 기윤(中順軍器尹)에까지 이르렀다.

이자춘은 대국(大局)의 판세를 읽어낼 줄 아는 예리한 정치 감각의 소유자였다. 이 점은 자신을 도와준 원나라를 서슴없이 배신한 데서도 확연히 드러난다. 당시 원나라는 '삼성 조마호계(三省照磨戶計)'라 하여 중서성, 요양성, 정동행중서성 등 3성의 원주민과 이주민을 분리해 호적을 작성했다. 그것은 원주민을 우대하고 이주민을 고려로 돌려보내려는 저의를 가진 것으로서 이주민을 배경으로 하고 있던 이자춘에게는 치명타가 될 수 있는 중대 사안이었다.

한편 고려에서는 반원 정책을 추진하던 공민왕이 원의 세력이 약화된 것을 기회로 쌍성총관부와 깊이 연관돼 있는 친원파 기씨(奇氏) 세력을 제거하려 하고 있었다. 이 때문에 공민왕은 동북면에 이주민을 기반으로 세력을 형성하고 있는 이자춘을 끌어들일 필요가 있었다. 이자춘과 공민왕의 이해관계가 맞아떨어진 것이다.

1355년(고려 공민왕 4) 이자춘은 공민왕을 찾아갔다. 이 자리에서 이자춘이 원나라 관직을 버리고 고려에 충성할 의향을 밝히자 공민왕은 그를 소부윤(少府尹)에 제수했다. 이안사가 고려 국적을 버린 지 100여 년 만에 이자춘이 다시 되찾은 것이었다. 이듬해 밀직부사 유인우가 동북면병마사가 되어 고려군이 동북면 탈환 작전을 전개할 때 이자춘은 현지에서 고려군과 내응해 큰 공을 세운다. 이자춘은 이를 계기로 지역의 패권을 놓고 오랫동안 겨루었던 조씨 세력도 뿌리 뽑을 수 있었다. 한순간에 동북면의 패자로 떠오른 것이다.

이자춘의 영광은 여기에서 그치지 않았다. 동북면 탈환의 공을 인정받아 '대중대부사복경'이라는 중앙 고위 관직을 하사받고 개경으로 진출할 수 있게 되었는데, 이때 이성계의 나이는 막 스물을 넘고 있었다.

개경으로 온 이자춘은 왜구 토벌에서 큰 공을 세워 품계가 두 단계나 뛰어오르고, 관직도 천우위 상장군에 이르렀으며, 5년이 지난 후에는 영록대부(종2품) 장작감 판사의 자리까지 올랐다. 1361년(고려 공민왕 10) 공민왕은 이자춘을 삭방도 만호 겸 병마사로 임명했는데, 이는 사실상 함경도 일대의 통치권을 넘겨주는 것이나 마찬가지였다. 이에 조선시대 사간원에 해당하는 어사대에서 들고일어났다. '이자춘이 동북면으로 돌아가면 그곳의 토착 기반을 이용해 배반할 가능성이 크다'는 것이 이유였다. 그러나 공민왕은 이자춘이 아니면 동북면을 안정시킬 수 없다고 판단하고 그를 영흥으로 내려보냈다.

그 무렵 이성계는 무예를 수련하며 세월을 보내고 있었다. 당시 이자춘의 천첩(賤妾) 김씨가 담 모퉁이에 까마귀 다섯 마리가 앉아 있는 것을 보고 이성계에게 쏘아보라고 했더니 단 한 발로 다섯 마리를 모두 맞춰 떨어뜨렸다. 이에 놀란 김씨는 "절대로 이 일을 누설하지 마시오" 하며 신신당부했다. 김씨는 이성계를 무척이나 아꼈는데, 훗날 이성계와 이방원을 도우며 조선 건국에 결정적인 기여를 한 의안대군 이화(李和)가 바로 김씨의 소생이다.

이성계와 관련된 일화들 중 대부분은 신기에 가까운 활 솜씨와 관련한 것이다. 그중에는 나는 꿩을 쏘아 맞춘 것이나 호랑이를 쏘아 죽인 것들도 포함돼 있는데, 훗날 전장에서 보여준 솜씨와 용맹성을 감안해볼 때 과장이나 미화로만 보이지는 않는다.

젊은 이성계에게서 왕기(王氣)를 예감했다는 내용의 일화들도 많다. 그중 신빙성이 있어 보이는 사례 하나만 살펴보자. 이자춘과 이성계가 영흥 생활을 즐기고 있던 무렵, 중앙에서 이달충이 동북면도순문사로 파견돼 왔다. 당시 이달충의 휘하에 있던 부하 한 명이 이성계와 '어떤 문제'로 갈등을 빚었다. 이에 이달충이 이성계를 불렀는데, 이성계를 보자마자 오히려 술자리를 베풀고는 부하에게 "절대로 이성계와는 겨루지 말라"고 당부했다.

이자춘이 뒤늦게 이 이야기를 듣고는 개경으로 돌아가는 이달충을 초대해 답례하는 자리를 만들었다. 먼저 이자춘이 술을 따르고 이어 아들 이성계가 술을 따르자 갑자기 이달충이 무릎을 꿇고서 잔을 들이켰다.

당황한 이자춘이 이유를 묻자 이달충은 이렇게 답했다.

"귀랑(貴郞, 이성계)은 참으로 비범한 사람입니다. 공께서도 아마 미치지 못할 것이며, 공의 가업을 번창시킬 사람은 반드시 이 아드님일 것입니다."

그러면서 이달충은 이성계에게 자손들을 부탁했다고 한다. 이달충은 고려 후기의 대표적인 문인이자 뛰어난 학자 출신 관리였다. 실제로 조선이 건국되고 나서 이달충의 아들 이전은 사형에 해당하는 죄를 지었지만 감형받았고, 손자 이승상은 뒤에 크게 현달했다.

영흥으로 내려온 해에 이자춘이 사망하자 이성계는 '통의대부 금오위 상장군 동북면 상만호'가 되어, 약관의 나이에 정3품의 중앙 무관직과 동북면 지역을 다스리는 상만호(上萬戶)라는 두 직책을 맡게 된다. 이는 이성계가 선대의 토착 기반을 그대로 이어받은 것을 의미하며, 훗날 조선 건국의 기틀이 된다.

◎　　　**연전연승으로 고려 전역에 이름을 떨치고**

오늘날과 정확한 비교는 어렵지만 상만호는 경찰청장에 해당되는 순군만호부의 바로 아래 직위였다. 경찰과 군대가 엄밀하게 구분되지 않았던 당시 상황을 고려하면 방위사령관을 겸한 자리였다고 할 수 있을 것이다. 동북면상만호로 등용된 이래 이성계는 홍건적 격퇴(1361), 몽골 오랑캐 나하추 격퇴(1362), 조선인 최유가 끌어들인 원군(元軍) 격퇴(1364), 두 차례에 걸친 동녕부 정벌(1370), 계속되는 왜구의 침입 격퇴(1372~1380)

등 혁혁한 전공을 세운다.

그 무렵 대륙에서는 원나라가 쇠퇴하고 새로운 세력들이 천하를 차지하려는 대혼란이 벌어지고 있었다. 주원장이 욱일승천의 기세로 대륙을 장악해가는 가운데 압록강 주변에는 홍건적이 밀려들었다. 그러한 와중에 1359년(고려 공민왕 8) 2월 홍건적이 고려에 글을 보내 사실상의 선전포고를 해온다. 홍건적은 그해 11월 말 압록강이 얼자 3,000여 명이 넘어와 약탈을 시작했다. 또한 12월 8일에는 4만여 명이 내려와 관리와 주민 1,000여 명을 학살했다. 고려 조정에서 군사를 보냈지만 연전연패했고 결국 12월 28일 서경(지금의 평양)이 함락됐다. 공민왕은 호부상서 주사충을 급히 파견해 공물을 바치고 타협을 시도했지만 되돌아온 것은 홍건적의 오만방자한 답변뿐이었다. 1360년(고려 공민왕 9) 1월이 되자 한양 천도론이 나올 지경이 되었는데, 이방실 등이 이끄는 2만의 군사들이 큰 희생을 감내하면서 격전을 치른 후에야 홍건적을 압록강 건너편으로 내몰 수 있었다. 이때가 1360년 2월 26일이었다.

1361년(고려 공민왕 10) 10월 사유, 주원수, 파두번 등이 이끄는 10만의 홍건적이 다시 압록강을 건너 침략해왔다. 고려군은 결사항전의 의지로 맞서 싸웠지만 중과부적이었다. 《고려사》에는 그나마 이성계만이 적의 목 100여 급을 베었다고 기록되어 있다. 결국 공민왕은 10월 19일 남쪽으로 피난을 떠났고, 공민왕 일행이 경기도 이천에 당도한 24일에 개경은 적들의 수중에 들어갔다. 공민왕은 복주(지금의 안동)로 몽진해 행재(行在, 임시정부)를 마련하고 대책을 지시하기 시작했다. 국망의 위기가 눈앞이었다. 안동에는 공민왕과 관련된 유적지가 많이 남아 있는데, 공민왕이 어머니를 대피시켰던 왕모산성, 오마대(五馬隊), 공민왕이 손수 현판 글씨를 썼다는 청량사 유리보전 등이 그것이다.

이듬해 1월 고려 조정은 군사를 정비해 안우, 이방실, 황상, 한방신, 이여경, 김득배, 안우경, 이귀수, 최영 등을 지도부로 하는 20만 병사를 지금의 황해도 장단군 진서면에 총집결시켰다. 총사령관은 정세운이었는데, 그는 원나라에 끌려갔던 공민왕을 수행한 당대 최고의 무장이었다. 작전은 모두가 깊은 잠에 빠져 있던 새벽에 이루어졌다. 공격의 선봉장은 이성계였다. 이성계는 2,000명의 군사를 끌고 가장 먼저 성을 넘어 들어가 주도권을 장악했다. 새벽의 기습에 홍건적은 혼비백산 달아나기에 바빴고 고려는 압승을 거두었는데, 이때 벤 적의 목이 10만 급이었다고 한다.

한편 대륙에서는 주원장이 1356년(고려 공민왕 5) 오나라의 왕이라는 뜻에서 오국공(吳國公)을 자처하더니 1364년(고려 공민왕 13) 3월에는 관제를 정비하면서 국가로서의 모습을 갖추었고, 1368년(고려 공민왕 17) 1월 마침내 지방 세력들을 제압하고 금릉(지금의 남경)에서 국호를 명, 연호를 홍무라 하며 황제 자리에 등극했다.

조선왕조 500년 역사에 빛과 그림자를 드리우게 될 '제국' 명나라가 탄생하는 순간이었다. 명 태조 주원장은 황제 자리에 오르자마자 급속하게 원을 밀어붙였다. 내분까지 겹친 원의 황제 순제는 상도(上都, 개평)를 버렸고, 북진하는 명에 쫓겨 몽골의 원래 도읍지였던 화림으로 도망쳐갔다. 이렇게 해서 생긴 나라가 북원이다.

이때 뜻하지 않게 만주 지역이 공백 상태가 되었다. 만주는 고구려의 영토로서, 고구려를 계승했다고 자부하는 고려가 틈만 있으면 회복하려 하던 고토(古土)였다. 이미 즉위 초 공민왕은 만주에 대한 원나라의 지배

권이 약해지는 정세를 틈타 압
록강 서쪽의 8참(站) 정벌에 나
선 바 있었다. 그런데 그때와는
비교할 수 없을 만큼 좋은 정세
가 형성된 것이었다.

이번에는 지금의 심양과 봉
천 일대인 동녕부 정벌이 목표
였다. 동녕부 지역에서는 친원
파 기철(奇轍)의 아들이 아버지
의 원수를 갚겠다며 세력을 모
은다는 정보가 있었다. 공민왕
은 명나라가 들어선 다음 해인
1369년(고려 공민왕 18) 가을부
터 국경 지방으로 병사들을 대
거 파견하면서 본격적인 준비

제국 명나라를 세운 주원장. 그는 황제권 강
화를 위해 동고동락한 측근들 대부분을 숙청
했다. 만년에 고독하게 살다 1398년(태조 7)
71세의 나이로 병사했고 아들들 사이에서는 피
비린내 나는 권력투쟁이 일어났다.

에 들어갔다. 그리고 12월 이성계를 동북면원수, 지용수를 서북면원수,
이인임을 서북면도통사, 양백안을 부원수로 하는 원정군 지도부를 구성
했다. 작전 D데이는 이듬해인 1370년(고려 공민왕 19) 1월이었다. 이성계
는 기병 5,000과 보병 1만을 거느리고 동북쪽 압록강을 건넜다. 곧장 지
금의 봉천 지역까지 진격해 들어가 오라산성을 점령하고 이원경, 이백
연, 이장수, 이천우, 현다사, 김아로정 등 300명의 장수를 포로로 잡았
다. 양백안도 동녕부 두목 50여 명을 끌고 왔다. 8월에 다시 이인임을 도
통사로 하여 동녕부로 진격해 들어갔는데 이성계가 선봉장이었다. 이성

계는 두 차례에 걸친 만주 정벌을 성공적으로 이끈 주인공이었던 것이다. 그러나 만주에 군을 주둔시키지 않고 되돌아옴으로써 이곳을 우리 땅으로 만들지 못했고, 훗날 두고두고 분란의 씨앗을 남기게 된다.

군인 이성계의 명성은 왜구와의 싸움을 통해 더욱 널리 퍼졌다. 우왕 집권기에는 왜구의 침입이 극에 달했다. 당시 최영과 이성계는 왜구를 격퇴한 양대 영웅이었다. 1377년(고려 우왕 4) 5월 "바다를 덮을 만큼" 많은 수의 왜구들이 조선을 침략했다. 그중 대규모 부대가 지리산 쪽으로 들어왔는데 이때 이성계는 아들 이방원을 데리고 출전해 그들을 섬멸시켰다. 이방원의 나이 열한 살 때의 일이었다. 이 기록을 담고 있는《고려사》가 이방원의 아들인 세종 때에 저술되었음을 감안한다면 이방원의 참전은 사실이 아닐 가능성도 있다. 그러나 훗날 이방원이 문재(文才)뿐만 아니라 무예와 군사 작전에도 깊은 조예를 보여준 것을 감안하면 사실일 가능성이 훨씬 크다. 이성계는 이때뿐만 아니라 다른 전쟁터에도 이방원을 데리고 다녔던 것으로 보인다.

2년 후인 1379년(고려 우왕 6) 8월에는 왜구들이 500여 척의 배를 몰고 침략했다. 이 침략으로 충청도, 전라도, 경상도 등 하삼도(下三道)가 피로 물들었는데 단순한 해안 약탈을 넘어 마치 임진왜란의 전조를 보는 듯했다. 이때 우왕은 이성계를 최고 사령관인 삼도순찰사에 임명했고 이성계는 남원의 남쪽 황산에서 왜구와 맞서면서 여러 차례 교전을 가졌다. 이 전투에는 이성계의 배다른 형인 이원계도 원수로 참전했는데, 이성계는 왼쪽 다리에 화살을 맞자 손으로 직접 뽑아 싸우는 투지를 보인 끝에 대승을 거두었다. 노획한 말만 1,600여 필이었고 지리산으로 도망친 왜구의 수는 불과 70여 명에 불과했다. 병사 규모 면에서 보자면 10대 1로 절대적으로 불리한 상황이었다. 황산대첩이라 불리는 이 전투에서의 승리로 이성계의 이름은 홍산에서 대승을 거둔 최영과 함께 고려 전역으로 퍼졌다. 당시 개경을 떠나 전장으로 내려가던 이성계는 곳곳에 널브러진 시체들을 보며 "측은한 마음과 분격한 생각에 침식도 잘 하지 못했다"고 전한다.

◎　　　**이색, "마땅히 전왕의 아들을 세워야 한다!"**

1388년, 고려 우왕 말년 4월 18일 고려는 요동 정벌 계획에 따라 최영을 최고 지휘관인 팔도 도통사, 조민수를 좌군 도통사, 이성계를 우군 도통사로 하는 10만의 군사를 평양에서 출발시켰다. 그러나 우왕의 요청으로 최영은 개경에 남고 조민수와 이성계가 정벌군의 지휘를 맡았다. 압록강을 건너기 직전인 5월 7일, 압록강에 있는 가장 큰 하중도(河中島)인 위화도에 주둔한 조민수와 이성계는 다섯 가지 이유를 들어 군대를 남쪽으로 돌리겠다는 의사를 우왕에게 주청했다.

　그때 조정의 실력자는 우왕이 아니라 최영이었다. 최영(1316〔고려 충숙왕 3〕~1388〔고려 우왕 14〕)은 1361년(고려 공민왕 10) 개경 이북을 점령한 홍건적을 물리쳤고, 1376년(고려 우왕 3)에는 지금의 부여인 홍산에서 왜구를 크게 무찌르는 등 전장에서만 30여 년을 살아온 백전노장이었다.

　최영은 원나라가 물러간 틈을 타 명나라에서 철령위의 설치를 통고하고 압록강 이북 일대를 요동에 귀속시키려 하자 팔도 도통사로서 요동 정벌을 단행하고자 했다. 요동 정벌 계획은 고려 조정 내에서 무리한 요구와 압력을 일삼는 명에 대한 저항감이 커진 데 따라 나온 구상이기도 했는데, 조민수와 이성계의 회군 주청은 우왕이 아니라 사실상 최영이 거부한 것이었다.

이러한 사실을 잘 아는 조민수와 이성계는 최영에게 직접 사람을 보내 '지금 병사들 중 굶어죽는 사람들이 많고 물이 깊어 행군하기 어렵다'며 속히 회군을 허락해줄 것을 재차 요청했지만 거부당했다.

이에 이성계는 장수들을 불러모아 "상국(명나라)을 범하면 종사와 만 백성에게 큰 화가 닥쳐올 것"이라며 요동 정벌 포기 의사를 밝혔고, 자리에 있던 장수들은 모두 이성계를 따르겠다고 맹세했다. 결국 위화도에 진영을 설치한 지 2주 만인 5월 22일 이성계는 "돌아가 임금 곁에 있는 악한 자들을 제거해 세상을 편안케 하리라"고 다짐하며 군사를 돌렸다. 이것이 그 유명한 위화도회군이다.

그러나 위화도회군은 분명 왕명을 크게 어기는 것으로서 항명 정도가 아니라 반란이었다. 소식을 들은 우왕과 최영 쪽에서는 회군에 맞서기 위해 개경에 군사를 집결시켰다. 6월 1일 개경 근처에 도착한 이성계는 6월 3일 개경의 숭인문과 선인문을 통해 궁성 진입을 시도했다. 유만수의 부대와 조민수의 부대는 최영이 이끄는 왕군에 의해 격파당했지만 황룡대기를 흔들어대는 이성계군은 선죽교를 거쳐 궁성으로 진입했고 단숨에 주도권을 장악했다.

결국 73세의 노장 최영은 이성계군에 사로잡혀 마산으로 귀양을 가게 되었고, 그해 12월 개경으로 붙들려 와 참형당했다. 최영의 심복인 안소, 정승가, 인원보, 안주, 김약채, 정희계 등도 모두 귀양 길에 올랐고, 고려의 병권은 고스란히 이성계의 손에 들어왔다. 고려는 원나라의 연호를

개성에 있는 선죽교. 이성계군이 궁성으로 진입했던 이곳에서 훗날 이방원이 정적 정몽주를 살해한다.

버리고 명나라의 연호를 채택했고, 의복도 몽고식에서 명나라식으로 바뀌었다. 그리고 이성계의 주변에는 사람들이 구름 떼처럼 몰려들었다.

최영은 제거됐지만 정몽주를 중심으로 한 고려 중신들은 회군 이후 불거지기 시작한 이성계 추대론에 반대하며 저항 세력을 결집하기 시작했다. 정몽주 측의 위세 또한 만만치 않았다.

개경 점령 5일 후 위화도 혁명군은 우왕에게 개경을 떠나 강화도로 들어갈 것을 요구했다. 처음에는 버티던 우왕도 끝내 옥새를 공민왕비인 정비(定妃)에게 넘기고 강화도로 향했다.

혁명에 실질적인 기여는 별로 하지 않았지만 조민수도 무장이었고 형식적으로 이성계의 상관이었다. 조민수는 우왕 때에 최고 실권자였던 이인

임의 도움으로 그 자리까지 올랐는데, 이성계와는 노선이 조금 달랐다.

이성계와 조민수는 다음 왕을 누구로 할 것인가라는 문제를 두고 결정적으로 갈라섰다. 이성계는 우왕의 친자식 중에서 왕이 나오는 것을 꺼렸다. 그러나 조민수는 이인임의 외종인 이림의 딸 근비와 우왕 사이에서 태어난 창을 세우려 했다. 약간의 갈등이 있었지만 당시 양측으로부터 신뢰를 받던 이색이 "마땅히 전왕의 아들을 세워야 한다"고 주장하는 바람에 결국 창이 아홉 살의 나이로 왕위에 올랐다. 자신과 가까운 왕실 종친을 세우려 했던 이성계의 계획이 믿었던 이색에 의해 무산된 것이다.

창왕이 즉위하자 조민수는 경기·전라·충청·경상·황해도 일대를 책임지는 군사령관인 도총사가 되었고, 이성계는 평안도·함경도·강원도를 책임지는 도총사로 임명됐다. 그러나 이성계는 병을 이유로 이 직책을 맡지 않았다. 조민수에 대한 불만의 표시였다.

창왕이 즉위한 지 한 달이 지날 무렵 대사헌 조준이 권문세가들의 권력 기반인 사전(私田)을 개혁해야 한다는 장문의 상소를 올렸다. 이성계의 최측근 중 한 명인 조준은 이 분야의 최고 전문가이기도 했다. 토지를 기반으로 갖고 있던 권문세가들이 이 상소에 반대하며 치열한 방해 공작을 펼쳤음은 물론이다. 그리고 그 정점에 총리 격인 문하시중 조민수가 있었다.

조준은 다시 조민수가 백성들의 땅을 빼앗고 심지어 자신의 상소를 막으려 한다는 폭로성 글을 올렸다. 이때는 이성계도 나서서 창왕에게 강력한 압박을 가했다. 결국 7월에 조민수는 권좌에서 물러나 경상도 창녕으로 귀양을 떠난다. 애당초 조민수는 이성계의 라이벌이 될 수도 없고 함께할 수도 없는 인물이었다. 이후 이색이 조민수의 후임으로 문하시중 자리에 올랐고, 이성계는 수시중(守侍中), 즉 부총리에 해당하는 자리를 맡았다.

◎ 역(逆)쿠데타를 불러온 우왕의 쿠데타

1388년 6월 강화도로 유배를 갔던 우왕은 그해 9월 여흥군(지금의 경기도 여주)으로 이배됐고, 병사들의 호위를 받으며 어느 정도의 대우도 보장받았다. 그런데 이듬해인 1389년(고려 창왕 1) 11월 최영의 친조카 김저와 심복 정득후가 우왕을 찾아왔다. 두 사람 모두 위화도회군 이후 관직에서 쫓겨나 있었다. 그들을 만난 우왕은 눈물을 흘리며 "도저히 이렇게 살 수가 없다. 역사(力士)를 얻어 이성계를 죽여야 내 마음이 풀릴 것 같다" 면서 "예의판서 곽충보와는 예전부터 좋은 사이니 너희들이 찾아보고 함께 일을 도모하라"고 지시했다. 그러고는 곽충보에게 전하라며 칼 한 자루까지 내주었다.

곽충보는 문신이면서도 왜구와의 전쟁에서 많은 공을 세웠으며 위화도회군 당시에 줄곧 이성계 편에 서서 최영을 유배 보내는 데 결정적인 기여를 했던 인물이다. 우왕이 사람을 잘못 본 것이다. 김저로부터 "이번 팔관일에 거사해 성공하면 왕비의 여동생을 아내로 삼게 해주고 부귀영화를 함께 누리겠다"는 우왕의 말을 전해들은 곽충보는, 그렇게 하겠노라고 거짓 약속을 한 후 곧바로 이성계에게 달려가 우왕에게 받은 칼을 꺼내놓고 사실을 알렸다. 우왕의 계획을 전해들은 이성계는 팔관회 전날 밤에 나가지 않고 집에 머물러 있다가 집으로 찾아온 김저와 정득후를 포박했다. 정득후는 그 자리에서 자결했고 김저는 거사와 관련된 자들을 털어놓았다. 변안렬, 이림, 우현보, 우인열, 왕안덕, 우홍수 등이 김저의 입에서 나온 이름들이었다. 이들은 모두 유배됐고, 우왕도 여흥군에서 강릉으로 다시 이배됐다. 1389년 11월 14일의 일이었다.

정치 문제에 관한 한 적극적인 태도를 보이지 않았던 이성계는 이 사건을 계기로 일대 반격에 나선다. 우왕을 강릉으로 유배 보낸 그날 이성계는 조신들을 흥국사에 모이도록 했다. 흥국사는 개경의 내성 남문인 광화문을 나서면 좌측에 있었는데, 고려 국왕들의 생일잔치가 열릴 만큼 중요한 사찰이었다. 이 자리에는 심덕부, 지용기, 정몽주, 설장수, 성석린, 조준, 박위, 정도전 등이 참석했다. 주변에는 많은 군사들이 삼엄한 경계를 펼쳤다. 논박 끝에 이성계의 주장대로 창왕을 폐하고 고려 20대 왕 신종의 7대손인 정창군을 왕위에 올리기로 결정했다. 이성계는 우왕과 창왕은 왕씨가 아니라 신돈의 자식이니 다시 왕씨를 올려야 한다는 논리를 전개했다. 폐가입진(廢假入眞), 즉 가짜 왕씨를 폐하고 진짜 왕씨를 세워야 한다는 것이었다. 훗날 《조선왕조실록》이 공식적으로 채택하게 되는 우왕과 창왕의 신돈 자식설은 여기에서 나왔다.

사가(史家)들은 "정창군은 재산에만 관심이 있고 매사 우유부단했기 때문에 이성계의 괴뢰 역할에 적합한 인물"이었다고 평한다. 또한 정창군은 이성계와는 인척 관계이기도 했다. 다음 날 정창군이 왕위에 오르니 그가 고려의 마지막 임금 공양왕이었다. 우왕의 어설픈 쿠데타를 제압한 역(逆)쿠데타의 결과였다.

◎ 이방원의 선택, 그리고 새로운 왕조의 시작

역쿠데타의 성공에도 불구하고 아직 조정에는 반(反)이성계 세력이 만만찮게 포진해 있었다. 전통적인 고려 중신들이 중심이 된 이들은 다시 공양왕을 둘러쌌다. 1391년(고려 공양왕 3) 이성계는 공양왕 세력과 치열한 신경전을 벌여야 했다.

그해 6월 대간들이 귀양 갔다 돌아온 우현보를 다시 유배 보내야 한다는 상소를 올렸다. 우현보는 반이성계파였고 그의 손자 우승범은 공양왕의 사위였다. 공양왕은 우현보의 재귀양을 청하는 세 차례의 상소를 무시한 채 오히려 밀직사 판사로 있던 이성계의 셋째 아들 이방의를 이성계의 집에 보내 "대간들의 상소를 금하게 하라"고 통보했다. 이에 이성계는 "내가 대간들을 뒤에서 사주한다는 말이냐!"며 총리에 해당하는 문하시중 자리를 내던져버렸다. 이에 놀란 공양왕은 바로 우현보를 철원으로 유배시키고는 다시 시중을 맡아달라고 매달렸다. 그러나 이성계는 병이 났다며 대신에 이방원을 보내어 거칠게 항의하고 재차 사직서를 제출했다.

사태는 급박하게 돌아갔다. 이듬해 3월 이성계가 해주에서 사냥을 하다 낙마해 중상을 입은 것이다. 당시 문하시중을 맡고 있던 정몽주는 회심의 미소를 지었다. 그는 이성계를 중심으로 한 신진 세력의 발호를 부정적으로 바라보고 있었다. 특히 조준, 남은, 정도전 등의 무리가 언젠가는 이성계를 왕으로 추대하리라는 것을 예측하고서는 대반격의 기회를 노리고 있었다.

정몽주는 간관(諫官) 김진양 등을 불러 이성계의 무리들을 탄핵할 것

고려의 충신 정몽주 영정. 비단에 채색, 98×169.5㎝, 임고서원 소장. 1629년(인조 7)에 화사 김육(金堉)이 비단 위에 새로 옮겨 그린 것으로 비단이 많이 헐어 훼손이 심한 상태지만 옛 그림 화풍이 잘 나타나 있다.

을 사주했다. 주변을 먼저 제거한 후에 이성계를 칠 계획이었다. 김진양 등은 상소를 올려 조준, 정도전, 남은, 윤소종, 남재, 조박 등을 탄핵했고, 정몽주는 공양왕에게 압력을 넣어 이들을 모두 잡아들여 국문한 후 먼 곳으로 유배 보내버렸다.

개경에서 일어나는 일을 모르던 이성계는 병도 치료할 겸 바로 개경으로 돌아가지 않고 예성강변의 벽란도에서 장기간 머물렀다. 그때 이방원이 급히 말을 타고 달려왔다. 그리고 그날 밤 이성계는 이방원의 강권에 가까운 설득에 못 이겨 개경으로 돌아왔다.

백전노장 이성계는 서두르지 않았다. 이성계는 언제든 상황을 장악할 수 있다는 자신감이 있었고, 개경으로 돌아오면서도 "죽고 사는 것은 다 천명에 달려 있으니 순리에 따를 뿐"이라며 오히려 이방원에게 자중하라고 타일렀다. 그러나 이방원은 서두르고 있었다. 이방원은 젊은 혈기를 주체하지 못하고 있었고 불안감마저 컸다. 이방원은 아버지와는 상관없이 이성계의 배다른 동생인 이화와 함께 독자적으로 정몽주 제거 계획을 세웠다. 그런데 이원계의 사위인 변중량이 이를 전해듣고는 즉시 정몽주 쪽에 알렸다. 이성계와 이원계의 사이는 그리 원만하지 못했다.

어머니가 노비였던 이원계는 이성계에 대한 강한 콤플렉스를 가지고 있었다.

변중량으로부터 이야기를 전해들었지만 정몽주로서도 진퇴양난이었다. 1392년(고려 공양왕 4) 4월 4일 정몽주는 이성계의 동태를 살피기 위해 모르는 척 이성계의 집을 찾았다. 이성계는 아무 일도 없었다는 듯 정몽주를 대했다. 이성계는 시간과 대세가 자기편임을 확신하고 있었다. 어차피 군사도 장악하고 있는 상황이었다.

평소와 다름없이 자신을 대하는 이성계를 본 정몽주는 일단 안심하고 이성계의 집을 나섰다. 정몽주가 집에서 나가자 이방원은 바로 아버지에게 뛰어들어가 다시 설득을 시도했다. 이성계는 단호했다.

"절대 안 된다!"

그럼에도 이방원은 밖으로 나와 이지란을 설득했다. 하지만 여진족 출신으로 고려군에 투항해 이성계와 의형제를 맺은 이지란은 이성계의 생각과 같았다. 결국 이방원은 자신의 심복인 조영규, 조영무, 고려, 이부 등 45명을 보내 선죽교를 건너던 정몽주를 철퇴로 무참하게 살해하고 만다. 이에 이성계는 불같이 진노했고 이후 계속 이방원을 경계하고 멀리했지만 이 일을 기점으로 석 달 후 공양왕은 자리를 내놓게 되었다.

1392년 7월 17일, 마침내 고려는 34대 475년 만에 멸망하고 태조 이성계가 즉위하면서 향후 500년을 이어갈 새로운 조선왕조가 시작된다.

허무가 불러온 파멸,
연산군 이융의 하루

권력을 버린 왕의 회상

9월 1일 아침부터 나는 바빴다. 몸소 문소전과 혜안전을 찾아 제사를 올렸다. 문소전은 태조의 왕비 신의왕후 한씨를 모신 사당으로서 우리 같은 왕실 사람에게는 종묘 못지않게 신령스러운 곳이다. 혜안전은 나의 친모 폐비 윤씨의 능이다. 그냥 '회묘(懷墓)'라고 불리던 것을 내가 2년 전에 신하들의 반대를 무릅쓰고 제헌왕후로 추존하고 묘도 능으로 승격시키면서 사당을 지어 혜안전이라고 부른 것이다. 그러고 나서 경복궁으로 돌아온 나는 대비마마(성종의 계비이자 중종의 친모인 정현왕후 윤씨)를 위해 잔치를 열어드렸다.

그대들도 나의 처지였다면 마찬가지일 것이다. 나는 억울하게 세상을 떠나신 어머니 생각만 하면 눈물이 흐르는 것을 주체할 수 없었고 가슴이 찢어지는 고통을 참을 길이 없었다.

그런데 내 어머니가 그처럼 허망하게 세상을 떠나실 때 신하라는 자들 중 누구 하나 나서서 목숨을 건 이가 있는가? 그런 신하들을 거느리고서 임금 노릇 한다는 게 무슨 의미가 있는가? 언제부터인가 이미 나는 임금 자리에 미련을 버렸고 이승에 대한 애착도 끊어버렸다. 사람과 사람 사이의 믿음이 끊어진 바에야 임금이면 무엇 할 것이고 황제인들 무엇 하겠는가?

내가 정확히 열흘 전 후원에서 나인들과 잔치를 하면서 피리를 불며 읊었던 시를 잊었는가? "인생은 풀에 맺힌 이슬 같아서 / 만날 때가 많지 않구나!" 나만 운 게 아니라 숙원 장씨(장녹수)와 숙원 전씨(전비)도 따라 슬피 울었다. 이틀 후에는 또 무엇이라고 읊었던가? "지금 불의의 변고가 있으면 / 그 몸 잊고 나라를 위해 죽을 자가 있을까?"

나는 당한 것이 아니라 자초한 것이다. 내가 지존에 대한 꿈과 기대를 접은 지는 오래되었다. 대비마마를 위한 잔치를 마친 후 나는 신하들을 위로하기 위해 창덕궁에서 의정부 삼정승과 육조 판서들을 위한 잔치를 준비하도록 명했다. 나는 조상을 잊지 않았고 나를 낳아주신 어머니를 잊지 않았으며 신하들에게도 임금으로서 갖춰야 할 예를 갖추기 위해 최선을 다했다. 그런데 갑자기 날씨가 나빠지는 바람에 창덕궁 잔치는 서둘러 취소하고 연기하도록 했다.

그리고 승정원에 전교를 내렸다. 앞으로 연회나 잔치 때 승지들은 다른 신하들처럼 머리 숙여 부복하지 말고 머리를 들고 꿇어앉아서 예의를 어기는 자들을 규찰하도록 했다. 그만큼 조정의 기강은 땅에 떨어져 있었다.

그날도 술 한잔을 들고서 잠이 들었는데, 삼경 무렵(밤 11시~1시) 승

강화도 교동도에 있는 연산군 부부상. 비운의 임금 연산군이 사후 민간에서 신앙의 대상이 되었음을 보여준다.

지들이 황급히 나를 깨웠다. 윤장, 조계형, 이우 세 사람이었다. 훗날 실록은 그 순간 나의 모습을 이렇게 적었다.

"왕이 놀라 뛰어나와 승지의 손을 잡고 턱이 떨려 말을 못했다."

웃기는 소리다. 내가 정말 권좌에 미련을 갖고 있었다면 군사부터 불러들였을 것이다. 그저 올 것이 왔구나 하는 느낌뿐이었다. 실록을 보니 세 승지의 모습은 잘 나와 있었다.

"이우 등 세 사람은 바깥 동정을 살핀다는 핑계를 대고 하나씩 흩어져 모두 수챗구멍으로 달아났는데, 더러는 실족해 뒷간에 빠진 자도 있었다."

이런 자들의 증언으로 내가 턱이 떨려 말을 못했다는 식으로 정리했으니, 그 실록(實錄)이란 게 허록(虛錄) 아니던가?

얼마 후 거사를 주도한 박원종이 보낸 내시가 와서 전했다. 당당하게 직접 와서 내달랄 것이지, 옥새를 내놓고 동궁으로 거처를 옮기라고 했다. 나는 두말 않고 그대로 했다. 박원종이 두려워서가 아니라 왕좌에 대한 미련이 없었기 때문이다.

뜬눈으로 밤을 새고 나니 나에게는 '폐주(廢主)'라는 새로운 이름이 생겼고 강화도 교동에 유폐됐다. 아내 신씨와 아들들은 뿔뿔이 흩어졌다. 이상이 내가 기억하는 폐위되던 날의 하루이다.

◎ 궁궐에서 태어난 첫 번째 원자

1476년(성종 7) 11월 6일 밤 성종과 왕비 윤씨 사이에 원자가 태어났다. 도승지 현석규와 우승지 임사홍 등이 선정문에 나아가 이렇게 아뢰었다.

"우리 조선이 개국한 이래 문종과 예종께서는 모두 잠저(潛邸)에서 탄생하셨으니 오늘 같은 경사는 처음입니다."

이것이 무슨 말일까? 왜 하필이면 문종과 예종을 특별히 지칭해서 이런 말을 하는 것일까?

조선이 건국한 이래 당시까지 정상적으로 왕위를 이은 왕은 문종과 예종뿐이었다. 그런 그들도 대궐이 아니라 대궐 밖의 민가인 잠저에서 태어났다면 다른 왕들은 말할 필요도 없었다. 단종의 경우도 문종이 임금이 아닌 세자이던 시절에 태어났다. 조선왕조에서 아버지가 임금 자리에 있는데 원자가 태어난 경우는 이번이 처음이었던 것이다. 이런 경사와 축복 속에 태어난 원자가 훗날 폭군으로 악명을 남기게 되는 연산군이다.

연산군이 태어나던 날 성종은 너무나 기뻐하며 대대적인 사면령을 내렸다. 그러나 기쁨도 잠시, 채 6개월도 지나지 않아 원자의 어머니 윤씨는 폐비 논란에 휩싸인다. 성종의 친모인 인수대비(소혜왕후 한씨, 부녀자에 대한 훈육 내용을 정리한 《내훈〔內訓〕》의 저자)의 미움을 받은 것이다. 이때부터 이미 돌도 지나지 않은 원자의 운명은 뿌리째 흔들리기 시작했다. 다행히 1477년(성종 8)의 폐비 논란은 없던 일이 됐지만 왕비는 후궁들을 위한 거처인 자수궁(지금의 창경궁 자리)으로 옮겨가야 했다.

'폐비'라는 말은 그 자체로 원자의 운명과 직결된다. 폐비 문제는 일단 미봉됐지만 그때 논쟁에서도 '원자의 거취'가 몇 차례 거론됐다. 논란의 핵심은 윤씨가 폐비되고 다른 왕비가 들어와 아들을 생산할 경우 원자를 어떻게 할 것이냐는 것이었다. 성종 8년에는 폐비까지 가지 않았으므로 일단 이 문제는 잠잠해졌다.

그러나 성종은 그해 11월 윤씨와 원자를 떼놓기로 결심하고 승정원에 어린 원자를 키워줄 수 있는 대신 후보를 추천해 올리라고 명했다. 성종은 그중에서 지금의 서울 종로구 순화동에 있던 이조판서 강희맹의 집을 골랐다. 강희맹은 문장과 학문에 뛰어났고 국왕을 성심으로 모신다는 평과 함께 아부가 심하다는 비판도 들었던 인물이다. 11월 27일 성종은 원자를 강희맹의 집에서 키우라고 명한다. 성종의 입장에서는 여러 가지를 고려했을 것이다.

1478년(성종 9) 3월 강희맹은 원자를 키우고 있다는 이유로 여러 곳에서 모함을 받아야 했다. 실제로 다음에 임금이 될 원자를 키우고 있다는 이유만으로도 수많은 사람들에게 시기와 질투의 대상이 될 수밖에 없었다. 이에 대해 성종은 강희맹에게 "나는 경을 의심하지 않고 경은 나의 말을 의심하지 않는다"며 무한한 신뢰를 표했다.

성종과 윤씨 사이의 문제는 계속 커져만 가고 있었다. 1479년(성종 10) 6월 초 결국 성종은 윤씨를 폐하고 사저로 내쫓았고 다시 원자의 문제가 불거졌다. 신하들은 하나같이 성종을 몰아세웠다.

강희맹은
어떤 사람인가?

강희맹(姜希孟, 1424〔세종 6〕~1483〔성종 14〕)은 조선 초의 대표적인 화가이자 서예가로 유명한 강희안(姜希顔)의 동생이다. 두 사람의 아버지 강석덕(姜碩德)이 세종대왕의 동서였으니 강희맹 형제에게 세종은 이모부였던 셈이다.

아버지 강석덕은 평소 "내 나이 60세가 되었는데, 공을 세우거나 재산을 모으는 데 있어서는 다른 사람들에게 미치지 못했지만 일을 행함에 있어 권모나 사기를 쓰지 않았으니 스스로 돌이켜보아도 부끄러움이 없다"고 자부했던 사람이다. 그의 이 같은 성품은 두 아들에게 지어준 이름에서도 나타난다. 강희안의 경우에는 공자의 수제자 '안회'를 본받으라는 뜻으로 지었고, 강희맹의 경우에는 '맹자'를 본받으라고 해서 지었다.

형 강희안이 예재(藝才)에 뛰어났다면 아우 강희맹은 문재가 출중했다. 그는 스물네 살 때인 1447년(세종 29) 문과에 장원급제해 벼슬길에 들어선다. 수양대군이 조카 단종을 축출하고 왕위에 올랐을 때 그는 원종공신(原從功臣) 2등에 책록됐다. 원종공신이란 정변에 직접 참여한 것은 아니고 후원 세력으로 분류됐다는 뜻이다.

세조는 관리들을 대상으로 종종 시험을 실시했는데 그때마다 강희맹은 1, 2위를 차지했고 세조의 깊은 총애를 받아 예조판서와 형조판서에 올랐다. 그는 역사 앞에 적극적으로 나서지는 않았지만 대체적으로 시류를 잘 탄 인물이라고 할 수 있다. 예종 때는 남이를 제거하는 과정에서 익대공신 3등에 책록됐고, 성종 즉위 때도 선왕의 아들이 있는데도 종친이 왕위를 잇는 비정상적 과정을 '묵인'함으로써 좌리공신 3등에 책록됐다. 익대공신 추대와 관련해서는 다소 불미스러운 기록이 실록에 전하기도 한다.

"남이가 죽고 예종이 논공행상을 하는 과정에서 유자광 등에게 익대공신을 내리자 강희맹은 처음에는 참여하지 못했지만 스스로 글을 올려 그 공을 열거해 3등에 책록됐다."

여기서 보듯 강희맹은 강직함보다는 왕실 배경과 노련함을 출세의 밑거름으로 삼은 인물이었다. 물론 그의 특출한 문재도 한몫했다. 성종 때도 원자 보육을 책임지며 임금의 지극한 총애를 받자 이를 견제하는 사람들이 수시로 익명서를 올려 그를 참소했지만, 성종은 신임을 거두지 않고 오히려 관작을 올려주었다.

실록은 한편으로는 그를 크게 칭찬한다.

"경사를 널리 열람하고 전고(典故)를 많이 알았다. 예제(禮制)를 정할 때에 문장이 정밀하고 깊이가 있으며 속되지 않았는데, 종이를 잡기가 무섭게 문장이 이루어졌다."

그러나 행실 면에 대해서는 사관의 평이 날카롭다.

"평생 임금의 뜻에 영합해 은총을 갈구했다. 세조가 금강산에 거둥했을 때 이상한 새가 있어 하늘가를 빙빙 돌며 춤을 추었다. 세조가 부처의 힘이 신묘하게 응한 것이라 했는데 강희맹이 서울에서 이 말을 듣고 '청학송(靑鶴頌)'을 지어 바쳤다."

강희맹은 종종 이런 식으로 과장된 아첨의 글을 지어 올렸는데, 도가 지나쳤던지 처음에는 좋아했던 세조조차 "이런 글을 사람들에게 들려줘서는 안 되겠다"고 말했다. 사관은 최종적으로 이렇게 평한다.

"비록 문장은 아름다웠지만 (행실 면에서는) 무엇을 취하랴?"

결국 강희맹은 학식은 뛰어났지만 덕은 모자랐고 과공비례(過恭非禮)의 이
치를 깨우치지 못한 인물이었던 듯하다.

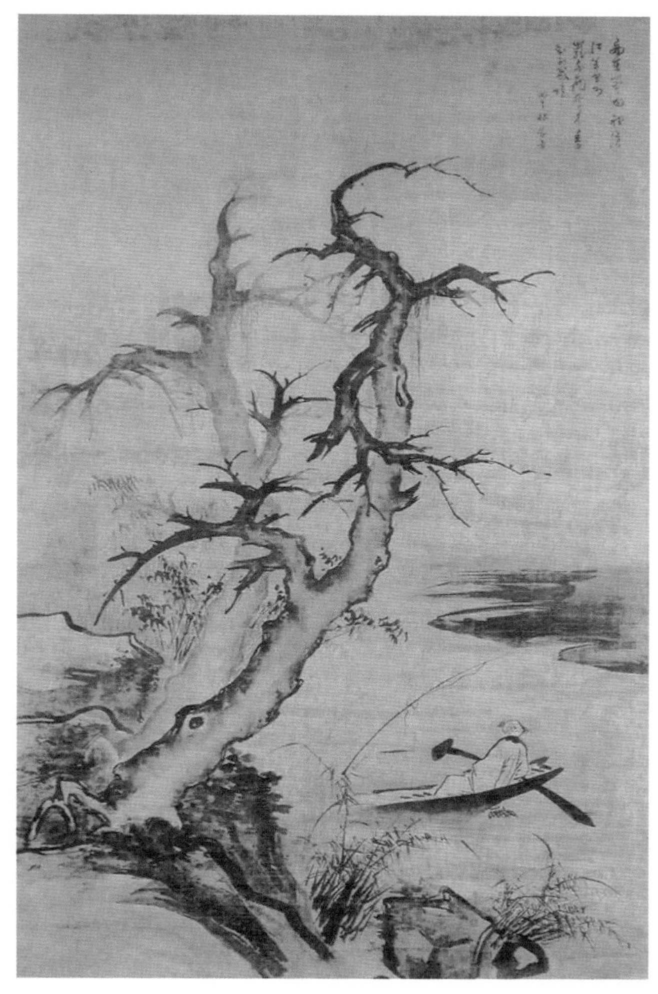

강희맹이 그린 〈독조도(獨釣圖)〉.
강희맹은 형 강희안을 닮아 그림과 서예에도 뛰어난 재능을 보였다.
종이에 수묵, 86×132cm, 동경국립박물관 소장

"전하의 말이 옳고 중궁이 큰 잘못을 저질렀다 하더라도 원자를 낳은 어머니이고 대군까지 낳았습니다. 장차 원자를 어떻게 하시겠습니까?"

이에 대해 성종은 그때그때마다 약간씩 입장을 달리하면서 답했다.

"언젠가는 자신이 왕의 어머니가 되면 가차 없이 보복하겠다는 심사를 갖고 있는데, 그런 마음으로 원자를 가르치게 되면 어떻게 되겠는가?"

"원자가 현명하다면 조선의 사직이 염려가 없겠지만 만약 원자가 현명하지 못하다면 사직이 영구하게 전해질는지 알 수 없겠다."

"원자가 효자라면 나를 잘 모실 테고 그렇지 않으면 그때 가서 알아서 하지 않겠느냐. 개의치 않는다."

국가를 책임지는 왕의 말이라고 하기에는 상당히 무책임한 발언이다.

◎ **"몇 해 기다렸다 세자로 삼아도 늦지 않다"**

1480년(성종 11) 1월 3일 도승지 김승경이 성종에게 한명회의 말이라며 '원자의 나이가 이제 5세가 되었으니 여염에 섞여서 살 수는 없다'고 전한다. 그러나 성종은 한나라 선제의 이야기까지 끌어들이며 "선제도 민간에 오랫동안 있었는데 여염집에 거처하는 것이 무엇이 해롭겠는가?"라고 대답한다. 아버지의 사랑을 받아보지 못한 성종이라 아버지의 사랑을 베풀 줄도 몰랐던 것일까? 아니면 폐비 윤씨에 대한 안 좋은 감정이 원자에게 투사된 것이었을까?

같은 해 5월 5일자 실록에는 아주 흥미로운 기사가 실려 있다. 성종이 명나라 사신의 숙소인 모화관에 가서 정동(鄭同) 등 명나라 사신들에게 잔치를 베풀고 돌아온 직후 김승경을 보내 정동에게 묻는다.

"왕비를 일찍이 폐했습니다. 그런데 황제께서 그 사실을 모르시니 이렇게 왕비에게 보낸 선물은 어떻게 처리하는 게 좋겠습니까?

"중국 조정에서는 왕비를 폐한 것을 모르고 오직 저와 함께 온 사신 한씨만이 그 사실을 알 뿐입니다."

"지금 선물을 받는다면 훗날 왕비 책봉을 청할 때 어떻게 말해야 하겠습니까?"

"그때야 당연히 제가 옆에서 말을 만들어 '저번에 사신으로 갔을 때 왕비가 병이 있다는 것을 들었습니다'라고 하겠습니다."

그러면서 정동은 "지난번에 궁각(弓角, 활을 만드는 데 쓰는 황소의 뿔)을 무역하는 문제와 왕비의 관복을 준허받은 일도 모두 제가 주선한 것입니다"라며 공치사를 한다. 정동은 이런 수준의 인물이었고 그 옆에는 늘 한명회가 있었다. 한명회는 뇌물로 정동을 좌지우지했다. 사실 정동은 명나라 사람이 아니라 조선 사람이었는데, 고자가 되어 명나라로 들어가 환관으로 있다가 조선을 찾는 사신이 되어 온 것이었다.

실제로 그해 11월 9일 한명회는 성종을 독대하고 나서 승지와 사관에게 자신이 성종과 주고받은 말을 전한다. 자신이 "원자는 자질이 영명하므로 실로 조선에 있어서 만세의 복입니다. 신이 이번에 주문사로 가서 세자로 책봉할 것을 주청해 국본(國本, 세자)으로 정하겠습니다"라고 간언했더니 성종은 "어미가 비록 부덕하다고 해서 어찌 아들에게 영향을 주겠는가? 단지 나이가 아직 어리니 몇 해를 더 기다렸다가 세자로 책봉해도 늦지는 않을 것이다"라고 답했다는 것이다. 한명회의 전언이 사실이라면 원자를 세자로 책봉하는 것을 내켜 하지 않는 성종의 마음을 읽어내기란 그리 어렵지 않다.

당시는 훗날 중종이 되는 진성대군은 아직 태어나지 않은 상태였다. 진성대군은 1488년(성종 19)에 태어난다. 그러나 진성대군의 어머니, 즉 상당 기간 동안 연산군의 '친모' 역할을 했던 정현왕후 윤씨는 연산군의 친모 윤씨가 폐비된 그해 11월에 이미 왕비의 자리에 올라 있었다.

성종이 한명회와 독대한 11월 9일의 하루 전날 윤호의 딸인 숙의 윤씨가 두 번째 계비가 되었다. 그래서 다음 날 성종은 명나라로부터 승인받는 문제로 비밀리에 한명회를 만났던 것이다. 부인이 한 명 더 생긴 만큼 성종은 세자 책봉 문제에 대해서 좀 더 시간을 두고 싶었을 것이다.

고민을 거듭하던 성종은 결국 1483년(성종 14) 2월 6일 원자 융(憬)을 세자로 책봉한다. 이보다 한 달 앞선 1월 4일 성종은 의정부와 육조의 당상관을 불러 "내가 옛일을 보건대 여덟 살에 세자를 봉하는 것이 예인데, 이제 원자의 나이가 여덟 살이므로 책봉을 할 만하다"고 밝힌 바 있다. 이런 결심은 아마도 그 전에 했을 것이다. 3년 전에 왕비로 올린 정현왕후가 왕자를 생산하지 못한 것도 영향을 주었을 것으로 보인다. 중국의 압력은 거셌고 딱히 세자를 책봉하지 않는 이유를 댈 것이 없었다.

명나라와의 관계에서 볼 때 폐비와 세자 책봉은 그 비중이 달랐다. 폐비를 하더라도 세자 책봉을 예정대로 한다면 명나라가 크게 문제 삼을 것은 없었다. 그러나 세자를 바꾸게 되면 명나라로서도 심각한 문제였다. 조선의 정국이 불안정해질 수밖에 없기 때문이다.

2월 6일 원자 융의 세자 책봉식은 경복궁 사정전에서 있었다. 그 책문(冊文, 책봉하는 글)에는 상투적인 표현이긴 하지만 이런 구절이 포함되어 있다.

"아! 너 이융은 나면서부터 영리해 일찍부터 인효(仁孝)의 성품이 현저하고, 총명이 날로 더해가 장차 학문의 공이 융성할 것이니, 마땅히 동궁에서 덕을 기르고 대업을 계승할 몸임을 보여야 할 것이다. 그래서 너를 세워 왕세자로 삼는다. 총명(寵命, 임금의 명)을 받았으니 더욱 영구한 계책을 생각하라. 간사함을 멀리하고 어진 이를 친근히 하며, 힘써 스승의 아름다운 가르침을 지키고, 항상 깊은 못에 임하듯, 얇은 얼음을 밟는 듯 조심해 조종(祖宗)의 빛나는 발자취를 뒤따르면 어찌 아름답지 아니하랴?"

세자 이융은 이때까지 불과 7개월 전에 친어머니가 사약을 받고 세상을 떠났다는 사실을 새까맣게 모르고 있었다. 사실 폐비 윤씨를 죽였던 배경에는 당시 성종에 대한 부정적인 여론과 윤씨에 대한 동정적인 여론도 크게 작용했다. 이런 여론을 잠재우는 데는 세자 책봉만 한 것이 없었다. 묘하게도 세자 책봉 직후인 2월 18일 그를 어려서부터 키워준 강희맹이 세상을 떠났고, 3월 30일에는 폐비 윤씨를 죽이는 데 일정한 역할을 했던 정희대왕대비 윤씨도 세상을 떠났다. 인수대비가 폐비 윤씨의 사사(賜死)의 주역이었다면 정희대비는 조연 격이었다.

◎　　　**연산군의 미래에 대한 성종의 빗나간 구상**

세자가 되었다고 해서 모든 것이 끝난 게 아니다. 태종 때의 양녕대군처럼 폐세자, 즉 세자 자리에서 쫓겨나는 일도 얼마든지 가능하다. 그런데 세자에 대한 성종의 사랑(혹은 기대)은 매우 컸던 것 같다. 세자로 책봉한 지 2년 후인 1485년(성종 16) 2월 3일 성종은 세자를 위해 동궁을 건축하라고 지시하면서 "내일 과인이 직접 나가서 터를 보도록 하겠다"고 말한다. 실제로 다음 날 성종은 "건양문 밖에 나아가 동궁의 터를 살펴보았다." 그리고 5일에는 이극증과 김겸광을 세자궁 조성제조로 임명한다. 김겸광은 창경궁 창건을 이끌었던 인물이었으니 성종이 동궁 건립에 얼마나 큰 관심을 가졌는지 알 수 있다. 이것은 곧 세자에 대한 기대와 비례하는 것이었다.

그런데 의구심이 드는 대목이 있다. 1486년(성종 17) 이미 세자의 나이가 열 살을 넘고 있었다. 1월 2일 상당부원군 한명회가 이렇게 간언했다.

"조종조에는 세자가 10세에 공부를 시작하고 11세에 빈을 맞아들였는데, 지금 동궁이 10세가 지났으니 입학하게 하소서."

여기서 '입학'이란 세자를 성균관에 입교시켜 유학의 기초를 공부하도록 하는 것으로서 세종 때부터 시작된 왕실의 관행이었다. 세종은 세자뿐만 아니라 왕자들까지 모두 성균관에 입학해 공부하도록 했다. 그런데 성종은 한명회의 말이 옳다고 하면서도 "예전에는 8세에 입학했지만 사람의 기질이 같지 않아 13,4세가 되기를 기다려 입학시키고자 한다"고 답한다.

왜일까? 이유는 두 가지가 있을 수 있다. 세자의 재능이 떨어졌거나 아니면 어머니의 비밀을 알게 될 것을 두려워해서였을 것이다. 성종의 세자에 대한 깊은 사랑을 볼 때 세자가 재능이 떨어졌다고 보기는 힘들다. 그렇다면 자연스럽게 후자였을 가능성이 커진다. 성균관에 입학하게 될 경우 외부 사람들을 만나면서 어머니의 비극적인 죽음에 관해 어떤

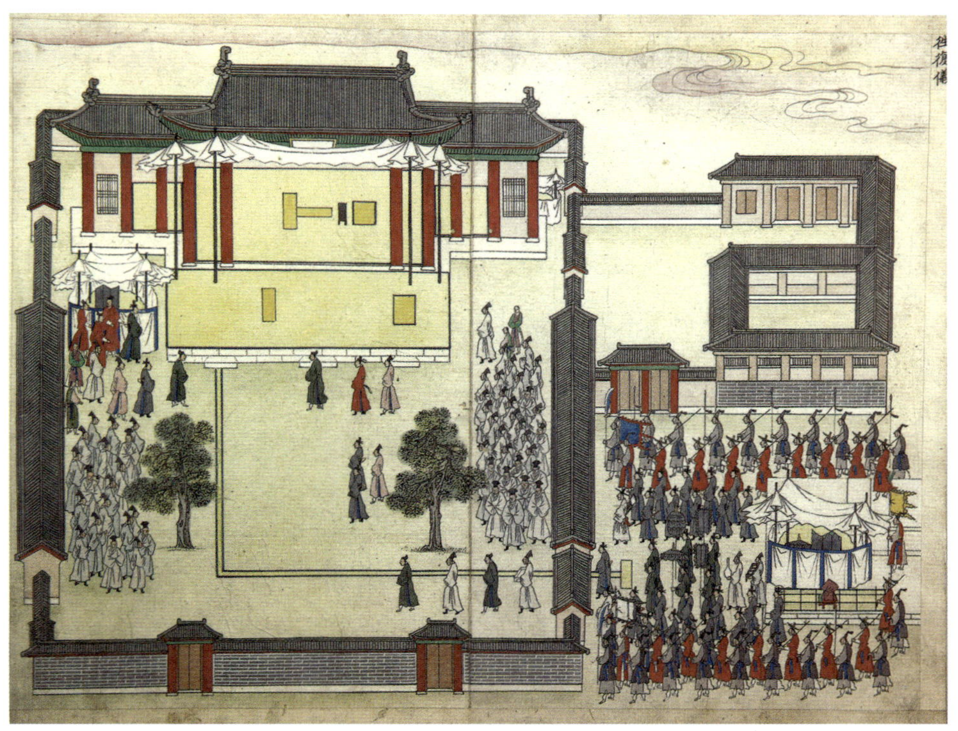

〈왕세자 성균관 입학식도〉. 순조의 아들 효명세자의 입학 장면을 기록한 그림이다. 종이에 채색, 24.0×37.5cm, 국립고궁박물관 소장

식으로건 듣게 될 가능성이 높았다.

그와는 별도로 공부는 4월 10일 이후에 본격적으로 시작된 듯하다. 성종이 이날 김겸광을 세자좌빈객, 유지를 세자우빈객으로 임명했기 때문이다. 첫 교재로는 《논어》를 읽었다. 그리고 11월 2일 《논어》 강독이 끝나자 성종은 다음 텍스트로 《맹자》를 선정해준다. 자신도 왕위에 오르고 나서 제왕학 공부를 시작했고 첫 교재가 《논어》, 그 다음이 《맹자》였다. 참고로 성종은 열세 살, 세자는 열한 살에 본격적인 공부를 시작했다. 그리고 성종이 《논어》 공부를 끝내는 데 걸린 시간은 10개월, 그에 비해 세자는 7개월 만에 공부를 끝냈다.

세자가 글공부에서 보여준 성과 때문인지 열세 살쯤 성균관에 입학시키고 열다섯 살이나 열여섯 살에 납빈(納嬪, 빈을 맞아들임)하겠다던 성종의 본래 구상은 크게 앞당겨진다.

이듬해인 1487년(성종 18) 2월 승정원에서 세자가 성균관에 입학할 때 준비할 사항들을 정리하다가 성종에게 "출입할 때 어느 문으로 해야 마땅하겠습니까?"라고 묻는다. 승정원에서는 세자가 창경궁에서 성균관을 오갈 때 어떻게 할 것인지를 문의한 것이었다.

성균관 입학은 세자에게 성인식인 관례와 함께 가장 중요한 두 가지 의식 중 하나였다. 당시 성종이 세자의 성균관 입학을 얼마나 기뻐했는지는 2월 29일 대사면을 내리겠다고 말하는 데서 드러난다.

"세자가 입학하는 것은 큰 일이다. 예종께서 관례를 행하자 대사면을 베푼 일이 있었는데, 입학과 관례가 무엇이 다르겠는가?"

일부 신하들의 반대가 있기는 했지만 대사면령이 내려진다. 그리고 그 날 성종은 서둘러 관례를 행하겠다는 뜻도 밝힌다. 관례가 있은 지 얼마 안 되어 혼례를 하는 것은 유교 사회의 일반적인 관습이었고 왕실이라고 예외는 아니었다. 성종은 뭔가에 상당히 고무되어 있었다.

이날 혼인에 대한 논의에서 신하들의 큰 반대가 없자 성종은 바로 다음 날인 3월 1일 승정원에 "병조판서 신승선의 딸을 세자빈으로 삼으라"고 명한다. 이미 성종의 머릿속에서는 세자의 혼인 문제에 대한 구상이 끝나 있었던 것이다.

세자의 결혼식은 예정대로 1488년(성종 19) 2월 6일 거행됐다.

신승선은
어떤 사람인가?

연산군의 장인으로서 훗날 국구(國舅)가 되는 신승선(慎承善, 1436〔세종 18〕~
1502〔연산군 8〕)은 세종의 넷째 아들인 임영대군의 딸과 혼인해 왕실 종친이
된 인물이었다. 세조가 왕이 된 후 지극한 총애를 받아 한성부우윤에 올랐고
1466년(세조 12)에는 관리들을 대상으로 실시하는 문과 중시에 장원급제해
병조참판으로 승진했다. 그러나 성종 때 남의 글을 빌려 장원을 했던 것으로
드러나 탄핵을 받기도 했다. 1491년(성종 22) 이조판서가 되었고, 무능해 정
승의 그릇이 못 된다는 삼사의 반대에도 불구하고 1494년(성종 25) 우의정에
임명됐으며, 같은 해에 사위 연산군이 왕으로 즉위함으로써 좌의정으로 승
진, 뒤이어 영의정에까지 올랐다. 춘추관 영사로서 《성종실록》의 편찬을 주
관했고, 1497년(성종 28) 거창부원군으로 진봉(進封)됐다.

실록에 따르면 신승선은 사람됨이 섬약(纖弱)했다고 한다. 왕실과의 중첩
된 인척 관계로 역대 임금들의 총애와 예우에 힘입어 영의정의 자리에까지
올랐지만, 대신으로서의 능력이 없는데다 병을 핑계로 자리를 자주 비움으로
써 세상 사람들로부터 죽반승(粥飯僧, 죽과 밥을 축내는 선승이라는 뜻으로, 직위
에 있으면서 놀고먹는 무능한 사람을 일컫는 말)이라 불리며 비웃음을 샀다고 한
다. 성종 말년 이조판서로 있을 때는 뇌물을 받고 벼슬을 내림으로써 수리판
서(袖裏判書, 소맷속 판서)라는 비난을 받기도 했다. 연산군 집권기에 죽어서
비극적인 결말을 보지 못했지만 그의 아들들은 중종반정이 일어나자 모두 비
참한 죽음을 맞게 된다.

1488년 4월 13일 성종은 영의정 윤필상 등 핵심 측근들에게 글을 내려, 중국에서도 황제가 된 후 폐후됐던 어머니를 황후의 예를 갖춰 제사를 지내는 경우가 있다며 "이제 폐비를 위해 예를 간략히 해서 제사를 지내려고 하는데, 이렇게 하면 후일에 이의를 제기하는 자가 없지 않겠는가? 경들의 뜻은 어떠한가?"라고 묻는다. 신하들로서는 반대할 이유가 없었다.

이러한 조치는 세자가 같은 해 2월 6일 혼례를 올린 일과 직결되어 있다고 봐야 할 것이다. 세자가 임금이 되면 실상을 알게 될 것이고, 왕비의 예를 갖춰 제사를 지내야 한다는 주장이 나올 것이며, 임금이 된 세자가 그것을 받아들이지 않을 리 없다는 것을 성종은 알고 있었다. 거기에다 세자에 대한 미안한 마음과 폐비 윤씨에 대해 애틋해하고 후회하는 마음도 없지 않았을 것이다. 세자의 어머니를 죽인 것은 아무래도 너무 가혹했기 때문이다.

성종은 당대 최고의 술사 최호원을 불러 지금 윤씨의 묘 자리가 어떠한지를 파악해서 보고하라고 명한다. 최호원이 나흘 후 이런저런 보고를 하자 성종은 묘 자리 자체가 좋은지 나쁜지는 중요한 게 아니라며 이렇게 말한다.

"단지 세자를 위해 길흉을 살피도록 한 것일 뿐이니 다른 것은 생각할 것 없이 길흉만 말하라."

최호원은 단호하게 "좋지 않다"고 답한다. 이 말에 성종은 속으로 화가 치밀었다.

"이미 서인(庶人)이 되었으므로 그 집에서 거두어 장사 지내야 마땅했겠지만 세자가 있었기 때문에 국가에서 터를 가려 장사를 지냈던 것이다. 그런데 당시에 어찌 불길한 터에다 정했단 말인가? 만약 불길하다면 천장(遷葬, 묘를 옮김)하는 것이야 무엇이 어렵겠는가?”

여기서 우리가 한 가지 주목해야 할 사실은 유교근본주의자에 가까운 성종이 풍수에 의존하고 있다는 사실이다. 성종으로서는 신하들의 눈치를 살피지 않을 수 없는 대목이었다. 5월 11일 한 말에 성종의 고민이 잘 담겨 있다.

“장지를 옮긴다 하더라도 새로 선택한 장지가 지금의 것만도 못할는지 어떻게 알겠는가? 지리에 대한 학설은 참으로 믿을 수 없다. 그러나 고금에 그것을 통용하니 어떻게 폐지할 수 있겠는가? 더구나 폐비 윤씨를 위한 것이 아니고 세자가 있기 때문이다. 어떻게 처리해야겠는가?”

1489년(성종 20) 5월 16일 성종은 밀봉한 작은 편지를 윤필상 등에게 전해주면서 “사람을 물리치고 열어보라”고 했다. 윤필상 등도 읽어보고서 작은 편지를 써서 봉해 회답했다. 왕의 모든 것을 기록해야 하는 사관도 무슨 일인지를 몰랐다. 훗날 그때 오간 어서(御書)와 윤필상 등의 답서 내용이 밝혀졌다.

“폐비의 악덕은 사책(史冊)에 분명히 드러나 있어 우리 백성들만 통분해할 뿐만 아니라 천왕(天王, 명나라 황제) 역시 폐출을 허락한 것이니, 어찌 다시 논할 수 있으랴? 다만 나는 지금도 옛날 일을 생각하면 한밤중까지 두려워하며 홀로 앉아 잠 못 이룬 날이 얼마나 되는지 모른다. 비록 영원토록 제사를 지내지 않는다고 하더라도 혼령에게 어찌 원통함이 있겠으며, 내가 어찌 불쌍한 생각이 들겠는가? 다만 어미가 자식 때문에 영화롭게 되는 것은 임금의 은혜이며, 후일의 간악함을 방비하는 것은 임금의 정사이다. 지금 세자의 정리를 생각하면 어찌 측은하지 않겠는가? 지금 특별히 일정한 제사를 하여 자식의 심정을 위로하며 영혼이 감응하게 하고자 한다. 그리고 비록 내가 죽은 뒤에라도 영원토록 바꾸지 말고 아비의 뜻을 지키게 하는 것이 어떻겠는가?”

이때 어서를 받았던 인물은 윤필상, 홍응, 노사신, 윤호, 이철견, 정문형, 이숭원 등 측근 대신들이었는데, 이들은 대찬성이었다.

폐비 윤씨의 제삿날은 정확히 3개월 후인 8월 16일이었다. 다만 성종은 칭호를 올리는 것을 반대하고 그냥 ‘윤씨의 묘’라고 쓰도록 했다. 성종이 마지막에 “내가 죽은 뒤에라도 영원토록 바꾸지 말라”고 한 것은 윤씨를 왕비로 추증하지 말라는 뜻이었다.

성종도 제사의 격식은 명절날에 한해 왕후에 준하는 형식을 갖춰 지내게 했다. 그러나 이것으로 억눌린 연산군의 피맺힌 분노를 달래기에는 턱없이 부족했다. 폐비 윤씨가 죽었다는 사실 자체, 그리고 그 아들이 국왕이 되었다는 것, 이것만으로도 역사는 피의 복수를 예고하고 있었고 당대의 권신들 또한 이를 예감하고 있었다.

◎　　　**신권 정치를 부정한 왕권주의자 연산군**

앞에서 살펴본 것처럼 연산군은 미친 군주는 아니었다. 오히려 흔히 개혁 군주로 평가받는 고려 말 공민왕 같은 이가 광군(狂君)이었다.

연산군은 전형적인 폭군이었다. 그리고 폭군이 된 뿌리에는 어머니 윤씨의 죽음이 자리하고 있었다. 그것은 동시에 아버지 성종에 대한 근원적인 반발이기도 했다.

'임금' 연산군에 대한 기존의 연구나 평가는 대부분 처음부터 끝까지 부정적인 묘사로 일관하고 있다. 연산군의 긍정적인 면을 지적하는 것이 패륜에 가까운 폭정을 정당화시킨다는 비판을 우려한 때문으로 보인다.

그러나 현실주의적으로 보면 연산군이 비정상적인 모습을 보여준 것은 집권 후반기였고, 전반기나 중반기까지는 왕권 강화를 위해 신권을 지나치게 옹호하려는 사림들과의 투쟁이었다고 보는 게 온당하다. 만일 처음부터 연산군이 어머니 윤씨의 문제를 들어 보복 정치에 나섰다면 기존의 분석이 타당성을 가질 것이다. 하지만 연산군은 한편으로는 어머니 윤씨의 문제를 최대한 억누르고, 다른 한편으로는 아버지 성종의 '무능'으로 비대해질 대로 비대해진 신권을 제압하는 것을 최우선 과제로 삼았다.

1498년(연산군 4)에 일어난 무오사화를 분석해보면 연산군이 어머니 윤씨의 복수보다는 왕권 강화에 중점을 두었음을 알 수 있다. 사건의 개요를 살펴보면 이렇다.

1498년 《성종실록》이 편찬됐다. 이때 실록청 당상관 이극돈은 김일손이 사초에 삽입한 김종직의 〈조의제문(弔義帝文)〉은 "세조가 단종으로부터 왕위를 빼앗은 일을 비방한 것"이라며 연산군에게 고했다. 연산군은 김일손 등을 심문하고 이 같은 죄악은 김종직이 선동한 것이라며 이미 죽은 김종직의 관을 파헤쳐 시체의 목을 베었다. 그리고 사림파인 김일손, 권오복, 이목, 허반, 권경유 등을 선왕을 무록(誣錄, 무고해 기록함)한 죄를 씌워 죽이거나, 붕당을 이루고 〈조의제문〉의 삽입을 방조한 죄로 귀양 보냈다.

여기에서 중요한 것은 세조에 대한 연산군의 태도다. 연산군은 할아버지 세조를 왕권 강화의 표상으로, 아버지 성종을 신권에 굴복한 나약한 임금으로 간주하고 있었다. 사림파는 연산군의 이 같은 생각에 정면으로 도전하기 위해 세조를 지목해 비방했던 것이다. 이런 요인들이 제대로 분석되지 않으면 왕권강화론자로서 연산군이 보여준 긍정적 측면을 간과할 수밖에 없다.

문제는 왕권강화론 자체가 아니라 그것을 구현해낼 수 있는 구상과 지략이 연산군에게 있었는가 하는 점이다. 이 점에서 연산군은 긍정적인 평가를 받을 수 없다. 그는 인내할 줄 몰랐고 사람을 볼 줄 몰랐으며 무엇보다 일을 몰랐다. 게다가 그의 가슴속 깊은 곳에서는 점점 복수심이 들끓고 있었다.

결국 1504년(연산군 10) 갑자사화가 일어난다. 이 사건은 처음부터 끝까지 어머니 윤씨의 문제와 관련돼 있었다. '폭군' 연산군의 행보는 이때부터 시작돼 왕위에서 쫓겨날 때까지 2년간 이어졌다. 이 시기 연산군은 임금으로서는 물론이고, 한 인간으로서 살아가야 할 이유를 상실한 모습이었다. 연산군은 아버지를 배신하고 어머니의 죽음을 방조한 신하들을 믿으려야 믿을 수 없었다. 그는 반란의 조짐을 알고서도 적극적으로 대책을 세우지도 않았다. 인간에 대한 신뢰 상실은 결국 자기 파멸로 이어졌고, 왕위 폐출은 시간문제였다.

오도된 재평가의 덫,
광해군 이혼의 하루

◎ 부끄러운 군주의 초상

종묘사직에 큰 죄를 지은 몸이 무슨 할 말이 있겠냐만 나를 두고서 옛날부터 지금까지 말들이 참 많았으므로 역사의 증인으로서 뭔가 기록은 남겨야겠기에, 서인들의 조직적인 반역을 제대로 제압하지 못하고 왕위를 빼앗겨야 했던 그날에 대한 소회를 밝히겠다.

그 무렵 나는 철저하게 고립되어 있었다. 사정을 모르는 사람들은 서인들의 움직임이 이미 2~3년 전부터 시작됐고 내게는 이이첨으로 대표되는 대북파가 있었는데, 나라의 무력을 장악한 상태에서 어떻게 오합지졸에 불과한 서인 1,000여 명에게 그렇게 쉽게 왕위를 내줄 수 있었느냐고 비판한다. 그러나 나는 처음 반란 소식을 접했을 때 이이첨이 주동자인 것으로 오판했을 만큼 당시 대북파와 멀어져 있었다.

나를 왕위에 올려준 당파가 대북파였는데 그 대북파와 이처럼 대립하고 있었으니, 급변을 당할 경우 나를 지켜줄 사람은 애당초 없었다고 해도 과언이 아니다. 모든 당파를 아울러도 국정을 유지하기가 어려운데 북인 전체도 아닌, 그중 일부인 대북파만으로 국정을 온전하게 하는 것은 불가능했다.

훗날 탕평책이라 불리는 당파 연합도 추구해보았지만 서인들과의 골이 너무 깊었고 남인들과도 소통이 쉽지 않았다. 그나마 북인도 소북과 대북으로 갈려서 대북을 제외하고는 정권에 참여하려는 사람들이 거의 없었다. 물론 사정이 그렇게 된 데는 내 덕이 모자란 이유가 컸겠지만 선대 임금 때부터 시작된 당쟁의 폐해 때문인 것도 부인할 수 없다.

1623년(광해군 15) 3월 12일, 그날은 아침부터 조짐이 좋지 않았다. 병조에서 보고하기를 병조판서 권진은 직무를 보지 않고 있었고, 참판 박정길과 참의 백대형도 병을 핑계로 출근하지 않았으며, 대신 참지 배대유만이 근무 중이라고 했다. 아마도 내가 평상심을 유지하고 있었다면 당장 판서, 참판, 참의를 불러들여 엄벌에 처했을 것이다. 그러나 정사에 흥미를 잃고 있던 나는 그저 권진 등을 서둘러 출사하도록 하라는 형식적인 명만 내렸을 뿐이다. 이처럼 병권을 수수방관했으니 어떻게 왕권인들 지킬 수 있었겠는가? 이런 점에서 볼 때 요즘 후손들이 진행하는 내 외교 정책에 대한 재평가 소식을 들으면 면구스러운 마음이 든다. 자기 정권도 못 지키는 사람이 무슨 나라를 제대로 지킨단 말인가? 재평가는 반가운 소식이지만 실상에서 너무 벗어난 이야기는 안 했으면 한다.

이유는 좀 다르지만 정사에 흥미를 잃었다는 점에서는 선대의 연산군과 나는 상황이 크게 다르지 않았다. 이럴 때 공허한 마음을 달래줄 수 있는 것은 여자뿐이다. 그대들이 '김개똥'이라 부르는 상궁 김개시가 나에게는 그런 여인이었다. 그런데 그런 김개시가 나를 배신하리라고는 꿈에도 생각지 못했다. 연산군의 장녹수만도 못한 여인에게 빠져 있었던 내 자신이 부끄러울 뿐이다. 장녹수는 그나마 연산군을 지키려는 최소한의 예의는 있었다. 그래서 연산군이 쫓겨난 후 사형을 당하지 않았는가?

다시 그날로 돌아가자. '뭔가 이상한 일이 벌어지고 있구나'라는 느낌이 들어 며칠째 출사하고 있지 않은 병조판서 권진을 당장 불러들이라고 승정원에 전교를 내렸다. 그런데 아무런 답이 없었다. 아차 싶어 당장 병조판서 외에 입직 당상, 포도대장, 훈련도감 대장을 모두 불러들이라고 했지만 역시 아무런 대답이 없었다. 그때서야 '역모다!' 하는 느낌이 들었다.

그 순간 이유홍의 아들 이이반이 대궐에 들어와 창덕궁 인정전에 있던 나를 찾았다.

"전하, 제가 길에서 친구 이후원을 만났는데 그가 '오늘 반정이 있을 터이니 함께 가자'고 해서 이리 달려와 급히 고합니다."

부끄러운 이야기지만 그때 나는 이미 취해 있었다. 그때라도 정신을 차리고 당당하게 반역자들의 무리 앞에 나섰으면 반정은 이뤄질 수 없었을 것이다. 그러나 나는 비겁하게도 후문을 통해 달아나는 길을 택했다. 젊은 내시 등에 업혀 뒷담을 넘어 사복시 개천가에 있는 의관 안국신의 집에 숨었다. 세자는 따라오는 듯하더니 보이지 않았다.

결국 다음 날 나와 세자는 각각 반정군에 발각됐고 나는 대궐로 끌려가 도총부 건물에 머물게 되었다. 들리는 소식이라고는 김개시를 비롯

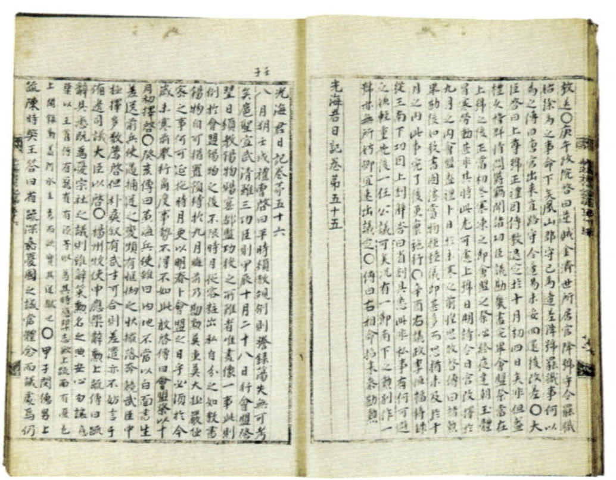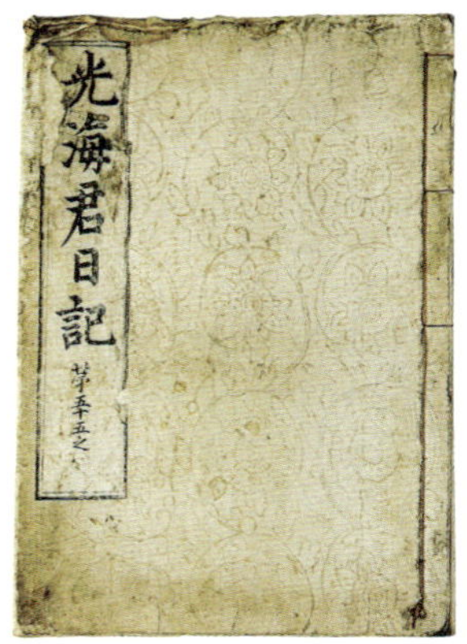

《광해군일기》. 기본 사료인 시정기(時政記)와 《승정원일기》 등이 대부분 이괄의 난 때 흩어져 없어졌기 때문에, 부득이 광해군 즉위 이후의 조보(朝報), 사관의 가장(家狀)된 사초, 사대부 집안에 소장된 일기, 상소문의 초고, 야사, 문집 등을 정리해 편찬했다.

한 대북파 사람들이 처형됐다는 소식뿐이었다. 나 또한 목숨을 구하기는 어렵겠다고 판단했다.

어떤 논의가 있었는지는 모르겠지만 열흘이 지난 23일 나와 왕비, 그리고 세자 부부는 강화도로 유폐돼 다른 집에서 살게 되었다. 그리고 얼마 후 나는 유배지가 제주도로 바뀌었다. 그나마 천수를 누리게 해준 조카 인조에게 감사해야 하는 것인지……. 부디 나처럼 부끄러운 군주가 다시 나오지 않았으면 하는 바람뿐이다.

◎ **선조와 부인 김씨들의 특별한 인연**

방계승통(傍系承統). 늘 선조를 따라다니며 괴롭혔던 말이다. 명종비였던 인순왕후 심씨와 영의정 이준경이 하성군 이균(李鈞)을 왕위로 올리기로 했을 때 이균은 열여섯 총각이었다. 이균은 중종과 후궁 안씨 사이에서 난 덕흥군의 셋째 아들이었다. 중종의 서손이었던 것이다.

게다가 즉위와 함께 이균(선조)은 궁중 법도에 따라 명종의 양자로 입적됐기 때문에 삼년상이 끝날 때까지 혼인을 할 수 없었다. 인순왕후를 비롯해 주변 신하들은 선조가 여자 문제에 대해 좀 더 인내해주기를 바랐을 것이다. 정비에 앞서 후궁을 들일 경우 훗날 후사 문제가 복잡하게 뒤얽힐 수 있었다. 그러나 선조는 당시 혈기를 참기 힘든 십대 후반이었고, 방계승통이라 해도 어디까지나 지존은 지존이었다.

제도적으로 혼인은 금지돼 있었지만 남녀 문제는 사생활이었고 제3자가 왕의 사생활을 통제한다는 것은 사실상 불가능했다. 시기가 정확하지는 않지만 선조는 정식 혼인에 앞서 궁중 음식을 만드는 소주방(燒廚房) 나인을 가까이했던 것으로 보인다. 그녀가 바로 임해군과 광해군의 어머니인 공빈 김씨(1553~1577)다. 실록에는 《선조수정실록》에만 공빈 김씨에 대한 상세한 정보가 단 한 건 실려 있을 뿐이다.

1577년(선조 10) 5월 1일 당쟁이 본격화되기 시작할 무렵, 공빈 김씨가 광해군을 낳고 출산 후유증에 시달리다가 광해군이 세 살 무렵 세상을 떠났다. 공빈은 일찍이 선조의 총애를 입어 다른 후궁들이 감히 두 사람의 사랑에 끼어들지 못했다고 한다.

"병이 위독해지자 임금에게 하소연하기를, '궁궐에 저를 원수로 여기는 사람이 있어 제 신발을 가져다가 병들기를 저주했는데도 주상께서는 조사하지 않으셨습니다. 그러니 오늘 제가 죽더라도 이는 주상께서 시킨 것이나 다름없습니다. 하지만 죽어도 감히 원망하거나 미워하지는 않겠습니다'라고 했다."

이 일 때문에 선조는 다른 후궁들에 대해 사납게 구는 일이 많았다고 한다. 그만큼 선조는 공빈 김씨를 각별히 사랑했던 것이다. 그러나 얼마 지나지 않아 선조는 소용 김씨에게 빠졌다. 훗날 인빈 김씨가 되는 소용 김씨가 공빈의 묵은 잘못을 들춰내자 선조는 더 이상 슬퍼하지 않고 "공빈이 나를 저버린 것이 많다"며 새로운 사랑을 받아들였다. 한때 이이를 총애하다가 이이가 세상을 떠나자 그의 잘못을 들춰내려 했던 것과도 같은 맥락인지 모른다. 《선조수정실록》은 "이로부터 김소용이 특별한 은총을 입어 방을 독차지하니 전에 비할 바가 아니었다"고 기록하고 있다.

조선 왕실에서는 예로부터 '금성(金姓, 김씨 성)은 목성(木姓, 이씨 성)에 해롭다(金克木)'는 말이 있었기 때문에 왕비나 후궁을 간택할 때 언제나 김씨를 제외했는데, 선조가 왕좌에 올라서는 3빈(공빈, 인빈, 순빈)이 모두 김씨였고 훗날 인목왕후 또한 김씨였다. 실록은 "그 때문에 식자들은 불길하지 않을까 걱정했다"고 적고 있다.

앞선 조선 왕들의 정비와 후궁들 중에서 김씨 성을 가진 사람을 보면 정종비 정안왕후 김씨, 태종의 후궁 효빈 김씨, 세종의 후궁 신빈 김씨, 성종의 후궁 숙의 김씨, 중종의 후궁 숙원 김씨가 있기는 했다. 그러나 선조의 경우는 유난히 김씨와 인연이 깊었다.

◎　　　**적장자에 대한 갈증, 그리고 석녀 의인왕후**

선조의 혼인과 관련해 《선조실록》에는 선조 2년(1569) 12월 29일자에

"주상이 가례를 행했다"는 짧은 문장밖에 나오지 않는다. 그리고 선조 3년 1월부터 3월까지 기사가 모두 누락돼 있어서 선조의 혼인을 둘러싼 맥락과 분위기를 알 수 있는 방법이 없다. 그런데 《선조수정실록》에는 11월 1일 자에 가례를 가진 것으로 나오고, 관련 정보도 좀 더 많다.

"현령 박응순의 딸을 왕비로 맞았다. 그리고 박응순을 반성부원군 및 돈녕부 영사로 추대했다."

《선조수정실록》에는 12월 기사 전체가 누락되어 있다. 실록에서 임진 왜란 이전의 선조 관련 기록은 대부분 이런 식인데 이는 자료 유실 때문이다.

분명한 것은 1569년 12월경 선조가 현령 박응순의 딸을 왕비로 맞아들였다는 사실이다. 그녀가 의인왕후 박씨다. 선조가 왕위에 오른 지 2년 반만의 일이었다. 의인왕후는 후궁들 사이에서 '살아 있는 관음보살'이라 불릴 만큼 후덕했고 미모도 뛰어났다. 그리고 의인왕후 박씨 집안 사람들은 대부분 반듯한 처신으로 존경을 받았다. 하지만 안타깝게도 의인왕후는 아이를 낳지 못하는 석녀였다.

여기서 의인왕후의 집안을 잠깐 살펴보자. 의인왕후는 반남 박씨였는데, 태종 때 하륜에 이어 좌의정을 지내면서 세종 즉위에 큰 공을 세운 박은이 반남 박씨다. 그 이후에는 높은 벼슬을 지낸 인물들이 별로 없었다. 이런 가운데 의인왕후의 할아버지인 박소(朴紹, 1493〔성종 24〕~1534〔중종 29〕)가 1519년(중종 14) 문과에 장원급제했다. 기묘사화가 일어난 바로 그해다. 박소는 어려서 김굉필 문하에 들어가 공부했고 조광조 등과도 친분이 있었다. 소위 사림계였던 것이다.

홍문관 부수찬, 사헌부 지평 등을 지낸 박소는 사림들이 화를 입고 권신 김안로가 권력을 전횡하자 합천으로 낙향했다. 그 자신은 큰 뜻을 다 펴지 못했지만 박소에게는 아들 5명과 손자 17명이 있었다. 모두 학식과 덕행이 뛰어나 '5응 17동'이라는 말이 퍼졌다. 아들의 돌림자가 '응'이었고 손자의 돌림자가 '동'인 데서 생겨난 말이었다.

박소의 아들 대에서 반남 박씨는 조선의 주요 가문으로 급속도로 성장하게 된다. 맏아들 박응천은 세자의 스승이 되었고, 둘째 박응순은 선조의 장인이 되었으며, 셋째 박응남과 넷째 박응복은 문과를 거쳐 참판에까지 올랐다. 다섯째 박응인은 상대적으로 두각을 나타내지 못했다. 하지만 박응복의 아들 박동량은 형조판서에 올랐고 박동량의 후손 중에서 그 유명한 연암 박지원이 나왔다. 이렇게 박소는 반남 박씨의 중흥을 이루었다.

의인왕후의 인품을 간접적으로나마 이해하기 위해 아버지 박응순에 대해 간략하게 살펴볼 필요가 있을 듯하다. 박응순(朴應順, 1526〔중종 21〕~1580〔선조 13〕)은 1555년(명종 10) 진사시에 급제했지만 문과에는 급제하지 못해 이듬해 문음(門蔭)으로 의금부도사에 특채됐다. 사헌부 감찰, 안음현감 등을 지냈고 딸이 선조의 왕비가 되자 반성부원군에 봉해져 돈녕부 영사, 도총부 도총관 등을 겸임했다. 그러나 항상 몸가짐을 조심해 지나는 사람들이 국구임을 몰라볼 정도였다고 한다. 1578년(선조 11) 부인이 죽자 양주에서 여막을 지키다가 병으로 사망했다. 짧지만 단아한 삶을 살다간 인물이었다.

선조에게 의인왕후는 존경의 대상이 될 수 있었는지는 모르지만 애정의 대상은 아니었다. 게다가 의인왕후는 선조에게 깊은 고민을 안겨주었다. 적장자(嫡長子)를 낳고 싶어 하는 선조의 갈증을 풀어주지 못했던 것이다. 그래서 의인왕후는 후궁을 즐겨 찾는 선조를 그저 바라만 볼 수밖에 없었다. 임진왜란 당시 선조는 의주로 몽진하면서 인빈 김씨를 데리고 갔고 정비인 의인왕후는 따로 강계로 피난을 갔다. 1593년 한양 수복 후에도 의인왕후는 줄곧 황해도 해주에 머물렀다. 마음고생을 심하게 하던 의인왕후 박씨는 1600년(선조 33) 46세의 나이로 세상을 떠난다.

◎ **역사를 두고 전쟁을 벌인 공빈과 인빈**

선조의 사랑을 가장 오랜 기간 독차지하며 4남 5녀를 낳은 인빈 김씨(1555~1613)는 열네 살 때인 1568년(선조 1) 궁중에 들어왔다. 원래 집안 친척 언니였던 명종의 후궁 숙의 이씨가 궁중에 데려다 키웠는데, 명종비 인순왕후 심씨의 눈에 들어 심부름을 하다 선조의 후궁으로 추천됐다. 열아홉 살 때 종4품 숙원으로 품계가 뛰었고 스물세 살 때인 1577년(선조 10) 첫아들 의안군을 낳아 정3품 소용에 올랐다. 이 해는 공빈 김씨가 세상을 떠난 해이기도 했다. 이듬해 인빈 김씨는 둘째 아들 신성군을 낳고 종1품 귀인의 품계를 받았다. 그녀가 정1품 인빈(仁嬪)이라는 칭호를 받은 것(1604년〔선조 37〕)은 그녀의 성품과도 무관하지 않다. 인빈 김씨는 늘 조심하고 삼가는 태도를 보였는데 이는 선조가 좋아하는 스타일이었다. 선조는 신하도 이런 스타일을 선호했다. 특히 인빈 김씨는 1600년(선조 33) 의인왕후가 병이 들자 늘 곁에서 간호를 했고, 세상을 떠난 뒤에도 장례 절차를 책임져 좋은 평판을 얻었다.

그러나 우리가 인빈 김씨를 기억해야 하는 이유는 다른 맥락에서다.

이후 인빈은 후사를 둘러싼 권력투쟁에 깊숙이 휘말리게 된다. 의인왕후가 후사를 낳지 못했고 폐비도 되지 않았기 때문에 후궁의 아들들 중에서 다음 왕이 나올 가능성이 높았다. 선조가 그렇게도 피하고 싶어 했던 시나리오가 진행되고 있었다. 조선의 임금들 중에서 적장자에 대한 갈증은 선조만 가지고 있던 것은 아니다. 훗날 영조가 굳이 정순왕후 김씨를 계비로 맞아들인 것도 같은 이유에서였다.

유력한 국왕 후보는 공빈 소생의 임해군과 광해군, 그리고 인빈 소생의 신성군이었다. 인빈이 선조의 사랑을 받고 있다는 사실을 배제한다면 형식적인 면에서 임해군과 광해군이 유리한 입지를 확보하고 있었고, 임해군과 광해군 간의 경쟁이 되어야 정상이었다. 그러나 정상(正常)대로

경기도 남양주에 있는 공빈 김씨의 무덤 성릉(成陵). 1610년(광해군 2) 공빈 김씨를 '자숙단인공성왕후'로 추존하고 능역 공사를 했다. 그러나 반정으로 공성왕후라는 존호가 폐지되고 무덤도 '성묘'로 격하됐다.

만 되는 역사는 없다.

한때 선조의 뜻은 신성군에게 기울었지만 정치적 역학 관계로 인해 광해군이 선조의 뒤를 잇는다. 즉위 후 광해군은 친형 임해군과 자기보다 훨씬 어린 인목왕후와 선조 사이에서 난 영창대군마저 제거한다. 영창대군은 선조가 정비에게서 얻은 유일한 아들이자 그토록 왕위를 물려주고 싶어 했던 적장자였다.

공빈과 인빈의 경쟁은 공빈의 승리로 끝난 것처럼 보였다. 그러나 먼 훗날 인빈의 셋째 아들 정원군(1580~1619)의 장자 능양군이 광해군을 몰아내고 왕위에 오르게 되니 바로 인조이다. 결국 인조의 할머니 인빈 김씨가 진정한 승리를 거두게 되는 것이다.

◎ 정국의 핵으로 떠오른 세자 건저의 문제

군주 국가에서 국왕이 한창 왕성한 나이일 때 세자 문제를 거론한다는 것은 여간 조심스러운 일이 아니었다. 잘못하면 목숨이 열 개라도 모자랄 수 있었다. 조선에서도 이 문제에 잘못 관여했다가 명문 집안이 멸문지화를 당한 것이 이미 여러 번이었다.

선조의 경우에는 1578년(선조 11) 9월 1일 대사헌에 오른 김계휘가 가장 먼저 이 문제를 제기한 것으로 기록되어 있다. 선조의 나이 겨우 스물일곱일 때였다. 이때는 후궁의 아들들에게도 왕자로서의 교육을 시켜야 한다는 정도의 건의였다. 그렇지만 10년 가까이 정비에게서 아들이 없었기 때문에 김계휘의 건의는 사실상 건저(建儲), 즉 세자를 세우자는 뜻이나 마찬가지였다. 그 의미를 선조가 모를 리 없었다. 실록은 "주상이 처음에는 허락하지 않다가 마침내 김계휘의 말을 따랐다"고 적고 있다.

이때 공빈 김씨에게서 난 임해군의 나이 일곱 살, 광해군의 나이 네 살이었고 인빈 김씨에게서 난 의안군은 두 살이었다. 이렇게 본다면 임해군이나 광해군을 염두에 둔 이야기였다고 볼 수밖에 없다. 실록을 보면 선조 16년 8월 5일 왕자들의 공부를 가르치던 하락이 임해군과 광해군의 공부에 큰 진척이 없다고 보고하는 대목이 나온다. 교육은 임해군과 광해군, 이 둘을 위해 이루어졌던 것이다.

그리고 10년이 지나갔다. 1588년(선조 21) 4월 1일 홍문관 부제학으로 임명돼 경연에 입시한 윤국형이 "세자를 일찍 세워 종사의 계책을 정하소서"라고 청한다. 선조는 말이 없었다. 이날 실록의 평이 의미심장하다.

"그 의논이 더 이상 계속되지는 않았지만 식자들이 흡족히 여겨 윤국형을 칭찬했다."

고양이 목에 방울을 단 윤국형의 용기를 높이 평가한 것이다. 해가 바뀌어 윤국형은 승지로 자리를 옮겼다. 1589년(선조 22) 1월 25일 윤국형은 다시 한 번 세자를 세우는 문제를 이야기했다가 닷새 후 상주목사로 좌천을 당한다. 영의정 유전까지 나서 그런 이유로 윤국형을 좌천시키는 것은 잘못이라고 간언했지만 선조는 묵묵부답이었다. 이날 실록은 "임해군은 연장자로서 가장 광폭했으므로 조야(朝野)가 근심스럽게 여겼다"고 적고 있다. 사정이 이러했기 때문에 누구 하나 나서서 세자 문제를 입밖에 낼 수 없었다.

윤국형이 세자를 세우는 문제를 건의했을 때 임해군 이진(李珒)과 광해군 이혼(李琿)은 각각 열일곱 살, 열네 살이었고, 인빈 김씨가 낳은 첫

김계휘는
어떤 사람인가?

김계휘(金繼輝, 1526〔중종 21〕~1582〔선조 15〕)는 세조의 명을 받아 최항과 함께 《경국대전》을 편찬했던 광산 김씨 김국광의 현손으로, 1549년(명종 4) 문과에 급제해 사가독서(賜暇讀書)를 한 후 홍문관 부수찬, 병조·이조좌랑 등 요직을 거쳤다. 나이는 이이보다 열 살 위였지만 서인으로서 학문적 입장을 같이하며 친구처럼 가깝게 지냈다. 선조 즉위 후에도 황해도 경상도·전라도 관찰사와 공조·형조참판을 지냈다.

김계휘는 벼슬은 예조참판까지 이르렀을 뿐이지만 영향력이 컸다. 그의 당파인 서인 쪽에서 집필한 《선조수정실록》에서는 이렇게 평하고 있다.

"총명하고 기억력이 뛰어나 전고(典故)에 숙달했으며 인물을 알아보는 데 밝았고 정사를 처리하는 데 민첩해 경국제세(經國濟世)의 재주를 지녔다. 이 때문에 당시 명현들이 모두 그에게 미치지 못한다고 인정했다. 가정생활이 청렴하고 검소했으며 30년 동안 현직에 있었지만 집 안의 뜰이 아무 관직도 없던 시절과 같았다. 젊었을 때부터 글로써 이름이 높았는데 권간(權奸, 여기서는 동인)이 득세하던 때를 당해 한 번도 자신을 굽히지 않았으므로 십수 년 동안 폐척(廢斥)됐다."

훗날 송시열, 송준길에게 큰 영향을 미치게 되는 예학의 종주(宗主) 김장생(金長生)이 바로 그의 아들이다.

째 의안군은 그해에 세상을 떠났으며 둘째 신성군 이우(李珝)는 열한 살이었다.

선조는 세자의 'ㅅ'자도 꺼낸 적이 없었다. 그렇다고 태종처럼 세자를 세우자는 건의를 했다고 해서 죽이지도 않았다. 상주목사로 좌천당했던 윤국형도 임진왜란 와중에 조정에 복귀해 대사헌을 거쳐 공조판서에까지 이르게 된다. 두고두고 문제 삼지는 않았다는 이야기다.

그러나 선조는 건저의(健儲議)를 기꺼운 마음으로 받아들이지는 않았다. 선조의 마음은 복잡했다. 아직 자신의 나이 삼십 대 후반이었다. 의인왕후를 폐비시키지 않는 한 어쩔 수 없이 후궁의 자식 중에서 후사를 골라야 했다. 임해군이 출중해서 자신과 신하들의 신망을 한 몸에 받는다면 그것이 차선책일 수 있었다. 또 그것은 종법(宗法)에 따른 정상적인 절차이기도 했다. 그러나 임해군은 성정이 잔혹하고 난폭해 인망을 잃었다. 양녕대군의 사례에서 보듯이 적장자라 해도 인망을 잃으면 폐세자시켰다. 그렇다고 광해군을 선택하자니 사랑하는 인빈 김씨의 둘째 신성군이 눈에 밟혔다. 광해군이냐, 신성군이냐? 말은 안 했지만 눈치 빠른 조정의 신하들이 자신의 마음속을 꿰뚫어보고 있을 것이었다. 어디로 가야 하는가?

선조는 시간에 맡기기로 했다. 인위(人爲)로 할 일이 아님은, 후궁의 손자에 불과했던 자신이 국왕의 자리에 올랐다는 사실 자체가 증명해주고 있었다. 게다가 내심 염두에 두고 있던 신성군은 아직 열한 살이었다. 적어도 열다섯 살은 넘어야 세자 운운하는 것이 힘이 실릴 것이었다.

'몇 년만 더 기다려보자.'

이것이 선조의 정확한 마음이었을 것이다.

서인이 동인을 초토화시킨 정여립의 옥사(1589~1590) 이후 정철의 기세는 하늘을 찌를 듯했다. 그의 말 한마디에 생사가 갈릴 정도였다. 선조는 이런 상황을 불가피하게 받아들이면서도 견제의 필요성을 느꼈다. 서인의 행동대장 격인 정철을 견제하는 면에서 북인을 대표하는 이산해만으로는 한계를 느낀 선조는 남인 유성룡을 불러들였다. 이렇게 해서 영의정 이산해, 좌의정 정철, 우의정 유성룡의 의정부 체제가 갖춰졌다. 동인(북인과 남인) 2명에 서인 1명이었다.

조선시대 당쟁 계보를 정리한 《당의통략(黨議通略)》의 저자 이건창은 정철 쪽이 먼저 이산해를 도발했다고 쓰고 있다. 경기도 파주에 머물던 서인의 배후 세력 성혼도 이조참판이 되어 조정에 들어와 있을 때였다. 서인인 성혼과 정철이 이산해를 축출하려고 모의를 했는데, 이것을 서인 송익필(宋翼弼)이라는 인물이 이산해에게 알렸다는 것이다. 사실 송익필의 이력만 놓고 보면, 동인의 영수 이산해에게 같은 당파인 성혼과 정철의 논의를 밀고했다는 말이 믿기지 않는 측면도 있다. 이건창이 '밀고'라고 하지 않고 '누설'이라고 한 것은 일종의 실수였음을 강조했던 것일 수도 있다. 그러나 진실을 말하자면 송익필이 정철을 움직이게 할 목적으로 의도적으로 정보를 흘린 것이었다.

송익필을 통해 정철과 성혼 쪽의 움직임을 알게 된 이산해는 선제공격을 결심한다. 기회는 뜻밖에 빨리 찾아왔다. 1591년(선조 24) 2월, 윤국형이 세자 문제를 끄집어내어 좌천당한 지 정확히 2년 후였다. 막 우의정으로 임명된 유성룡이 좌의정 정철을 찾아와 삼정승이 함께 경연석상에서 세자 책봉 문제를 선조에게 건의하자고 제안했다. 유성룡의 제안이 이산해의 시나리오에 따른 것인지는 알 길이 없다.

당시 공론은 이미 암묵적으로 광해군에게 모아지고 있었다. 따라서 정철은 그저 정하기만 하면 되는 간단한 문제로 생각했을 수도 있다. 동서 당파의 문제로 볼 사안은 아니라고 여겼을지도 모른다. 호쾌하고 단순한 성품이었던 정철은 흔쾌히 이를 허락했다. 정철은 좌의정이면 사실상 정권의 최고 실권자였기 때문에 경연 자리에서 자신이 먼저 이야기를 꺼내는 것이 좋겠다고 생각했다. 그러면 자연스럽게 이산해나 유성룡이 동조해줄 것으로 여겼던 것이다.

그러나 이산해는 병을 핑계로 그 자리에 나오지 않았고 유성룡마저 입을 다물어버렸다. 정철이 말을 마치는 순간 경연장에는 숨 막히는 침묵이 흘렀다. 그리고 곧이어 선조의 분노가 터졌다.

"지금 내가 살아 있는데 경은 무엇을 하고자 하는가!"

그나마 같은 서인인 홍문관 부제학 이성중과 대사간 이해수가 나서서 정철을 거들었지만 역린(逆鱗)을 건드린 대가는 혹독했다. 선조는 그 자리에서 이성중과 이해수를 지방으로 내치라고 명했다. 정철이 이해할 수 없을 정도로 선조는 진노하고 있었다. 정철로서는 왜 그렇게 선조가 분노하는지 알 길이 없었을 것이다.

경연이 있기 전 이산해는 인빈 김씨의 오빠 김공량을 만나 '정철이 광해군을 세자로 세우고 인빈과 신성군을 죽이려 하니, 인빈으로 하여금 빨리 주상께 말씀드리게 하라'고 권유했다. 당시 인빈 김씨는 선조의 무한한 총애를 받고 있었다. 인빈의 말을 들은 선조는 처음에는 '그럴 리가?' 하며 의구심을 품었지만 경연장에서 정철이 말을 끄집어내는 순간

'이 자가!' 하며 확신했다.

정철은 좌의정에서 물러나 돈녕부 영사로 좌천당했다. 그러나 이 정도로 끝낼 동인들이 아니었다. 정여립 사건 이후 정철은 동인들에게 불구대천의 원수가 되어 있었다. 동인들은 사건의 처리 과정에서 실제로 정철이 하지 않은 일, 심지어는 정철이 구하려고 애썼던 인물의 죽음까지도 정철 때문에 생긴 일이라고 확신했다. 윤3월 14일 정철은 사헌부와 사간원 양사의 탄핵으로 돈녕부 영사 자리마저 내놓았다. 파직! 그것은 지난 2년 사이에 어느 정도 회복세를 보이던 서인 세력의 몰락을 알리는 신호탄이었다. 이틀 후 선조는 대신의 교체가 아니라 파직임을 분명히 하기 위해 그 사실을 알리는 방을 곳곳에 붙이라고 명한다. 세자 문제를 잘못 건드린 후폭풍이었다.

6월이 되면서 정철은 진주에서 강계로, 백유함은 경흥으로, 유공진은 경원으로, 이춘영은 삼수로 유배 갔다. 모두 마천령을 넘어 함경도로 가게 된 것이다. 세자 문제와 전혀 상관이 없는 우찬성 윤근수, 중추부판사 홍성민, 병조판서 황정욱, 승지 황혁, 호조판서 윤두수, 황해도관찰사 이산보 등도 서인이라는 이유만으로 억울하게 파직당했다. 7월이 되자 선조는 정철을 '간신'이라고 불렀다.

"간신 정철에게 모함당해 배척된 사람이 있으면 모두 벼슬을 주어 등용하게 하라."

만약 이때 선조가 광해군에게 왕위를 넘겨줄 마음이 어느 정도라도 있었다면 이렇게까지 혹독한 처벌을 내리지는 않았을 것이다. 이미 선조의 마음은 인빈의 소생 신성군에게 가 있었던 것이다.

송익필은
어떤 사람인가?

파란만장한 생애를 살았던 송익필(1534〔중종 29〕~1599〔선조 32〕)은 송사련(宋祀連)의 자식이다. 송사련은 외가인 안당 일가를 무고해 '신사무옥'을 일으킨 관상감 판관으로서 원래는 조모가 첩의 소생이어서 과거에 나아갈 수 없는 인물이었다. 고변 이후 송사련은 안당 집안의 재산을 차지하면서 당상관의 반열에 올랐고, 선조 대 초까지 4대를 섬기며 가문이 번성했다. 그러나 선조의 즉위와 함께 사림의 세상이 열리면서 송사련의 집안은 몰락했고, 송익필을 비롯한 송사련의 자식들은 다시 노비의 신분이 된다.

송익필은 이이, 성혼, 정철 등과 성리학의 이상 세계를 논하며 세상에 대한 울분을 삭였다. 조헌 같은 사람도 송익필의 사람됨을 근거로 그의 환천(還賤)이 부당하다는 상소를 올리기도 했다. 송익필은 늘 조광조를 흠모했다고 한다. 이건창의 말대로 송익필이 이산해에게 성혼과 정철의 논의를 알려줬다면 동서 분당 이전에 함께 어울렸던 이산해를 생각해 그랬을 가능성이 크다.

이후에도 송익필의 생애는 순탄치 못했다. 선조는 자신이 싫어했던 조헌의 배후에 송익필이 있다는 동인들의 상소를 받아들여 그를 평안도로 유배 보낸다. 임진왜란 와중에 해배된 송익필은 충청도 면천에 정착해 후학 양성에 힘을 쏟는다. 특히 그의 문하에서 김계휘의 아들 김장생이 공부를 해 훗날 예학의 토대를 다지게 된다. 그리고 그의 제자들은 훗날 광해군을 내몰고 인조를 옹립하는 주동 세력이 된다. 송익필과 이이, 성혼, 정철 등의 관계에 대해서는 졸저 《조선의 숨은 왕》(해냄)을 참조하기 바란다.

◎　　**신립과 구사맹, 인조반정의 혈연관계**

임진왜란 와중에 건국 200년을 맞은 조선은 노쇠하고 있었다. 그것을 살필 수 있는 잣대 중 하나가 기득권 세습이다. 한 줌도 안 되는 상층부, 특히 왕실은 혈연관계로 뒤엉키다시피 했고, 이들이 조선 후기의 핵심 기득권층으로 떠올랐다. 따라서 조선 후기사를 성리학을 중심으로 한 학맥을 통해서만 살피는 것은 자칫 수박 겉핥기식에 머무를 위험이 크다.

여기서 자손들끼리 목숨을 건 투쟁을 벌인 공빈 김씨와 인빈 김씨의 혈연관계를 추적해보자. 인빈 김씨의 외할아버지는 이효성, 작은 외할아버지는 이효삼으로 그들은 효령대군의 아들 보성군의 증손자다. 그리고 이효삼의 딸은 공빈 김씨의 아버지 김희철의 사촌인 김희일의 처다. 그리 멀지 않은 친인척 범위에서 서로 연결되고 있다는 것은 그만큼 당시 상층부의 혼맥이 협소했다는 뜻이기도 하다.

먼저 인빈 김씨의 아버지 집안을 간략히 살펴보자. 아버지 김한우는 첫 부인과의 사이에 김공근이라는 아들을 두었고 두 번째 부인과의 사이에는 1남 3녀를 두었다. 이 아들이 훗날 정철을 축출하는 데 결정적 기여를 하게 되는 김공량이다. 큰딸은 신경이라는 선비와 결혼했는데, 그들의 딸 중 한 명이 훗날 광해군의 후궁으로 들어가게 된다.

인빈 김씨는 선조와의 사이에서 4남 5녀를 두었다. 첫째 의안군은 1588년 열두 살에 사망해서 인빈에게는 신성군이 장남이나 마찬가지였다. 신성군은 신립의 딸과 결혼했다. 선조와 신립은 사돈지간이었던 것이다. 신성군과 신립은 둘 다 임진왜란이 터지던 해에 세상을 떠나지만 이 혼인은 훗날 인조반정이 일어났을 때 든든한 군사적 배경으로 작용한다.

신립의 5대조 신개는 세종 때 좌의정에까지 올랐던 인물이고, 할아버지 신상은 중종 때 이조판서를 지냈다. 아버지 신화국은 4남 3녀를 두었는데, 네 아들은 신잡, 신급, 신립, 신탁으로 그중 신잡과 신립이 고위 관직에 오른다. 장녀는 구사맹과 혼인했고, 거기서 난 딸이 인빈의 셋째 아들이자 인조의 아버지가 되는 정원군과 결혼했다. 신립과 구사맹은 왕실, 그중에서도 인빈의 소생들과 이중의 사돈 관계를 맺고 있었다. 신립의 딸은 인빈의 아들 신성군과 혼인했고, 그의 누이는 정원군의 장모였다. 인조의 외할아버지인 구사맹은 신립의 매부이자 정원군의 장인이었다.

구사맹(具思孟, 1531〔중종 26〕~1604〔선조 37〕)은 어려서 유희춘과 이황에게 학문을 익혔고 1558년(명종 13) 문과에 급제해 엘리트 코스를 두루 거쳤다. 선조 즉위 후에는 황해도관찰사, 좌부승지 등을 지냈고 이후 공조·이조판서와 좌찬성에까지 이르게 된다. 구사맹은 왕의 인척이면서도 청렴하고 근신하는 태도로 존경받았다. 그에게는 구성, 구홍, 구용, 구굉 등 네 아들과 딸 여섯이 있었는데 다섯째 딸이 정원군과 결혼해 인조를 낳았다.

구사맹이 선조의 사돈이 된 데는 《연려실기술》에 다음과 같은 일화가 전한다. 인빈에 대한 선조의 사랑이 깊어지면서 오빠 김공량에 대한 총애도 함께 커졌다. 힘이 김공량에게 쏠리는 것을 본 조정 신하들은 그에게 줄을 대기에 바빴다. 이때 구사맹의 장남 구성이 "내가 사헌부에 들어가면 반드시 이 자를 탄핵할 것"이라고 장담했다.

구성을 미워하던 조정 관리들은 김공량으로 하여금 그를 중상하도록 압박했다. 이 사실을 알게 된 선조는 혹시라도 구성이 훗날 인빈의 자손들에게 해를 끼칠 것을 염려해 구성의 누이동생을 정원군의 배필로 삼았다.《연려실기술》은 이렇게 말한다.

"후에 인조가 왕위에 오르자 구성의 자제들은 훈척(勳戚)으로서 막강한 권세를 누렸다. 그 까닭을 따져보면 조정 관리들이 구성을 중상하려고 계책을 꾸민 것이 도리어 영화가 되었으니, 길흉화복은 사람의 힘으로는 어쩔 수 없는 것이다."

신립 집안이 인조반정에 무략(武略)을 제공했다면 구사맹 집안은 이데올로기를 제시했다. 구사맹 이래로 이 집안은 서인의 전통을 갖고 있었는데, 대북파 몰락 이후 서인이 300년 조선 지식인 사회를 지배하게 되는 단초가 여기서 시작됐다.

◎　　　**광해군에 대한 능양군의 뿌리 깊은 분노**

1615년(광해군 7) 윤8월 14일 신립의 조카인 신경희(신잡의 장남) 등 여러 명이 체포됐다. 신성군의 부인(신립의 딸)이 정원군의 셋째 아들 능창군을 먼저 간 남편의 양자로 삼자 '신경희 등이 반정을 일으켜 능창군을 옹립하려 한다'는 고변이 들어온 것이었다. 고변자는 신경희의 친구 소명국이었다.

소명국에 따르면 평소 신경희는 "신성군의 부인은 천성이 호걸스러워 여중남자(女中男子)다. 그의 후사는 정원군의 셋째 아들 능창군인데, 활 솜씨, 말 타는 솜씨가 뛰어나고 배우지 않고서도 글을 잘한다. 일찍이 능창군은 40년간 치평(治平)의 군주가 될 운명이라고 예언됐다"면서 사람들을 선동했다는 것이다. 역모 사실 여부를 떠나 당시 능창군은 범상치 않은 인물이라는 평을 듣고 있었고, 광해군도 이를 잘 알고 있었다. 그때 능창군의 나이 열일곱 살이었다. 결국 능창군은 이 일에 연루되어 교동에 안치됐다가 11월 17일 목을 매어 자결했다. 이때의 충격으로 정원군(훗날 원종으로 추존됨)도 화병을 얻어 1619년(광해군 11) 세상을 떠나게 된다. 동생의 억울한 죽음에 이어 아버지의 죽음을 겪은 장남 능양군은 광해군에 대한 뿌리 깊은 분노를 갖게 됐다.

이러한 가운데 이산해, 이이첨, 정인홍 등 북인들의 권세에 숨죽이며 살아야 했던 서인들이 움직이기 시작했다. 최초의 반정 주동자는 구굉, 신경진, 이서였다. 구굉은 구사맹의 넷째 아들, 신경진은 신립의 장남으로 5년 전에 죽은 신경희의 사촌이자 신성군의 처남이었고, 이서는 구굉의 친구였다. 구굉에게 신립은 외삼촌, 신경진에게 구사맹은 고모부로서 구굉과 신경진은 사촌 간이었다. 물론 그 사이에는 인빈 김씨가 연결 고리로 존재하고 있었다.

이들은 동생과 아버지의 연이은 죽음에 분노하던 능양군을 끌어들이기로 했다. 세 사람의 이야기를 들은 능양군은 그 자리에서 동의했다. 하지만 광해군 측의 견제가 워낙 강했기 때문에 처음부터 전면에 나설 수는 없었다.

결국 1623년(광해군 15) 3월 거사는 성공했다. 이들 세 사람은 모두 정사공신(靖社功臣) 1등에 책록된다. 그 밖에 김류, 이귀, 이자점, 심기원, 최명길, 심명세 등이 반정에 적극 가담해 함께 1등공신에 이름을 올렸다. 이괄 등이 포함된 16명의 2등공신 명단에는 신립의 아들이자 신경진의 동생들인 신경유와 신경인, 구사맹의 장남인 구성의 아들 구인후가 포함됐다. 3등공신 명단에도 구사맹의 장손이자 구성의 장남인 구인기가 들어 있다. 신성군의 장인이던 신립의 세 아들 모두가 1,2등공신이 된 셈이었다.

광해군 시대의 권력투쟁 구도가 광해군과 신성군의 대립으로 나타난 것은 선조에게 일차적인 책임이 있다. 자신은 왕실 외척으로부터 영향을 받지 않고 비교적 자유롭게 정치를 할 수 있었지만 인빈 김씨에 대한 지극한 총애가 후계 구도를 헝클어놓으면서 역사의 방향을 그렇게 몰아간 것이다.

그 자신이 후궁의 자식도 아닌 손자로서 왕위에 올랐던 선조는, 평생을 몸부림쳤음에도 불구하고 후궁의 자식(광해군)과 후궁의 손자(인조)에게 왕위가 이어지는 구도를 만들어냈다. 그것은 선조에게는 물론 우리 역사에도 큰 불행이었다.

◎　　**훗날의 비극을 잉태한 선조의 국혼**

선조 때로 다시 이야기를 돌려보자. 1601년(선조 34) 12월 11일 처녀 10명이 대궐에 들어와 면접을 보았고 그중 6명이 선발됐다. 같은 해 10월 예조에서 처녀 간택에 관한 보고를 올렸을 때 선조는 "사치스러운 옷을 입지 말고 평상복을 입고서 입궐하도록 하라"고 명을 내린 바 있었다. 평소 사치를 싫어하는 선조의 성품 때문이었다.

처녀 간택을 위한 선발 작업은 계속 진행됐다. 그리고 마침내 1602년(선조 35) 2월 3일 선조는 행중추부판사 이덕형, 영의정 이항복, 좌의정 김명원을 불러 "이조좌랑 김제남의 딸과 대혼(大婚)하겠다"는 뜻을 밝힌다.

김제남(金悌男, 1562〔명종 17〕~1613〔광해군 5〕)은 남곤, 심정과 함께 기묘사화를 일으켜 조광조 세력을 축출한 중종 때의 영의정 김전의 증손자로, 1597년(선조 30) 문과에 급제한 후 이때 이조좌랑으로 있었다. 남들에 비해 관직 진출은 늦은 편이었다.

인사권을 가진 이조좌랑 김제남에 대해 실록은 "성품은 유약해 사람들과 친밀하게 지내지 못했다"고 평한다. 특히 당시에는 사림파의 힘이 위축되어 있을 때였는데, 주변에서 김제남이 힘을 써서 사림들을 중앙 요직에 진출하도록 해야 한다고 말하자 김제남은 "자신들이 물러나겠다고 하는데 난들 어떡하겠느냐"며 사림들이 외직으로 나가도록 방치해 비난받았다고 적고 있다.

딸이 왕비로 간택되자 김제남은 돈녕부 영사로 품계가 뛰어올랐다. 정6품이 하루아침에 정1품이 된 것이다. 그 후 딸 인목왕후가 영창대군을 낳게 되자 그가 누리는 영광은 절정에 달했다.

그러나 광해군이 즉위하면서 김제남의 불행이 시작됐다. 1613년(광해군 5) 김제남은 영창대군을 왕위에 추대하려 했다는 혐의를 뒤집어쓰고 서소문 밖 자택에서 사약을 들게 된다(계축옥사). 3년 후에는 다시 부관참시됐고 세 아들이 모두 화를 입었다. 가족 중에서는 손자 김천석과 부인 노씨만이 목숨을 부지할 수 있었다. 제주도로 유배를 간 부인 노씨는 그곳에서 술집을 해서 연명했다고 한다. 김제남은 인조반정이 일어나고 나서야 그 명예를 회복하게 된다.

그러나 이러한 비극들은 훗날의 일이고, 당시 선조와의 국혼은 집안의 일대 경사였다. 50세의 늙은 신랑 선조와 열아홉 꽃다운 신부 인목왕후의 국혼은 간택 5개월 후인 7월 13일 거행됐다. 내놓고 표현은 못했지만 신하들은 이 혼례를 탐탁지 않게 여겼던 듯하다. 실록에서는 혼례 바로 전날 백성들이 선조의 친영(親迎)을 위해 지금의 덕수궁과 태평관 사이에 있던 언덕에서 길 공사를 하다가 흙이 무너져내리는 바람에 10여 명의 사상자가 났다며, "많은 사람들이 괴이하게 여겼다"고 적고 있다.

혼례를 올리던 날에도 비가 쏟아졌다. 이에 선조는 신부를 직접 맞이하는 친영례는 연기할 것을 명했지만 예조판서 유근을 비롯한 대신들이 강행을 건의하자 친영례는 예정대로 진행됐고, 본격적인 대례(大禮)는 우장(雨裝)을 갖춘 가운데 계속됐다. 묘하게도 대례가 끝나자 날씨는 쾌청해졌다.

왕비의 자리에 오른 인목왕후는 다음 날 왕세자와 백관, 2품 이상 공신과 6승지의 부인들로부터 하례를 받았다. 그런데 그 장소가 왕이 조회를 하는 정전(正殿)이었다. 당시에는 행궁을 사용했기 때문에 마땅한 공간이 없었다는 변명을 할 수도 있겠지만, 그것은 정도를 잃은 처사였다. 사관은 이렇게 말했다.

"훗날 국정에 간여할 조짐이 여기에 있지 않으리라고 할 수 없다."

훗날 인목왕후는 어린 나이에 정쟁의 한복판으로 휩쓸려들어가 멸족의 화를 입게 된다.

◎　　　**물러나는 정인홍과 부상하는 유영경**

국혼 준비가 한창이던 1602년(선조 35) 4월 22일 예조에서 세자 책봉을 주청할 사신단의 명단을 올리자 선조는 벌컥 화를 내며 명단을 돌려보낸다.

"중궁의 책봉을 즉시 주청했어야 하는데 이 점에 대해서는 해당 부서가 아뢰지 않고, 세자 책봉 문제만 서두르니 일이 전도된 듯하다. 먼저 국모를 바르게 한 뒤에야 인륜의 기강이 서게 되는 것이다. 어찌 국모 없는 나라가 있겠는가? 살펴서 하라."

사실 명나라로부터 인목왕후가 책봉받는 일은 국혼식을 거행한 후에 주청해도 문제가 될 것이 없었다. 이 때문에 신하들은 광해군의 세자 책봉은 서두르면서도 중궁의 책봉은 시간을 두고 기다렸던 것이다.

문제는 선조가 이런 말을 했다는 사실 자체였다. 그것은 선조의 마음에 뭔가 큰 변화가 생기고 있다는 조짐이었다. 당시 선조의 권력은 정점에 달해 있었고, 신하들은 작은 변화도 놓치지 않기 위해 선조를 예의 주시하고 있었다. 그런데 이런 큰 변화의 조짐이 보였으니 각 당파의 신료들은 나름대로 대응책을 세우느라 분주해질 수밖에 없었다. 특히 이 말은 듣기에 따라서는 '광해군의 세자 책봉을 서두르지 말라'는 뜻으로도 해석할 수 있었다.

여기서 훗날 광해군의 든든한 후원자가 되는 정인홍에 대해 짚고 넘어갈 필요가 있다. 대례를 열흘 정도 앞둔 1602년 7월 2일 선조는 영의정 이덕형, 좌의정 김명원, 우의정 유영경 등 삼정승을 불러들여 정인홍의 사람됨에 관해 깊이 논의한다. 거기에는 나름의 이유가 있었다.

정인홍(鄭仁弘, 1535〔중종 30〕~1623〔인조 1〕)은 조식의 제자로 학행이 있다 하여 문과를 거치지 않고 곧바로 사헌부 지평, 장령 등을 지냈다. 선조 대 초반 사림을 중시하던 분위기에서는 있을 수 있는 일이었다. 그러나 성품이 워낙 직선적이었기 때문에 1581년(선조 14) 서인 정철과 윤두수를 탄핵하다가 오히려 본인이 파직돼 낙향했다. 정인홍이 중앙 정치의 중요한 인물로 다시 부상하게 된 것은 임진왜란 당시 경상도 의병장으로서 남긴 혁혁한 전공 때문이었다.

이 공을 높이 산 선조는 1602년 2월 정인홍을 오늘날의 검찰총장 격인 대사헌으로 발탁했다. 파격이었다. 이때 정인홍의 나이는 이미 칠십을 바라보고 있었는데, 결국 정인홍은 건강 문제와 반대파의 견제를 넘지 못하고 1년도 지나지 않은 11월경 자리에서 물러나야 했다.

선조가 삼정승을 불러 정인홍 문제를 이야기한 것은 그에 관한 논란이 절정에 이를 때였다. 삼정승은 하나같이 정인홍의 과격함을 들어 조정에 두기에 부적절하다는 의견을 밝혔다. 그러나 선조의 생각은 달랐다. 인재를 보는 눈이 뛰어났던 선조의 면모는 이날 정승들과의 대화에서도 확연히 드러난다. 삼정승의 의견을 충분히 듣고 난 선조는 이렇게 의견을 밝힌다.

"정인홍에 대해 혹자는 과격하다고 하고 혹자는 말에 병통이 있다고도 하지만 그 사람은 다른 이와 같지 않아서 빌붙는 일은 결코 하지 않을 것이다. 그의 굳센 절조는 백 번 꺾으려 해도 꺾지 못할 것이다. 일단 불러온 이상 쓰임이 있도록 해야지 어찌 몰아낼 수 있겠는가?"

한편 인목왕후는 국혼을 거행한 이듬해에 첫딸 정명공주를 낳았다. 그리고 3년 후인 1606년(선조 39) 아들 영창대군을 낳으면서 문제가 커지기 시작했다. 서손 출신이었던 선조가 마침내 적자를 낳음으로써 왕실의 정통성을 높일 수 있는 계기가 마련됐기 때문이다. 늦은 나이에 본 유일한 적자 영창대군에 대한 선조의 사랑은 지극할 수밖에 없었다. 그것은 뒤집어보면 서자 출신 세자 광해군을 외면할 수 있다는 뜻이었다.

이 무렵 유영경의 정치적 부상이 눈에 띈다. 1604년(선조 37) 5월 22일 선조는 영의정에 윤승훈, 좌의정에 유영경, 우의정에 기자헌을 임명했다. 마침내 유영경이 최고의 권력 실세 자리에 오른 것이었다. 이날 실록은 윤승훈에 대해서는 "능력은 뛰어나지만 성미가 급하고 쉽게 화를 내는 인물"로, 기자헌에 대해서는 "당파에 물들지 않고 마음가짐이 공평한 인물"로 표현하고 있다. 특히 기자헌과 관련해서는 "그가 정승이 되었으니 조정도 편안해지고 만백성도 편안해지겠다"고 극찬을 하고 있다. 그러나 유영경에 대해서는 아무런 평을 하지 않고 있다.

유영경(柳永慶, 1550〔명종 5〕~1608〔선조 41〕)은 1572년(선조 5) 문과에 급제해 사간원 정언 등 청요직을 두루 거쳤다. 임진왜란 때 의병 모집에 공을 세웠고 황해도관찰사에 올랐다. 원래는 유성룡과 함께 동인에 속해 있다가 남인과 북인으로 나뉠 때 북인에 몸담았다. 1599년(선조 32) 대사헌으로 있을 때 다시 북인이 대북과 소북으로 갈리자 남이공, 유희분 등과 함께 소북 편에 섰다. 당시에는 대북파가 득세할 때였기 때문에 한동안 소외되어 있다가 1602년(선조 35) 이조판서를 거쳐 우의정으로 화려하게 정계에 복귀했다. 그는 당파에 의존하기보다는 선조의 마음을 미리 살핌으로써 단계별로 주도권을 잡아나갔다.

선조는 관리로서의 능력이 뛰어난 점을 높이 사 유영경을 중용했다. 물론 적극적으로 선조의 마음을 헤아리는 그의 행태도 싫지 않았던 것으로 보인다. 그는 자연스럽게 소북의 지도자가 되어 허욱, 이효원, 송준, 성이문 등을 거느리면서 기자헌과 정인홍으로 대표되는 대북파와 치열한 암투를 전개했다. 적어도 선조가 죽기 직전까지 유영경은 탄탄대로를 달리는 듯했다.

무엇보다 유영경은 광해군에서 영창대군으로 바뀌고 있던 선조의 속

마음을 미리 알아차렸다. 광해군의 입장에서 볼 때는 인목왕후보다 유영경이 더 큰 걸림돌이 될 수 있었다.

1605년(선조 38) 8월 1일 선조는 "3년 동안 실어증을 비롯한 오랜 질병으로 인해 경연을 중단했다가 재개하게 되었으니, 왕세자가 신하들과 함께 하례를 해야 하는 것 아니냐"고 넌지시 꾸짖는 내용의 비망기를 내렸다. 이것은 원래의 예법에 있는 것으로 미리 살피지 못한 예조가 잘못을 저지른 것이었다. 하지만 동시에 선조가 약해지고 있음을 보여주는 것이기도 했다. 이미 심신이 지칠 대로 지친 그는 누군가로부터 위로받고 싶어 했다. 바로 유영경이 그에 적격인 인물이었다.

다음 날 영의정 유영경, 좌의정 기자헌, 우의정 심희수 등 삼정승이 하례를 하겠다고 간했다. 세자와 예조까지 나서고 심지어 사헌부는 진하의 예를 미리 살피지 못한 예관들을 처벌하겠다고 주청했다. 그때서야 선조는 마지못한 듯 진하(進賀)를 받아들인다. 이를 주도한 인물이 유영경이었다.

유영경은 이듬해 1월 1일이 되자 즉위 40년이 되었다며 진하할 것을 청했다. 처음에 선조는 짐짓 그럴 필요까지는 없다고 거부했지만 그때까지 조선 국왕 중에서 재위 40년을 넘긴 임금은 한 명도 없었다. 중종이 39년 동안 왕위에 있었던 것이 최고 기록이었다.

사실 40년을 기념하자면 그 다음 해에 하는 것이 정상이었다. 선조는 1567년(정묘)에 즉위했지만 이 해는 명종 22년이므로 1568년(무진년)이 선조 원년이다. 따라서 1606년은 즉위 39년이 되는 해였다. 그러나 영의정 유영경은 이를 밀어붙였고 결국 1월 15일 하례와 함께 대대적인 사면이 단행됐다.

그리고 3월 7일이 되자 문제의 왕자 영창대군이 세상에 나왔다. 영의정 유영경은 즉각 좌부승지 최염을 시켜 '세종 때에도 광평대군과 임영대군이 태어났을 때 하례를 올렸다'며 '대군 탄생을 축하하는 하례를 올려야 한다'고 건의하도록 했다. 이에 좌의정 허욱과 우의정 한응인은 '대군 한명을 낳았다고 반드시 하례할 것까지 있겠느냐'고 반대 의견을 표명했다. 이건창은 《당의통략》에서 유영경이 대군에게 선조의 뜻이 가 있는 것을 알고서, 대군의 지위를 튼튼히 하기 위해 하례를 주장한 것이라고 해석했다. 결국 하례는 이루어졌다.

◎ **선조, "세자 광해군에게 전위를 명하노라"**

회복되는 듯하던 선조의 건강은 1606년(선조 39) 4월을 지나면서 급속하게 악화되기 시작한다. 세자와 약방 도제조 유영경의 문안 인사가 이어졌고 매일 침을 맞아야 했다. 증상은 왼쪽 팔에 마비가 오고 다리부터 어깨를 거쳐 귀밑까지 간헐적으로 통증이 찾아오는 것이었다. 한의학에 조예가 깊었던 선조는 스스로 자기의 증상을 진단하고 때로는 적절한 처방을 제시하기도 했다. 그러나 9월이 되면서 병세는 조금씩 악화돼갔다. 당시 선조의 치료를 담당했던 어의 중에는 《동의보감》의 저자 허준도 포함돼 있었다. 증세는 큰 차도를 보이지 않고 1년 이상 계속됐다.

1607년(선조 40) 10월 9일 새벽, 선조는 잠자리에서 일어나 문을 열고 나가려다가 갑자기 기가 막히면서 쓰러졌다. 궁중 나인이 달려와 이 사실을 세자에게 알렸고 곧바로 세자를 비롯해 유영경, 허준 등이 달려왔다. 이들이 왔을 때 선조는 의식을 차리지 못하고 있었다. 숨 막히는 정적이 편전을 짓눌렀다. 허준 등이 각종 약을 번갈아 먹인 끝에 마침내 약간 의식이 돌아온 선조는 "이 어찌 된 일인가, 이 어찌 된 일인가"라는 말만 반복할 뿐이었고, 이날 하루 동안에도 여러 차례 의식이 멀어졌다 돌아오기를 반복했다. 의원들은 '한기엄습(寒氣掩襲)'이 원인이라고 진단했다. 의식이 잠깐 돌아오자 선조는 임해군, 정원군, 인성군, 의창군 등 아들들을 궐내에 들어와 머물도록 명한다. 죽음이 임박했음을 예감한 때문이었을 것이다. 임해군은 광해군의 형이었고 정원군과 의창군은 인빈 김씨와의 사이에서 난 아들들이었다. 인성군은 정빈 민씨와의 사이에서 난 아들이었다.

이날 밤부터 세자 광해군이 선조의 곁에서 시병(侍病)에 들어갔다. 흥미로운 것은 무슨 약을 써야 할지를 선조 자신이 일일이 지시하고 있다는 점이다. 어의들은 중풍이라고 진단한 반면 선조 자신은 심질(心疾), 즉 마음의 병이라고 보았다. 이틀 후인 10월 11일 선조는 삼정승을 빈청에 모이도록 한 다음 비망기를 내렸다.

"나는 본디 질병이 많아서 평일에도 만기(萬機)의 정무는 절대로 감당하기 어려웠다. 더구나 지금은 병에 걸린 지 1년이 다 되어가는데 조금도 차도가 없어 정신이 혼암하고 심병이 더욱 침중하다. 이러한데도 왕위에 그대로 있을 수 있겠는가? 세자 나이가 장성했으니 고사에 의해 전위(傳位)해야 할 것이다. 만일 전위가 어렵다면 섭정하는 것도 가능하다. 군국(軍國)의 중대사는 이처럼 하지 않을 수 없으니 속히 거행하는 것이 좋겠다."

당연하고도 적절한 조치였다. 그런데 영의정 유영경은 좌의정 허욱,

우의정 한응인과 함께 전위 의사를 거두어줄 것을 청했다. 자신들은 그 뜻을 받들 수 없다는 것이었다. 이날 인목왕후도 한글로 된 문서를 통해 선조의 명을 따를 것을 삼정승에게 지시했다. 그것이 어린 영창대군을 살리는 길이라고 보았기 때문일 것이다.

◎   **대북파의 계략, 그리고 유영경의 역공**

11월 13일 사간 송석경이 '허준이 너무 독한 약을 써서 치료에 효과가 없다'며 허준을 탄핵했다. 그러나 송석경이 겨냥한 타깃은 허준 뒤에 있는 인물, 즉 약방 도제조를 겸하고 있는 영의정 유영경이었다. 그 배경에 대해 이건창은 "이산해와 이이첨이 유영경에게 쫓겨나서 오래도록 쓰이지 못했는데, 광해군의 은밀한 부탁을 받고 다음 날 계획을 세우고 광해군 빈(嬪)의 오빠 유희분과 모여 밤낮으로 의논했다"고 쓰고 있다. 즉, 송석경의 허준 탄핵은 유영경을 제거하기 위한 이산해와 이이첨의 계략이었다는 것이다. 당시 유희분은 종3품인 사헌부 집의였다.

처음에 이들의 계략은 적중되는 듯이 보였다. 이틀 후 유영경이 허준에 대한 탄핵은 자신의 책임이라며 대죄(待罪)했다. 그러나 이에 대한 선조의 대답은 너무나 명쾌했다.

"송석경을 비롯한 대간들이 허준을 논죄하고자 하는 진의를 모르겠다. 이는 그에게 약을 쓰지 못하게 하려는 것이고 나로 하여금 정양(靜養)하지 못하게 하려는 것이다. 허준은 잘못된 약을 함부로 쓴 죄가 없다. 그대는 사직하지 말라."

누구보다도 한의학을 잘 아는 선조였기에 이 같은 판단을 할 수 있었을 것이다.

이에 힘을 얻은 유영경은 역공에 나선다. 유영경은 자기 사람인 송단을 시켜 다른 문제로 송석경을 탄핵하도록 했고, 선조는 송석경을 파면시켜버렸다. 자신들의 계략이 실패로 돌아가자 대북파의 이산해와 이이첨은 이성과 이담을 보내 정경세를 움직이려고 시도했다. 정경세라면 선조의 마음을 움직일 수 있으리라는 계산이었다.

정경세(鄭經世, 1563〔명종 18〕~1633〔인조 11〕)는 유성룡의 제자로서 1586년(선조 19) 문과에 급제해 요직을 두루 거쳤고 1598년(선조 31) 승지를 거쳐 경상도관찰사를 지냈다. 재임 중 진휼과 교화에 힘써 좋은 평가를 받았는데 이때는 대구에 머물고 있었다. 이성과 이담은 '유영경이 왕세자를 위태롭게 하려고 한다'면서 비판하는 상소를 올릴 것을 권했다. 그러나 스승의 정적인 이산해의 계략을 모를 리 없는 정경세가 정중하게 사양했다.

"길이 같지 않으면 서로 꾀하지 않는 법이오."

정경세는 원래 퇴계학파의 남인이었지만 당색을 강하게 드러내지는 않았다. 오히려 율곡학파의 서인들과 친했고 특히 김장생과 가까웠으며, 훗날 송시열과 함께 서인의 본류인 노론의 양대 산맥을 이루게 되는 송준길을 사위로 맞아들이기까지 했다.

이후 정경세는 광해군 집권과 함께 성균관 대사성, 전라도관찰사 등을 지냈지만 1610년(광해군 2) 정인홍 일파의 탄핵을 받으면서 광해군 시절 내내 어려운 시절을 보내야 했다. 그러나 서인들이 주도한 인조반정이 성공하면서 모든 것이 바뀌었다. 경학과 예학에 깊은 조예를 갖추고 있던 그는 정계에 복귀해 대사헌, 도승지, 형조·예조·이조판서와 대제학 등을 두루 역임한다. 애당초 그는 이산해 일파와는 함께할 수 없는 인물이었다.

그러나 여기서 그만둘 이산해와 이이첨이 아니었다. 수단과 방법을 가리지 않고 재기를 노리던 두 사람은 대사헌에서 물러나 고향에 머물고 있던 정인홍을 움직이기로 했다. 정인홍으로서도 피할 이유가 없었다. 1월 18일 올린 상소에서 정인홍은 성격대로 직격탄을 쏘았다. 선조가 당초 약속대로 전섭(傳攝, 전위하고 세자로 하여금 섭정하게 함)하고 몸조리에 전념하면 되는데, 유영경이 권세를 장악해 이를 가로막고 있으니 앞날이 걱정된다는 내용이었다.

"신이 보건대 전하 부자를 해치는 자도 유영경이고, 전하의 종사를 망치는 자도 유영경이며, 전하의 나라와 백성을 해치는 자도 또한 유영경입니다."

상소를 본 선조는 격분했다. 사흘 후 유영경이 사직을 청하는 상소를 올리자 선조는 만류하며 이렇게 말한다.

"정인홍의 상소를 보니 지극히 흉악하지만 다만 이해하지 못하겠다. 내가 마음의 병이 있어 똑바로 보지 못하고 슬쩍 보아 넘겼을 뿐이다. 그중에 나에게 관계된 말이 있었지만 말한 까닭을 모르겠으니 더욱 음흉하다. 정인홍이 이유 없이 임금의 마음을 동요시키고 영의정을 모함했으니, 여러 소인들 중 영의정을 모함하는 자가 남쪽 지방에 유언비어를 전한 것을 정인홍이 주워모아 상소한 것인가? 그 말은 비록 따질 만한 것이 못 되지만 무사(無事)한 중에 일이 만들어져 지친 간에 의심하고 틈이 생겨 조정이 조용하지 못하면 큰 불행이다."

병중에 있었지만 선조는 정인홍의 상소가 이산해 측의 움직임과 연결돼 있다는 사실을 꿰뚫어보고 있었다. 다음 날 승정원에 내린 비망기에는 선조의 본심이 더 정확하게 드러나 있다.

"정인홍이 세자로 하여금 속히 전위를 받게 하려고 했으니, 그 스스로 모의한 것은 세자에게 충성을 다하는 것이라고 여겼겠지만 사실은 불충함이 극심하다. 제후의 세자는 반드시 천자의 명을 받은 뒤에 비로소 세자라고 할 수 있다. 지금 세자는 책명을 받지 못했으니 이는 천자도 허락하지 않은 것이고 천하도 알지 못한다. 하루아침에 갑자기 전위를 받았다가 만일 중조(中朝)에서 힐문하기를 '그대 나라에서 말하는 세자는 중조에서 책봉을 허락하지도 않았는데 그대들 임금이 사적으로 전위했다. 그대들 임금 자리도 천자의 벼슬이나 그대들 임금이 마음대로 할 바가 아닌데 세자가 어찌 감히 사사로이 스스로 받겠는가? 중간에 그렇게 된 까닭이 있는가' 하고 불측한 누명을 세자에게 씌우고 대신에게 힐문하면 어떻게 결말을 짓겠는가?"

결국 선조는 정인홍을 비롯해 이이첨, 이산해의 아들 이경전 등을 귀양 보내라고 명했다. 그 바람에 광해군의 입장은 더욱 곤란해졌다. 결국 가만히 있을 수 없게 된 광해군은 1월 25일 자신의 입장을 솔직하게 밝혔다.

"뜻밖에 정인홍이 입에 담지 못할 말을 만들어 천청(天聽, 임금의 귀)을 번거롭혔습니다. 성상의 하교에 '지친 간에 의심해 틈이 생기겠다'고 하셨으니 천하에 어찌 이런 일이 있겠습니까? 신은 만 번 죽는 것 이외에는 다시 상달할 바가 없으니 땅에 엎드려 황공할 뿐입니다."

이때 선조가 광해군을 박대했다고 주장하는 글들이 종종 보인다. 아마도 선조를 폄하하기 위한 목적인 듯하다. 그러나 단 한 차례 선조가 세자 지위를 놓고 중국의 책봉을 받지 못한 것에 대해 부정적인 의사를 밝힌 적이 있지만, 그것은 이때의 문제와 전혀 관련이 없었다. 오히려 이때 선조는 광해군을 위로했다.

"근래 인심이 지극히 흉해 조정에 일을 일으키려고 불측한 말을 만들어 이르지 않는 바가 없으니 몹시 마음이 아프다. 세자는 명위(名位)가 이미 결정되어 내가 세자와 조금도 틈이 없는 것은 하늘이 아는 바이다. 누가 감히 흉역한 마음을 두겠는가? 저 소인들이 흉악한 계책을 만들고 일망타진의 계책을 꾸며 조정을 혼란시키고 부자를 이간시키려고 했으니, 그 마음이 몹시 흉악하고 참혹하다. 그러나 이는 입에 담을 것도 못 되니, 세자는 안심하고 그 일을 마음에 두지 말라."

이렇게 이산해의 계략은 실패로 돌아가는 것처럼 보였다. 세자 책봉 문제로 정철을 나락에 밀어넣었을 때와는 다르게 선조는 진실을 꿰뚫어보고 있었다. 그러나 이 일이 있은 지 며칠 후인 2월 1일 선조가 세상을 떠나고 만다.

1608년 2월 1일 아침 선조는 약방의 문안 인사에 "지난밤에는 편히 잘 잤다"고 답한다. 오전에는 이이첨과 이경전을 따르던 무리들의 귀양을 청하는 사헌부 지평 신광립의 보고를 받는 등 정상적으로 집무를 보기까지 했다. 그런데 오후 2시경 갑자기 위급한 지경에 이르렀다. 곧바로 세자가 달려왔고 이어 완평부원군 이원익, 중추부 영사 이덕형, 오성부원군 이항복 등 원로대신들이 들어왔다.

어의 허준의 노력에도 불구하고 결국 선조는 더 이상 눈을 뜨지 못했다. 얼마 후 인목왕후는 미리 써놓은 선조의 유언을 공개했다.

"형제 사랑하기를 내가 있을 때처럼 하고 참소하는 자가 있어도 삼가 듣지 말라. 이로써 너에게 부탁하니 모름지기 내 뜻을 몸 받아라."

보기에 따라서는 영창대군을 부탁한다는 뜻으로도 읽힌다.

인목왕후는 옥새를 광해군에게 넘겼다. 물론 광해군은 처음에는 받을 수 없다고 여러 차례 사양했다. 그러나 왕위는 결국 광해군에게 가도록 되어 있었다. 선조의 묘호는 처음에는 선종(宣宗), 능호는 목릉(穆陵)으로 정해졌다.

바로 다음 날 정릉동 행궁에서 광해군이 보위에 올랐다. 임진왜란의 난리 통에 세자가 된 지 16년 만이었고 이때 광해군의 나이 34세였다.

이이첨, 정인홍과 더불어 대북을 이끌었던 아계(鵝溪) 이산해의 영정. 어려서부터 총명해 신동으로 불렸으며, 특히 문장에 능해 선조조 문장팔가 중 한 사람으로 꼽힌다. 서화도 잘해 대자(大字)와 산수묵도에 뛰어났다.

광해군이 왕위에 오르고 처음으로 한 주요 국사는 묘호를 선종에서 선조로 바꾼 것이었다. 2월 8일 대신들이 의견을 모아 광해군에게 건의했다.

"신들의 의견은 '대행대왕께서는 나라를 빛내고 난을 다스린 전고에 없는 큰 공렬이 있으니 조(祖)라고 일컫는 것이 마땅하다'는 것입니다. 예로부터 제왕이 공을 세운 경우에는 조(祖)라고 일컫고 덕이 있는 경우에는 종(宗)이라고 일컫습니다. 지금 묘호를 조라고 일컫는 것이 온당할 것 같습니다.”

이렇게 해서 우리는 ‘그’를 선종이 아니라 선조라 부르게 되었다.

광해군이 저버린 내성외왕의 꿈

광해군의 집권은 결과적으로 선조의 꿈을 물거품으로 만들고 말았다. 그 것은 선조가 그토록 멀리하려 했던 ‘소인배들’의 득세와 더불어 찾아왔다. 선조의 죽음, 그리고 광해군의 즉위는 정치적 역학 관계에서 대역전 극을 예고하는 것이었다.

최대 관심사는 영의정 유영경에 대한 처리 문제였다. 유영경은 2월 10일 사직서를 제출했다. 광해군은 일단 윤허하지 않았다. 그러나 정치 초보자라도 유영경이 궁지에 몰린 쥐 신세가 된 것을 알 수 있었다.

홍문관, 사헌부, 사간원 등에서 들고일어났다. 유영경이 광해군에게 지은 아홉 가지 죄목을 거론하며 목을 베야 한다는 주장까지 나왔다. 충성 경쟁이 시작됐고 그 대열에는 한때 유영경에게 붙었던 자들도 다수 포함돼 있었다. 그러나 유영경은 표변해버린 세상인심을 탓할 여유가 없었다. 벌써 목에 칼이 들어왔기 때문이다.

유영경은 영의정 자리에서 물러났다. 후임은 조정 내외의 신망이 컸던 이원익이었다. 그리고 결국 유영경은 함경도 경흥으로 유배 갔다가 그곳에서 사약을 받는다.

광해군이 집권한 후 열흘은 마치 혁명이 일어난 듯했다. 하루아침에 친형 임해군이 대역죄인으로 내몰리고 영의정 유영경은 파직당하고 정인홍은 영웅이 되어 돌아왔다. 당시 상황에 대해 실록은 "조야가 마음 아파했다"고 적고 있다. 형제를 사랑하라는 선조의 유언장은 이미 휴지 조각으로 변했다. '소인배들을 물리치고 군자를 가까이하려 했던' 선조의 오랜 노력은 하루아침에 물거품이 되어버렸다.

여기서 유영경이 군자였는지는 판단을 유보한다. 그러나 적어도 선조가 오랜 경험을 통해 배척하려 했던 이산해나 이이첨은 광해군으로서는 가까이해서는 안 되는 인물이었다. 정인홍 또한 군자인지 소인배인지는 모르겠지만 국가 경영을 논할 수 있는 경륜과는 거리가 먼 인물이었다. 원상으로 화려하게 복귀했던 이산해는 광해군 집권 직후 얼마 안 가서 세상을 떠났으니 알 수 없지만 훗날 광해군을 폐주로 만든 양대 인물이 결국은 이이첨과 정인홍이었다는 점에서 선조의 판단은 정확했다고 할 수 있다.

그러나 선조는 죽었다. 대북의 세상이었다. 이들은 먼저 임해군을 죽이고 이어 진릉군, 영창대군, 능창군, 연흥군을 차례로 죽였다. 또한 인목대비를 폐모시켰다. 대북파가 '중립 외교'를 했다 하여 광해군 시대를 재평가하자는 움직임이 우리 학계 일각에 있다. 그러나 선조와 광해군의 인사 원칙과 정책을 조금이라도 비교해본다면 그런 주장은 한 치도 설자리가 없다. 내성외왕(內聖外王)에 다가가려 했던 선조의 꿈은 아들 광해군에 의해 물거품이 되어버리고 말았다.

사라진 강성대국의 꿈,
소현세자 이왕의 하루

◎ 부왕에게 독살된 세자의 원한

분하고 원통하다! 그렇게 준비하고 또 준비했건만 불과 서른네 살의 나이에 불귀의 객이 되고 말았다. 그래서 나는 종묘사직과 백성에게 죄를 지었고, 부왕을 평생 '아들을 죽인 못난 임금'으로 만드는 불효를 저질렀다.

그러나 나는 진실을 말해야 한다. 역사 앞에서 거짓을 말할 수는 없다. 1645년 4월 23일부터 나는 갑자기 아프기 시작해 사흘 후인 26일 오전 창경궁 환경당에서 죽었다. 내가 죽고 난 후 실록은 뭐라 썼던가? 눈 있는 자는 읽어보라! 한 나라의 세자가 죽었는데 이 따위 졸기(拙記)를 쓰는 행위가 가능한가? 권력이 부왕 인조가 아니라 신하들에게 있지 않고서야 어떻게 이런 참람한 짓을 버젓이 행할 수 있단 말인가?

"세자는 자질이 영민하고 총명했지만 그릇과 도량이 넓지 못했다. 일찍이 정묘호란 때 호남에서 무군(撫軍, 임금을 도와 군사를 다스림)할 적에 대궐에 진상하는 물품을 절감해 백성들의 고통을 없애려고 힘썼다. 또 병자호란 때는 부왕을 모시고 남한산성에 들어갔는데 도적 청인(淸人)들이 세자를 인질로 삼겠다고 협박하자 삼사가 극력 반대했고, 성상께서도 차마 허락하지 못했다. 그런데 세자가 즉시 자청하기를 '진실로 사직을 편안히 하고 군부(君父)를 보호할 수만 있다면 신이 어찌 그곳에 가기를 거리끼겠습니까?' 하였다. 그들에게 체포되어 서쪽으로 갈 적에는 몹시 황급한 때였지만 말과 얼굴빛이 조금도 변함없었고, 모시고 따르던 신하들을 대우하는 데 있어서도 은혜와 예의가 지극했으며, 무릇 질병이 있거나 곤액을 당한 사람이 있으면 그때마다 힘을 다해 구제했다.

그러나 세자가 심양에 있은 지 이미 오래돼서는 모든 행동을 청나라 사람이 하는 대로만 따라서 하고 짐승을 사냥하는 군마(軍馬) 사이에 출입하다 보니 가깝게 지내는 자는 모두가 무부(武夫)와 노비들이었다. 학문을 강론하는 일은 모두 폐지하고 오직 경제적 이익만을 일삼았으며, 또 토목공사와 개와 말들을 기르는 것을 일삼았기 때문에 적국으로부터 비난을 받고 크게 인망을 잃었다. 이는 그때의 궁관(宮官)들 중에 궁관답지 못한 자가 있어 임금께 보고하는 도리를 잃어 그렇게 된 것이다. 세자가 10년 동안 타국에 있으면서 온갖 고생을 두루 겪고 본국에 돌아온 지 겨우 수개월 만에 병이 들었는데, 의관들 또한 함부로 침을 놓고 약을 쓰다가 끝내 죽기에 이르렀으므로 온 나라 사람들이 슬프게 여겼다. 세자의 향년은 34세이며 3남 3녀를 두었다."

그릇과 도량이 넓지 못했다고, 무부나 노비들과만 가깝게 지냈다고,

적국으로부터 비난을 받았다고, 그리고 그나마 양심은 있었는지 의관들 또한 함부로 침을 놓고 약을 썼다고 적어놓았구나!

내가 심양과 북경을 떠돌다가, 같이 볼모로 잡혀왔던 삼공육경(三公六卿)의 자제들을 거느리고 그리운 고국에 돌아온 것은 8년 만인 1645년(인조 23) 2월 18일이다. 그리고 두 달 후인 4월 23일 더운 날씨임에도 온몸이 떨려오기 시작했다. 어의 박군이 와서 진맥해보고는 학질이라고 했다. 약방(藥房)이 부왕에게 간언하기를 "다음 날 새벽 어의 이형익에게 침을 놓아 학질의 열을 내리게 할 것"이라고 하자 부왕께서는 그리하라고 하셨다. 이것이 이상했지만 부왕의 명인지라 따를 수밖에 없었다.

24일 종일 침을 맞았지만 차도가 없었다. 우선 학질인지가 불분명했다. 그리고 설령 학질이라 할지라도 침으로 학질을 치료할 수 있는 명의가 세상에 어디 있겠는가? 다음 날도 상황은 마찬가지였고 내 온몸은 이형익이 놓은 침으로 마치 고슴도치와 같았다.

사흘이 지난 26일, 결국 나는 유언 한 자 못 남기고 외부와 격리된 채 지내다가 이승과 작별하고 말았다. 원통하다! 도대체 무슨 일이 일어났던 것인가? 의도가 있었다면 과연 누구의 뜻이었던 것인가? 진정 부왕께서는 다 아시고서도 당신의 정치 생명을 유지하기 위해 자식이자 나라가 위기에 처했을 때 온몸을 던진 세자의 죽음을 방조했다는 말인가? 그것이 조금이라도 사실이라면 나는 어디에 대고 효를 다할 수 있다는 말인가? 나는 죽어도 죽은 것이 아니다! 그 후 아내 강빈과 아들들에게 가해진 일은 또 어떻게 받아들여야 하는가? 분하고 원통하다!

남한산성의 서문. 지금은 성곽이 수축되고 주변 일대가 보수되어 아름다운 풍광을 자랑하지만 400년 전 이곳은 피비린내가 진동하는 전쟁터였다.

◎ 조선 조정, 가짜 왕제를 보내다

1636년(인조 14) 12월 14일 인조가 도성을 버리고 남한산성으로 피할 때부터 조정에서는 이조판서 최명길을 적진에 보내 강화 조건을 탐색하기 시작했다. 최명길의 자청(自請)이었다.

지금의 서울 홍제동 근처인 홍제원 일대까지 내려와 있던 청나라 장수 마부대를 만난 최명길은 "어찌해 군사를 일으켜 이렇게 깊이 들어왔소?"라고 물었다. 이에 마부대는 "귀국이 까닭 없이 맹약을 더럽혔으므로 새로 화약을 맺기 위해 왔소"라고 답했다.

당시 청나라의 공격에 대해 조선에서는 두 가지 생각을 할 수 있었다. 첫 번째는 점령을 위한 것, 두 번째는 새로운 강화 조약을 위한 것. 인조는 점령을 위해서라고 보았고, 신하들 대부분은 강화 조약을 위해서라고 보았다. 다음 날 마부대가 군대를 한양 궁궐로 이끌지 않고 인조가 남한산성으로 들어갔다는 소식을 들은 후 삼전도에 진을 친 것을 보면 점령보다는 강화에 더 큰 비중을 두고 있음이 분명했다. 명나라와의 일전을 앞두고 배후를 제압하려는 전략이었던 것이다.

이틀 후인 12월 16일 마부대는 왕자와 대신을 보내라고 요구했다. 여기서 대신은 삼정승을 의미했다. 조선 조정에서는 인조의 외종형 구인후의 누이의 아들 능봉수(綾峯守)를 군(君)으로 올리고, 형조판서 심집(沈諿)에게는 가짜 정승의 직함을 주어 적진으로 들여보냈다. 수(守)는 왕실의 정4품 관직명으로, 왕비 소생을 대군으로 부르고 후궁 소생을 군으로 부르는 것처럼 왕실 종친을 정(正), 수(守) 등으로 불렀다. 황진이의 작품에 등장하는 벽계수도 왕실 종친이었다.

일은 엉뚱한 데서 터졌다. 마부대에게 불려간 심집이 실상을 털어놓았던 것이다.

"나는 평생 충(忠)과 신(信)을 말해왔소. 야만인이라도 속일 수는 없소. 나는 가짜 정승 직함을 쓴 사람이오. 능봉군도 왕제(王弟)가 아니라 종친일 뿐이오."

반면에 능봉 '군'은 "심집이 거짓말을 하고 있소. 나는 진짜 왕제요"라고 주장했다.

마침 마부대의 진중에는 심양으로 갔다가 포로로 잡혀 있던 조선 장수 박난영이 있었다. 박난영은 광해군 시절 명의 요청을 받아 강홍립과 함께 청나라에 맞서기 위해 파견됐던 강직한 무장이었다. 마부대가 박난영을 불러 심집과 능봉 '군'의 말 중에 어느 쪽이 옳으냐고 물었다. 이에 박난영은 당당하게 "능봉군은 진짜 왕제이고 심집은 진짜 대신이오!"라고 증언했다. 그 후 실상을 알게 된 마부대는 박난영의 목을 베고 능봉수와 심집은 남한산성으로 돌려보냈다. 그날로 조정에서는 사태 무마를 위해 좌의정 홍서봉과 호조판서 김신국을 마부대 진영에 파견했다.

홍서봉이 "실은 봉림대군과 인평대군 두 대군 중에서 한 분을 보내야 겠는데 둘 다 강화도에 있기 때문에 보내기 어렵소" 하고 변명 아닌 변명을 하자 화가 난 마부대는 요구의 강도를 높였다.

"세자를 보내온 뒤에라야 강화를 의논할 수 있다!"

남한산성 내 조정은 갈라지기 시작했다. 많은 신하들이 인조를 찾아와 세자를 보내야 한다고 했다. 청의 요구대로 저들을 황제라 칭하고 그 신하가 되자는 것이었다. 뒤늦게 이 말을 전해들은 예조판서 김상헌이 비변사에 들어와 일갈했다.

"내 마땅히 칼로 이런 건의를 한 자의 목을 벨 것이다. 맹세코 그 자와 함께 이 세상에서 살지 않을 것이다!"

그러나 이런 기개를 가진 인물은 드물었고 인조는 진퇴양난의 곤경에 빠져들고 있었다.

12월 22일 다행히 마부대가 통역관을 보내 화의 조건을 완화했다. 원래대로 왕자와 대신을 보내면 화의를 맺을 수 있다고 통보해온 것이다. 그러나 인조는 이를 거부했다. 이런 가운데 남한산성 주변에서는 작은 전투들이 이어지면서 양쪽의 피해가 늘어가고 있었다.

12월 30일 청 태종이 삼전도에 도착했다. 그리고 이듬해 1월 2일 홍서봉 등이 적의 진중에 들어가자 '황제의 글'이라는 사실상의 협박장을 내놓았다. "원나라 때는 너희 조선이 끊이지 않고 조공을 바쳤는데 이제 와서 어찌해 하루아침에 이처럼 오만해졌느냐"는 구절이 들어 있을 만큼 일방적으로 조선을 호통치는 글이었다. 다음 날 조선 조정에서 답서를 올렸다. 여기에는 "이제 대국의 옛 맹약을 잊지 않으시고 분명히 가르치고 책망하심을 입으니 스스로의 죄를 알겠습니다"라는 구절이 들어 있었다.

얼마간의 신경전이 끝나고 1월 18일 결국 최명길이 항복하는 내용의 답서를 지었다. 예조판서 김상헌은 비변사에 왔다가 이 글을 보고는 발기발기 찢어버리고 목 놓아 울면서 최명길에게 말했다.

"선대부(최명길의 아버지 최기남)께서는 사림들 사이에 이름이 있으셨는데 대감은 어찌 이런 일을 하시오?"

이에 최명길은 빙긋이 웃으면서 조각난 종이를 주워모아 풀로 붙였다.

"대감은 찢으시지만 나는 도로 주워야겠습니다."

이를 지켜보던 병조판서 이성구는 김상헌에게 큰 소리로 말했다.

"대감이 전에 화의를 배척해 나랏일이 이 지경에 이르게 됐으니 대감이 적에게 가시오!"

김상헌도 물러서지 않았다.

"만약 나를 적진에 보내준다면 나는 죽을 곳을 얻은 것이니 이는 대감이 주시는 것으로 알겠소!"

그러나 다음 날 이 답서는 거부당했다. 답서 중에 조선을 '신하〔臣〕'로 칭하는 내용이 한 곳도 없다는 이유였다.

그래서 최명길이 다시 조선을 '신하'로 칭하는 새로운 답서를 보냈지

심집은
어떤 사람인가?

결정적인 순간에 나라를 배신한 심집(1569〔선조 2〕~1644〔인조 22〕)은 1596년(선조 29) 문과에 급제해 승문원, 예문관 등을 거쳐 수원판관이 되었는데, 당시 간관이었던 정홍익과 함께 성혼을 변론하다가 옹진현령으로 좌천됐다. 성혼을 변론한 데서 알 수 있듯이 그의 당색은 서인이었다.

중앙과 지방의 중간직을 오가던 심집은 광해군이 즉위하자 사헌부 장령으로서 임금에게 직언하다가 면직됐다. 꼬장꼬장한 성품의 그는 은계찰방, 해운판관 등 한직을 거쳐 고령현감이 되었지만 정인홍의 무리가 이언적과 이황을 비방한 데 반발하다가 대간의 탄핵을 받아 다시 면직됐다.

서인이 주도한 인조반정 후 병조참지가 되었고, 왕의 신임을 얻어 도승지, 안변부사, 형조·공조판서를 역임하고 한성부판윤이 되었다. 병자호란 때는 형조판서로서 남한산성에 왕을 호종했다. 이때 능봉수와 자신의 신분을 실토한 일로 인해 이듬해 유백증 등의 탄핵을 받아 성 밖으로 쫓겨났지만 1638년(인조 16) 용서받아 예조판서에 이르렀다. 그만큼 인조의 총애가 큰 편이었다.

1644년 아들 심동구가 심기원의 모반 사건에 연루되어 유배당하자 지병이 악화돼 죽었다. 뒤에 아들로 말미암아 직첩을 환수당했지만 숙종 때 송시열 등에 의해 신원됐다. 서인들이 죽은 그를 살린 것이다.

만 이번에는 출성(出城, 항복)과 척화신(斥和臣)을 잡아 보내는 문제에 대해 부정적이라는 이유로 답서를 돌려보냈다. 그때 스물다섯 소현세자가 나섰다. 소현세자는 비변사에 자신의 생각을 담은 봉서를 내렸다.

"일이 너무도 급박해졌다. 나에게는 일단 동생이 있고 아들도 하나 있으니 종사를 받들 수 있다. 내가 적에게 죽는다 하더라도 무슨 유감이 있겠는가? 내가 성에서 나가겠다는 뜻을 말하라."

청이 요구한 항복 조건을 무조건 수용한 것이었다. 항복 조건에는 소현세자가 인질이 되어 심양으로 간다는 내용도 포함돼 있었다. 결국 소현세자의 결단으로 1월 30일의 출성이 이뤄졌고, 소현세자와 봉림대군은 조선사상 최초로 볼모가 되어 청나라로 끌려가게 되었다.

◎　　　**청 장수 용골대가 관용을 베푼 이유**

출성하는 쪽으로 방향이 잡히자 1월 28일 좌의정 홍서봉, 이조판서 최명길, 호조판서 김신국이 적진으로 가서 출성을 위한 구체적 절차를 논의했다. 처음에는 세자를 보내 항복하겠다고 했다가 청나라 장수 용골대로부터 면박만 당했다. 왕이 직접 나오지 않는 한 항복을 받아들이지 않겠다는 것이었다. 그 대신 용골대는 나름의 관용을 베푼다면서 출성 절차에 대해 이렇게 말했다.

"출성의 절차는 예로부터 규범이 될 만한 사례가 있는데, 제1등 절목은 너무 참혹하니 그만두시오. 대신 제2등 절목으로 행하는 것이 좋겠소."

이 말을 듣는 순간 홍서봉 일행은 온몸에 소름이 돋았다. '제1등 절목'은 다름 아닌 '함벽여츤(銜璧輿櫬)'을 말하는 것이었기 때문이다. '함벽여츤'이란 패한 나라의 군주가 손을 뒤로 결박 지은 채 구슬을 입에 물어 진상하며, 죽음에 처해도 이의가 없다는 마음을 나타내기 위해 관을 짊어지고 가는 것이었다. 용골대의 말대로 '참혹함' 그 자체였다. 만일 출성 절차로 함벽여츤이 이뤄진다면 그날로 인조는 왕위를 세자에게 물려줘야 할지도 몰랐다. 홍서봉 일행은 '제2등 절목'이라도 감지덕지할 수밖에 없었다. 제2등 절목은 신하의 예를 갖춰 '삼배구고두례(三拜九叩頭禮)'를 행하는 것으로서 세 번 큰절을 한 다음 아홉 번 머리를 숙여 충성을 맹세하는 것이었다. 삼전도에서 인조가 청 태종을 향해 행했던 예가 바로 그것이었다.

청 태종은 처음부터 조선을 '정복'할 생각은 없었다. 정복할 요량이었다면 날도 추운데 굳이 위험하게 한강을 건너 삼전도에서 항복을 받아낼 이유가 없었다. 그가 삼전도에 진을 친 것은 남한산성에서 창경궁으로 들어가는 길목을 막아 인조에게 선택을 강요하려는 계산에서 나온 것이었다. 스스로 속국의 길을 걷겠다면 인조의 왕위를 보장해줄 것이고 그렇지 않다면 일전불사밖에 없다는 최후통첩이었다. 신흥국가였던 청은 명나라를 치기 전에 뒤를 안전하게 하려는 목적으로 조선 정벌에 나선 것이었다. 조선을 정복하기에는 너무 큰 희생이 따랐고, 그만큼 명나라를 치는 일이 미뤄질 수밖에 없었다. 따라서 사실은 처음부터 그들의 구상 속에 '함벽여츤'은 없었다고 봐야 한다.

청나라의 본심은 청 태종이 1월 28일 인조에게 보낸 글에 고스란히 담겨 있다. 이 글은 두고두고 조선을 옥죄는 문서라는 점에서 전문을 읽어둘 필요가 있다.

청 태종 홍타이지(皇太極)의 영정. 청 태조 누르하치(奴兒哈赤)의 여덟째 아들로 1635년(인조 13) 내몽골을 평정해 대원전국(大元傳國)의 옥새를 얻은 것을 계기로 국호를 대청(大淸)이라 고쳤다. 중국 본토 진출의 꿈을 이루지 못한 채 죽어 선양 북릉에 묻혔다.

관온 인성 황제(寬溫仁聖皇帝)는 조선 국왕에게 조칙을 내려 타이른다. 보내온 주문(奏文)을 보건대, 20일의 조칙 내용을 갖추어 진술하고 종묘 사직과 백성에 대한 계책을 근심하면서 조칙의 내용을 분명히 내려 안심하고 귀순할 수 있는 길을 열어달라고 청했는데, 짐이 식언할까 의심하는 것인가? 그러나 짐은 본래 나의 정성을 남에게까지 적용하니, 지난번의 말을 틀림없이 실천할 뿐만 아니라 후일 네가 유신(維新)하게 하는 데도 함께 참여할 것이다. 그래서 지금 지난날의 죄를 모두 용서하고 규례(規例)를 상세하게 정해 군신(君臣)이 되면 대대로 신의를 지킬 것이다.

네가 만약 잘못을 뉘우치고 스스로 새롭게 하여 은덕을 잊지 않고, 자신을 맡기고 귀순해 자손의 장구한 계책을 삼으려 한다면 명나라가 준 고명(誥命)과 책인(冊印)을 나에게 바쳐 죄를 청하고, 명과의 국교를 끊으며 그들의 연호를 버리고, 일체의 공문서에 우리의 정삭(正朔, 나라를 세우면서 반포한 신력〔新曆〕)을 받들도록 하라. 그리고 그대는 장자(소현세자) 및 재일자(再一子, 봉림대군)를 인질로 삼고, 대신은 아들이 있으면 아들을, 아들이 없으면 동생을 인질로 삼으라. 만일 그대에게 뜻하지 않은 일이 발생하면 짐이 인질로 삼은 아들을 세워 왕위를 계승하게 할 것이다.

만약 짐이 명나라를 정벌하기 위해 조칙을 내리고 사신을 보내 그대 나라의 보병, 기병, 수군을 징발하거든 수만 명을 기한 내에 모이도록 하여 착오가 없도록 하라. 짐이 이번에 군사를 돌려 가도(椵島)를 공격해서 취하려 하니, 그대는 배 50척을 내고 수군, 창포, 궁전(弓箭, 활과 화살)을 모두 스스로 준비하는 것이 마땅하다. 그리고 군사가 돌아갈 때에도 식량과 편의를 제공하는 예를 응당 거행해야 할 것이다.

성절(聖節, 성인이나 왕의 생신), 정조(正朝, 설날), 동지, 중궁천추(中宮千秋, 왕비의 생신), 태자천추(太子千秋, 태자의 생신) 및 경조사 등의 일이 있으면 모름지기 예를 올리고 대신 및 내관에게 명해 표문(表文)을 받들고 오게 하라. 바치는 표문과 전문(箋文)의 양식, 짐이 조칙을 내리거나 간혹 일이 있어 사신을 보내 유시를 전달할 경우 너와 사신이 상견례 하는 것, 너의 배신(陪臣, 신하의 신하)이 알현하는 것과 영접하고 전송하며 사신을 대접하는 예 등을 명나라의 구례(舊例)와 다름이 없도록 하라.

군중(軍中)의 포로들이 압록강을 건너고 나서 만약 도망해 되돌아오면 체포해 본주(本主)에게 보내도록 하고, 만약 속(贖, 죄 대신 제공하는 물건이나 노력)을 바치고 돌아오려고 할 경우 본주의 편의대로 들어주도록 하라. 우리 군사로서 죽음을 각오하고 싸우다 사로잡힌 사람을 네가 결박해 보낼 수 없다고 핑계대지 말라. 내외의 제신(諸臣)과 혼인을 맺어 화호(和好)를 굳게 하도록 하라. 성벽은 수리하거나 신축하는 것을 허락하지 않는다.

너희 나라에 있는 여진족 사람들은 모두 돌려보내야 마땅하다. 일본과의 무역은 옛날처럼 하도록 허락한다. 다만 그들의 사신을 인도해 조회하러 오게 하라. 짐 또한 장차 사신을 저들에게 보낼 것이다. 그리고 동쪽의 여진족으로서 저들에게 도피해 살고 있는 자들과는 다시 무역하게 하지 말고, 보는 대로 즉시 체포해 보내라.

너는 이미 죽은 목숨이었는데 짐이 다시 살아나게 하였으며, 거의 망해가는 너희 종사를 온전하게 하고, 이미 잃었던 네 처자를 완전하게 해주었다. 너는 마땅히 국가를 다시 일으켜준 은혜를 생각하라. 뒷날 자자손손 신의를 어기지 말도록 한다면 너희 나라가 영원히 안정될 것이다. 짐은 너희 나라가 되풀이해서 교활하게 속였기 때문에 이렇게 교시하는 바이다. 숭덕 2년 정월 28일.

◎　　**인조, 남색 오랑캐 옷으로 갈아입다**

1637년(인조 15) 1월 30일 한강의 동남쪽에 자리 잡은 군사 요충지 남한

남한산성 부근을 묘사한 〈남한산성도(南漢山城圖)〉. 산성의 사대문과 옹성, 서장대(西將臺)가 표시돼 있다. 남문에서 삼전야(三田野)를 거쳐 송파진에 이르는 길 중간에 있는 비석은 청 태종 송덕비다. 출처는 규장각 소장《동국여도(東國輿圖)》

산성. 그날 새벽 인조는 그곳에 머물고 있었다. 1636년 12월 14일 압록강을 넘어 파죽지세로 한양 서북부까지 쳐내려온 청군을 피해 세자와 백관을 대동하고 피신해온 지 45일째였다. 병자호란이 나던 그해 겨울에는 유난히 눈이 많이 내렸다. 남한산성으로 피해온 그날 애초 인조는 지리적으로 불리하니 야밤에 강화도로 옮기자는 영의정 김류의 건의를 받아들여 다음 날 새벽 산성을 빠져나오려 했었다. 최후의 항전을 위해서였다. 그러나 결국 폭설로 인해 말을 움직일 수 없어서 포기해야 했다. 당연히 추위도 극심했다. 12월이 그 정도였으니 1월 말의 추위와 폭설은 더했다.

마침내 출성을 결심한 인조는 1월 30일 새벽에 일어나 먼저 청나라

옷, 남색의 융복(戎服, 오랑캐 옷)으로 갈아입었다. 그때 그의 무너져 내리는 자존심과 참담한 심정을 헤아리기란 그리 어렵지 않다. 게다가 발에는 동상까지 심했다. 침소를 나서는 그를 맞은 것은 살을 에는 듯한 칼바람과 허리까지 올라오는 눈이었다. 다음으로 시선을 어디다 둬야 할지 몰라 난감해하는 신하들이었다. 웅성거리는 가운데 여기저기서 터져나오는 백성들의 비탄이 귓가를 울렸을 것임은 현장에 있지 않아도 상상해 볼 수 있다.

서문을 나선 인조는 산을 내려가기 시작했다. 장남 소현세자와 정승, 대신, 승지 등 500여 명의 신하들을 거느린 하산 길은 그 자체가 고행이었다. 말을 탈 수도 없어 엉금엉금 눈 덮인 산길을 손으로 땅을 짚으며 내려와야 하는 길이었다. 인조는 빙판에 미끄러져 나뒹굴기까지 했다. 청나라를 얕잡아보다가 대패한 조선 왕의 적나라한 처지를 보여주는 모습이었다. 아무런 대항 수단도 없이 결사항전을 외쳤던 척화파 신하들에 대한 원망은 들지 않았을까? 어렵사리 산을 내려온 인조 일행은 숨 돌릴 겨를도 없이 삼전도를 향한 길을 재촉했다. 그곳에는 직접 12만 대군을 이끌고 압록강을 건너온 청 태종이 항복을 받아내기 위해 인조를 기다리고 있었다.

삼전도는 한강진(한강나루), 양화도(노들나루)와 더불어 조선조 한강의 3대 나루 중 하나였다. 한양의 서쪽인 김포, 강화로 가려면 양화도를 이용했고, 삼남 지방은 한강진을 통해 연결됐으며, 삼전도는 남한산성과 도성을 연결하는 간선 루트였다.

인조 일행은 마천리, 오금리, 가락리, 송파리를 거쳐 삼전도로 향했다. 남한산성 서문부터 청 태종이 올라가서 기다리고 있던 수항단까지는 이미 수만 명의 청나라 병사들이 좌우에 창검과 깃발을 들고서 도열해 있었다. 삼전도에 설치해놓은 수항단까지 2~3킬로미터 정도를 남겨둔 송파리에 이르렀을 때 용골대와 마부대가 '영접'을 나왔다. 최명길 등이 바로 전날까지 항복 조건을 놓고 치열한 기 싸움을 벌였던 장수들이었다. 이들은 수항단이 저만치 눈에 보이는 지점까지 인조 일행을 인솔했다.

그 이름도 치욕적인 수항단(受降壇), 말 그대로 청 태종이 인조의 항복을 받는 예를 거행하기 위해 설치해놓은 단상이 인조 일행의 시야에 들어왔다. 삼전도 남쪽 언덕에 9층 계단식으로 쌓아올린 수항단에는 황제의 권위를 과시하는 황금색 장막이 둘러쳐져 있었고, 맨 윗단의 용상에는 청 태종이 '제후'들을 좌우에 거느린 채 인조 일행을 내려다보고 있었다.

당시 현장을 직접 보았던 나만갑은 《병자록》이라는 책에서 이렇게 기록하고 있다.

"군진(軍陣)이 정연하고 엄숙하며 병기가 햇빛에 번쩍였다."

인조는 말에서 내렸다. 이어 삼정승, 5판서, 5승지를 거느리고 걸어서 수항단 아래로 나아갔다. 맨바닥에서 인조는 '세 번 절하고 아홉 번 머리를 조아리는' 예를 행했다. 이후 청군의 인도에 따라 계단을 올라 여러 왕들의 오른편에 서쪽을 향해 앉았고, 청 태종은 보다 높은 단에서 남쪽을 향해 앉아 있었다. 남면(南面)은 황제의 상징이었다. 이어서 술과 안주가 나오고 군악 연주가 있었다.

연회가 끝나고 저녁 무렵이 되어서야 인조는 한양 도성으로 돌아올 수 있었다. 강화도에 머물다가 포로가 되어 적진에 잡혀 있던 인평대군이 인조의 행차를 수행했다. 소현세자와 빈궁, 봉림대군과 그 부인은 청군의 진중에 머물렀다. 이들은 당초 맺은 강화조약에 따라 심양으로 가게 되어 있었다.

◎ 소현세자의 의문사, 그리고 역사의 반동

이제 소현세자의 느닷없는 죽음에 초점을 맞춰보자. 조선의 16대 왕 인조는 인렬왕후 한씨와 사이에 아들 다섯을 두었다. 막내는 일찍 죽고 나머지 네 왕자가 소현세자, 봉림대군(훗날의 효종), 인평대군, 용성대군이었다. 효종과 인선왕후 장씨 사이에 1남 7녀가 있었는데 그 1남이 현종이다. 현종은 명성왕후 김씨 사이에 1남 3녀를 두었는데 그 1남이 숙종이다. 소현세자가 의문의 죽음을 당하는 바람에 동생 봉림대군이 왕좌에 올라 임금이 되었고 이후 왕통은 봉림대군의 후손이 잇게 되었다.

소현세자. 보기에 따라서는 조선의 개화, 서구화, 근대화를 300년 앞당길 수 있는 인물이었다. 그러나 역사에서 그러하듯 위대한 기회를 잡을 수 있는 인물들은 종종 비운의 삶을 살다 갔고, 소현세자도 예외가 아니었다.

1637년 조선 조정은 군왕의 장남 소현세자와 차남 봉림대군을 청의 수도 심양에 인질로 보내야 했다. 두 사람이 조선으로 돌아오는 것은 그로부터 8년 후, 청 황제가 태종에서 세조로 바뀐 이후였다. 정권 안정으로 자신감이 생긴 청 세조는 두 사람을 귀국시키기에 앞서 새로운 수도 북경 문연각에 거처를 마련한 다음 70일간 체류하게 했다. 소현세자가 청나라에 봉사하고 있던 아담 샬을 알게 된 것도 이때였다. 소현세자의 나이 서른둘이었다. 이 무렵 소현세자가 남긴 편지를 보면 아담 샬을 통해 전해들은 서양 문물에 대한 충격을 생생하게 느낄 수 있다.

천구의(天球儀)와 서양 서적들은 세상에 이와 같은 것이 있었음을 몰랐던 것이며, 이것이 제 손에 들어오게 된 것이 꿈이 아닌가 하고 기쁘게 생각하는 바입니다. 우리나라에도 비슷한 것이 없는 바는 아니지만 수백 년 이래로 천체 운행과 맞지 않으니 가짜인 것이 틀림없습니다. 지금 이 귀한 것을 얻었으니 이 무슨 기쁨이겠습니까? 제가 고국에 돌아가면 궁중에서 사용할 뿐만 아니라 식자들에게 반포할 작정입니다.

선진 문물에 대한 열린 태도! 그러나 이후 조선과 일제 식민지, 대한민국과 조선민주주의인민공화국 등 300여 년 역사에서 이런 태도를 취

숭정9년명신법지평일구(崇禎九年銘新法地平日晷). 1636년 아담 샬 등 서양 선교사의 감독 아래 제작된 서양식 평면 해시계로 소현세자가 귀국할 때 들여온 것으로 추측된다. 가로 57.5cm, 세로 119.5cm, 두께 15.0cm, 국립고궁박물관 소장

했다는 이유만으로 얼마나 많은 사람들이 희생됐던가? 그들은 사문난적이라 해서 죽었고, 야소교를 믿었다고 해서 죽었고, 불온하다고 해서 죽었고, 주체적이지 않다고 해서 죽었다.

1645년 소현세자는 마침내 조선으로 돌아온다. 그러나 그를 기다리고 있던 것은 부왕 인조의 의심이었다. 임진왜란 때 명나라가 선조를 폐하고 광해군을 세우려 한 것처럼 청나라가 자신을 폐하고 소현세자를 세우지 않을까 하는 것이었다. 삼전도 굴욕의 장본인 인조는 명민했지만 이미 상처가 깊었고, 마치 의부증 환자처럼 주변 사람들을 의심하기 시작했다. 세자가 돌아온다고 했을 때 인조의 첫 일성은 "청나라가 세자를 돌려보내는 조치가 참으로 좋은 뜻이기만 하고 다른 마음은 없는 것이겠는가?"라는 말이었다.

그해 2월에 한양에 돌아온 소현세자는 귀국한 지 두 달 만인 4월 23일 '학질'로 병석에 눕는다. 어의 이형익이 치료를 위해 침을 놓았고 3일 만에 세자는 세상을 떠났다. 실록의 기록을 보아도 그렇고 당시 정치적 역학 관계를 볼 때도 소현세자는 '독살'된 것이 분명했다. 학계에서도 인조의 묵인 내지 방조하에 권세가 김자점과 인조의 후궁인 귀인 조씨가 합작해 세자를 독살했다는 것이 정설이다.

김자점(金自點, 1588〔선조 21〕~1651〔효종 2〕)은 강원도관찰사를 지낸 김억령의 손자로 음보(蔭補)로 등용되어 병조좌랑에까지 올랐지만 광해군 말년 대북파에 의해 쫓겨났다. 그때부터 이귀, 김류, 신경진, 최명길, 이괄 등과 함께 모의해 마침내 광해군과 대북파를 내몰고 인조반정에 성공했다.

이때의 공으로 정사공신 1등에 책록된 그는 동부승지로 특진했고, 이후 서인이 공신 중심의 공서(功西)와 산림 성향의 소장파 청서(淸西)로 갈라지자 공서의 편에 서서 김상헌 등 유림을 탄압했다. 1624년(인조 2) 이괄의 난이 일어나자 이를 평정하는 데 공을 세우고 1633년(인조 11) 도원수에 올라 최고 군사령관 지위에 오르지만 병자호란 때 토산 싸움에서 참패한 죄로 전쟁 직후 절도로 유배 갔다.

이후 인조의 배려로 유배에서 풀려난 그는 손자 김세룡이 인조와 귀인 조씨 사이에서 난 딸 효명옹주와 결혼함으로써 왕실의 외척이 됐고, 조씨와 손을 잡아 악행을 일삼는다. 그럼에도 불구하고 인조의 총애는 커졌다. 1642년(인조 20) 병조판서에 오르고 1644년(인조 22)에는 좌의정에 임명됐다. 이후 소현세자빈 강씨를 죽이려는 인조의 내심을 읽어내고서 수라상에 오르는 전복에 독약을 묻힌 후 혐의를 강씨에게 덮어씌워 죽게 만들었으며, 소현세자의 세 아들도 모두 제주도로 유배 보냈다.

1649년(인조 27) 효종이 즉위한 뒤 김상헌 등을 중용하면서 북벌을 꾀할 때 김자점은 파직당했다. 그러나 그는 유배지 홍천에서 자신의 심복인 역관 이형장을 시켜, 조선이 북벌을 계획하고 있으며 장릉(章陵)의 지문에 청의 연호가 아닌 명의 연호를 썼다는 사실을 청나라에 밀고했다. 장릉은 인조의 생부인 원종(추존 왕)의 능으로서 지문은 송시열이 지은 것이었다. 그 바람에 청군이 압록강 입구까지 들이닥치는 등 일촉즉발의 위기가 촉발됐지만 효종의 기민한 수습으로 무사히 넘어갈 수 있었다. 김자점은 1651년 아들 김익의 역모에 연좌돼 사형당한다.

인조가 소현세자와 세자빈 강씨 등을 제거하면서 왕통이 봉림대군에게 이어진 후 이상하게도 왕실에는 아들이 귀해졌다. 효종(봉림대군)은 정비 인선왕후 장씨와의 사이에 1남 6녀를 두었다. 현종도 1남 3녀를 두었다. 여기서 흥미로운 점은 인조 때부터 시작해 효종과 현종 모두가 후궁을 두는 데 대단히 신중했다는 것이다.

선조만 하더라도 2명의 정비와 6명의 후궁이 있었다. 그러나 인조는 2명의 정비와 1명의 후궁(귀인 조씨)뿐이었고, 효종은 1명의 정비와 1명의 후궁(안빈 이씨)을 두었으며, 현종은 정비 1명뿐 아예 후궁을 두지 않았다. 정통성이 약한 왕들이라 신하들의 눈치를 살폈던 탓일 수도 있고, 서인들에게 눌려 있던 왕실이 외척 발호를 막기 위해 후궁을 들이지 않았기 때문일 수도 있다.

숙종의 경우도 사정은 크게 다르지 않았다. 46년 동안이나 재위했음에도 불구하고 그에게는 장희빈을 포함해 4명의 정비와 단 2명의 후궁이 있었을 뿐이다. 3명의 정비는 아들을 낳지 못했다. 희빈 장씨는 아들 둘을 낳았지만 한 명은 어려서 죽었다. 영조의 친어머니인 숙빈 최씨의 경우도 아들 셋을 낳았지만 첫째와 셋째가 일찍 죽었다. 그리고 명빈 박씨가 연령군을 낳았지만 그도 성인이 되기 전에 세상을 떠난다. 이런 상황을 지켜보면서 숙종은 무슨 생각을 했을까? 혹시 인조가 소현세자와 강빈, 그리고 그 집안을 몰살시켰기 때문에 천벌을 받고 있다고 생각하지는 않았을까?

훗날의 역사를 보면 숙종의 불안과 걱정은 타당한 면이 있었다. 스캔들과 논란 속에서 희빈 장씨를 잠시라도 정비의 자리에 올리지 않았다면 자신의 후계는 후궁의 자손이 이어갔을 것이다. 숙종은 죽어서 몰랐겠지만 다음 대인 경종에서 적통은 끊어지고, 조선의 왕위는 다시 방계승통으로 이어진다.

경종의 뒤를 이은 영조의 경우도 사정은 마찬가지였다. 정성왕후 서씨나 정순왕후 김씨에게서는 자손이 없었다. 결국 후궁 이씨에게서 난 아들을 효장세자로 책봉하지만 어릴 때 죽고, 또 다른 후궁 이씨에게서 난 아들을 세자로 책봉하니 그가 바로 비운의 사도세자다.

영조는 왕통이 적자들에 의해 이어지지 않을 경우 윗대로 거슬러 올라가 소현세자나 인평대군 후손 중에서 왕이 나올 것을 우려했다. 이에 맞서기 위해 영조는 삼종(三宗, 효종·현종·숙종)의 혈맥만이 왕통을 이어갈 수 있음을 수시로 강조했다.

영조 때 사도세자의 장남이 세손으로 책봉되지만 일찍 죽고 둘째 아들이 다시 세손으로 책봉되는데, 그가 조선 22대 임금 정조다. 정조와 효의왕후 김씨 사이에서도 자손은 나지 않았고, 결국 수빈 박씨와의 사이에서 태어난 순조가 왕위를 이었다. 순조는 순원왕후 김씨 사이에 효명세자와 또 한 명의 아들을 두었지만 효명세자는 의문사했고 다른 아들은 어려서 죽었다. 순조가 죽었을 때는 효명세자의 아들 헌종이 있어 그나마 왕위를 계승할 수 있었다. 하지만 헌종은 정비 2명과의 사이에 자식이 없었고 후궁과의 사이에 딸 하나를 두었지만 어려서 죽었다. 여덟 살에 즉위했던 헌종이 스물셋의 나이로 세상을 떠나자 조선 왕실은 남자의 씨가 말라 사실상 대통이 끊어진 것과 마찬가지였다.

결국 겨우겨우 찾은 그나마 가까운 혈육이 사도세자와 숙빈 임씨(훗날 추존) 사이에서 난 은언군과 은신군이었다. '강화도령'으로 유명한 철종이 바로 은언군의 손자다. 아마도 당시 왕실에서는 대를 잇기 위해 눈물겨운 노력을 했을 것이다. 그래서 철종은 철인왕후 김씨 외에 6명의 후궁을 두었다. 그러나 김씨가 낳은 아들 하나는 일찍 죽었고 귀인 박씨, 귀인 조씨, 궁인 이씨 등도 아들을 낳긴 했지만 하나같이 어려서 죽었다.

철종이 죽자 왕실 사람들은 다시 왕실 족보를 뒤지기 시작했다. 이번에는 은신군의 양자로 입적된 남연군의 손자 익성군이 선택됐다. 그가 고종이다. 숙종의 우려는 역설적으로 마지막 임금인 순종 때에 가서야 풀린다. 고종은 명성왕후와의 사이에 4명의 아들을 두었고 그중 3명은 일찍 죽었지만 다행스럽게도 적자 순종이 왕위에 올랐다. 그러나 이미 나라가 망해가고 있었다. 게다가 순종은 두 명의 황후를 맞아들였지만 이들 사이에서도 자식이 없었다. 숙종의 우려가 조선 왕실 후기사에서 그대로 현실로 나타난 것이다.

◎　　**소현세자와 강빈의 원한, 숙종이 풀다**

집권 초기만 해도 숙종은 인조에 의해 사사된 소현세자빈 강씨 문제에 대해 언급할 때 '강옥(姜獄)'이라고 불렀다. 효종은 강빈의 신원을 청하는 것만으로도 역률로 다스렸다. 인조의 후궁 조씨에 의해 강빈이 억울하게 죽었음에도 불구하고 공식적으로는 인조가 내린 조치였기 때문이다. 이런 흐름은 자연스럽게 현종을 거쳐 숙종 대 초반까지 이어졌다.

강빈의 문제는 곧 소현세자의 문제였다. 숙종으로서도 할아버지 대의 사안이기 때문에 민감하지 않을 수 없다. 하지만 막강한 권력을 갖춘 말년의 숙종은 강빈에게 관용을 베푸는 여유를 지닐 수 있었다. 1718년(숙종 44) 3월 25일, 대신들을 부른 가운데 숙종은 강빈의 문제는 생각할수록 "너무나 측은한 마음이 든다"며 신원 문제를 거론한다.

숙종은 그 이유를 구체적으로 설명했다. 우선 강빈은 억울하게 죽었고, 그 아버지 강석기의 경우에도 "이명한이란 사람이 쓴 문집을 읽어보니 대단히 현명한 재상이었다는 것을 뒤늦게 알았다"는 것이다. 또 《주역》의 곤괘(坤卦)에 나오는 말, 즉 "선을 쌓는 집안은 반드시 남는 경사가 있고, 불선(不善)을 쌓는 집안은 반드시 남는 재앙이 있다"는 대목을 언급하면서, "소현세자의 후손인 임창군의 자손이 번창하는 것이 이 말이 옳다는 것을 입증해주는 것"이라고 했다. 소현세자에게는 석철, 석린, 석견 세 아들이 있었다. 훗날 셋은 각각 경선군, 경완군, 경안군으로 책봉되는데, 경안군의 장남이 바로 임창군이다. 숙종의 말은 현종과 자신 대로 이어지면서 아들이 많이 나지 않음을 염두에 둔 발언이었는지도 모른다. 특히 숙종은 아들 문제로 인해 상당한 고통을 겪어야 했다.

숙종은 자신의 마음이 진심임을 확인시키기 위해 며칠 전 경덕궁 높은 곳에서 소현세자의 사당을 보며 지은 시를 공개한다. 그리고 마침내 4월 4일, 강빈의 위패와 시호를 회복시키도록 명한다.

혼령 모신 사당을 돌아보니 더욱더 처연하구나.

세월은 흘러 광음(光陰, 시간)은 70여 년인데,

궁주(宮主, 비빈과 왕녀에게 주던 봉작)를 어찌해 아울러 받들지 못하는가?

세상 사람 그 누가 마음으로 항상 가련하게 여기는 줄 알리오.

삼종혈맥론에
담긴 의미

삼종(三宗)이란 효종, 현종, 숙종을 말한다. 효종과 현종은 외아들을 두었고, 숙종은 경종과 연잉군(훗날의 영조) 두 아들을 두었다.

삼종혈맥론은 경종이 자식을 낳지 못할 경우 윗대로 올라가서 왕위 계승자를 찾을 것이 아니라 삼종의 맥을 잇고 있는 연잉군이 왕위를 계승하는 것이 순리임을 주장하기 위해 만들어진 말이다. 1721년(경종 1) 8월 20일, 연잉군을 지지하던 노론 진영에서는 대비(인원왕후 김씨)의 뜻이라며 삼종혈맥론을 근거로 연잉군을 왕세제로 삼는 데 성공한다.

워낙 연잉군의 어머니 최씨의 출신 성분이 미천했기 때문에 경종이 승하한 후 자칫하면 연잉군이 아니라 인조의 자식들 대로 거슬러 올라가 소현세자나 인평대군의 후손 중에서 다음 왕을 고를 수도 있었다. 이를 원천적으로 봉쇄하는 논리가 바로 삼종혈맥론이었다.

이후 영조, 정조, 순조, 철종 대로 내려갈 때까지 정비의 몸에서 난 적자는 한 명도 없었다. 그러나 삼종혈맥론이 나름대로 왕실의 정통성을 지켜주는 역할을 했다. 그러나 철종이 세상을 떠나면서 삼종의 혈통은 사실상 단절된다. 철종의 뒤를 잇게 되는 고종은 훗날 삼종혈맥 쪽으로 입양됐지만, 원래 인평대군의 후손이었기 때문이다. 삼종혈맥론의 가장 큰 수혜자는 다름 아닌 '무수리의 아들' 영조였다.

군사(君師)의 좌절,
정조 이산의 하루

◎ **오래된 신화에 대한 반론**

나의 사인(死因)을 두고 지금도 독살이니 병사니 하는 논란이 계속되고 있다니 유감일 뿐이다. 이 자리에서 나는 세상을 떠난 6월 28일의 하루를 소상히 밝히려 한다.

그날도 밤새 앓다가 새벽에야 겨우 잠이 들었는데 아침에 잠에서 깨자마자 좌의정 심환지와 약원도제조 이시수가 편전으로 병문안을 왔다. 전날 아침부터 정신이 왔다 갔다 하는 바람에 아무것도 먹지 못했던 터라 마실 것을 달라고 했더니 인삼차를 가져다주어 겨우 목을 축였다. 의원들이 진찰한 다음 인삼 3돈을 넣은 가삼내탁산이라는 탕약을 지어올리기에 먹었더니 조금 움직일 만했다.

나는 병중에도 국정 현안에 대한 걱정뿐이었다. 그래서 심환지 등이

왕실 족보인 《선원보(璿源譜)》에 실린 정조의 초상. 이름 산(祘), 자 형운(亨運), 호 홍재(弘齋). 시호는 문성무열 성인장효(文成武烈聖仁莊孝)라 했다.

말리는데도 나는 영춘헌으로 나아갔다. 거기서 좌부승지 김조순을 비롯한 여러 신하들을 접견하고 이런저런 이야기를 나누는데, 다시 정신이 혼미해졌다. 앞일을 부탁하는 의미에서 정순왕대비께서 거처하고 계시는 수정전에 내 상황을 알려달라고 말을 하고 싶었는데, 곁에 있던 신하들이 그 말을 제대로 들었는지는 모르겠다. 그렇게 어렵사리 내뱉은 '수, 정, 전' 석 자가 이 세상에 남긴 마지막 말이 되고 말았다.

이런 상황에서 누가 내 약에 독을 탈 수 있었을까? 부끄러운 이야기지만 나는 주변 신하들을 아무도 믿지 않았다. 어려서부터 그것은 내 몸에 밴 습성이었다. 조금만 시간을 거슬러 올라가보자.

내가 본격적으로 아프기 시작한 것은 보름 전인 6월 14일이었다. 머리 부분의 종기가 그날은 유독 아팠다. 게다가 며칠 전부터 등 쪽에 종기가 나서 통증이 심했다. 내의원 제조 서용보를 들라 하여 호통을 쳤다. 궁중 의원들이 임금의 종기 하나 제대로 치료를 못한다는 것은 있을 수 없는 일 아닌가?

머리와 등에 종기가 났지만 병의 원인은 피부병이 아니라 화병이었다. 그래서 의원들이 웅담고라는 고약을 권했을 때 나는 그것을 거부하며 의원들에게 이렇게 말했다.

"두통이 많이 있을 때 등 쪽에서도 열기가 많이 올라오니, 이는 다 가슴의 화기(火氣) 때문이다."

화기, 즉 화병은 증조부이신 숙종, 조부이신 영조, 부친이신 사도세자로부터 이어져 내려온 고질병이다.

내의원들은 종기에 집중했고, 나는 내 병을 알기에 가슴속의 열기를 잡는 데 집중했다. 내의원에 가감소요산이라는 탕약을 지어올리라고 명한 것도 열을 다스리기 위한 것이었다. 그러나 내 진단이 잘못된 때문인지 열기는 가라앉지 않았고 종기는 더욱 심해져만 갔다.

다음 날 몸에서 열이 더 많이 났고, 등에서는 피가 쏟아지기 시작했다. 나는 두려웠다. 그런데 의원들은 피가 나는 이유가 가감소요산의 약발이 듣기 시작한 때문인 것 같다고 했다. 그래서 열을 다스리는 탕약을 한 첩 더 달여 먹었다.

이 무렵 내 화병을 돋운 것은 노론 벽파들이었다. 그렇다. 좌의정 심환지가 이끄는 그 당파다. 그들은 끝까지 내 아버지 사도세자의 죽음에 대해 부정적이었다. 이런 상태로 왕위가 세자에게 넘어간다면 그들은 세자를 허수아비 임금으로 만들고 말 것이었다. 그렇다고 노론 시파들이 적극적으로 나서주지도 않았다. 내가 그렇게 지원했건만 시파는 벽파의 적수가 될 수 없었다.

나는 불안했다. 솔직히 말해 약방의 진찰 요청을 거부한 것도 그 때문이었다. 치료는 내가 명하는 탕제에만 국한됐다. 6월 20일 결국 나는 가감소요산은 더 이상 들이지 말 것을 명했다. 화기는 가라앉지 않고 병세만 더욱 악화됐기 때문이다. 대신 고약과 메밀밥을 지어올리도록 명했다. 종기의 고름을 빼내기 위한 것이었다.

돌이켜보면 나의 진단은 일단 잘못된 것이었다. 내의원과 약방의 말대로 했다고 해서 얼마나 더 살 수 있었을지는 모르겠지만 분명 병 초기에 그들의 진단과 처방을 거부한 것은 내 명을 재촉한 꼴이 되고 말았다.

내 죽음을 노론 벽파의 음모나 독살로 보려 해서는 안 된다. 물론 나는 벽파에 대한 원망이 컸다. 도대체 당론이 무엇이기에 왕명을 우습게 아는지, 이 같은 당쟁의 뿌리는 어디서부터 비롯돼 조선을 망국의 길로 들어서게 했는지 안타까움이 크다. 하지만 그렇다고 그들이 나를 죽이려 했다고 단정 짓는 것은 진실을 오도하는 것이다.

남인들의 입장에게 보자면 자신들을 배려해주었던 나의 갑작스러운 죽음이 벽파의 짓이 아닌가 의심할 수는 있다. 그러나 나도 노론, 그중에서도 벽파의 도움 없이는 한 걸음도 나아갈 수 없었다. 그래서 나는 남인을 배려하기는 했지만 결국은 벽파와 시파 사이에서 줄다리기를 해야 했던 것이다. 이 점을 분명히 알고 나의 자연사를 독살 운운하는 음모론과 연결 짓지 말아주기를 바란다.

◎　　**정통성에 약점을 안고 있었던 군주**

숙종 대를 거치며 남인이 정치적 공간을 확보하지 못한 상태에서 서인은 노론과 소론으로 나눠져 대립했고, 영조 대에 들어와 노론은 다시 벽파와 시파, 소론은 완소(緩少)와 준소(峻少)로 나눠졌으며, 노론의 일부, 소론 중에서는 완소의 일부, 그리고 남인 일부가 왕통을 중시하는 탕평파를 이루었다. 결국 영조가 죽고 정조가 즉위할 때는 벽파, 시파, 탕평파의 구도가 성립됐다.

문제는 정조에게는 치명적인 약점이 있다는 것이었다. 정조는 후궁의 손자로 왕위에 올랐다. 그런 점에서 정조는 선조 못지않은 방계승통의 약점을 갖고 있었다. 이는 곧 신하들의 은근한 무시 속에서 왕으로서의 길을 시작했다는 의미다.

게다가 아버지 사도세자는 정신병을 앓다가 영조에 의해 뒤주 속에서 죽임을 당해야 했다. 속되게 말한다면 첩의 손자인데다가 '미친 놈'의 아들이 왕위에 오르는 셈이었다. 세손 시절의 정조가 처했던 위급했던 상황을 잠시 살펴보는 것이 이후 정조의 정치를 제대로 이해하는 데 도움이 될 것이다.

아버지 사도세자가 뒤주 안에서 비명에 간 지 나흘이 지난 1762년(영조 38) 윤5월 25일 열한 살의 왕세손은 자신의 공부를 책임지고 있는 강서원 관원을 할아버지 영조에게 보내 문안 인사를 올린다. 이에 영조는 승지를 보내 다음과 같이 유시했다.

"처분(사도제사의 죽음)한 후에 답이 없었으니 네 마음이 어떠했겠느냐? 조선에 단지 나와 너뿐이니 너는 인사(人事)를 닦아 너를 돕겠다는 자를 물리치고, 할아버지를 생각해 마음을 편히 해 조처하라."

어린 왕세손이 그나마 슬픔을 누르고 겉으로 아무렇지 않게 행동할 수 있었던 데는 어머니 혜경궁 홍씨의 조언이 크게 작용한 것으로 보인다. 남편을 잃은 홍씨로서는 이제 모든 것을 아들에게 걸어야 했다. 다행히 시아버지 영조는 어려서부터 품행이 단정하고 학문을 좋아하는 왕세손을 끔찍이 아꼈다.

두 달 후인 7월 24일 영조는 왕세손을 동궁으로 칭할 것을 명했다. 명실상부한 왕위 계승자가 된 것이다. 세손강서원도 세자시강원으로, 세손 위종사도 세자익위사로 승격됐다. 그동안 기초적인 공부에 주력했다면 이제는 본격적인 제왕학 수련에 들어간다는 뜻이었다. 사도세자가 세상을 떠난 이듬해인 1763년(영조 39) 초부터 영조는 세손을 불러 무슨 책을 읽는지, 그리고 그 뜻을 제대로 파악하고 있는지를 묻는 것을 최고의 낙으로 삼았다.

◎　　　**세손을 복수의 화신으로 만든 갑신처분**

1764년(영조 40) 2월 20일 영조는 왕세손을 사도세자가 아닌 효장세자의 후사로 삼아 종통을 잇도록 명하고 이를 종묘에 고했다. 사도세자의 흔적을 아예 지워버리기 위해 왕세손이 자신과 연우궁 정빈 이씨 사이에서 태어났다가 일찍 죽은 효장세자의 뒤를 잇는 형식으로 왕위를 물려주려 한 것이다.

누구보다 충격을 받은 이는 사도세자의 어머니 선희궁 영빈 이씨였다. 선희궁 영빈 이씨는 사도세자의 비행을 영조에게 고해 죽음에 이르게 만든 장본인이었다. 그녀는 사도세자가 죽은 뒤 혜경궁 홍씨에게 늘 이렇게 말했다.

"내가 소조(小朝, 사도세자)에게 차마 못할 일을 했으니 내 자취에는 풀도 나지 않을 것이다. 내 본심은 종사를 위하고 임금을 위한 일이었지만 생각하면 모질고 흉한 일이었다. 빈궁은 내 마음을 알 것이다. 그러나 세손 남매야 내 마음을 어찌 알겠는가?"

이런 선희궁에게 자기가 낳은 아들이 아니라 효장세자를 통해 종통이 이어지게 된다는 통보는 큰 충격이었다. 그녀는 한동안 음식을 끊고 슬퍼했고, 그것이 마음의 병이 되어 그해 7월 26일 세상을 떠나고 만다.

다음으로 충격을 받은 사람은 혜경궁 홍씨였다. 당장 신변의 위협까지 느낄 정도의 조처였다. 그녀는 《한중록》에서 이렇게 털어놓았다.

"그때 내 심정은 망극해 견줄 곳이 없었다. 내가 임오화변(사도세자의 죽음) 때에 모진 목숨을 결단하지 못하고 살아 있다가 이런 일을 당할 줄이야……. 크나큰 죄요 한이니 즉시 죽고자 했지만 내 목숨을 뜻대로 하지 못하고 겉으로는 위의 처분을 바라는 듯 행동하면서 굳게 참았다. 그러나 망극하고도 슬프기는 모년(某年, 임오년〔1762〕)보다 덜하지 않았다."

법적인 아버지가 바뀌는 변례(變例)를 당한 열세 살 세손의 충격도 할머니와 어머니 못지않았다. 다시 혜경궁 홍씨의 증언이다.

"세손이 종일 음식을 끊고 곡을 하며 우는 것이 지나쳤다. 애처로워서 위로하며 곁에 품고 누워 달래어 잠들게 했다. 그러나 늦게까지 잠을 이

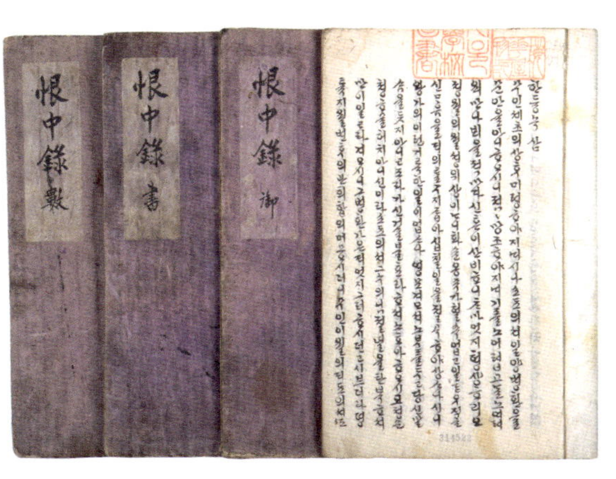

혜경궁 홍씨의 《한중록》. 홍씨가 회갑을 맞던 해인 1795년(정조 19)에 친정 조카 홍수영의 소청으로 이 글을 쓴다고 했다. 이후 67세, 68세, 71세 등 네 번에 걸쳐 쓴 네 편의 글이 있다.

루지 못하니 그러한 정경(情景)이 고금에 또 어디 있겠는가?”

세손이 어떤 행동을 할지 누구도 알 수 없을 지경이었다.

“내가 없으면 세손의 몸이 더욱 위태로웠다. 이 지경에 이르러서는 세손을 보호하는 일이 으뜸이었다. 나는 마음을 굳게 먹고 세손을 위로했다.”

당시 홍씨가 세손에게 했다는 이 말이 두 사람의 처지를 단적으로 보여준다.

“서러울수록 보배로운 네 몸을 보호하거라. 비록 한이 많지만 스스로 착하게 행동해 아버님의 한을 갚아라.”

세손으로 하여금 사도세자가 아니라 효장세자를 잇도록 한 갑신년의 처분은 집권 초기 정조를 복수의 화신으로 만드는 데 결정적인 계기가 된다. 이 조치는 어린 세손에게는 참으로 가혹한 결정이었다. 이 사실을 모를 리 없는 영조는 세손을 직접 불러 묻는다. 잔인한 할아버지였다.

“훗날 신하들 가운데 혹 이것을 가지고 말하는 자가 있으면 옳겠는가, 그르겠는가?”

“그릅니다.”

못 미더웠던지 영조는 다시 묻는다.

“군자이겠는가, 소인이겠는가?”

“소인일 것입니다.”

영조는 사관들을 불러 방금 왕세손이 한 말을 정확히 기록해두라고 명한다. 그러나 영의정 홍봉한은 먼 미래를 걱정하며 영조에게 약속을 받아내려 한다.

“신이 예전의 일에 대해 어찌 비통한 마음이 없겠습니까만, 앞으로 왕세손께서 신들에게 물으신다면 어떻게 대답하면 되겠습니까? 주상께서 명백하게 하교하신 후에라야 할 말이 있겠습니다."

"동궁이 이미 알고 있거늘, 어찌 다시 말할 필요가 있겠는가?"

"동궁께서 앞으로 물으신다면 전하께서 하교하시지 않은 일을 신들이 어찌 감히 말하겠습니까?"

"저의 할머니와 어미가 있는데 어찌 모를 것인가?"

"신의 이 말은 일신의 화복(禍福)을 위함이 아닙니다."

"내가 예전에 영상에게 서운함이 없었던 것은 아니었지만 오늘의 말은 가히 참다운 충신의 말이라 하겠다."

영조는 나이브했고 홍봉한의 우려는 정확했다. 훗날 정조는 할아버지와 했던 약속을 어기고 아버지 사도세자의 편에 선다. 정조는 즉위 첫날 "과인은 사도세자의 아들이다!"는 선언으로 할아버지 영조와의 약속을 뒤엎어버린다.

◎   **정조의 빛과 그림자, 홍국영의 변심**

1775년(영조 51) 12월 3일 세손의 측근이던 서명선이 세손의 운명을 결정지을 만한 상소를 올린다. 세손의 작은 외할아버지이자 좌의정인 홍인한이 말한 삼불필지설(三不必知說)을 정면으로 비판하는 내용이었다. 홍인한은 세손에 대해 "노론이나 소론을 알 필요가 없고, 이조판서나 병조판서를 알 필요도 없습니다. 더욱이 조사(朝事, 조정의 중대 사안)까지도 알 필요가 없습니다"라고 말한 적이 있었다.

원래 서명선의 상소는 세손이 직접 올리려다가 홍국영이 나서서 말리며 서명선으로 하여금 대신 올리게 한 것이었다. 세손이 직접 올릴 경우 위험 부담이 클 수밖에 없었다. 이에 서명선은 홍국영, 정민시와 의논한 끝에 목숨을 건 상소를 올렸다. 만일 이 상소를 영조가 긍정적으로 받아들이지 않을 경우 세손의 자리는 어떻게 될지 몰랐다. 영조는 워낙 의심이 많고 변덕이 심한데다가 나이도 너무 많았다. 다행히 영조는 서명선의 손, 아니 세손의 손을 들어주었다. 그리고 다음 날 영의정 한익모와 좌의정 홍인한을 삭직한다. 노론 벽파의 패퇴(敗退)였다. 이로써 세손의 지위는 튼튼해졌고 본격적인 대리청정을 시작할 수 있게 되었다.

서명선(徐命善, 1728〔영조 4〕~1791〔정조 15〕)은 1763년(영조 39) 문과에 급제한 뒤 홍문관, 사헌부, 사간원의 청요직을 거쳤고 대사성, 대사헌을 거쳐 이조참판에 오른다. 그리고 1775년(영조 51) 12월 3일 홍인한, 정후겸 일파를 탄핵하는 상소를 올려, 불투명하던 세손의 대리청정을 관철시켰다. 세손의 대리청정 시작과 함께 예조·병조·이조의 판서직을 두루 거쳤고, 정조 즉위 후에는 수어사 총융사를 겸임하며 군권을 장악했다. 그리고 우의정, 좌의정을 거쳐 1778년(정조 2) 영의정에 오르게 된다. 정조는 12월 3일을 기념해 매년 그날이 되면 서명선, 홍국영, 정민시, 김종수 등을 불러 회식을 열어주고 감회를 이야기했는데, 그 모임을 동덕회(同德會)라고 불렀다. 정조는 동덕회에 관한 이러한 시를 남겼다.

하늘 문에 구름 헤치는 저녁이요

함지(咸池, 해가 지는 서쪽의 큰 호수)에 해 떠받드는 가을이로다.

백 년을 이 모임 길이 한다면

덕을 함께하고 복도 함께하리라.

외형적으로는 서명선이 주도적인 역할을 했지만 이 모든 계획의 기획자는 홍국영이었다. 정조가 훗날 "외척들의 모함에도 불구하고 용기를 잃지 말고 끝까지 대항하도록 조언하면서 몸을 던진 이는 홍국영 한 사람뿐이었다"고 회고한 것도 이때 홍국영의 역할이 컸기 때문이다.

세손이 대리청정을 시작했을 때 홍국영의 보직은 홍문관 부응교 겸 사서(司書)였다. 대리청정 초기인 1775년 12월 21일 정후겸의 지원을 받는 부사직 심상운이 여덟 가지 당면 과제라며 은근히 홍인한 세력을 두둔하고 노골적으로 세손을 비판하는 글을 올렸다. 심상운(沈翔雲, 1732(영조 8)~1776(영조 52))은 효종의 부마였던 심익현(沈益顯)의 현손으로 명문의 혈통을 이어받았지만 그의 아버지가 역적 심익창(沈益昌, 환관 박상검(朴尙儉) 사건에 연루됐다)의 손자 심사순(沈師淳)의 양자로 입적돼 벼슬길이 평탄치 못했다. 동생 심익운이 과거에 급제하고서도 관직에 오르지 못하자 아버지가 동생 심익운과 함께 입적된 사실을 인멸하려다가 인륜을 어지럽히는 일가로 지목돼 사류(士類)의 배척을 받았다.

심상운은 영의정 홍봉한의 도움을 받아 오명을 벗음으로써 비로소 문과에 급제해 1774년(영조 50) 승지가 되었다. 그리고 이때 홍인한과 정후겸의 사주를 받아 세손을 둘러싼 관리들을 비난하면서 세손을 '온실 속의 나무'에 비유하는 흉측한 내용의 상소를 올렸다. 이에 세손은 대리청정을 하지 않겠다는 초강수로 맞섰고, 결국 심상운은 삼사의 탄핵을 받아 동생 심익운과 함께 서인(庶人)으로 폐출되면서 흑산도로 유배됐다가 제주도로 옮겨졌다. 그리고 정조의 즉위와 함께 삼사의 상소로 정조의 친국을 받은 뒤 주살된다. 이처럼 당시는 노골적으로 세손을 겁박하려는 세력들이 곳곳에 포진해 있었다.

　이듬해 2월 24일 홍국영은 사인(舍人)으로 발령을 받는다. 사인이란 정4품에 해당하는 관직으로 본래는 의정부의 심부름을 하는 자리다. 오늘날로 치자면 국회의장이나 국무총리 비서실장에 해당한다. 그리고 다음 날 서명선은 이조판서로, 홍국영은 훈련원 정(正)으로 발령받는다. 훈련원 정은 정3품 당하관이기 때문에 하루 만에 품계가 두 단계나 뛴 것이었다. 홍국영에 대한 세손의 총애는 그만큼 대단했다.

　의기투합. 즉위 초 정조와 홍국영의 관계는 이 한 마디로 표현할 수 있다. 이렇게 된 데는 여러 가지 요인이 있었겠지만 무엇보다 내외척을 멀리하려 한 정조와, 노론임에도 불구하고 특정 정파에 속하기를 거부했던 홍국영의 기질이 맞아떨어졌기 때문이다. 패기에 차 있던 젊은 홍국영은 적어도 이때만은 진심으로 정조를 보필했다. 홍국영에 대해 대단히 비판적이었던 혜경궁 홍씨의 《한중록》에서도 이 점을 확인할 수 있다.

　"동궁께서는 나이도 서로 비슷하고 얼굴도 잘생기고 눈치 빠르고 민첩하니, 세상이 어지러웠던 때를 당해 한 번 보고 크게 좋아하셔서 총애가 깊으셨다. 처음에는 요 어린 놈이 간사한 꾀를 내어 동궁께 곧은 충고를 하는 척했지만 실은 다 듣기 좋은 말이라…… 한번 홍국영이 들어오면 외간의 일들을 여쭙지 않는 일이 없고, 전하지 않는 말이 없으니 동궁께서 신기하고 귀하게 여기셨다."

　정조는 즉위 나흘째인 3월 13일 홍국영을 승정원 동부승지로 임명한다. 정3품 당상관으로의 승진이라는 의미보다는 왕명을 공식적으로 출납하는 자리에 올랐다는 의미가 더 컸다. 홍국영은 단순한 왕명 출납 이상의 직무를 수행했다. 왕명 생산, 즉 정조의 1인 싱크 탱크이자 책사로서 정국의 밑그림을 그리는 역할을 했던 것이다.

여기서 한 가지 고려해야 할 사실은 홍국영이 이념적으로는 골수 노론이었다는 점이다. 좀 더 정확히 말하면 "홍국영은 노론계 중에서 청명당 계열의 지도자인 김종수, 정이환과 합세해 사도세자에 불경하고 정조의 즉위를 방해했다는 죄목으로 노·소론 탕평당 계열(친영조파)인 홍인한, 정후겸, 윤양후, 홍계능 세력을 제거했다(박광용)."

홍국영은 기존 세력의 힘을 빌기 위해 노론 청명당과 손을 잡았다. 그 첫 번째 조치가 5월 22일 소론의 정신적 지주인 윤선거·윤증 부자의 관작 추탈과 문집 훼손 및 사액(賜額) 철거였다. 이것은 소론계 인사들에게는 큰 모독이었다. 이 조치를 내린 후 정조는 이렇게 말했다.

"며칠 전에 승선(承宣)이 아뢴 말이 내가 평소에 생각하고 있던 바와 맞기에 바야흐로 뜻을 결단해 시행한 것이다."

여기서 승선이란 바로 동부승지 홍국영이다. 홍국영은 김종수 세력과 손을 잡기 위해 노론의 숙원 사업이라 할 윤선거 부자의 관작 추탈과 송시열의 효종 묘정(廟庭, 임금의 사당) 배향을 앞장서서 추진한 듯하다. 송시열의 배향은 1778년 4월 영조 위패에 김창집과 민진원을 배향할 때 함께 성사된다. 역설적이게도 신진기예(新進氣銳) 홍국영이 노론의 세상을 열고 있었던 것이다.

그러나 권력을 맛본 삼십 대 초반의 홍국영은 어느새 정조 즉위의 일등공신에서 권간(權奸)으로 변하고 있었다. 1778년 홍국영은 정조에게 소생이 아직 없다는 점에 착안해 열세 살 누이동생을 후궁으로 들여보내고 정조와 처남 매부 사이가 된다. 인조반정 이후 노론이 일관되게 추진해온 국혼을 놓치지 않는다는 원칙을 나름대로 관철한 것이다.

그러나 하늘도 홍국영의 끝을 모르는 권력욕을 그냥 둘 수 없었는지

1779년(정조 3) 5월 7일 원빈 홍씨가 열네 살 어린 나이에 세상을 뜬다. 이때 홍국영은 참람하게도 왕비의 상례에 준해 동생의 상을 치른다.

"이휘지가 표문(表文)을 짓고, 황경원이 지장(誌狀)을 짓고, 송덕상이 지명(誌銘)을 짓고, 채제공이 애책(哀冊)을 짓고, 서명선이 시책(諡冊)을 지었다."

국왕의 상을 당했을 때나 동원될 만한 당대의 명유(名儒)들이 총동원된 것이다. 그리고 9월 26일 홍국영은 도승지에서 물러날 것을 청하는 상소를 올렸고 정조는 즉각 수리한다. 사실 이것은 정조가 사직하도록 명을 내린 것이었다. 이렇게 정조의 태도가 갑자기 바뀐 데 대해서는 실록이 상세한 설명을 하고 있다.

그 누이가 빈이 되고서는 더욱 방자하고 무도해 중전의 허물을 지적해 함부로 몰아세우고 협박하는 것이 그지없었지만 왕이 참고 말하지 않았다. 그 누이가 죽고서는 원(園)을 봉(封)하고 혼궁(魂宮)을 두었고 점점 국권을 옮길 생각을 품었다. 말하기를 "저사(儲嗣, 세자)를 넓히는 일은 다시 할 수 없다" 하고는 역적 은언군 이인의 아들 상계군 이담을 죽은 원빈의 양자로 삼고, 군호를 고쳐 완풍(完豊)이라 하며 "내 조카"라 불렀다. 완은 국성(國姓)의 본관이 완산(完山, 전주)을 뜻하는 것이고 풍은 제 성의 본관인 풍산(豊山)을 가리킨 것이다. 가리켜 견주는 것이 매우 도리에 어그러지므로 듣는 자가 뼛골이 오싹했지만, 큰 위세에 눌려 입을 다물고 감히 성내지 못했다. 또 적신(賊臣) 송덕상을 부추겨 행색이 어떠하고 도리가 어떠한 자를 임금에게 권하게 했는데, 그가 바로 이담이다. 역적의 모의가 날로 빨라지고 재앙의 시기가 날로 다가오니, 임금이

김종수는
어떤 사람인가?

노론 중도파인 김종수(金鍾秀, 1728〔영조 4〕~1799〔정조 23〕)는 1768년(영조 44) 아주 늦은 마흔한 살의 나이로 문과에 급제해 예조정랑, 홍문관 부수찬을 거쳐 시강원 필선으로 임명되면서 세손과 인연을 맺었다. 이때 그는 위세를 떨치고 있던 홍문(洪門)과 김문(金門)의 외척 정치를 지양해야 한다고 초지일관 주장해 세손의 두터운 신임을 얻었다.

또한 세손의 스승으로서 정신세계에 깊은 영향을 주었다. 특히 원시 유학과 정통 주자학의 핵심을 가르치며 "임금은 통치자이면서 스승"이라는 군사론(君師論)을 세손의 머릿속 깊이 심어주었다. 훗날 정조에게서 드러나게 되는 보수 혁명가로서의 면모는 대부분 김종수로부터 비롯됐다고 해도 과언이 아니다.

김종수는 1772년(영조 48) 청명(淸名)의 존중과 공론(公論)의 회복을 위해 청명류(淸名流)라는 정치 결사를 조직했다가 발각돼 경상도 기장으로 유배됐다가 얼마 후 방면됐다. 그리고 때마침 영조가 사망하자 행장을 편찬하는 일을 맡게 되었다.

김종수는 정조 즉위 초 대사헌, 형조판서 등에 임명됐지만 벼슬에 뜻이 없다며 물러나 있겠다고 청원했다가 문책을 받기도 했다. 정조의 신임이 워낙 두터웠던 그는 불안정한 정권 초기에 이조판서와 병조판서 등을 거치면서 수어사를 겸했다. 병권을 책임졌던 것이다. 당시 사도세자의 서자인 은언군이 아들의 반역에 연루돼 강화도에 귀양 가 있었는데, 1786년(정조 10) 정조의 밀명을 받은 은언군이 강화도를 나오는 사건이 일어났다. 신하들이 정순왕대비의 명을 받들어 은언군을 처벌하려 하자 분노한 정조는 훈련원, 어영청, 내금위, 총융청의 4대장과 좌우 포도대장 모두를 파면시키고, 당시 규장각 직제학으로 수어사를 겸직하고 있던 김종수로 하여금 4대장과 좌우 포도대장을 겸직하게 하여 국방과 수도 방어의 총책임을 맡기는 사상 초유의 사태를 벌였다. 이 결정은 그 무모함과는 별도로 김종수가 얼마나 총애를 받고 있었는지를 단적으로 보여준다. 김종수는 이런 절대적 신임을 바탕으로 우의정을 거쳐 1793년(정조 17) 좌의정에 오른다. 노회한 정객이었던 김종수는 윤시동, 채재공과 함께 정조가 가장 신뢰했던 삼정승 중 한 명이었다. 이처럼 정조 즉위 초의 정치를 이해하기 위해서는 정조, 홍국영, 김종수 3인을 핵심 축으로 놓고 봐야 한다.

김종수의 초상.
비단에 채색, 33.9×43.6cm, 일본 덴리대학교 소장

과단(果斷)을 결심했지만 끝내 보전하고 싶고 그 헤아리기 어려운 짓을 염려해, 밖에 보이지 않고 조용히 함께 말하면서 그 죄를 낱낱이 들어 떠나게 했다.

정조는 홍국영을 살리려 했던 것이다. 옛 동지에 대한 마지막 배려였다. 이날 송덕상, 김종후(김종수의 형) 등이 나서 사직을 만류해야 한다고 하자 정조는 "이렇게 해야만 끝내 홍국영을 보전할 수 있을 것"이라고 답한다. 이후 연말까지 홍국영 세력에 대한 철저한 숙청 작업이 진행됐다. 겨우 목숨을 구한 홍국영은 도성으로 들어와서는 안 된다는 명을 받았고 재산도 몰수당했다.

정조는 모든 관직을 빼앗은 홍국영을 이틀 후 인정전으로 불러 작별 인사를 고한다. 할 말이 많았지만 누를 수밖에 없었다. 이 자리에서 홍국영은 "정민시와 형제 같은 정을 갖고 있으니 그를 끝까지 잘 보살펴 달라"고 부탁한다. 그것이 마지막이었다. 이후 강릉 해안가에 거처를 마련한 홍국영은 술로 날을 보내다가 1781년(정조 5) 4월 사망한다. 33세였다.

◎ 조선 400년의 전통을 전복시키려 했던 정조

정조는 일찍부터 자신을 군사(君師), 즉 임금이자 스승으로 칭하기를 즐겼다. 다른 임금들이 간혹 임금이란 군사의 직임을 맡은 자리라는 말을 하기는 했지만 스스로를 군사라고 자부했던 임금은 정조가 거의 유일하다. 정조는 수시로 자신을 칭할 때 "군사의 자리에 앉아 있는 과인이……"라는 표현을 자주 사용했다. 1792년(정조 16) 12월 어느 날, 정조가 성균관을 방문했다가 제생들의 무례함을 꾸짖는 장면이다.

"내가 군사의 책임을 지고 있으면서 비록 교화가 그대들에게 행해지지는 못했지만 요사이 그대들이 군주 앞에서 절을 하지 않으니 그 죄는 어떠한가? 또 대궐 뜰에서 담뱃대를 물고 다니면 그 죄도 가볍지 않은데, 그것들을 엄히 다스려야 함을 모르는 바 아니나 그냥 참아두는 것이다. 옛날 정자(程子) 문하에서는 제자가 종일토록 모시고 서 있다가, 그가 물러나갔을 때는 문 밖에 눈이 석 자나 쌓여 있었다 한다. 사도(師道)란 그렇게 엄한 것이니, 이 때문에 그대들로 하여금 오랫동안 대궐 뜰에 서 있게 하여 두려워할 바를 알도록 한 것이다."

그러나 조선의 오래된 전통에서는 임금의 길과 스승의 길이 달랐다. 왕권을 더없이 강화했던 숙종도 스스로 스승임을 자처하지는 않았다. 다만 신하들이 스승보다 군주를 가벼이 여기는 풍조를 바꾸려 했을 뿐이다.

임금과 스승을 통합된 존재로 만들려 했던 정조의 시도는 도통(道統)은 사림이나 산림을 통해 이어진다는 성학도통설(聖學道統說)을 거부하고, 군주가 도통을 이어간다는 군주도통설(君主道統說)을 표방하는 것이었다. 그것은 조선 400년의 전통을 그 뿌리부터 전복시키려는 무모한 시도였다.

1795년(정조 19) 10월 정조는 남인의 역사적 뿌리를 강화하기 위해 숙종 때의 남인 정승인 허적의 관작을 회복하는 조치를 취한다. 채제공의 남인 세력에게 힘을 실어주기 위함이었다. 이에 맞서 노론에서는 영조 때부터 추진해오던 조헌과 김집의 문묘종사(文廟宗祀, 공자와 함께 제사를 지냄) 운동으로 맞섰다. 그러자 정조는 김인후 단독 배향안으로 응수했다. 이 과정에서 일부 노론 인사들은 정조의 위세에 눌려 김인후 배향안으로 '전향'하기도 했다. 1796년(정조 20) 8월 10일 정조는 협박을 담은 자신의 군사론(君師論)을 천명한다.

"주자가 예악형정(禮樂刑政)으로 교(敎) 자의 뜻을 풀이했으니, 예악으로써 가르치되 그래도 따르지 않으면 부득이 형정(刑政)으로써 가지런하게 할 것이다. 이것이 바로 사도(師道)요, 군도(君道)이다."

결국 정조는 김인후 배향안을 관철시킨다. 이렇게 정조의 군사론은 관철되는 듯했다.

그러나 과유불급이라 했던가? 신하들, 그중에서도 노론 강경파들의 저항은 직접적이었다. 특히 초계문신(抄啓文臣, 정조가 설치한 규장각에서 특별한 교육과 연구 과정을 거친 문신) 이서구의 저항은 정조에게 적지 않은 충격을 주었다. 초계문신은 바로 자신이 선발하고 길러낸 친위 세력이나 다름없다고 생각했기 때문이다. 이서구((李書九, 1754〔영조 30〕~1825〔순조 25〕)는 다섯 살 때 어머니를 여의고 외할머니에게서 자랐는데, 열여섯 살 때 박지원을 만나 문장을 배우기 시작했다. 스물한 살이 되던 1774년(영조 50) 문과에 급제했고 이듬해인 1775년(영조 51)부터 5,6년간 오로지 학문에만 뜻을 두고 사서를 탐독했다. 1785년(정조 9)에 시강원 사서, 1786년(정조 10)에 홍문관 교리 등을 거치며 정조의 총애를 받았다. 그는 한 번도 연행 길에 오르지는 않았지만 홍대용과 박지원의 문하에 출입하면서 이덕무, 유득공, 박제가 등 실학파들과 사귀며 학문과 문학을 연마하고 시국을 논했다. 특히 그는 서출이 아니면서도 서자들과 폭넓게 사귀면서 독창성과 개성, 현실 문제, 조선의 역사와 자연에 대한 관심을 표현하는 문학을 하게 되었다.

1797년(정조 21) 윤6월 11일 정조는 이서구가 출사를 거부하고 있다며 강도 높게 비판한다.

"이서구가 과연 어떤 사람인가? 내가 진작시키고 가르쳐서 여기에 이르렀는데, 감히 이런 따위의 습속을 행하려고 하는가? 내가 덕이 없기는 하지만 군사로서의 책임이 나 한 사람에게 달려 있다. 오늘날 조정의 신하들이 만약 풍속을 바로잡으려는 애타는 내 고심을 안다면 누가 감히 명령대로 따르지 않겠는가?"

정조가 입에 올리는 습속 혹은 풍속이라는 단어에는 독특한 의미가 담겨 있었다. 이것은 신하들이 임금보다는 스승이나 집안, 즉 당색을 더 중시하는 경향을 말하는 것이었다. 이에 대호군(大護軍) 심환지는 정면에서 비판한다.

"명령이란 명령은 모조리 따르라는 하교는 아마도 십분 지당하지는 않은 듯합니다. 전하의 성덕이 광명하니 무릇 신하들이 찬양하고 흠송(欽頌)하는 것이 마땅하겠지만 요 임금이나 순 임금의 조정에서도 명령을 거부하는 아름다움이 있었습니다. 이번의 하교가 신은 어떤지 모르겠습니다."

노련한 반박이었다. 머쓱해진 정조는 "명령대로 따라야 한다고 말한 것은 내가 격해져서 한 말이다"라며 한 걸음 물러선다.

◎ **무너지는 현실감각과 독살설의 유포**

재위 말년인 1798년(정조 22) 12월 3일 정조는 스스로를 '만천명월주인옹(萬川明月主人翁)'이라고 부른다. 자호(自號)였다. 12월 3일이면 동덕회가 열리는 날이다. 아마도 측근들이 모이는 자리에서 자호를 선포한 듯하다.

"달은 하나뿐이요, 냇물의 종류는 1만 개나 된다. 하지만 물이 달빛을 받을 경우 앞시내에도 달이요, 뒷시내에도 달이어서 달과 냇물의 수가 같게 되므로 시냇물이 1만 개이면 달 역시 1만 개가 된다. 그러나 하늘에 있는 달은 하나뿐인 것이다."

달은 국왕인 자신이요, 냇물은 백성과 신하들이었다. 군사론의 연장선에서 나온 선언이었다. 현실에서는 신하들과의 힘겨루기에 버거워하고 있던 정조의 입에서 뜻밖의 이야기가 나오고 있었다.

"내가 많은 사람을 겪어보았는데, 아침에 들어왔다가 저녁에 나가고, 무리지어 쫓아다니며 가는 것인지 오는 것인지 모르는 자도 있었다. 모양이 얼굴빛과 다르고 눈이 마음과 다른 자가 있는가 하면, 트인 자, 막힌 자, 강한 자, 유한 자, 바보스러운 자, 어리석은 자, 소견이 좁은 자, 얇은 자, 용감한 자, 겁이 많은 자, 현명한 자, 교활한 자, 뜻만 높고 실행이 따르지 않는 자, 생각은 부족하나 고집스럽게 자신의 지조를 지키는 자, 모난 자, 원만한 자, 활달한 자, 대범하고 무게가 있는 자, 말을 아끼는 자, 말재주를 부리는 자, 엄하고 드센 자, 멀리 밖으로만 도는 자, 명예를 좋아하는 자, 실속에만 주력하는 자 등등 그 유형을 나누자면 천 가지, 백 가지일 것이다. 내가 처음에는 그들 모두를 내 마음으로 미루어도 보고, 일부러 믿어도 보고, 그의 재능을 시험해보기도 하고, 일을 맡겨 단련도 시켜보고, 혹은 흥기시키고 혹은 진작시키고, 규제해 바르게도 하고, 굽은 자는 교정해 바로잡고 곧게 하기를, 마치 황제가 규장(珪璋,

훌륭한 인품)으로 제후들을 통솔하듯이 하면서 그 숱한 과정에서 피곤함을 느껴온 지 어언 20여 년이 되었다."

여기까지는 그나마 20년 재위를 담담하게 되돌아보는 장면으로 보아줄 수 있다. 문제는 다음부터다.

"근래 와서 다행히도 태극 음양오행의 이치를 깨닫게 되었고 사람은 각자 생김새대로 이용해야 한다는 이치도 터득했다. 대들보감은 대들보로 기둥감은 기둥으로 쓰고, 오리는 오리대로 학은 학대로 살게 하여, 천태만상을 그에 맞추어 필요한 데 이용만 하는 것이다. 그중에서 단점을 버리고 장점만 취하며, 선한 점은 드러내고 나쁜 점은 숨겨주고, 잘한 것은 안착시키고 잘못한 것은 뒷전으로 하며, 규모가 큰 자는 진출시키고 협소한 자는 포용하고, 재주보다는 뜻을 더 중히 여겨 양극단을 잡고, 거기에서 중(中)을 택했다. 그리하여 마치 하늘에 구천(九天)의 문이 열리듯 앞이 탁 트이고 훤해, 누구라도 머리만 들면 시원스레 볼 수 있도록 만들었던 것이다."

깨달음을 바탕으로 한 새로운 정치에 대한 지향이나 다짐이라면 몰라도, 자신의 현실 정치가 이런 경지에 이르렀다고 스스로 말하는 것은 납득하기 어려운 발언이다. 군이 이해하자면 이 무렵 《주역》 공부를 끝내고 나서 깨달은 바가 있어 자호를 정한 것 같은데, 문제는 머리로 하는 이해가 아니라 몸을 통한 실현이었다.

"냇물이 세상 사람들이라면 달이 비춰 그 상태를 나타내는 것은 사람들 각자의 얼굴이고 달은 태극인데, 그 태극은 바로 나라는 것을 알고 있다. 이것이 만천(萬川)의 밝은 달에 태극의 신비한 작용을 비유해 말한 뜻이 아니겠는가? 달이 틈만 있으면 비춰준다고 해서 그것으로 태극의 테두리를 어림잡아보려고 하는 자가 있다면, 물속에 들어가 달을 잡아보려는 것처럼 소용없는 짓임도 알고 있다. 그러하기에 내 처소에 '만천명월주인옹'이라고 써서 자호로 삼기로 한 것이다."

이때는 정조 스스로가 자신의 재위 20년 통치가 실패로 끝나고 있음을 자인하던 때였다. 이 때문에 그의 말은 더욱 허장성세로 읽힌다.

마지막으로 짚고 넘어갈 것이 있다. 훗날 정조 독살설이 퍼진 이유는 과연 무엇일까? 정조 독살설은 영남 남인 유생들의 좌절된 바람에서 나온 결과물이라고 할 수 있다. 남인들로서는 참으로 오랜만에 자신들의 가치를 인정해주는 군주를 만나 큰 기대를 걸었을 것이다. 선비라고는 하지만 관직 진출의 길이 막혀 있는 것은 사실 평민이나 다를 바 없었다. 그런데 거기서 벗어나는 길을 열어주겠다던 임금이 갑자기 붕어했다는 소식이 전해졌을 때 그 사실을 도저히 믿을 수가 없었을 것이다. 그래서 당시 중앙 정치의 상황에 비추어 음모론처럼 만들어진 것이 정조 독살설이었던 것이다.

2

군신이 격돌한

전쟁의 하루

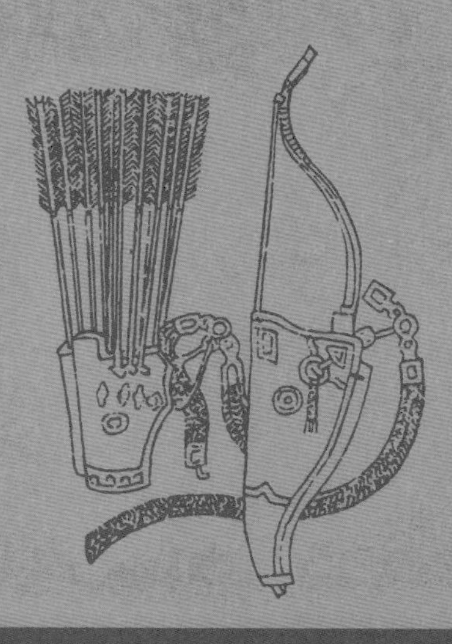

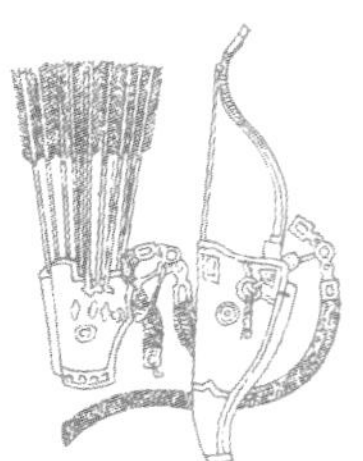

혁명 동지들의 비극적 결별,
이방원과 정도전

◎ **"조선의 봉화백이 되어서도 부족하더냐!"** :
1398년 8월 26일

1398년(태조 7) 8월 26일 오후 해가 질 무렵 경복궁에는 숨 막히는 긴장감이 감돌고 있었다. 태조 이성계의 왕자들과 사위들은 근정전으로 들어가는 근정문을 마주한 행랑방에 모여들었다. 광화문을 들어서면 왼쪽 편에 있던 행랑이었다. 그들은 태조의 병이 중해 거처를 다른 곳으로 옮기려 하니 모두 입궐하라는 전갈을 내시로부터 받은 터였다.

소격전에서 아버지 태조의 쾌유를 빌고 있던 영안공 이방과(훗날의 정종), 내전에서 태조를 모시던 세자 이방석을 제외한 모든 아들들과 심종, 이제 등 사위들이 방에 모였고 왕실 최고 어른인 이화도 함께 자리했다. 이화는 태조 이성계의 이복동생이었는데, 하륜과 함께 늘 이방원의 편에 선 인물이었다.

태조는 신의왕후 한씨와의 사이에 6남 2녀, 신덕왕후 강씨와의 사이에 2남 1녀를 두었다. 심종은 신의왕후의 딸 경선공주의 남편이었고, 이제는 신덕왕후의 딸 경순공주의 남편이었다. 이날의 전쟁은 모계를 기준으로 갈리어 있었다.

행랑방에 모여 있던 왕자들 중 신의왕후의 자식과 사위들은 내전의 부름에도 불구하고 근정전으로 가지 않고 얼마 후 대궐 밖으로 나왔다. 거사를 위해서였다. 근정문에 들어서는 순간 정도전 세력이 세자 이방석의 즉위에 걸림돌이 되는 신의왕후 쪽 왕자들을 제거하려 한다는 정보도 있었다. 실록에는 당시의 급박했던 상황을 전하는 흥미로운 에피소드가 실려 있다.

저녁 8시 무렵 내시가 와서 왕자들은 모두 들어오되 시종하는 무리들은 데리고 들어오지 말라고 전했다. 이화와 사위 심종, 이제 등은 안으로 들어갔다. 이방원은 시종을 물리치라는 말도 이상한데다가 밤에는 궁중의 문에 등불을 밝히게 되어 있는데 모두 꺼져 있는 것도 의심스러웠다.

이방원은 갑자기 배가 아프다며 뒷간으로 들어갔다.

'근정문을 들어서는 순간 우리를 죽이려는 음모가 있을까? 없다면 집에 준비해놓은 병사들은 어떻게 해야 하나? 오늘 거사를 하지 않게 되면 또 어떻게 될까?'

생각이 복잡했다. 밖에서는 셋째 형님인 익안공 이방의와 넷째 형님인 회안공 이방간이 자신을 애타게 찾고 있었다.

'이제 어쩔 수 없다!'

훗날 1차 왕자의 난으로 불리게 되는 결단이 화장실에서 이루어지는 순간이었다. 영추문을 통해 밖으로 뛰쳐나온 이방원은 형들과 함께 병사들이 기다리는 집으로 말을 달렸다. 그리고 병사들을 이끌고 나와 송현에 있는 남은의 첩 집을 쳤다.

송현에 불길이 올랐을 때 궐내에는 태조 이성계, 이화, 이방석 형제, 심종, 이제뿐이었다. 이방원은 광화문 앞에 신하들을 최대한 모이도록 했다. 조준과 김사형이 불려나온 것도 이 무렵이었다. 멀리서 새벽 닭 울음소리가 들려왔다. 이방원은 좌부승지 노석주를 시켜 태조에게 올리는 글을 쓰도록 했다. 이 글을 받아본 태조의 곁에서 사위 이제는 지금이라도 군사들을 거느리고 나가 공격하겠다고 했지만 태조와 이화가 말렸다. 상황 종료였다.

남은 것은 뒤처리였다. 장남인 진안공 이방우가 이미 세상을 떠난 후였기 때문에 영안공 이방과가 집안의 장남이었다. 거사가 벌어지고 있을 때 소격전에서 제사를 올리고 있던 이방과는, 대궐에 난리가 났다는 소식을 전해듣고는 몰래 종 하나만 거느리고 궁성 남문 밖에 있는 측근 김인귀의 집에 숨었다. 이방원이 영안공을 찾아낸 것은 다음 날 저녁 무렵이었다.

이방원은 적장자론을 내세워 영안공에게 왕위에 올라줄 것을 요청했다. 처음에는 사양하던 영안공도 동생의 강권에 마지못해 "그러면 내가 맡겠노라"고 수락했다. 역사에서 종종 나타나는 허수아비 정권의 등장이었다. 이방원은 태조에 이어 정종을 왕으로 만든 킹메이커가 됐다.

혁명 사령부 역할을 하던 도당(都堂)에서 태조에게 사람을 보내 전날까지 세자였던 의안공 이방석을 밖으로 내보내줄 것을 요청했다. 도당은 여말선초의 도평의사사를 말하는 것으로 문하부, 중추원, 삼사 등 핵심

기관들의 고관들로 구성된 최고의 통치 기구였다. 통보를 받은 이방석은 불안한 눈빛으로 아버지 이성계를 바라보았다. 더 이상 천하를 호령하던 이성계가 아니었다. 이미 늙고 기력이 쇠한 이성계에게는 세자 이방석을 지켜줄 힘이 없었다.

"나가도 무슨 일이 있겠느냐?"

경복궁 서문인 영추문을 나서자 이거이, 이백경, 조박 등으로 구성된 도당의 핵심 인사들이 길에서 이방석을 죽였다. 이때의 공으로 이거이·이백경 부자는 정사공신 1등에 책록된다. 12명이던 정사공신은 2차 왕자의 난 이후에 8명으로 조정된다. 5명은 삭제되고 1명이 추가된 결과였다. 삭제된 5명은 이거이·이백경 부자를 필두로 이방간, 이무, 조박 등이었으며, 처음에는 2등공신에도 없던 이거이의 장남 이저가 추가됐다. 부자와 형제 간에도 복잡한 선택이 이뤄지고 있었던 것이다.

도당은 이방석의 형 이방번도 밖으로 내보내줄 것을 요청했다. 태조는 "세자는 죽었지만 너는 먼 지방에 안치하려는 것"이라며 내보낸다. 이방번이 궁궐을 나와 남문을 나서려는 순간 이방원이 말을 타고 와 이방번을 맞았다.

"내가 널 살리려고 어젯밤 그렇게 불렀는데 왜 나를 따르지 않았느냐? 지금은 외방으로 가지만 얼마 안 되어 반드시 돌아올 것이다. 잘 가거라. 잘 가거라."

흔히 태종 하면 떠오르는 무자비한 이미지와는 거리가 멀었지만, 잘 가라는 말을 두 번이나 할 정도로 애틋했던 이방원의 태도는 가식이 아니었다. 전날 화장실을 나와 집으로 달려가기 직전 이방원은 심복 마천목을 이방번에게 보내 "나와 함께 가자"고 권유했다. 이방번은 이방석과 동모형제이긴 했지만 세자의 자리가 동생에게 돌아가자 사람들을 모으며 기회를 노리고 있었고, 이방원도 이런 사실을 잘 알고 있었다.

이방번은 경기도 김포 쪽의 통진에 안치하기로 되어 있었다. 그러나 회안공 이방간, 이거이 부자, 조박 등을 중심으로 한 도당 핵심들이 사람을 보내 양화진을 건너 숙소에 머물던 그를 죽여버렸다. 이방번의 나이 18세였다. 소식을 전해들은 이방원은 불처럼 화를 냈다. 그리고 은밀히 이숙번을 불러 말했다. 이 말은 대단히 중요하다. 훗날 도당을 이끌었던 회안공 이방간, 이거이 부자, 조박 등이 다른 이유에서이긴 하지만 이방원에 의해 제거되기 때문이다.

"나는 양측에서 오락가락했던 유만수도 살려주었네. 하물며 형제에 대해서는 어떻겠는가? 이거이 부자가 내게 알리지도 않은 채 도당과 의논해 내 동기를 살해했네. 지금은 민심이 안정되지 않아 속으로 참을 뿐일세. 그러니 자네는 이 말을 입 밖에 내지 말게."

대궐에 있던 사람들이 하나둘씩 불려나왔다. 정도전 쪽이었던 좌부승지 노석주와 우부승지 변중량, 남은의 동생이자 우상절도사였던 남지 등이 잡혀왔다. 조선 초의 명신 변계량의 형 변중량은 이방원을 우러러보며 목숨을 구걸했다.

"제가 공에게 뜻이 기운 지가 벌써 두서너 해 됐습니다."

변계량은 이원계의 사위로 이방원에게는 사촌누나의 남편이었다. 그러나 이방원은 차갑게 거절했다.

"저 입은 고깃덩어리일 뿐이다!"

세 사람은 모두 감옥에 보내졌다가 참형당했다. 이어서 마지막까지 저항했던 태조의 막내 사위 이제가 나왔다. 이방원이 짧게 말했다.

"본가로 돌아가라."

집에 들어서자 부인 경순공주가 "함께 이방원의 집에 가서 빌면 살 수 있을 것"이라며 당장 가자고 눈물을 흘리며 간청했다. 그러나 이제는 가지 않았다. 자존심 때문이었다. 그날 저녁 군사들이 와서 이제를 죽였다. 이후 경순공주는 불문에 귀의해 중이 됐는데 태조가 직접 머리를 깎아주었다.

남은은 첩 집에서 습격을 받자 성 밖의 움막에 숨어 있다가 자수했다. 자신은 정도전과는 달리 미워하는 사람이 없어서 살 수 있을 것이라고 생각했지만 정도전처럼 참형을 당해 세상을 떠났다.

이때 공을 세운 사람들을, 사직을 바로잡았다는 의미에서 정사공신(定社功臣)이라고 한다. 1등공신 12명은 이화, 익안공 이방의, 회안공 이방간, 정안공 이방원, 이백경, 조준, 김사형, 이무, 조박, 하륜, 이거이, 조영무 등이었다. 조준과 김사형은 막판에 이방원의 부름에 응한 공이었고, 원래 정도전 쪽이던 이무는 이방석과 정도전 진영의 내밀한 정보를 제공한 공이 컸다. 이무는 이방원의 처남 민무질과 인척 관계였다. 조박과 조영무는 군사를 성공적으로 이끈 공이 있었다. 이거이는 태조의 장녀 경신공주와 결혼한 이저의 아버지로 병사를 지휘한 공이 있었다. 그의 아들이자 이저의 동생인 이백강은 처음부터 이방원과 행동을 함께했던 측근으로 훗날 이방원의 장녀 정순공주와 결혼한다.

밤 10시경 경복궁 근처 송현, 의성군 남은의 첩 집에서 남은과 봉화백 정도전, 그리고 세자의 장인 심효생 등이 모여 술자리를 갖고 있었다. 세 사람은 태조의 막내아들 이방석을 세자로 추대한 후 7년 동안 막강한 권세를 누리던 트리오이자 이방원의 최대 정적이었다. 경복궁에서 걸어서 5분도 안 되는 거리에 있는 이 집은 그들이 만나 회합을 갖는 캠프였다.

이들은 등불을 밝히고 웃음 섞인 담소를 나누며 술을 마셨다. 그런데 갑자기 이웃집들이 불길에 휩싸였다. 놀라서 집 밖으로 뛰어 나오던 심효생은 측근인 이근, 장지화와 함께 현장에서 살해됐다. 남은은 하경, 최운 등을 거느리고 달아났고, 자리를 함께했던 이직은 지붕으로 올라가 불 끄는 노비로 위장해 도망쳤다. 정도전은 옆집으로 숨어들었다. 그러나 집주인 민부가 달려나가 "배가 불룩한 사람이 제 집에 들어왔습니다"라고 신고했다. 정도전임을 알아차린 이방원은 4명의 병사를 보내 잡아오게 했다. 침실에 숨어 있던 정도전은 자그마한 칼을 손에 쥔 채 걷지도 못하고 엉금엉금 기어서 나왔다. 정도전은 말을 타고 있는 이방원을 올려다보며 애원했다.

"공이 예전에 이미 나를 살렸으니 이번에도 한 번만 살려주소서!"

천하를 호령하던 정도전은 온데간데없었다. 정도전이 말한 '예전'이란 1392년(고려 공양왕 4)의 일을 염두에 둔 것으로, 그때 정몽주에게 밀려 수원 감옥에서 사형 집행을 기다리던 정도전은 이방원이 정몽주를 죽임으로써 살아날 수 있었다. 이방원과 정도전은 한때 함께 학문을 이야기하는 동료이자 태조를 도와 사선을 넘나들던 혁명 동지였다.

순간, 이방원의 머릿속에는 지난날 정도전과 함께했던 기억의 파편들이 스쳐갔을 것이다. 그러나 살리고 싶은 마음은 추호도 없었다. 태조가 즉위하면서 다른 길을 걸어온 근래 7년을 생각하면 더욱 그랬다. 끊임없이 자신을 죽이려 했던 인물이 아니던가?

"네가 조선의 봉화백(奉化伯)이 됐는데도 부족하더냐? 어떻게 악하기가 이 지경까지 이를 수 있느냐?"

다음 순간, 정도전의 목이 날아갔다.

정도전에게는 4명의 아들이 있었다. 그중 정유와 정영은 변고가 생겼다는 말을 듣고 아버지를 구하러 가던 도중 피살됐고, 정담은 아버지의 죽음을 전해듣고 목을 찔러 자살했다. 일찍부터 아버지의 노선을 반대하면서 이방원을 지지했던 정담이었지만 비참하게 생을 마감해야 했다. 유일하게 살아남은 장남 정진(鄭津)은 관직에서 쫓겨나 전라도 수군으로 충군됐다가, 성실한 인품을 인정받아 1407년(태종 7) 나주목사로 기용됐다. 그 뒤 평안도관찰사, 공조판서, 개성유후를 거쳐 1425년(세종 7) 형조판서에까지 오르게 된다. 이방원보다 여섯 살 위였던 그는 혁명을 일으키기 직전까지만 해도 이방원과 가깝게 지냈다.

◎ **개국공신 명단에서 사라진 이방원의 이름**

태조 이성계는 왕위에 오른 지 보름 후인 1392년 8월 2일 공신도감을 설치한다. 개국공신을 책봉하기 위해서였다. 개국에 대한 기여도는 누구보다 이성계 자신이 잘 알고 있다. 8월 20일 공신들의 명단과 공훈이 3등급으로 나뉘어 발표됐다.

1등공신은 배극렴, 조준, 김사형, 정도전, 이제, 이화, 정희계, 이지란, 남은, 장사길, 정총, 조인옥, 남재, 조박, 오몽을, 정탁, 김인찬 등 17명이었다. 이들은 위화도회군 때부터 이성계의 주변을 지켰던 참모와 대신들이었다.

그 밖에 이성계 추대 모의에 뒤늦게 참여한 11명은 2등급, 변함없이 이성계를 지지하는 입장에 있었던 16명은 3등급으로 모두 44명의 개국공신 명단이 발표됐다. 9월 27일 7명이 추가되고 11월 19일 황희석이 2등급에 추가돼 52명의 개국공신이 확정됐지만 이방원의 이름은 찾을 수 없었다. 이때 정도전을 의심의 눈길로 바라보는 사람들이 있었지만 정황상 그럴 가능성은 없었다.

개국공신 1등에 오른 조준은 1405년(태종 5) 60세를 일기로 세상을 떠났다. 그런데 그의 졸기(卒記)를 보면 의안공 이방석이 세자를 차지하게 된 정황이 나온다. 의안대군이 세자로 정해진 1392년 8월 20일보다 하루 혹은 며칠 전 일인 듯하다.

태조가 사랑했던 아들은 의안공의 동모형(同母兄)인 무안공 이방번이었다. 신덕왕후는 자신의 두 아들이 개국에 공이 있다며 신의왕후의 아들이 아니라 자기 아들들 중에서 세자를 세워야 한다고 태조를 설득했다. 태조는 측근 중의 측근인 배극렴, 정도전, 남은, 조준, 김사형을 은밀히 불러 이 문제를 논의하도록 했다. 모두 개국공신 1등에 오른 사람들이었다.

칠십을 바라보던 원로대신 배극렴이 먼저 나섰다. 이성계와 함께 수많은 생사의 고비를 함께 넘어온 혁명 동지였다.

"적장자를 세우는 것이 고금을 통한 의리입니다."

원론에 가까웠다. 이렇게 할 경우 세자는 신의왕후와의 사이에서 난 진안공 이방우였다. 이에 태조는 못마땅해하는 표정을 지으며 조준에게 물었다. 조준이 의미심장하게 답했다.

"세상이 태평하면 적장자를 먼저 세우고 세상이 어지러우면 공이 있는 사람을 먼저 하오니, 원컨대 다시 세 번 생각하소서."

때는 건국 원년이었다. 누가 봐도 태평성대보다는 어지러운 쪽이었고 공이 있는 사람이란 두말할 것 없이 이방원이었다. 그때 이를 엿듣고 있던 신덕왕후 강씨가 밖에서 소리가 들릴 정도로 크게 울기 시작했다. 자기 아들들은 세자 후보군에도 끼지 못하는 것에 대한 일종의 항의 표시였다.

태조는 조준에게 종이와 붓을 전해주며 이방번의 이름을 쓰라고 했다. 조준은 엎드린 채 이름을 쓰지 않고 버텼다. 그러자 태조는 이방석을 세자로 삼겠다고 밝혔고, 신하들은 더 이상 이의를 달지 못했다고 한다.

여기에는 약간의 보충 설명이 필요하다. 이방번을 세자로 삼고 싶어 하던 태조가 왜 갑자기 이방석을 선택한 것일까? 이에 대해 태조 1년 8월 20일자 실록은 단서를 제공한다. 태조는 강씨의 뜻을 존중해 이방번을 세자로 삼으려고 했다. 그런데 공신들이 반대했다. "이방번은 광망(狂妄, 미쳐서 매우 망령됨)하고 경솔해 볼품이 없다"는 것이었다. 그래서 공신들이 사적으로 찾아와 이야기하기를 굳이 강씨의 아들 중에서 세운다면 막내아들이 조금 낫겠다는 의견들이 많았다. 정도전도 이 정도의 역할은 했을 것이다.

결정을 하고 난 후 태조는 공개적인 자리에서 신하들에게 묻는다.

"누가 세자가 될 만한 사람인가?"

이제 장자를 세워야 한다거나 공이 있는 사람을 세워야 한다고 '간절히' 말하는 사람이 없었다. 배극렴이 앞장섰다.

"막내아들이 좋습니다."

이렇게 해서 세자 자리는 엉뚱하게도 이방석에게 돌아갔다. 당시 이방원의 심정을 헤아리는 것은 그리 어렵지 않다. 끝 모를 나락으로 굴러떨어지는 느낌이었을 것이다. 엎친 데 덮친 격으로 세자를 정하던 날 함께 발표된 개국공신의 명단에 이방원의 이름은 빠져 있었다.

◎   조선사 최고의 천재 정도전

이방원이 끝 모를 심연으로 빠져들고 있을 때 정도전은 하늘 높은 줄 모르고 치솟았다. 정도전은 이방원이 개국공신에서 빠지는 데 영향력을 행사하지는 않았다. 그러나 이방석이 세자로 정해짐으로써 전개되는 새로운 정국에 올라탔다. 여기에는 남은과 심효생도 뜻을 같이했다. 게다가 심효생은 2년 후 이방석의 장인이 된다.

1383년(고려 우왕 9) 문과에 급제한 심효생(沈孝生, 1349〔고려 충정왕 1〕~1398〔태조 7〕)은 이성계에게 접근해 1391년(공양왕 3) 문하사인을 거쳐 1392년 사헌부 장령이 된다. 조선 개국에 동참해 개국공신 3등에 책록되고, 1394년(태조 3) 10월 딸이 세자 이방석의 빈이 되면서 이조전서에 오른다. 1397년(태조 6)에는 정도전, 남은 등과 군사권을 장악해 요동 정벌 계획을 추진하기도 했다. 태조 시대 7년을 이끈 정도전·남은·심효생 트리오의 탄생이었다. 그 뒤 예문관 대제학이 되고 부성군에 봉해졌지만 1398년 8월 무인정사(戊寅靖社, 1차 왕자의 난) 때 이방원 일파에게 죽는다. 그는 문신이면서도 병기 제조에 능했다고 한다.

집권 열흘 후인 7월 28일 이성계는 '편민사목'이라는 혁명 공약을 발표했다. 편민사목은 정도전이 지어올린 것으로서 총 17조로 되어 있었는데, 왕씨에 대한 처리 문제, 관혼상제 정비 문제 등과 함께 이색, 이숭인, 우현보, 설장수 등 반혁명 세력 56명에 대한 처벌 방침이 명시돼 있다. 원래 이들 4명은 섬으로 유배 보내기로 되어 있었지만 이성계가 처벌을 완화시켰다. 그런데 이숭인, 이색의 아들 이종학, 우현보의 세 아들 우홍수·우홍득·우홍명, 정몽주의 지시로 정도전을 탄핵했던 김진양 등 8명은 정도전의 밀명을 받은 손흥종과 황거정 등에 의해 곤장 100대를 맞다가 죽고 만다. 이색, 우현보, 이숭인은 고려 말 때부터 정도전의 숙적이었다.

이 일은 훗날 태종 때 뒤늦게 진상이 알려지면서 커다란 정치 문제가 된다. 실록은 일관되게 정도전과 남은 등이 사적인 감정으로 이들을 죽였다고 기록하고 있는데, 여기에는 적어도 절반의 진실이 담겨 있다. 특히 이들은 정도전의 출생의 비밀과 어떤 식으로든 얽혀 있었다.

개국 직후 정도전이 맡았던 직책을 살펴보면 당시 그의 권세를 짐작해볼 수 있다. 품계는 1품 숭록대부였고 작위는 봉화백이었다. 직책은 문하부 시중(영의정) 다음가는 문하시랑찬성사로 권력 서열 3위, 최고 정책 결정 기구였던 도평의사사의 최고 책임자인 동판사, 경제 문제를 총괄하는 호조판사(훗날의 호조판서), 인사 행정을 총괄하는 상서사판사, 각종 국가 문서의 작성 등을 책임지는 보문각 대학사(훗날의 예문관 대제학), 국왕을 학문적으로 보필 교육하고 역사 편찬을 책임지는 경연 예문춘추관 지사에다 이성계의 친병인 의흥친군위의 2인자 격인 절제사를 겸했다.

문무에 두루 걸쳐 최고 혹은 그 다음 직책들을 동시에 맡은 정도전은 이 분야들에서 모두 최고로 꼽힐 만큼 높은 학식과 깊은 조예를 갖고 있었다. 그는 현실 정치의 바쁜 와중에도 집권 열흘 만에 혁명 세력의 비전

경기도 평택에 있는 정도전을 모신 사당 문헌사(文憲祠). 1912년에 건립됐다.

과 액션 플랜이 담긴 장문의 '편민사목'을 내놓았고, 3개월 후에는 조준, 정총, 박의중, 윤소종 등과 함께《고려사》편찬 작업을 시작해 1395년(태조 4) 37권으로 완성한다. 그런데 이 책은 세종 대에 이르기까지 여러 차례 개찬 작업을 거치게 된다. 이유는 정도전과 이방원의 역할을 둘러싼 기술과 해석의 문제 때문이었다.

1393년(태조 2)에는 병서인《오행진출기도》,《강무도》,《사시수수도》를 만들었고 이성계의 업적을 찬양하는 〈납씨가〉(나하추 격퇴)와 〈정동방곡〉(위화도회군 찬양) 등을 짓기도 했다. 이는 정도전의 학문이 책상물림이 아니라 문무를 넘나들고 문학과 음악 등 예술과도 어우러지는 경지였음을 보여준다. 특히 1393년 초에 집중적으로 병서들을 만들었다는 것은 집권 후 1년 동안 그의 최대 관심사가 군사 문제에 있었다는 사실을 알려준다.

고려 때 문신들은 군사 지휘관이 되어 문무를 넘나들던 것이 관행이었음을 고려하면 정도전이 병서를 짓고 군사 문제에 깊은 관심을 가진 것 자체가 놀랄 일은 아니다. 그러나 그의 이력을 보면 맡았던 관직들은 하나같이 전형적인 문관, 그중에서도 학문과 관련된 분야였다. 군사 문제에 대한 안목은 아마도 3년간의 유배 생활과 6년간의 유랑 시절 혁명을 꿈꿀 때 책을 통해 익혔을 것으로 보인다. 그리고 그가 지은 병서들의 수준은 최고의 무장 이성계가 인정할 정도로 훌륭했다.

의흥친군위라는 조직의 서열로만 본다면 정도전은 두 번째였다. 최고 책임자는 이성계의 배다른 동생인 이화였고, 그 아래 정도전과 이지란이 함께 절제사를 맡았으며, 그 밑에 남은, 김인찬, 장사길, 조기 등이 동지절제사로 포진하고 있었다. 남은과 장사길은 1등공신, 조기는 2등공신이었고, 김인찬은 일찍 세상을 떠나는 바람에 공신 대열에 들진 못했지만 더 살았다면 족히 1등공신이 될 만한 심복이었다. 위화도회군 때 이성계 진영에 가담한 장사길(張思吉, ?~1418〔태종 18〕)은 원래 의주에서 독자적인 세력을 갖고 있던 토호였다. 위화도회군 이후 줄곧 뛰어난 무예와 지략으로 이성계를 보좌했고, 두 차례 왕자의 난 때는 이방원을 도와 공신의 반열에 올랐으며 북방 개척에 기여했다. 조기(趙琦, ?~1395〔태조 4〕)는 원래 최영의 휘하에 있었지만 위화도회군을 계기로 이성계 편에 가담했다. 기록에는 무식하고 예의를 몰라 평판이 안 좋았다고 한다.

정도전은 서열상으로는 2인자였지만 다른 이들과 비교할 수 없는 국가 전략과 최고의 학식을 갖추고 있었다. 이성계 정권하에서 그가 넓은 의미에서 국가 안보 분야의 최고 실권자가 될 수 있었던 것도 이 때문이다.

◎　　　**이방원, 명 황제 주원장의 의심을 풀다**

조선왕조의 성립은 명에 대한 사대 외교와 밀접하게 관련돼 있다. 조선이라는 나라의 건국 자체가 반원친명 세력의 집권이었다. 명과 조선의 외교 관계는 '일년삼사(一年三使)', 즉 신년에는 하정사, 황제 생일을 축하하는 성절사, 황태자 생일을 축하하는 천추사를 보내는 것을 바탕으로 했다. 그 밖에도 사은사, 주청사, 계품사 등 다양한 비정기 사행(使行)이 있었다. 이에 비해 명나라는 1년에 한두 차례 사신을 보내는 것이 고작이었다.

1393년 명나라 사신 황영기와 최연이 조선 조정에 전달한 문서에는

"조선이 명나라를 업신여기고 있다"며 책망하는 내용이 쓰여 있었다. 깜짝 놀란 태조 이성계는 즉시 중추원학사 남재를 주문사로 삼아 금릉(지금의 남경)으로 보내 황제에게 해명하도록 했다. 황제는 명나라를 세운 주원장이었다. 그해 9월에 돌아온 남재는 주원장이 이렇게 말했다고 보고했다.

"앞으로는 3년에 한 번씩만 사신을 보내라. 앞으로 하는 것을 보아가며 내가 사람을 보내 너희를 부르겠다."

이에 이성계는 중추원학사 이직을 사은사로 파견해 예전처럼 '일년삼사'를 허락해달라고 청하려 했다. 그러나 이직 일행은 요동성 밖 백탑에서 입국을 거부당한 채 그냥 돌아왔다.

사태를 어렵게 만든 배경에는 두 가지가 있었다. 하나는 조선 해적이 중국 연안을 침입한 사건이었고 다른 하나는 요동 정벌론이었다. 뒤엉킬 대로 뒤엉킨 명과 조선의 외교 문제는 다음 해 최연과 황영기가 연이어 파견되면서 실마리가 보이기 시작했다. 명나라는 북벌에 필요한 말 1만 필을 보낼 것, 그리고 이성계의 장남이나 차남이 해적 사건의 범인을 직접 압송해 금릉으로 들어올 것 등을 요구했다.

이성계는 고민하지 않을 수 없었다. 진안공 이방우는 이미 1년 전 세상을 떠났고, 다섯째 아들 정안공 이방원을 제외하고는 이렇다 할 학식을 갖춘 아들이 없었다. 이방원은 6년 전인 1388년(우왕 14) 이색을 따라 서장관으로 명나라에 다녀온 적도 있었다.

그러나 이성계는 이처럼 중대한 순간에 목숨까지 위태로울 수 있는 일을 이방원에게 맡기고 싶지 않았다. 건국 직후 신덕왕후 강씨의 눈물 작전에 넘어가 신하들 대부분이 세자감으로 보았던 이방원을 버리고 이방석을 세자로 한 것이 불과 2년 전 아니던가? 고민을 거듭하던 이성계는 결국 1394년(태조 3) 6월 1일 이방원을 부르게 된다.

"명 황제가 지금 우리에게 어려운 요구를 하고 있다. 네가 아니면 답할 사람이 없다."

여기서 우리는 이방원의 크고 호방한 스케일을 보게 된다.

"종묘와 사직의 크나큰 일을 위해서 어찌 감히 사양하겠습니까?"

실록은 이때 이성계가 눈물을 글썽였다고 전하고 있다.

"너의 체질이 파리하고 허약한데, 만 리 먼 길을 탈 없이 갔다 올 수 있겠느냐……"

조정 신하들은 모두 이방원이 큰 위험에 처할 수 있다며 만류했다. 여행 도중에 닥칠 수 있는 위험, 그리고 명나라에 인질로 잡힐 수 있는 위험이었다. 그때 1년 전에도 금릉에 갔다 온 바 있는 문하부 참찬사 남재가 자신이 따라가겠다고 나선다.

"정안군이 만 리 먼 길을 떠나는데, 우리들이 어찌 여기에서 베개를 베고 죽겠습니까?"

이렇게 해서 이방원과 남재 그리고 중추원지사 조반으로 구성된 사신단이 파견된다. 이들은 다행스럽게도 여러 차례 황제를 만날 수 있었고, "민생을 구휼하고 천명을 경계하라"는 조칙을 받아 돌아왔다. 조선에 대한 주원장의 의심을 말끔하게 풀어주고 돌아온 것이다. 게다가 일년삼사의 외교 관계도 회복됐다. 대단한 외교적 성공이었다.

사신단이 금릉에 갔을 때 명 조정에서도 조선 왕의 아들이 왔다며 융숭한 대접을 해주었다. 이때 이방원은 북경에서 주원장의 아들인 연왕(燕王)을 만날 기회가 있었는데, 연왕을 만난 이방원은 함께 갔던 사신들

영락제 성조의 영정. 서남 지역에서는 티베트로부터 조공을 받았고, 1406년(태종 6)에는 베트남과 수마트라까지 원정해 교지포정사사(交趾布政使司)를 두어 직할 지배했다. 1410년(태종 10) 고비사막 북쪽에 원정했고 이후 1424년(세종 6) 진중에서 병사할 때까지 다섯 차례의 친정(親征)으로 타타르와 오이라트의 위협을 막았다.

에게 "연왕은 왕으로만 있을 인물이 아니다"라고 말했다. 평소에도 말과 사람을 알아보는 눈은 누구에게도 뒤지지 않는다고 자부하던 이방원이었다. 4년 후 주원장이 사망하자 연왕은 형제 조카들과 피비린내 나는 내전을 치른 끝에 황제의 자리를 차지한다. 중국사에서는 이를 '정난(靖難)의 역(役)'이라고 부르는데, 때는 1402년(태종 2)이었고 그가 영락제 성조였다.

성조는 1421년(세종 4) 수도를 금릉에서 북경으로 옮긴다. 그리고 자금성 공사를 설계해 기초를 다지고, 환관 정화의 일곱 차례에 걸친 해양 원정을 추진한다. 영락제는 대외확장형 황제였다.

구조적으로 본다면 연왕의 황위 탈취 과정은 세조와 비슷했다. 그래서 수양대군이 단종 때 안평대군과 김종서 등을 숙청하고 권력을 잡았으면서 '정난(靖難)공신'이라고 일컬었는지도 모른다. 무력을 통한 권력 쟁취라는 면에서 보자면 태종도 크게 다를 바가 없다. 권력 투쟁에서 첩보전의 중요성을 잘 알고 활용했던 점도 두 사람이 비슷하다. 영락제가 훨씬 길기는 하지만 재위 기간도 비슷하게 겹친다. 아마 이방원이 연왕을 알아본 것처럼 연왕도 이방원을 보면서 조만간 임금이 될 사람임을 알아차렸을 것이다. 우연인지 필연인지 이방원을 부르는 호칭도 '난을 진압해 평안을 이룬다'는 뜻을 가진 '정안(靖安)'이었다.

이방원이 두 차례나 명나라에 다녀왔다는 사실은 중요한 의미를 갖는다. 눈으로 직접 명과 조선의 실상을 확인할 수 있는 기회를 갖게 됐기 때문이다. 이 기회를 통해 이방원은 조선 영토에 대한 현실감각과 세계에 대한 열린 시야를 갖게 됐다. 또한 요동을 둘러싼 국제적 역학 관계에 대한 정리된 인식도 갖추게 됐다. 위험을 감수한 두 차례의 금릉행은 훗날 태종에게 귀중한 외교 · 군사적 자원이 된다.

◎ **이유 없이 억류되는 조선 사신들**

이방원이 성공적인 대명외교를 마친 지 1년이 채 되지 않았던 1395년 10월, 하정사로 파견됐던 대학사 유구와 한성부윤 정신의가 하정표문(賀正表文, 신년 축하를 위해 황제에게 올리는 글)에 "황제를 모독하는 구절이 포함돼 있다"는 이유로 억류됐다. 이때 유구는 표문 작성자가 정도전이라고 밝혔다.

명나라에서는 조선이 정도전을 보내오면 유구 일행을 돌려보내기로 결정했다. 이 내용은 통역관으로 따라갔던 고인백과 김을진 등이 먼저 돌아와 보고함으로써 알려졌다. 당시는 사신단이 명나라 수도에 가면 40~60일 정도 머물며 문물을 구경하고 놀다 돌아오는 것이 관례였다. 이들을 수행해서 간 통사들 중 일부는 먼저 돌아와 명과 협의된 사항들을 조정에 전달했는데, 이런 임무를 수행하던 통사를 선래통사(先來通事)라고 불렀다.

뜻밖의 소식에 놀란 조선에서는 가장 뛰어난 통역관 곽해룡과 표문을 지은 김약항을 명나라로 보내 해명하게 했다.

"원래 표문은 성균 대사성 정탁이 짓고 황태자에게 올리는 전문은 전교시 판사 김약항이 지었는데, 지금 정탁은 풍질을 앓고 있어 김약항만 보냅니다."

김약항에게는 죽음의 길이나 마찬가지였다. 위로하기 위해 의주까지 따라온 이성계의 측근 함부림에게 김약항은 이렇게 말했다.

"신이 죽고 사는 문제로 염려 마소서. 신은 나라를 위해 죽기로 결심한 지 이미 오래입니다."

결국 김약항은 명나라에 억류됐다가 풀려나긴 하지만 고국으로 돌아오지 못하고 현지에서 처형된다.

그로부터 한 달 후인 3월, 왕의 승인을 청하는 계품사로 갔던 예문춘추관 대학사 정총의 일행 중 한 명이 돌아와 명나라 예부의 자문(咨文, 외교 문서)을 전하면서 2차 표전문 사건이 발생한다. 이 자문에서도 "조선에서 보낸 표문에 황제를 모욕하는 내용이 들어 있어서 계품사 정총을 억류한다"고 밝히고 있었다. 명에서는 표문을 지은 사람과 교정자를 당장 금릉으로 보낼 것을 요구했다.

4월에는 유구 일행 중 박광춘이 돌아와 "유구와 정신의의 처자를 보내오지 않으면 그들을 유배시키겠다"는 명의 자문을 전했다. 이렇게 두 차례의 표전문 파동으로 조선 사신 유구, 박신의, 정총, 김약항 등이 억류되는 기가 막힌 일이 벌어졌다. 이때 명나라에서 노렸던 타깃은 정도전이었다.

당시 명나라에서는 문자옥(文字獄)이 한창이었다. 명 태조 주원장은 어려서 절에 들어가야 할 만큼 출신이 미천했다. 그러다 보니 학자나 문신들에 대한 열등감이 심했고, 주원장은 자신에게 올리는 글 중에서 자신의 출신을 연상시키거나 역모를 떠올리게 하는 단어, 혹은 그와 비슷한 글자가 있으면 다짜고짜 글 쓴 사람을 잡아다 죽였다. 그러니 딱히 조선의 표전문만을 문제 삼은 것은 아니었다.

이런 명나라 내부 사정을 알 리 없는 조선 조정에서는 그저 최선을 다해 표전문을 작성할 뿐이었다. 그런데 그중 일부 단어가 "경박스럽고 황제를 모욕하고 있다"며 정도전과 정탁을 압송하라는 압력이 온 것이다. 정도전이 압송돼 간다면 죽거나, 살더라도 유배돼 조선으로 돌아오지 못할 것이었다.

이러한 상황을 잘 아는 정도전은 가지 않겠다고 버텼다. 그의 최측근인 문하성 참찬사 남은은 7월 태조 이성계에게 글을 올려 '찬문자는 물론이고 유구 등의 가족도 보내서는 안 된다'고 주장했다. 노골적인 정도전 옹호론이었다. 그리고 그해 7월 명 사신이 돌아가는 편에 사역원 판사 이을수가 관압사(압송 업무를 맡은 통사)가 되어 표전문 작성에 참여한 권근, 정탁, 노인도 등을 금릉으로 압송해갔다. 그리고 계품사 하륜이 주원장에게 전후 상황을 소상히 설명했다.

"분부하신 대로 표문을 지은 정탁과 이를 교정한 권근, 그리고 교정에 참여한 노인도를 금릉으로 보내 결재를 청합니다. 정도전은 정탁이 지은 표문을 지우거나 고친 바가 없으므로 관련이 없습니다. 그리고 본인이 복통과 각기병을 앓고 있어 보내지 못했습니다."

이에 주원장은 일행 중 몇 명은 돌려보내지 말라고 지시했고, 결국 권근과 노인도 2명은 억류당하고 하륜과 정탁은 돌아왔다. 그리고 이들이 돌아올 때 유구와 정신의도 함께 왔다. 1396년(태조 5) 11월경이었다.

이제 명나라에 억류돼 있는 사신은 김약항, 정총, 권근, 노인도 네 사람으로 바뀌었다. 조선 조정에서는 김약항, 정총, 권근의 처자를 수마포 20필씩과 함께 명에 보냈고 노인도에게도 수마포 6필을 보내 위로했다. 그런데 명에 있던 조선 사신들에게 태조 이성계의 계비인 강씨가 사망했다는 소식이 전해진다. 이 말을 들은 정총은 조의를 표하는 차원에서 흰옷을 입었고, 반면에 권근은 황제가 내려준 옷을 입었다. 이런 복장으로 황제를 알현하니 주원장은 권근의 귀국은 허락했지만 정총은 가두어 국문했다. 이후 정총은 유배돼 처형당했고 김약항과 노인도도 함께 목숨을 잃었다. 그리고 김약항의 아들 김처는 아버지의 사망 소식을 듣고 눈물로 밤을 지새우다가 그만 미쳐버렸다.

정총(鄭摠, 1358〔고려 공민왕 7〕~1397〔태조 6〕)은 1391년 이조판서를 거쳐 정당문학에 이르렀다. 이색에게서 함께 배운 인연으로 정도전과 가까운 사이였다. 일찍부터 문장과 글씨에 뛰어났던 그는 당시 중국에 보내는 표전문 대부분을 지었다. 1392년 역성혁명에 가담해 조선왕조 개창 후 개국공신 1등에 녹훈됐다. 1394년(태조 3) 정당문학, 이어 예문춘추관 태학사가 되어 정도전과 함께《고려사》를 편찬했다. 그리고 1395년 계품사로 명나라에 파견됐다가 이런 참극을 당한 것이다.

해가 바뀌어 1397년이 되어서도 정도전에 대한 명나라의 공세는 그치지 않았다. 지난해 11월 억류됐던 사신들이 돌아오자 감사의 뜻을 표하기 위해 명나라에 갔던 설장수가 4월 17일 자문을 갖고 돌아왔다. 여기에는 정도전이 '조선의 화원(禍源)'이라고 표현돼 있었다. 만화(萬禍)의 근원이니 뿌리 뽑아야 한다는 것이다. 이 같은 인식은 이유는 달랐지만 그 무렵 이방원의 생각과 정확히 일치하는 것이었다.

◎   **태풍의 눈으로 떠오르는 요동 정벌론**

위기에 몰린 정도전은 요동 정벌론과 군사력 강화로 돌파를 시도했다. 지금 학계에서는 정도전이 언제부터 요동 정벌 운동을 시작했느냐 하는 문제를 두고 의견이 갈린다. 정도전을 지지하는 입장은 대체로 그가 일찍부터 요동 정벌을 구상했다고 본다. 그 증거 중 하나로 1393년부터 사병 혁파와 군사력 강화를 위한 노력을 시작한 것을 든다. 그런데 이것은 이방원에 대한 비판으로 연결된다.

정도전에 대한 이방원의 입장은 실록에 고스란히 나와 있다. 조선시대의 수많은 기록들에서도 실록의 입장을 취해, 정도전은 동료들이 죽는데도 비겁하게 중국에 가지 않았을 뿐 아니라 자신이 살기 위해 요동 정벌론을 주장해 사직을 위험에 빠트리려 했던 인물로 묘사된다. 실제로 이방원은 조정이 위험에 처했을 때인 1394년 아버지의 부탁으로 죽음을 무릅쓰고 명나라에 들어간 적이 있었다. 그러니 정도전의 이런 태도가 더욱 부정적으로 보였을 것이다. 여기서 우리는 어느 한쪽을 택해야 한다는 강박관념에 빠질 필요는 없다. 지금의 우리가 정도전이나 이방원 중 어느 한 사람을 지지해야 할 필요는 없기 때문이다. 다만 기성학계의 연구는 지나치게 친(親)정도전적이라는 사실만 짚어두고 넘어가자.

당시의 정확한 요동 상황을 알 수는 없지만 아직 확실한 주인이 떠오르지 않는 상황에서 정도전이 제기한 요동 정벌론은 충분히 의미 있고 검토해볼 만한 것임은 분명하다. 그러나 새 나라를 세운 지 5년 남짓한 나라가 과연 해외 원정을 감당할 수 있는가, 그리고 그 시점에 꼭 해야 하는 문제인가라는 의문은 여전히 남는다.

1397년 6월 14일 정도전은 의흥삼군부 판사가 되어 관직에 복귀한다. 정도전은 명나라의 압력이 거세던 1396년 7월 명나라를 달래는 차원에서 삼사 판사직에서 물러났었다. 병권을 다시 잡은 정도전은 곧바로 각 절제사와 군관들로 하여금 자신이 지은 《진도》와 《수수도》 등 병법서를 익히도록 한다. 그리고 얼마 후 남은, 심효생 등과 함께 태조를 알현하고 '군사를 일으켜 국경 밖으로 나아가고자 한다'며 요동 정벌론을 본격적으로 제기한다. 그리고 정도전과 남은은 병으로 휴가 중이던 좌정승 조준에게 "요동을 공격하는 일은 이미 결정됐으니 공은 다시 거론하지 마십시오"라고 통보한다.

이 문제에 관한 한 조준의 입장은 곧 정안공 이방원의 입장이었다. 조준은 아픈 몸을 이끌고 대궐에 나아가 요동 정벌 불가론을 개진했다.

"사대의 예에 어긋날 뿐만 아니라 나라를 세우는 마당에 명분 없이 군대를 가벼이 움직이는 것은 매우 옳지 않습니다."

정도전이 정벌하려 했던 드넓은 요동 벌판. 예로부터 우리나라와 중국 사이에 치열한 접전이 벌어졌던 땅으로 고구려와 발해의 역사가 이곳에 숨 쉬고 있다.

조준의 '부하' 김사형도 같은 의견을 올렸다. 남은을 앞장세운 정도전의 정벌론에 설득됐던 이성계는 조준과 김사형의 이야기를 듣고 일단 정벌론을 유보한다. 이 무렵 이성계가 정벌론에 기운 데는 명나라의 도에 지나친 압박과 함께 정총의 죽음도 얼마간 영향을 주었을 것으로 보인다. 정총은 자신이 그렇게도 사랑했던 부인 강씨의 죽음을 먼 타국 땅에서 애통해하다가 주원장에게 죽은 것이나 마찬가지였다. 하지만 위험 요소가 너무 많았다. 특히 정벌의 성패와 관계없이 왕실의 안위가 위태로울 수 있다고 판단했을지도 모른다.

이방원과 하륜과 이숙번,
혁명의 도화선

1398년 7월 19일 충청도 도관찰출척사(관찰사)로 발령을 받은 하륜(河崙, 1347〔고려 충목왕 3〕~1416〔태종 16〕)은 가깝게 지내던 지인들을 집으로 초대해 송별 잔치를 벌였다. 하륜은 쫓겨가는 느낌을 지울 수 없었다. 당대의 최고 실력자는 정도전이었고 하륜은 한양 천도 문제로 정도전과 대립하다가 돌아올 수 없는 다리를 건넌 상태였다. 더욱이 정도전은 하륜이 가까이 지내던 이방원의 목을 하루하루 죄어오고 있었다.

하륜이 남긴 기록을 보면 이방원과의 친분은 의도적으로 접근해서 맺게 됐다 한다. 관상을 볼 줄 알았던 하륜은 이방원의 얼굴에서 왕기(王氣)를 느꼈고, 예전부터 친하게 지내던 이방원의 장인 민제에게 부탁했다.

"내가 사람의 상을 많이 보았지만 당신의 둘째 사위 같은 사람이 없었으니 소개해주시오."

하륜은 환송연이 있던 날 일을 벌이기로 결심했다. 그날 술자리에는 이방원도 와 있었다. 이방원이 앞에 나가 술잔을 돌릴 때 하륜은 취한 척하면서 일부러 술상을 엎어 이방원의 옷을 더럽혔다. 이방원은 크게 화를 내며 자리를 박차고 나와 집으로 가버렸고, 하륜은 다른 손님들에게 "왕자가 노해 가시니 가서 사죄를 해야겠소"라고 양해를 구한 뒤 말을 타고 이방원을 뒤쫓았다.

화가 머리끝까지 난 이방원은 하륜이 뒤따라오는 것을 알면서도 모르는 척하고 집까지 갔다. 이방원은 중문을 거쳐 안문으로 들어선 뒤에야 분을 참지 못한 채 돌아보며 물었다.

"왜 그랬는가?"

"장차 경복(傾覆)될 환란이 있겠기에 미리 고하기 위해 상을 엎지른 것입니다."

여기서 경복이란 세상이 뒤집어진다, 혹은 뒤집어진 것이 바로 선다는 뜻이다. 이방원은 하륜을 내실로 데리고 들어갔다.

"앞으로 어떻게 해야 하는가?"

하륜은 자신은 왕명을 받아 지방으로 가야 한다며 안산군수로 나가 있던 이숙번을 추천했다. 마침 이숙번은 신덕왕후의 능을 이장할 군사를 거느리고 서울에 들어와 있었다.

"이 사람이면 대사를 맡길 수 있습니다."

이방원은 당장 이숙번을 불렀다. 하륜의 이야기를 전하면서 의향을 묻자 이숙번은 "이런 일은 손바닥 뒤집기보다 쉬운 일인데 무엇이 어렵겠습니까?"라고 대답했다. 절호의 기회를 모색하며 7년을 참아온 이방원은 마침내 그 순간 결심했다. 이때 정안군 이방원의 나이 32세, 하륜은 52세, 이숙번은 26세였다.

◎ 사병 혁파 시도, 그리고 이방원의 역습

조준의 반대로 잠잠해졌던 요동 정벌론이 다시 대두되는 것은 1년 후인 1398년 8월이다. 그에 앞서 3월 정도전은 함경도 지방의 주부군현(州府郡縣)의 이름과 행정 체계를 갖춰놓고 한양으로 돌아왔다. 이성계는 너무나 기뻤다. 자신이 영토 확장을 위해 젊은 시절을 보낸 함경도 지방이 진정한 의미에서 조선 국토가 됐기 때문이다.

"경의 공은 윤관보다 낫다. 윤관은 9성을 쌓고 비를 세운 것뿐인데, 경은 주군과 참로(站路, 역참 길)를 구획하는 데서부터 관리의 명분에 이르기까지 제도를 정해 함경도를 다른 도들과 다를 바 없이 만들었다."

태조는 정도전을 위로하는 잔치를 베풀면서 그 자리에서 정도전과 남은에게 하고 싶은 말이 있으면 무엇이든 해보라고 말했다. 언제나 그렇듯 정도전 대신 남은이 나서서 "왕자와 공신들이 절제사가 되어 군사를 장악하고 있는 것은 옳지 못하니 관군(官軍)으로 통합할 것"을 건의했다. 한마디로 사병 혁파를 건의한 것이고 태조는 흔쾌히 찬성했다.

태조의 허락을 얻어낸 정도전과 남은은 사병 혁파를 무섭게 몰아붙였다. 석 달 후인 윤5월 28일 태조는 양주목장에서 이틀 동안 정도전이 지은 《오진도》에 따른 군사 훈련을 실시했다. 양주목장이란 당시 군마를 기르던 곳을 말한다. 실록에는 갑자기 이때부터 진도(陣圖) 훈련에 대한 기사들이 집중적으로 등장한다. 6월 24일 태조는 환관 박영문을 전라도와 경상도에 보내 진도의 연습 상황을 점검하게 하고, 7월 25일 박영문이 돌아와 '나주진만 조금 익히고 있고 나머지 진들에서는 모두 진도를 익히지 못하고 있다'고 보고하자, 각 진의 훈도관들과 첨절제사들을 처벌하라고 지시한다. 8월 1일에는 여러 왕자들과 상장군, 대장군 등이 진도를 익히지 않은 이유를 알아보게 했고, 4일 사헌부는 진도를 익히지 않은 절제사, 상장군, 대장군, 군관 등 292명을 탄핵했다. 그리고 8월 9일 대사헌 성석용은 이들 292명에게 가할 형벌로 직첩 박탈, 태형(笞刑) 등을 제시했다. 여기에는 이방원도 포함돼 있었다.

그러나 태조는 "절제사 남은, 이지란, 장사길 등은 개국공신이고, 이천우는 지금 내갑사 제조가 됐으며, 의안백 이화, 회안공 이방간, 익안공 이방의, 무안공 이방번, 영안군 이양우, 영안공 이방과, 순녕군 이지, 흥안군 이제, 정안공 이방원은 왕실의 지친(至親)이고, 유만수와 정신의 등은 원종공신이므로 모두 죄를 논의할 수 없다. 대신 그들의 휘하에 있는 사람은 모두 장 50대씩을 치고, 이무는 관직을 파면시킬 것이며, 외방 여러 진의 절제사로서 진도를 익히지 않는 사람은 모두 곤장을 치게 하라"고 지시한다. 이에 대해 실록은 "정도전과 남은이 임금을 날마다 뵙고 요동을 공격하기를 권고한 까닭으로 진도를 익히게 한 것이 이처럼 급했다"고 기록하고 있다. 마치 이방원의 말을 듣는 듯하다.

이로써 시위패의 이름으로 거느리고 있던 사병은 혁파됐다. 한순간에 이방원의 손에서 병권이 사라진 것이다. 사병 혁파를 주도한 남은을 제외한 종친과 공신들은 이를 갈 수밖에 없었다. 원래 정도전 쪽이었던 이무가 이방원에게 투항해온 것도 이때 파면당한 것과 무관하지 않아 보인다. 그리고 17일 후인 8월 26일 이방원의 거병이 있었다.

군신 대립의
뿌리를 찾아서,
수양과 김종서와 한명회

◎ **"내 오늘은 반드시 역적을 벨 것이다!" :**
1453년 10월 10일

수양대군은 1453년(단종 1) 10월 10일 새벽 최측근 권람, 한명회, 홍달손을 불러 자신이 김종서를 직접 죽이겠다는 결의를 밝힌다.

"오늘 요망한 도적들을 소탕해 종사를 편안히 하겠으니, 자네들은 마땅히 약속과 같이 하게. 깊이 생각해보니 간당(姦黨) 중에서 가장 간사하고 교활한 자는 바로 김종서일세. 그 자가 먼저 알면 일은 이루어지지 못할 것이네. 내가 한두 명 역사(力士)를 거느리고 곧장 그 집으로 가서 선 자리에서 베면 나머지 도적들은 평정할 것도 없네. 자네들은 어떻게 생각하는가?

"좋습니다."

"오늘 여러 무사들을 불러 집 뒤뜰에서 활쏘기를 하면서 은밀히 이르겠네. 자네들은 갔다가 얼마 후에 다시 오게."

수양의 집은 지금의 서울 광화문 성공회성당 근처에 있었다. 그 집은 왕자의 궁이라 하여 명례궁(明禮宮)으로 불렸다. 그날 오전 수양의 집 뒤뜰에는 그동안 접촉해두었던 무사들이 속속 모여들었다. 활쏘기가 시작되고 술자리가 벌어졌다. 정오 무렵 권람이 수양의 집을 찾았고, 수양이 문 밖으로 나와 뒤뜰의 상황을 전했다.

"강곤, 홍윤성, 임자번, 최윤, 안경손, 송석손, 홍귀동, 민발 등 수십 명이 지금 활쏘기를 하고 있네. 그런데 곽연성은 오기는 했지만 어머니의 상중이라며 사양하길래 여러 번 되풀이해 타일렀네. 비록 허락은 했지만 어렵게 여기는 빛이 있네. 자네가 다시 설득해보게."

수양은 다시 뒤뜰로 갔고 이어서 곽연성이 나왔다. 곽연성은 수양이 1452년(문종 2) 사은사로 명나라에 갈 때 군관으로 수행해 인연을 맺은 인물이었다. 곽연성은 흔들리고 있었다. 처음에는 상중이라며 '명령을 따르기 어렵다'고 했다. 권람이 말했다.

"선비는 자기를 알아주는 사람을 위해 죽는 것일세. 지금 수양대군께서 국가를 위해 의를 일으키는 것인데, 자네가 어찌 구구하게 작은 절의를 지키겠는가? 또 충과 효에는 두 가지 이치가 없으니, 자네는 사양하지 말고 큰 효를 이루게."

마침내 결심을 한 곽연성은 권람으로부터 쿠데타 계획을 상세하게 전해듣는다. 그리고 한 가지 중요한 문제점까지 지적한다. 수양이 김종서의 집에 갔다가 언제 돌아올지를 모르니 그 사이에 성문이 닫히는 경우에 대한 대비책을 물은 것이다. 결국 곽연성은 거사에 참가해 정난공신 2등에 책록된다.

해가 저물어가고 있었다. 수양은 뒤뜰에서 아무 말 없이 활쏘기를 하고 있던 무사들에게 계획을 이야기했다. 송석손, 유형, 민발 등은 기본적으로는 동의하면서도 주상께 먼저 아뢰어야 한다고 절차상의 문제를 제기했다. 서로 의견이 엇갈려 시간만 흐르고, 불가능하다는 주장도 만만찮았다. 논의 중에 북문 쪽으로 도망치는 자까지 나왔다. 흔들리고 있었다. 사실은 수양 자신도 흔들렸다. 이때 수양이 한명회에게 의견을 구하자 한명회는 이렇게 답했다.

"길옆에 집을 지으면 3년이 되어도 이루지 못하는 것입니다. 작은 일도 그러한데, 하물며 큰 일이겠습니까? 일에는 역(逆)과 순(順)이 있는데, 순으로 움직이면 어디를 간들 이루지 못하겠습니까? 일의 방향이 이미 정해졌으니 지금 의논이 통일되지 않더라도 그만둘 수 있습니까? 대군이 먼저 일어나면 따르지 않을 자가 없을 것입니다."

홍윤성도 거들었다. 무인다운 조언이었다.

"군사를 쓰는 데 있어 해가 되는 것은 이럴까 저럴까 결단 못하는 것이 가장 큽니다. 지금 상황이 심히 급박하니, 만일 여러 사람의 의논을 따른다면 일은 다 틀릴 것입니다."

그러나 송석손 등은 수양의 옷을 끌어당기며 강하게 만류했다. 그러자 수양은 말리는 자를 발로 차버린 후 하늘을 가리키면서 맹세했다.

"지금 내 한 몸에 종사의 이해가 달렸으니 운명을 하늘에 맡긴다. 장부가 죽으면 사직에 죽을 뿐이다. 따를 자는 따르고 갈 자는 가라. 나는 너희들에게 강요하지 않겠다. 만일 고집해 기회를 그르치는 자가 있으면 먼저 베고 나가겠다. 빠른 우레에는 미처 귀도 가리지 못한다. 군사는 신속한 것이 핵심이다."

뒤뜰에서 대문 쪽으로 나오니 그 유명한 장면이 연출됐다. 훗날 성종 때 수렴청정을 하게 되는 수양의 부인(훗날 정희대왕대비)이 말없이 수양에게 갑옷을 입혀주었다. 수양은 종 임어을운을 데리고 김종서의 집으로 향했고 양정, 유서, 홍순손 등도 멀리서 뒤따랐다.

수양은 서대문 밖 김종서의 집에 도착하자 권람으로 하여금 집을 엿보게 했다. 권람이 문을 두들기고 들어가자 김종서는 그를 별실로 불러들여 한참 동안 이야기를 나누었다. 권람의 목적은 단 하나, 김종서가 집에 있다는 것을 확인하는 것이었다. 권람이 돌아오자 수양은 말에 올랐다. 김종서의 집 주위는 30여 명의 병사들이 지키고 있었다.

수양은 양정으로 하여금 칼을 품에 감추게 하고 김종서의 집에 이르렀다. 마침 김종서의 아들 김승규가 문 앞에 앉아 신사면, 윤광은과 얘기를 나누고 있었다. 수양이 김종서를 보기를 청하고 김승규가 들어가서 고한 후 한참이 지나서 김종서가 나왔다. 수양이 계속 멀찍이 서 있자 김종서는 안으로 들어갈 것을 청했다.

"해가 저물었으니 문에는 들어가지 못하겠고, 다만 한 가지 일을 청하려고 왔습니다."

그래도 김종서가 두세 번 들어오기를 청했지만 수양은 계속 거절했다. 어쩔 수 없이 김종서가 앞으로 나오자 수양이 웃으며 말을 건넸다.

"정승의 사모뿔을 좀 빌립시다."

김종서는 서둘러 자신의 사모뿔을 빼어주었다. 수양은 엉뚱한 이야기를 꺼내더니 주변에 있던 윤광은과 신사면을 쳐다보며 일렀다.

"비밀스러운 청이 있으니 너희들은 물러가라."

김종서는 하늘을 우러러보며 한참 말이 없었다. 수양의 말에도 불구하고 윤광은과 신사면이 멀리 피하지 않자 수양이 또 말했다.

"또 다른 청을 드리는 편지가 있습니다."

김종서가 편지를 받아 물러서서 달에 비춰보는 순간, 수양이 신호를 보냈다. 임어을운이 철퇴로 김종서를 쳐서 땅에 쓰러뜨렸다. 아들 김승규가 놀라서 그 위에 엎드렸지만 양정이 칼을 뽑아 쳤다. 이후 수양은 천천히 돈의문으로 들어가 문을 지키게 했고 상황은 종료됐다. 남은 것은 피의 숙청뿐이었다.

김종서를 처리한 수양은 거사 사실을 전하고 단종을 위협해 조정 대신들을 입궐하도록 했다. 그런데 조건이 하나 있었다. 종을 데리고 오지 말고 혼자 들어오도록 한 것이다. 이날 한 손에 '생살부(殺生簿)'를 들고 대신(大臣) 학살을 진두지휘한 장본인이 바로 한명회였다.

조극관, 황보인, 이양이 제3문에 들어오니 함귀 등이 철퇴로 때려죽이고, 사람을 보내 윤처공, 이명민, 조번, 원구 등을 죽였다. 삼군진무(三軍鎭撫) 최사기를 보내 김연을 그 집에서 죽이고, 삼군진무 서조를 보내 현릉의 비석을 감독하고 있던 민신을 비석소(碑石所)에서 베었다. 최사기와 의금부도사 신선경을 군사 100명과 함께 보내 안평대군을 성녕대군의 집에서 압송해 강화도에 두었다. 수양대군이 손수 편지를 써서 그 뜻을 이르고, 또한 시켜서 말하기를 "네 죄가 커서 참으로 주살을 면할 수 없지만 세종과 문종께서 너를 사랑하시던 마음으로 용서하고 다스리지 않는다"고 했다. 용(瑢, 안평대군)이 사자(使者)를 대해 눈물을 흘리며 말하기를 "나도 또한 스스로 죄가 있는 것을 안다. 이렇게 된 것이 마땅하다"고 했다.

이날 밤에 달이 떨어지고 하늘이 컴컴해지자 별똥별이 떨어졌다. 병조참판 이계전이 두려워해 나팔을 불기를 청했다. 수양대군이 웃으며 말하기를 "무엇을 괴이하게 여길 것이 있는가? 조용히 진압하라"고 했다.

거사 닷새 후인 10월 15일 '어지러움을 진압했다'는 의미인 정란(靖難)의 공을 논해 수양대군, 정인지, 한확, 박종우, 김효성, 이사철, 이계전, 박중손, 최항, 홍달손, 권람, 한명회 등 12명을 1등공신으로 분류했다. 여기서 우리는 순서에 주목해야 한다. 내용상으로 보자면 당연히 수양대군의 지도, 한명회의 기획, 권람의 실행, 홍달손의 행동이 1등공신의 순서여야 한다. 그런데 '혁명 동지' 3인은 말석을 차지했고 진행 과정에서 두드러진 활약을 보기 힘들었던 인물들이 대거 상위를 차지했다.

사실 정인지부터 최항까지는 거사 준비와는 관계가 없는 인물들이었다. 다만 거사 당일 날 단종을 모시는 자리에 있으면서 거사를 방해하지 않은 공이 컸다.

세조(수양대군)의 영정. 화상 비단에 채색, 86.0×136.0cm, 1458년, 해인사 소장

거사가 있던 날 궁중에 있었던 정인지는 중추원판사, 한확은 좌찬성, 김
효성은 중추원부사, 이사철은 우참찬, 이계전은 병조참판, 박중손은 도
승지, 최항은 승지였고, 박종우는 태종의 딸 정혜옹주와 결혼한 왕실 종
친으로 수양을 도왔다. 즉 대부분은 다분히 운 좋게 대궐에서 당직 근무
를 하다가 수양의 거사를 방해하지 않은 공으로 1등공신이 된 셈이었다.
거기에다가 한명회는 경덕궁직이라는 말직밖에 지낸 경력이 없기 때문
에 맨 뒷자리를 차지할 수밖에 없었다.

그럼에도 불구하고 10월 10일 이전의 한명회와 그날 이후의 한명회는
이미 완전히 다른 사람이었다. 실제의 공으로만 본다면 실록의 공신 순
서는 수양을 제외하고는 정반대로 하는 것이 옳을 정도이다. 정난 직후
한명회는 군기 녹사라는 직함을 받는다. 여전히 8품 정도의 말직이었다.
그리고 곧바로 정4품의 사복시 소윤이 되고 이듬해 승정원의 동부승지
로 승진한다. 여섯 승지 중에서는 말석이지만 마침내 당상관의 자리에
오른 것이다. 승지는 임금을 가장 가까이서 보좌하는 자리이기 때문에
한명회의 앞날은 수양이 건재하는 한 탄탄대로였다.

◎   **의경세자, 금성대군, 노산군의 잇따른 죽음**

계유정난의 성공은 한명회라는 무명의 서생을 하루아침에 당대 최고의
권력자로 바꿔놓았다. 그것은 한명회 한 개인의 삶뿐만 아니라 조선이라
는 나라의 성격과 운명에도 적지 않은 영향을 주게 된다. 무엇보다도 한
명회로 인해 태조, 태종, 세종을 거치며 왕권 우위를 견지해오던 조선의

통치 구도가 신권 우위, 즉 왕권 약화로 이행하는 결정적 계기가 생기기 때문이다.

계유정난 후에도 한명회는 금성대군과 혜빈 양씨를 숙청하고 세조 즉위에 공을 세워 좌익(佐翼)공신 1등에 책록됐다. 그리고 성삼문 등이 세조를 몰아내려는 계획을 추진할 때는 미리 낌새를 파악해 무력화시킴으로써 사육신 등을 처단하고 세조의 왕위를 지키는 데 결정적인 공을 세웠다. 이로써 한명회는 신하로서는 최고위 품계라 할 수 있는 대광보국숭록대부(정1품 상계)에 오르고 영의정도 여러 차례 지내며 원상까지 맡아 세조와 성종 때의 정사를 좌우하게 되는 것이다. 특히 성종이 즉위할 무렵에는 조정을 들락거리는 실세 대신의 90퍼센트 이상이 한명회와 연결된 사람이라 해도 과언이 아니었다. 결론적으로 말해 한명회라는 인물은 앞을 내다보고 결단을 하는 데 능했던 인물이다. 그리고 늘 사람들을 가까이하면서 심복을 길러내는 데도 능했다. 이것은 마치 태종 이방원의 한 면목을 보는 듯하다. 한명회는 역사의 격변을 거치며 형성된, 유례를 찾기 힘든 거대한 산맥과도 같은 인물이었다.

계유정난의 성공이 곧바로 집권은 아니었다. 왕위는 여전히 단종이 지키고 있었다. 수양대군은 정난 이후 영의정, 이조와 병조판서를 겸하는 겸판이병조, 군권을 통괄하는 내외병마 도통사 등 정권과 병권을 손아귀에 쥐었지만 왕권은 다른 성격의 것이었다. 정통성. 그때나 지금이나 정통성이 없는 권력은 오래갈 수 없다는 것을 수양이 모를 리 없었다. 도덕성 없는 권력은 어쩌면 지금보다 그 시절이 더 취약했을 것이다.

수양의 입장에서는 단종의 자발적인 선위가 가장 이상적이었다. 그러나 단종으로서도 자기 마음대로 선위할 수 있는 입장이 아니었다. 정난 이후 단종의 처지는 말 그대로 하루하루가 살얼음판을 내딛는 듯했을 것이다. 다행인지 불행인지 정난 때 안평대군이 사사되긴 했지만 금성대군이 단종의 후원자로 버티고 있었다.

28세의 금성대군은 세종과 소헌왕후 사이의 여덟 아들 중 여섯째로 수양대군의 아홉 살 아래 친동생이었다. 단종이 즉위했을 때 수양과 금성은 왕족을 대표하는 두 사람으로 보필을 약속했었고, 금성은 끝까지 그 약속을 지켰다. 안평대군처럼 자기 세력을 도모하지는 않았지만 계유정난이 일어났을 때 반대 입장을 분명히 했다.

단종의 정신적 버팀목이 또 한 사람 있었다. 세종의 후궁이었던 혜빈 양씨였다. 세종과 혜빈 양씨 사이에는 한남군, 수춘군, 영풍군 등 세 아들이 있었지만 혜빈 양씨는 일찍 생모를 잃은 단종을 키운 인물이기도 했다. 따라서 후궁임에도 불구하고 당시의 궁궐 상황에서 사실상 '대비(大妃)'의 역할을 하고 있었다.

금성대군과 혜빈 양씨는 단종 보호라는 면에서 같은 길을 걷고 있었다. 당시 궁에는 태종의 후궁이었던 의빈 권씨도 살고 있었는데 할머니 격인 혜빈 양씨가 단종을 키웠듯이 똑같이 할머니 격인 의빈 권씨가 금성대군을 키웠다. 그리고 혜빈 양씨가 의빈 권씨를 극진히 모셨기 때문에 이들은 모두 가까운 사이였다.

정난 10개월이 지난 1454년(단종 2) 8월 28일 계양군 이증과 영천위 윤사로가 수양대군을 찾아왔다. 계양군 이증은 세종과 신빈 김씨 사이에서 난 여섯 아들 중 장남으로 우의정 한확의 사위이기도 했다. 영천위라고 할 때 '위(尉)'는 부마로서 임금의 사위를 뜻한다. 윤사로는 세종과 상침 송씨 사이에서 난 정현옹주와 결혼한 세종의 사위로 수양대군과는 처남 매부 사이였다. 이들은 금성대군의 동태가 이상하다며 서둘러 조처를 취할 것을 건의했다. 그러나 얼마 전 친동생 안평을 죽인 수양으로서는 또다시 확증도 없이 손에 피를 묻힐 수 없었다. 이 무렵 동부승지로 승정원에서 일하고 있던 한명회도 수양과 독대를 하고서 금성대군의 제거를 청했다. 한명회의 입장은 단호했다. 한사코 반대하던 수양도 결국 "구체적인 행동이 있으면 제거하겠다"고 약속했다.

결국 이듬해 3월 28일 수양대군은 금성대군을 제거하기로 결심한다. 영의정 수양은 우의정 한확, 우찬성 이계린, 좌참찬 강맹경, 병조판서 이계전, 형조판서 이변, 도승지 신숙주, 우부승지 구치관 등을 빈청에 모이게 한 다음 금성대군을 비롯한 60여 명의 숙청을 결정하고 단종에게 글을 올렸다. 건의는 당연히 통과됐고 금성대군은 파직됐다. 금성대군과 가까웠던 화의군 이영은 유배됐다. 화의군은 세종과 영빈 강씨 사이에서 난 아들로 계유정난에 참여한 박중손의 사위이기도 했다.

그러나 이 정도로는 안심할 수 없었다. 결국 1455년(단종 3) 윤6월 11일 한명회를 비롯한 측근들의 압력에 수양은 최종 결심을 한다. 수양은 금성대군과 혜빈 양씨를 역적으로 지목하고 한남군, 영풍군 등의 유배를 건의했고 당연히 관철됐다. 혜빈 양씨의 세 아들 중 둘째 수춘군이 빠진 것은 그전부터 수춘군이 윤사로 등에게 금성대군의 동태를 밀고하면서 수양 쪽에 섰기 때문이었다. 당시 열다섯 살이던 단종이 그 의미를 몰랐을 리 없다. 허수아비 국왕 3년에 는 것은 눈치뿐이었다. 그날로 단종은 왕위를 작은아버지 수양에게 넘겼다. 말 그대로 찬탈이었다. 그리고 단종은 상왕으로 '추대'됐다.

3개월 후에 즉위에 공이 있다 해서 '좌익공신' 44명을 책봉하는데 그중 1등공신은 계양군 이증, 익현군 이관, 한확, 윤사로, 권람, 신숙주, 한명회 7명이었다. 그중 익현군 이관은 세종과 신빈 김씨 사이의 넷째 아들로 계양군 이증의 친동생이었다. 한명회는 이로써 한확, 권람 등과 함께 양공신(兩功臣)에 올랐다.

아주 흥미롭게도 좌익공신 3등에 사육신으로 유명한 성삼문이 포함돼 있었다. 외견상의 책봉 이유는 수양이 왕위에 오를 때 승지로서 옥새를 올린 장본인이었기 때문이다. 그러나 집현전 학사들을 포용하려는 수양의 전략적 구상이 더 크게 작용했다고 봐야 한다.

사실 충절이라는 면에서 성삼문의 기개는 높이 평가할 수 있지만 실록에 따를 경우 단종 복위에 결정적인 '실기(失機)'를 가져온 장본인이 바로 성삼문이고, 반대로 그것을 정확히 포착한 인물이 바로 한명회다.

권력 찬탈 이후에도 한명회는 여전히 우승지에 머물고 있었다. 그러나 세조는 중궁과 함께 수시로 한명회에게 술을 하사하며 "한명회는 다른 공신에 비할 바가 아니다"며 각별한 총애를 표시하곤 했다. 이런 한명회가 또 한 번 결정적인 공을 세우게 된다.

집권 2년째인 1456년(세조 2) 6월 1일 유응부와 성승이 주동이 된 단종 복위 세력이 마침내 행동에 들어갔다. 창덕궁에서 열리는 명나라 사신 환영연을 거사의 무대로 삼기로 한 것이다.

별운검(別雲劍). 원래 운검이란 국왕의 좌우에 무장을 하고 시립하는 2품 이상의 무관을 말한다. 따라서 별운검이란 특별 행사 때 국왕을 좌우에서 경호하는 무장이었다. 이날 행사에서는 성삼문의 아버지이자 조선 초

대표적인 무장 성달생의 아들인 성승과, 세종과 문종의 총애를 받았던 무과 출신 중추원 동지사 유응부가 별운검을 맡도록 되어 있었다. 두 사람은 이 자리에서 세조와 세자를 제거하는 것을 신호탄으로 한명회를 비롯한 공신들을 처단하기로 했다.

반왕(反王) 세력의 움직임에 촉각을 곤두세우고 있던 한명회는 모반의 기미를 알아차렸다. 원래 정보전의 1인자 한명회 아니던가? 일단 한명회는 세조를 은밀하게 찾아가 "행사장인 창덕궁 광연전은 좁고 날씨가 무더우니 세자 저하는 오시지 말게 하시고 운검도 들이지 않았으면 좋겠습니다"라고 말했고 세조도 순순히 따랐다. 그리고 칼을 찬 성승이 연회장에 들어가려 하자 한명회는 어명이라며 "운검을 들이지 않기로 했습니다"라고 했다.

갈림길이었다. 여기서 무장인 성승과 유응부는 칼을 뽑았으니 거사를 계속 진행하자고 말했다. 성승은 한명회부터 죽이자고 했다. 그러나 정작 아들 성삼문은 "세자가 오지 않았으니 한명회를 죽인들 무슨 소용이 있겠습니까?"라며 거사를 늦출 것을 제안했다. 유응부는 "이런 일은 번개같이 해치우는 것이 상책"이라며 강행 의사를 밝혔지만 결국 성삼문과 박팽년의 연기론이 먹혀들었다.

역사의 흐름은 바뀌지 않았다. 바로 다음 날 거사 모의에 참여했던 김질이 장인 정창손에게 의논했고, 정창손은 그 길로 김질을 이끌고 세조에게 데려갔다. 이로써 단종 복위의 꿈은 수포로 돌아갔고 사육신과 생육신의 이야기가 만들어진다. 1년 후인 1457년(세조 3) 6월 21일 단종은 노산군으로 강등되어 영월에 유배됐다. 그 소식을 들은 금성대군은 마침내 9월 거사를 결심한다. 그러나 관노의 밀고로 발각되어 사사됐고 더불

금성대군에 관한 비의 탑본으로 비의 3면에 글이 있다. 유배지에 그 행적을 기리기 위해 1742년(영조 18)에 세운 비인데 현재 경북 영주에 있다.

어 혜빈 양씨도 한남군, 영풍군과 함께 유배지에서 사사됐다. 그리고 10월 21일 더 이상의 후원 세력을 잃은 단종도 목을 매 자살한다. 아니, 자살했다고 전해진다.

세조 3년, 1457년 한 해는 미세하게 들여다볼 필요가 있다. 성종이 태어난 이 한 해에 조선의 한양 한복판에서는 참으로 많은 비극적 사건들이 벌어졌기 때문이다. 이때의 시기를 훗날 인수대비로 더 유명해진 소혜왕후 한씨의 시각으로 정리해보자.

1437년(세종 19) 서원부원군 한확의 딸로 태어난 한씨는 수양대군의 맏아들 도원군 이숭(李崇, 1438〔세종 20〕~1457〔세조 3〕)과 결혼했다. 아직 수양이 왕위에 오르기 전의 일이었다. 시아버지 수양이 계유정난을 일으킨 다음 해에는 장남 이정을 낳았다. 훗날의 월산대군으로 성종의 형이다. 그리고 1455년(세조 1) 수양이 왕위에 오르자 남편은 (의경)세자가 되었고 자신도 세자빈이 되어 장차 국모의 꿈을 꿀 수 있게 되었다. 아버지 한확은 명나라 황친이었고 벼슬이 우의정에까지 올랐으며 정난공신과 좌익공신 1등이었다.

그러나 1456년(세조 2) 9월 11일 명나라에 사신으로 갔다 오던 아버지 한확이 도중에 사망했다. 조정에서는 단종 복위 운동에 가담한 인물들을 처단하느라 피바람이 불 때였다. 일찍부터 사서삼경에 통달할 만큼 학문에 밝고 정치에 관해서도 남다른 안목을 갖고 있었던 한씨였기에 내심 불안감이 커질 수밖에 없었다.

"격동의 권력투쟁 와중에 과연 내 남편이 무사히 왕위에 오를 수 있을 것인가?"

이런 가운데 1457년(세조 3) 6월 21일 시아버지 세조의 왕위를 위협할 수도 있던 단종이 노산군으로 강등되어 영월로 유배를 떠났다. 보기에 따라서는 남편 의경세자의 향후 진로가 더욱 탄탄해지는 것일 수도 있었다. 이때 한씨는 둘째를 임신 중이었다. 한씨는 7월 30일 동궁에서 둘째 아들을 낳았다. 훗날의 성종이었다.

그런데 유감스럽게도 남편인 세자가 출산 사흘 전인 7월 27일부터 아프기 시작했다. 8월 들어 세자의 병은 더욱 깊어가기 시작했다. 세조는 대신들과 수시로 어떤 약을 써야 할 것인지를 논의하며 고민을 거듭했다. 잠깐 차도를 보이기도 했던 병세는 다시 악화되어 결국 한 달여 만인 9월 2일 세상을 떠났다. 한씨는 하루아침에 청상과부의 신세가 되었고 당연히 국모의 꿈도 산산조각이 났다.

사실 누구보다 충격을 받은 인물은 세조였을 것이다. 천벌인가? 그러나 신하들은 마음이 달랐다. 세자가 죽은 지 불과 여드레 후인 9월 10일 세자의 상중에 영의정 정인지, 좌의정 정창손, 이조판서 한명회, 좌찬성 신숙주가 나서 유배 중인 노산군과 금성대군을 사사할 것을 청했다. 한명회를 제외하면 모두 세종의 총애를 받았던 신하들이 세종의 손자와 아들을 죽일 것을 청하고 있는 것이다. 세조도 처음에는 신하들의 계속되는 요구를 단호하게 거부했지만 결국 한 달 여 후인 10월 금성대군과 단종은 차례로 세상을 떠나게 된다.

세조의 자리를 위협하는 세력은 제거됐지만 세자 자리는 네 살의 월산대군이 잇지 못하고 시동생인 해양대군(훗날의 예종)에게 넘어갔다. 그리고 3년 후인 1460년(세조 6) 세자는 훗날 장순왕후로 추존되는 한명회의 딸을 세자빈으로 맞아들였다. 그러나 다음 해 한명회의 딸은 인성대군을 낳은 후 열일곱의 나이로 세상을 떠나고, 한명회의 실낱같은 희망 인성대군도 얼마 안 가서 죽는다. 이번에는 한명회에게 내린 천벌이었을까?

이듬해인 1462년(세조 8) 한백륜의 딸 한씨가 두 번째 세자빈으로 간택되어 마침내 짧기는 하지만 훗날 왕비의 자리에 오르게 된다. 한백륜은 문과 급제자임에도 불구하고 그다지 출세한 편은 아니었다. 한씨가 세자빈으로 간택될 당시 한백륜은 궁중 요리를 검사하는 사옹원 별좌 5품직에 불과했다. 아마도 같은 청주 한씨 집안이었던 한명회의 천거가 있었을 것으로 보인다. 그리고 1466년(세조 12) 세자와 한씨 사이에 아들이 태어났으니 그가 훗날의 제안대군이다. 예종이 사망했을 때 왕위 계승 서열 1위는 네 살의 제안대군이었다.

한편 한확의 딸 한씨는 이 모든 일들을 지켜보며 절치부심했다. 자신에게는 두 아들이 무럭무럭 자라주고 있었다. 장남 월산군은 한명회의 심복인 병조판서 박중선의 딸과 혼인을 했고, 차남 잘산군은 1467년(세조 13) 한명회의 딸(훗날의 공혜왕후)과 혼인을 했다. 국구를 향한 한명회의 두 번째 꿈이 시작되는 순간이었다. 한씨의 입장에서도 당대의 실력자 한명회와 사돈 관계를 맺는 것은 전혀 나쁠 게 없었다.

한명회,
저잣거리에 숨은 잠룡

1452년 문종이 병으로 일찍 세상을 떠나고 11세의 단종이 왕위에 오르면서 한명회는 일찌감치 거사를 도모하기 시작했다. 7월 23일 개성에 있던 한명회가 서울에 와서 지금의 남산 기슭에 있던 권람의 집을 방문했다. 권람은 병이 있어 사직하고 치료차 동래 온천을 다녀온 직후였다.

한명회가 말한 요지는 다음과 같다.

'임금이 어려 대신들이 권력을 좌지우지한다. 나랏일이 하루가 다르게 잘못되어간다. 안평대군 이용이 딴마음을 품고 소인배들을 모으고 있다. 수양대군이 큰 인물이라고 들었다. 자네가 일찍부터 수양과 가깝다고 들었다. 그냥 지켜만 볼 것인지 여쭤봐달라.'

이 말을 들은 권람은 그날로 수양을 찾아갔다. 이날 대화에서는 한명회의 이름이 등장하지 않는다. 다만 한명회의 말에 따라 수양이 시국을 어떻게 전망하고 있는지를 타진해보는 수준의 대화였다. 권람이 보기에는 자신과 한명회의 시국 전망이 그리 다르지 않았다.

5일 후 권람이 다시 수양을 찾아와 "모름지기 장사로서 생사를 부탁할 만한 자 두어 사람을 얻어서 창졸(倉卒)의 변에 대비하소서"라고 하자 수양이 묻는다.

"매우 좋은 말일세. 그러나 장사를 얻게 해줄 만한 자가 누구인가?"

"한명회가 할 수 있습니다."

수양으로서는 처음 들어보는 이름이었다. 권람은 한명회를 이렇게 소개했다.

"한명회는 어려서부터 기개가 범상치 않고 포부도 작지 않지만 시운이 맞지 않아 지위가 낮아서 사람들이 아는 자가 없습니다. 공이 만일 거사하실 뜻이 있으시면 이 사람이 아니면 할 수 없을 것입니다."

"예로부터 영웅은 또한 둔건(屯蹇, 세상이 험해 처세하기가 힘듦)함이 많으니 지위가 낮은들 무엇이 해롭겠는가? 내가 비록 그 얼굴을 보지 못했지만 지금 말하는 바를 들으니 참으로 나라의 큰 인재일세. 마땅히 만나서 상의하겠네."

이 무렵 한명회는 스스로 포의천부(布衣賤夫), 말 그대로 남루한 옷을 입은 비천한 필부라고 불렀다. 다만 주변에서 그의 재주를 알고 있던 사람들은 한명회의 움직임에 주목하고 있었다. 친구 이현로는 안평대군과 가깝게 지냈다. 윤9월 8일 자신을 찾아온 한명회에게 이현로는 자신이 이미 안평에게 한명회를 추천했노라고 말한다. 수양의 책사가 한명회였다면 이현로는 안평 쪽의 책사였다.

"내가 이미 안평대군에게 추천했으니 한번 가서 뵙는 것이 옳네. 평생의 길을 얻는 것이 모두 여기에 있을 뿐일세."

그러나 한명회는 자신은 그럴 만한 능력이 없는 사람이라며 이현로의 제안을 물리친다. 당시로서는 쉽지 않은 결정이었다.

한편 수양과 한명회의 만남은 곧바로 이뤄지지 않았다. 아마도 안평대군 쪽의 견제가 그만큼 심했기 때문일 것이다. 수양과 한명회의 만남은 해가 바뀌어 1453년 3월 21일 남산골 청학동 권람의 집에 있는 정자인 후조당에서 이뤄진다.

"옛날에는 남산 가운데 가장 으슥했던 골짜기였기로 청학동으로 불렸다. 도교 사상에서 영행한다는 청학이 사는 선향(仙鄉)이라 해서 청학동이요, 한양에서 가장 경치 좋은 삼청동, 인왕동, 쌍계동, 백운동과 더불어 한양 5동 가운데 하나였다.

세조는 임금이 된 연후에도 자주 이 청학동에 들러 권람의 정자인 후조당에서 놀고, 바로 그 서편 벼랑 밑에 있는 돌 샘물을 즐겨 마셨는데 이것이 연고가 되어 어정(御井)이란 이름을 얻은 것이다. 이 후조당은 후에 녹천정이란 이름으로 바뀌어 일제 통감부 시절 초대 통감인 이토 히로부미가 살았던 관저의 정자로 명맥을 잇고 있다(《이규태의 600년 서울》, 이규태 지음, 조선일보사)."

한명회를 처음 보는 순간 수양은 "옛 친구같이 여겼다"고 실록은 기록하고 있다. 수양이 먼저 조심스럽게 운을 뗐다.

"역대 왕조의 운수는 길기도 하고 짧기도 하여 고르지는 않네. 그러나 모두 말기의 임금이 덕을 잃고 정사를 어지럽게 하며 마땅하지 않은 사람을 임용해, 백성이 도탄에 빠지고 하늘이 노하며 백성들이 원망한 후 멸망하는 데 이르렀네. 지금 주상께서 나이는 비록 어리다고 하지만 이미 큰 도량이 있으니, 만약 잘 보좌만 한다면 족히 수성할 것일세. 다만 한스러운 것은 대신이 간사해 어린 임금을 믿고 맡길 수 없으며, 두 마음을 품어 선왕(문종)이 부탁한 뜻을 저버리는 것이네. 지난번에 권람을 통해 그대가 이 세상에 뜻이 있음을 알았으니 나를 위해 책략을 만들어주게."

"두루 옛날의 일을 보건대, 국가에 어린 임금이 있으면 반드시 옳지 못한 사람이 정권을 잡았고, 옳지 못한 사람이 정권을 잡으면 여러 사특한 무리가 그림자처럼 붙어서 화가 일어났습니다. 그때 충의로운 신하가 일어나 반정(反正)을 한 뒤에야 그 어려움이 사라졌습니다. 안평대군이 대신들과 결탁해 반역을 도모하려 하는 것은 길 가는 사람들도 아는 것이지만 증거를 포착해 역모를 드러낼 수 없으니 즉시 뜻을 이루려 해도 어려울 듯합니다."

한명회는 정보전을 이야기하고 있었다. 이때부터 수양은 종 조득림으로 하여금 안평대군의 종이나 대신들의 종과 다양한 접촉을 갖도록 하면서 정보 수집에 들어간다. 그리고 저쪽도 안평대군, 김종서, 황보인 등이 중심이 되어 활발한 움직임을 보이고 있다는 사실을 알게 된다. 이틀 후 수양과 한명회는 후조당에서 두 번째 만남을 갖는다.

"근래에 권람으로부터 자네가 선비를 많이 얻고 있음을 알고 마음으로 기뻐하고 있네."

"명공(明公, 수양대군)의 위엄에 힘입어 호걸들을 설득하니 마음을 돌린 자가 많습니다. 그들은 밤낮으로 친히 만나뵙기를 간절히 바라고 있습니다. 조용히 불러 대접해주시고, 그들에게 진실함과 정성스러움을 보여주어서 신의를 굳게 하소서."

"알겠네."

그러자 한명회는 내금위 소속의 양정, 유수, 유하 등 장정들을 소개했고 수양은 이들을 후하게 대접했다. 이들은 수양으로부터 정국의 흐름에 관해 전해들은 뒤 이렇게 다짐한다.

"저희들은 비천한 사람이지만 공의 말씀을 듣고 오히려 분격함을 이기지 못하겠습니다. 진퇴에 오직 명을 따르고 두 마음이 없을 것을 맹세합니다."

그 후에도 한명회는 홍달손을 비롯한 숨은 무장들을 속속 수양에게 소개하면서 세를 넓혀나갔다. 홍달손은 한명회와 동갑으로서 호방하며 무략을 갖춘 인물이었다. 운명의 시간은 다가오고 있었다. 9월 25일 권람의 종 계수가 황보인의 종으로부터 결정적인 정보를 입수한다. 자기 주인이 김종서 등과 의논해 단종을 폐위시키고 안평대군을 임금으로 세우려 하는데, 거사일은 10월 12일과 22일 중 한 날로 하기로 했다는 것이다. 상황은 급박하게 돌아가고 있었다.

마침내 9월 29일 수양대군의 집에서 수양과 한명회, 권람, 홍달손, 양정, 유수, 유하 등은 10월 10일을 거사일로 잡는다. 그런데 10월 2일 비상사태가 발생한다. 권람이 첩보한 입수에 따르면 '저쪽'에서 이쪽의 움직임을 포착했다는 것이다.

"황보인이 대군께서 거사하고자 한다는 것을 듣고 비밀리에 김종서에게 편지를 보내 '큰 호랑이가 이미 알았으니 어찌하겠소?' 했더니, 김종서가 '큰 호랑이가 알았더라도 어찌하겠소?'라고 했답니다."

성패의 갈림길이었다. 한동안 말이 없던 수양은 결심했다.

"저들이 알았다 하더라도 회의하는 데 3일, 계획을 세우는 데 3일, 약속하는 데 3일로 쳐도 족히 8,9일은 걸릴 것이다. 우리가 정한 10일의 기한만 어기지 않으면 문제가 없다. 그러나 말이 자꾸 입에서 나오면 비록 사람은 알지 못하더라도 귀신이 알고, 귀신이 알면 결국 사람이 아는 것이다. 혹시라도 입 밖에 내지 말고 더욱 조심해 기다리라. 그리고 다시는 와서 의논하지 말라."

◎ 공신들에게서 권력을 가져오라! : 예종 VS 한명회

예종이 세자 시절 아버지 세조가 예종에게 묻는다.

"통감(《자치통감》)은 어느 시대의 것을 읽느냐?"

그러자 세자가 한나라 헌제 때라고 답했다. 다시 세조가 묻는다.

"헌제는 어째서 망했느냐?"

"참소와 아첨이 행해져 위엄과 권세가 점점 '신하에게로' 옮겨졌고, 오늘의 편한 것만 알고 후일의 위태할 것을 생각하지 아니해 기강이 무너진 때문입니다."

"옳다."

실록에는 시대별 기록을 하기에 앞서 '총서'라고 해서 즉위한 국왕을 간략하게 소개하는 난이 있다. 이 일화는 바로 《예종실록》의 총서에 하나의 상징처럼 실려 있는 것이다. 예종이 당시 시대와 정치를 어떻게 보고 있었는지를 보여주는 일화이기도 한 것이다. 어린 예종은 신하에게 옮겨져 있는 위엄과 권세를 되찾는 것만이 망하지 않는 길이라고 생각했던 것이고, 세조도 그 점을 통찰한 예종을 칭찬했다.

세조는 비교적 신하들을 강력하게 장악하고 있었지만 동시에 한명회를 정점으로 한 공신들에게 포위되어 있었다. 똑똑한 세자라면 신하들의 그런 행태를 부정적으로 보았을 것이 분명하다. 그리고 예종은 자기중심이 분명하게 서 있는 인물이었던 듯하다. 세조가 세자에 대해 "세자가 육예(六藝)에 이미 통하지 아니하는 바가 없다"며 만족해했고 사망하기 1년 전에는 모든 정무에 참여시키면서 "일을 부탁할 사람을 얻었으니 내가 근심이 없다"고 말할 정도였다.

특히 육예에 이미 통했다고 말한 대목은 중요하다. 육예란 무엇인가? 중국 고대의 경대부(卿大夫, 고급 관료) 이상의 자제라면 필수적으로 익혀야 했던 6종의 교양 과목으로 조선시대에도 국왕이나 고위 관리의 자제들은 이를 심신 단련의 방법으로 생각하고 익혔다. 육예는 예용(禮容, 경학), 주악(奏樂, 음악), 궁사(弓射, 활쏘기), 마술(馬術, 말타기), 서사(書寫, 서예), 산수(算數, 수학)를 의미한다. 어느 한두 가지를 안 했을 수도 있지만 당시 '육예에 통했다'는 말은 문무를 겸비했다는 뜻과 같은 것이었다. 결국 예종이 육예에 통했다는 것은 심신이 건강했다는 말이다.

한명회와의 관계에서도 별로 거리낄 게 없었다. 어려서 해양대군으로 봉해져 상당군 한명회의 딸과 결혼했지만 한명회의 딸이 일찍 세상을 떠나는 바람에 청천부원군 한백륜의 딸을 왕비로 삼았다. 이제 한명회는 전(前) 장인일 뿐이었다. 게다가 세조와 예종의 사랑을 받았던 한명회의 딸 장순왕후는 1461년 원손(元孫) 인성대군을 낳은 후 세상을 떠났고 더욱이 인성대군 또한 아주 어려서 죽었다. 예종과 한명회 사이의 인연은 완전히 끊어졌다.

예종이 즉위한 것은 1468년(세조 14) 9월 7일이다. 그런데 한 달도 되지 않은 10월 4일 분경(奔競)을 엄단하라는 서슬 퍼런 지시를 승정원, 이조, 병조, 사헌부에 내린다.

"정사는 나라의 큰 권한인데 사(私)에 따라 공(公)이 좌우되는 것은 옳지 않다. 앞으로 세력에 기대어 청탁을 해서 관직을 외람되게 얻으면 이제부터 종친, 재추(宰樞, 재상과 중추부 고위 관리), 공신일지라도 즉시 잡아들여 수사를 하고, 만일 숨김이 있으면 마땅히 족주(族誅, 일족을 멸함)하겠다."

분경이란 분추경리(奔趨競利)의 준말로 벼슬을 얻기 위해 한명회 같은 권문세가의 집에 분주하게 드나들며 엽관 운동을 하는 것을 가리킨다. 고려시대에도 분경의 폐단이 없지 않았지만 법으로 금지한 일은 없었다. 조선 초기에 와서 행정과 군정의 혼란을 수습하고 나아가 집권 체제를 강화하기 위한 조치의 하나로 분경 금지법이 제정됐다. 1399년(정종 1) 처음으로 대소 관리가 서로 사알(私謁, 사사로이 윗사람을 찾아뵙는 일)하는 것을 금하는 교지가 내려졌고, 1470년(성종 1)에 분경의 금지 대상이 확정되어 《경국대전》에 법제화됐다. 그러나 별 효과 없이 유명무실해진 법제로 있다가 1688년(숙종 14)에 분경 금지 시기와 대상이 축소되어 좀 더 합리적으로 되었다. 즉 도목정(都目政, 매년 6월과 12월에 이조와 병조에서 중외 관리의 공과를 논해 그 성적에 따라 승진, 퇴출시키는 인사 행정) 실시일이 정해진 뒤에는 이조와 병조의 당상관 집에, 도목정 후 서경(署經, 국왕으로부터 관직 임용을 얻게 된 후 대간에서 심사하는 절차) 전에는 사헌부·사간원 관리의 집에 동성 6촌 이내, 이성 4촌 이내, 혼인한 가문의 사람이 아니면 출입하는 것을 금했다.

예종의 분경 엄단 지시는 구체적으로 '종친, 재추, 공신'을 찍어서 이야기하는 데서 알 수 있듯이 세조 등극 이래 거칠 것 없이 전횡을 부리고 있던 한명회를 비롯한 훈구 공신들을 겨냥한 것이었다. 오죽했으면 그 기세에 놀란 우의정 김질과 영의정 이준(구성군 이준)이 조심스럽게 "일족을 몰살하는 것은 너무 지나친 법"이라고 건의해 "본인만 극형에 처한다"는 결정을 얻어낼 정도였다. 다소 완화되기는 했지만 실제로 분경 금지로 인해 종친과 공신 등 훈구 세력들의 예종에 대한 공포와 불만은 극에 달할 수밖에 없다.

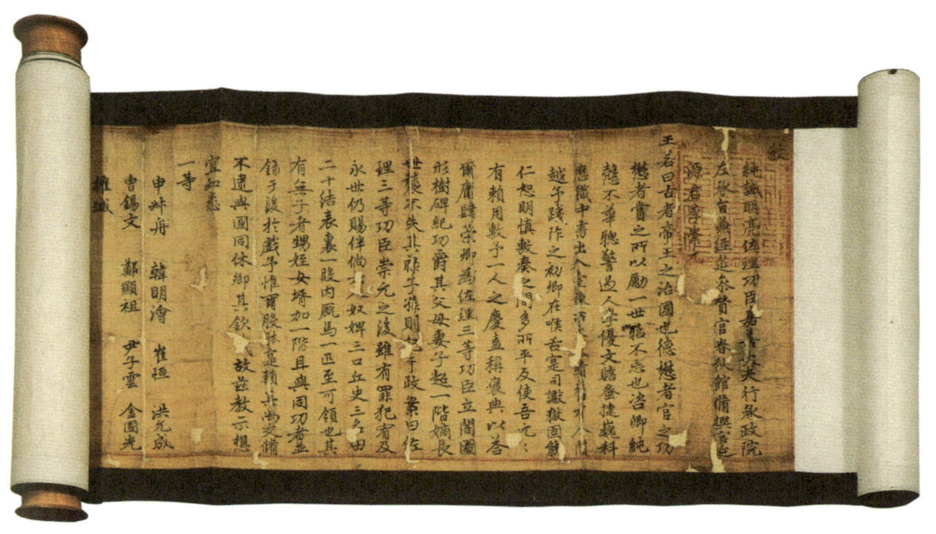

공신녹권. 조선시대에는 개국공신을 비롯해 28회에 걸쳐 공신 책봉이 실시됐지만 나중에 회수된 경우도 있다. 연산군 때의 위사공신(衛社功臣), 광해군 때의 위성(衛聖)·익사(翼社)·정운(定運)·형난(亨難)공신, 경종 때의 부사(扶社)공신 등은 모두 공신 직첩이 삭탈됐다.

게다가 예종은 여기서 그치지 않았다. 보름 후인 10월 18일에는 훈구 대신인 원상 김국광이 겸하고 있던 병조판서를 그만두게 하고 좌찬성만 맡도록 했다. 겉으로는 "내가 김국광을 믿지 못해 그런 것이 아니다. 대개 병조판서의 일은 오래 잡을 수 없다. 오래 잡으면 폐단이 생기고 말이 많아진다. 물론 호조와 예조에도 겸판서(다른 보직을 맡고서 판서를 겸하는 것으로 당시 훈구 세력들의 힘이 그만큼 강했다는 것을 보여준다)가 있지만 병조에 비할 것이 아니다. 내가 김국광을 보호하고자 하기 때문에 바꾼 것이다"고 말하고 있지만 그것을 믿을 사람은 아무도 없었다. 훈구파의 중요한 파워 근거지였던 군권(軍權)을 빼앗아버린 것이다.

분경 금지에 이어 김국광이 병조판서에서 쫓겨나는 등 정신을 차릴 수 없던 훈구 세력에게 3일 후인 10월 21일 또 하나의 청천벽력 같은 소식이 전해진다. 예종이 사헌부에 "각 도의 관찰사, 절도사, 도사(都事), 평사(評事, 병마평사의 약자로 병마절도사의 수하에 있던 정6품 문관직)는 경저인을 거느리지 못하게 하라"고 엄명을 내린 것이다.

경저인(京邸人)이란 무엇을 하는 사람들이길래 이런 엄명이 내려진 것일까? 또 훈구 공신들은 왜 그것을 청천벽력으로 받아들였을까? 조선시대 때 중앙과 지방 관청의 연락 사무를 위해 지방관이 서울에 파견한 아전 또는 향리를 경저인 혹은 경저리, 저인 등으로 불렀고, 이들이 일을 보는 장소는 경재소, 경저, 경소 등으로 불렀다. 경저인의 임무는 공물 상납, 해당 읍의 부세 상납, 공무로, 상경하는 관리의 신변 보호 등 서울과 지방 사이의 연락을 담당하면서 지방 관청과 함께 지방 관리들을 견제하기도 했다. 또 중앙과 지방 간의 문서 전달, 기일 내에 도착하지 못한 상납물의 대납(代納) 책임도 졌다.

이것이 핵심이었다. 경저인들은 대납 과정에서 서로 결탁해 미리 공물을 대납한 다음 지방 관청에 몇 배의 이자를 붙여 청구했다. 제도화된 상납이나 마찬가지였다. 이렇게 되면 지방 관리는 농민들을 더욱 수탈해 차액을 메워야 했다.

예종의 조치에 대해 훈구 세력들이 경악한 것은 당연했다. 바로 자신들이나 친척들 혹은 그들의 종이 대납업자가 되어 엄청난 치부를 하고 있었기 때문이다. 경저리는 바로 훈구 공신들의 물적 기반이었다. 결국 예종은 분경 금지로 권력에 제한을 가하려는 데 이어 돈줄을 움켜쥐려 하고 있었다. 예종은 이 같은 지시에 덧붙여 공문을 통해 "대납을 금지했는데도 계속하는 수령이 있으면 능지처참으로 다스리겠다"고 엄포를 놓았다.

예종의 불같은 성격은 그 밖에도 여기저기서 볼 수 있다. 의금부에서 보고하기를, 국문하는 과정에서 자백을 하지 않는 죄인이 있다고 하자 "만일 자복하지 않거든 쇠몽둥이가 부러지더라도 괜찮으니 다시 장을 때려 심문하라"고 지시를 내린다. 또 여차하면 능지처참이나 교형에 처하라고 명했다. 예종도 진시황 스타일의 법가(法家)에 가까운 엄격한 법 적용의 문제점을 의식하고 있었던 듯하다. 예종 1년 실록의 기록이다.

"임금이 법을 세운 것은 반드시 행하려고 하는 것이므로 죄를 범한 사람은 용서할 수 없다. 그러나 근래에 형벌을 받는 사람이 자못 많아서 바깥의 어리석은 백성들은 사람을 형벌하는 것만 듣고 새로 임금이 되어 함부로 형벌한다고 하는 자가 반드시 있을 것이니, 깊이 근심한다. 어리석은 백성들에게 내 뜻을 자세히 알리도록 하라."

이런 단호함이 훈구파를 향한다면 한명회를 비롯한 원로대신들은 고통스러울 수밖에 없었다. 실제로 예종은 종친과 공신들의 집에 선전관이라는 암행 감찰 요원을 비밀리에 파견해, 고령군 신숙주, 우의정 김질, 구성군 이준, 박중선, 성임 등의 집에 심부름을 하러 왔던 부하나 하인들을 체포했다. 구성군 이준은 예종에게 사촌 형님이었다.

신숙주 등은 즉각 찾아와서 사죄했다. 그러나 당장 죄를 내리기에는 너무나 막강한 거물들이 한꺼번에 걸려들었다. 그래서 예종은 일단 편법으로 "분경을 금하지 못한 것은 사헌부에 책임이 있다"며 사헌부 지평 최경지를 의금부에 가두었다. 최경지로서는 억울한 일이었다.

이런 분위기를 감안한 때문인지 그해 12월 23일 한명회는 조정에서 물러날 것을 청한다. 얼마 전 역적으로 몰린 남이가 자신을 물고 들어간 것도 한 가지 이유였지만 훈구파에 대한 예종의 곱지 못한 시선도 작용했을 것이 분명하다. 남이는 친국을 받던 중 갑자기 한명회도 자신과 함게 모의를 한 적이 있다고 이야기했다. 이후 그것은 근거 없는 것으로 밝혀졌지만 한명회는 여러모로 불안감을 느끼지 않을 수 없었다. 한명회는 결국 자신이 물러나기로 결심했다. 산전수전을 다 겪은 한명회다운 처세술이었다. 그러나 예종의 입장에서는 한명회를 내칠 수는 없었다. 여전히 권력은 훈구파들에게 있었다. 예종은 한명회의 청을 "윤허하지 아니했다."

그런데 얼마 후 예종이 급서한다. 1469년(예종 1) 11월 28일의 일이다. 젊고 건강했던 예종의 죽음은 훗날 훈구 세력에 의한 독살설을 만들게 된다. 원인이 무엇이든 사실상 한명회의 승리였다.

◎ 압구정을 둘러싼 한판 승부 : 성종 VS 한명회

한명회의 별장 압구정은 현재의 서울시 강남구 압구정동 산 310번지 일대인 동호대교 옆, 현대아파트 11동 뒤편에 있었다. 수양대군을 도와 계유정난을 일으키고 세조가 왕이 되자 영의정에까지 이른 그는 자연 풍광이 좋은 이곳을 골라 정자를 지었다. 압구정을 낙성하는 날에는 왕을 위시해 조정의 문신들을 초청했다. 당시 그의 권세가 하늘을 찌르고 있었음을 보여준다.

한명회는 중국에 사신으로 들어가는 기회를 이용해 전부터 알고 있던 명나라 한림학사 예겸에게 정자의 이름을 지어줄 것을 부탁했다. 예겸은 1450년(세종 32) 명나라 경종의 즉위를 알리기 위해 조선을 찾은 적이 있었다.

내 이름 짓기를 압구(狎鷗)라 하고 이르기를 갈매기는 물새 중에서 한가한 놈이다. 강이나 바다 가운데 빠졌다 떴다 하고 물가나 섬 위에 날아다니는 것으로 사람이 길들일 수 있는 물건이 아닌데 어찌 친압(親狎)할 수 있겠는가? 그러나 위태로운 기미를 보면 바로 날아 떠오르고 공중을 휘날은 뒤에라야 내려앉는다. 새이면서 기미를 보는 것이 이 같은 까닭으로 옛적에 해옹(海翁)이 아침에 바다에 나갈 적에 갈매기가 이르러 오는 수를 백으로 헤아린 것은 기심(機心, 기회를 보고 움직이는 마음)이 없는 까닭이요, 붙들어 구경하고자 함에 미쳐서는 공중에서 춤추며 내려오지 아니하니 그것은 기심이 동했기 때문이다. 오직 기심이 없으면 갈매기도 자연히 서로 친하고 가까이할 수 있을 것이다. ……만물의 정은 반드시 기심이 없은 뒤에라야 서로 느끼고, 만사의 이치는 반드시 기심이 없은 뒤에라야 서로 이루어지는 것으로 털끝만큼이라도 사심이 붙어 있게 해서는 안 될 것이다. 기심이 진실로 없게 되면 조정에서는 사람들이 더불어 친하기를 즐기지 아니할 자 없고 이 정자에 오를 적에는 갈매기도 더불어 한가히 친압하지 아니함이 없으리라. 부귀와 이록(利祿)에 대해서는 자신에게 관계가 없는 것처럼 한다면 도에 나아감이 높은 사람이 아니겠는가? 정자를 이로써 이름 함이 아마도 마땅할 것이다. 만물을 다스리는 것도 본래 무심함이라 했다. 내가 공에게 바라는 것도 자못 이와 같다(《신증동국여지승람(新增東國輿地勝覽)》권 2에서).

그러나 이름과 달리 권세와 부를 추구하는 데 당대 일인자였던 한명회였기에 이곳을 지나는 사람들은 비웃었다는 이야기가 전한다. 워낙 유명해서 중국까지 소문이 나 중국 사신들도 서울에 오면 강가에 배를 띄워

〈압구정도〉, 비단에 수묵담채, 20.2×31.3㎝, 간송미술관 소장. 1741년(영조 17) 겸재 정선이 그렸다.

놓고 여기서 놀고 싶어 했던 것이다.

성종도 1476년(성종 7) 11월 6일 압구정시(狎鷗亭詩)를 직접 지어 하사했고 조정 문신들도 서로 경쟁적으로 시를 지어 바쳐 그 시가 수백 편이나 되었다. 겸재 정선의 그림 중에서 〈압구정도〉를 보면 압구정의 모습이 자세하게 나온다. 그 후 이 정자는 박영효(朴泳孝, 1861~1939)의 소유가 되었다가 갑신정변이 일어나 박영효가 국적(國賊)으로 일체의 재산이 몰수될 때 헐렸다고 한다.

1481년(성종 12) 6월 24일 상당부원군 한명회가 성종을 찾아와 "중국 사신이 신의 압구정을 구경하려 하는데 이 정자는 매우 좁으니 말리는 것이 좋겠습니다"라고 말한다. 그래서 성종도 우승지 노공필을 시켜 중국 사신에게 "압구정은 좁아서 놀기에 적합지 않다"고 전했지만 중국 사신은 굳이 "좁더라도 가보겠습니다"고 답했다.

당시 압구정은 조선을 다녀가던 중국 사신들 사이에서 소문이 파다해 수시로 찾던 곳이었다. 그런데 한명회가 느닷없이 "매우 좁다"며 말려달라고 한 것은 나름의 수 계산이 있었던 것이다. 그 수는 바로 다음 날 드러난다.

6월 25일 한명회가 다시 와서 이렇게 말했다.

"내일 중국 사신이 압구정에서 놀고자 하므로 신이 오늘 아침 중국 사신에게 가보았더니, 중국 사신이 신과 점심 식사를 함께 하자고 했습니다. 상사(上使, 중국 사신)가 말하기를, '내가 얼굴에 종기가 나서 낫지 않았으므로 가지 못할 듯합니다' 하기에 신이 청하기를 '나가 놀며 구경하면 병도 나을 것인데, 답답하게 객관(客館, 사신의 숙소)에 오래 있을 필요가 있겠습니까?' 하니, 상사가 말하기를 '그러면 제가 가도록 하겠습니다' 했습니다. 신의 정자는 본래 좁으므로 지금 더운 때를 당해 잔치를 차리기 어려우니 해당 부서를 시켜 정자 곁의 평평한 곳에 큰 장막을 치게 해주소서."

바로 전날 한명회의 이야기는 결국 중국 사신을 모시지 않겠다는 게 아니라 압구정이 좁다는 이야기였다. 그리고 자신의 개인적인 정자를 임시로 확장하는 데 노골적으로 해당 관서를 시켜 공사를 하도록 해달라는 주청이었다. 더욱이 그런 큰 장막은 국왕이 사용하는 용봉차일(龍鳳遮日)밖에 없었다. 예전 같으면 몰라도 국왕으로서의 위신을 세우겠다고 작심하고 있던 이때의 성종으로서는 더 이상 받아들일 수 없었다. 아니, 정확하게 말하면 더 이상 참을 수 없었다.

"경이 이미 중국 사신에게 정자가 좁다고 말했는데, 이제 다시 무엇을 이야기하고자 함인가? 그렇게 좁다고 여긴다면 제천정에 잔치를 차려야 할 것이다."

그러자 한명회는 한술 더 떠서 성종의 지시는 무시한 채 압구정의 처마를 잇대어 정자를 넓힐 수는 없겠느냐고 묻는다. 한명회는 중국 사신의 위세에 기대어 성종에게 간접적인 협박을 하고 있었던 것이다. 그러나 이제 25세의 성인이 된 성종 또한 일국의 국왕으로서 한 치도 물러서지 않는다. 이때 한명회는 칠십을 바라보고 있었다. 한명회는 예전의 한명회가 아니고 성종 또한 예전의 성종이 아니었다.

"이미 압구정에서 잔치를 차리지 않기로 했는데, 무엇 때문에 처마에 잇대는가? 지금 큰 가뭄을 당했으므로 뜻대로 유람할 수도 없거니와, 내 생각으로는 압구정은 이번 기회에 헐어 없애야 마땅하다. 중국 사신이 중국에 가서 이 정자의 풍경이 아름답다는 것을 말하면 뒤에 우리나라에 사신으로 오는 사람이 다 유람하려 할 것이니, 이는 새로운 폐단을 여는 것이다. 또 조정 대신들 중에 강가에 정자를 꾸며서 유람하는 곳으로 삼은 자가 많다 하는데, 나는 아름다운 일로 여기지 않는다. 내일 제천정에 사신들을 위한 오찬을 차리고 압구정에는 장막을 치지 말도록 하라."

이렇게 되자 한명회는 "신은 정자가 좁고 더위가 심하기 때문에 아뢴 것입니다. 그러나 신의 아내가 본래 숙질(宿疾, 오래된 질병)이 있는데 이제 더 심해졌으므로, 내일 그 병세를 보아서 심하면 제천정일지라도 신은 가지 못할 듯합니다"라며 몽니를 부렸다.

성종은 이번 사신의 유람 문제와 관련된 최종적인 방안을 승정원에 지시한다.

"강가에 정자를 지은 자들이 누구누구인지 모르겠다. 이제 중국 사신이 압구정에서 놀면 반드시 강을 따라 두루 돌아다니면서 놀고야 말 것이고, 뒤에 사신으로 오는 자도 다 이것을 본떠 유람할 것이니, 그 폐단이 어찌 끝이 있겠는가? 우리나라 제천정의 풍경은 중국 사람이 예전부터 알고, 희우정은 세종께서 큰 가뭄 때 이 정자에 우연히 거둥했다가 마침 큰비를 만났으므로 이름을 내리고 기문(記文)을 지었으니 이 두 정자는 헐어버릴 수 없다. 하지만 그 나머지 새로 꾸민 정자는 일체 헐어 없애어 뒷날의 폐단을 막으라. 또 내일은 제천정에서 오찬과 술자리를 차리고 압구정에는 구경만 하게 하라."

그러나 '압구정 사건'은 이것으로 끝나지 않았다. 한명회가 물러간 즉시 승정원의 승지들이 들고일어났다. 아내가 아프면 중국 사신이 구경하려고 해도 사양했어야 할 텐데, 이제 와서 성종이 허락하지 않으니 아내의 병을 핑계 대며 '제천정일지라도 가지 못하겠다'고 한 것은 임금에게 대든 것이라는 것이다. 승지들은 국문해야 한다고 말했다. 성종도 단단히 결심을 굳힌 듯 "그 말이 매우 옳다. 그러나 천천히 분부하겠다"고 답했다.

다음 날 경연에서 당장 이 문제가 쟁점으로 떠올랐다. 신하들은 하나같이 한명회를 벌해야 한다고 말했다. 이럴 경우 일반적으로 국왕은 무시하거나 "내가 알아서 하겠다"는 정도로 답한다. 그리고 사헌부와 사간원에서 계속 문제를 삼으면 그때서야 못 이기는 듯 처벌을 하는 게 일종의 관례였다. 그런데 경연 자리에서 신하들의 의견을 듣고 성종은 특유의 직설법으로 이렇게 말한다.

“정승(한명회)이 잘못했다. 전일 북경에 갈 때에는 아내의 병이 심해 거의 죽게 되었어도 갔는데, 이제 하루의 일 때문에 아내가 앓는다고 사양하는 것이 옳겠는가? 내가 어진 임금이 아니라고 해도 신하의 도리가 어찌 이러할 수 있겠는가? 승정원에서 말하기를 ‘한명회가 청한 대로 허락받지 못했으므로 분한 마음을 품고 이 말을 한 것입니다’ 했는데, 실정은 알 수 없지만 그 말은 실제로 분한 마음을 품은 듯했다.”

그리고 즉시 한명회를 국문하라고 명했다. 즉 사헌부나 사간원의 요청이 없었는데 경연 자리에서 한명회의 국문이 결정된 것이다. 조선시대에 이런 일은 흔치 않았다. 더욱이 그 대상이 천하의 한명회 아니던가? 성종의 분노가 어느 정도였는지 짐작할 수 있다. 즉각 한명회가 와서 변명을 하는데, 한마디로 앞뒤가 맞지 않았다. 성종은 “정승의 뜻을 내가 어찌 모르겠는가?”라면서도 단호하게 “그러나 이 일은 정승이 잘못했다”고 못을 박았다.

한명회에 대한 국문 지시가 내려가고 7월 1일 사헌부에서 조사 결과를 올리자 성종은 ‘죄는 크지만 조정에 공이 있는 공신이고 나에게도 구은(舊恩, 국왕이 되게 해준 것)이 있으니 직첩을 거두고 성 밖에 나가 살게 하는 게 어떠냐’며 신하들의 의견을 구한다.

여기서 신하들은 확연하게 갈린다. 영의정 정창손, 좌찬성 한계희, 우찬성 강희맹 등 훈구 세력들은 “직첩만 거두고 성 밖에 나가 살라는 지시는 거두소서”라고 청한다. 반면 우의정 홍응, 좌참찬 이철견, 우참찬 이승소 등은 성종의 견해대로 직첩을 거두고 성 밖에 나가 살게 하자는 쪽이었다.

결국 성종은 직첩만 회수하는 쪽으로 결정을 내린다. 그런데 그 이유가 재미있다. "성 밖에 나가 살도록 했다가 중국 사신이 이를 알고서 용서해주기를 청하게 되면 처치 곤란하기 때문"이라는 것이다. 이는 곧 한명회가 그만큼 중국 사신 정동과 밀착해 있었다는 뜻이기도 하다. 북경에 사신으로 드나들던 한명회는 성종이 점차 독자 노선을 추구하자 자신의 권력 기반이 약화되는 것을 알고 정동에게 각종 뇌물을 써서 자기편으로 만들어놓았던 것이다. 이제 한명회는 권세 유지를 위해 중국의 힘에 기대고 있었다.

다음 날 대사헌 조간 등이 한명회를 비판하면서 "정창손 등이 같은 훈구라 하여 한명회를 두둔한 것"이라고 간하자 성종은 "그것은 내가 결단한 것이고 꼭 영의정(정창손)의 의논을 따른 것은 아니다"라고 답한다. 다시 말해 중국을 더 의식했다는 말이다. 결국 이렇게 빼앗은 직첩도 4개월여가 지난 11월 17일 채수, 변수 등이 복권될 때 함께 돌려주었다. 사실상 성종의 패배였다.

◎　　　**조선사의 짙은 그늘, 왕 독살 음모**

총 27명의 조선 왕 중에서 학계가 독살당했거나 독살당했을 가능성이 높은 임금으로 꼽는 수는 8명이다. 예종, 인종, 선조, 효종, 현종, 경종, 정조, 고종 등이 그들이며 그 밖에 소현세자나 사도세자도 왕위를 둘러싼 권력투쟁의 희생자였다는 점에서 같은 범주에 넣을 수 있다. 이들 중 대부분의 국왕은 조선 중기 이후의 국왕이며 유일하게 예종만 조선 전기의 국왕이다.

이덕일은 《누가 왕을 죽였는가》(푸른역사)에서 독살되거나 독살설이 나돈 국왕과 세자 9명의 기록을 추적하고 있다. 이덕일에 따르면 이들 중에는 실제로 독살당한 임금도 있고 그렇지 않은 임금도 있으며 진상이 불확실해 '설(說)'에 그친 임금도 있다.

그러나 진위 여부를 떠나 27명의 임금 중 무려 8명이나 독살설에 휘말렸다는 사실 자체는 조선 정치 체제의 취약성을 보여주는 명확한 증거다. 그 때문에 조선의 역사를 탐구하는 일은 단순히 '조선'이란 과거의 왕조를 연구하는 데 그치는 것이 아니라 1948년 건국 이래 정치 체제의 불안정성을 드러내고 있는 현대 한국을 연구하는 작업이기도 하다.

이덕일은 중국이나 일본과 달리 조선에 국왕 독살설이 유난히 많은 이유에 대해 "조선에서 왕권이 위협받고 심지어 독살의 대상으로 전락하는 데 결정적인 역할을 한 것은 당론이다"라고 밝히고 있다. 또 "독살설에 휘말린 국왕들을 보면 한 가지 공통점이 있다. 독살설의 배후에 그 임금을 반대했던 정당이 존재하며 숙종 즉위 때를 제외하면 임금이 죽은 후 어김없이 그 당이 집권한다는 점이다"라고 말한다. 특정 정파가 특정 임금(혹은 그 임금을 뒷받침하는 정파)과 정치적 갈등이 극에 달했을 때 임금을 갈아치우는 것을 해결책으로 독살을 선택하지 않았는가 의구심이 간다는 것이다. 결국 은밀하게 임금을 갈아치우는 방법이 독살이고 공공연하게 갈아치우는 것이 중종반정이나 인조반정 같은 반정이다. 그리고 중종반정과 인조반정은 정당성을 갖춘 세자의 자격으로 왕위에 오른 연산군과 광해군을 내몰았다는 점에서 공통점을 갖는다. 즉 왕위 계승의 정통성을 갖췄다 하더라도 자신들의 이해관계와 충돌할 경우 그들은 '성리학의 명분'을 내세워 국왕을 내몰았던 것이다.

예종의 경우를 살피기에 앞서 독살설 문제와 관련해 한 가지 주목할 사실이 있다. 다 그런 것은 아니지만 독살의 배후에는 대부분 대비나 그 형제 친척들이 깊이 관련되어 있다는 것이다. 실제로 독살을 실행에 옮기려면 그런 정도의 가까운 인물이 아니고서는 거의 불가능하다.

예를 들면 인종 독살설의 배후에는 계모인 문정왕후 윤씨가 있었다. 야사에 따르면 "언제 우리 모자를 죽일 것이냐"며 늘 인종을 핍박하던 대비가 하루는 만면에 웃음을 띠면서 맞아주더니 다과를 내놓았고 인종은 계모 윤씨가 난생처음 자신을 반겨주는 것에 감격해 맛있게 다과를 먹었는데 그 후 앓기 시작하더니 숨을 거두었다는 것이다(《누가 왕을 죽였는가》, 15p).

선조 독살설의 배경에 있는 세력은 광해군을 내쫓고 인조반정이라는 쿠데타를 일으킨 인목대비와 서인들이다. 자신들이 폐출시킨 광해군의 '악행' 중 하나로서 광해군이 선조에게 독이 든 찹쌀밥을 주어 독살했다는 것이다. 그러나 아무런 물증도 없다. 다만 여기에도 인목대비라는 왕가의 여성이 자리하고 있다. 인목왕후(仁穆王后, 1584〔선조 17〕~1632〔인조 10〕)는 선조의 계비로 1602년(선조 35) 왕비에 책봉되어 1606년(선조 39)에 영창대군을 낳았다. 당시는 광해군이 세자의 지위에 있었다. 실권자인 소북의 유영경 등은 적통론을 내세워 적출(嫡出)인 영창대군을 세자로 추대하려고 했다. 그러나 1608년(선조 41) 선조가 급사하고 광해군이 즉위하자 유영경 등의 소북파가 몰락하고 정인홍을 중심으로 한 대북 정권이 들어서게 되었다. 이들은 광해군이 적출이 아니고 서열상으로도 선조의 둘째 아들임으로 해서 왕위를 위협받았던 탓에 광해군의 동모형인 임해군을 제거하고 영창대군을 폐서인시킨 뒤 살해했다. 여기에 그치지 않고 대군의 외조부 김제남을 사사시켰으며 인목대비를 폐비시킨 다음 서궁에 유폐시켰다.

하지만 영창대군 살해, 인목대비 폐비 등은 패륜 행위로 지목되어 광범한 사림 세력으로부터 광해군과 대북 정권을 고립시키는 결과를 초래했다. 그래서 서인을 중심으로 하는 인조반정이 일어나게 되었고 인목대비는 복호되어 대왕대비가 되었다. 그래서 왕후로서보다 인목대비로 더 유명하다.

숙종을 이은 경종도 독살설의 주인공이다. 숙종에게는 원래 인경왕후 김씨가 있었지만 둘 사이에는 딸만 셋이 있었고 모두 어릴 때 죽었다. 인경왕후마저 1680년(숙종 6) 20세 때 세상을 떠났다. 다음 해 숙종은 서인 노론 민유중의 딸을 왕비로 맞았다. 그가 바로 혼인한 지 7년이 넘도록 왕자는커녕 공주도 낳지 못한 인현왕후 민씨다.

인현왕후(仁顯王后, 1667〔현종 8〕~1701〔숙종 27〕). 아버지는 여흥부원군 민유중이며, 어머니는 영의정 송준길의 딸이다. 외조부 송준길의 천거로 간택의 절차를 거치지 않고 왕비로 선발되어 1681년(숙종 7) 15세에 가례를 올리고 숙종의 계비가 되었다. 예의가 바르고 덕성이 높아 국모로서 백성들의 추앙을 받았지만 왕자를 낳지 못해 왕의 총애를 잃게 되었다.

아이를 낳지 못해 인현왕후가 속을 태우고 있을 때 자의대비 조씨의 시종으로 있던 희빈 장씨가 숙종의 총애를 받아 아들을 낳는다. 인현왕후의 배후에는 서인이 있었고 희빈 장씨의 뒤에는 남인이 있었다. 아들(훗날 경종)이 태어나자 숙종은 인현왕후 민씨가 왕비로 있는 한 원자의 앞날을 기약할 수 없다고 보고 민씨를 서인으로 강등시켜 대궐에서 쫓아냈다. 그리고 서인과 남인의 싸움이 진행되는 와중에 서인의 거두 송시열이 죽임을 당한다. 이것이 기사환국이다.

여기서 훗날 왕위에 올라 영조로 불리게 되는 연잉군이 등장한다. 뒤늦게 숙종의 총애를 받기 시작한 숙원 최씨가 낳은 아들이다. 권력을 잃은 서인은 숙원 최씨와 손을 잡고 역공에 나서 실권을 장악한다. 그러나 세자는 여전히 사약을 받고 죽은 희빈 장씨의 아들이었다.

경종은 서른셋의 나이에 어렵게 즉위했다. 자신의 어머니를 죽음으로 몰아간 서인, 그중에서도 노골적으로 자신의 즉위를 반대했던 노론이 실권을 쥐고 있었다. "하지만 노론은 불안했다. 비록 허수아비 같은 임금이지만 살아만 있으면 훗날 힘을 지닐 수 있었다. 장희빈의 죽음과 관련이 있는 노론으로서는 경종의 존재 자체가 불안했다"(《누가 왕을 죽였는가》, 190p). 긴장이 계속되던 와중에 1724년(경종 4) 8월 경종이 심한 열을 내며 쓰러졌다. 독살설이 파다하게 퍼졌다. 게다가 영조 관련설까지 덧붙여졌다.

훗날 영조 시절 사도세자 뒤주 살해가 있었고 사도세자의 아들인 정조가 영조를 이어 왕위에 올랐다. 영조와 더불어 사도세자 척살을 주장했던 노론에게 최대 위기가 닥친 것이다.

정조도 독살설에 휩싸였다. 특히 정조의 임종을 본 인물이 정순왕후(貞純王后, 1745〔영조 21〕~1805〔순조 5〕) 김씨라는 점이 눈길을 끈다. 정순왕후는 영조의 계비로서 원비 정성왕후가 죽은 지 2년 후인 1759년(영조 35) 왕비로 책봉되어 가례를 행했다. 15세에 왕비가 되었지만 단호한 성품으로 궁중의 법도를 잡았고, 나이 많은 사도세자와 사이가 벌어져 그를 죽이는 배후 세력이 되었다. 1776년 정조가 즉위해 시파(개혁파)가 득세한 후에는 오빠 김구주가 유배되는 등 시련을 겪었지만 1800년 어린 순조가 즉위하자 수렴청정하면서 벽파(보수파)와 결탁해 시파를 몰아내고, 다음 해 신유사옥을 일으켜 천주교와 관련된 남인들을 숙청했다. 또 종친 은언군 일가족을 같은 이유로 사사했다.

영조 말년 권력을 누리던 정순왕후와 그 집안은 정조의 즉위로 하루아침에 나락으로 떨어졌었다. 정순왕후의 아버지 김한구는 사도세자 제거에 적극 앞장섰던 인물이었다.

정리해보면 이전 국왕의 부인인 대비가 기존 세력과 연결되어 있다가 자신들의 뜻과 다른 인물이 왕좌를 잇게 되거나 왕이 되어 탄압을 가해올 때, 독살의 가능성이 자리한다. 이런 정황적 구조는 예종의 경우에도 그대로 적용된다는 점에서 면밀한 분석이 필요하다.

영원한 제국의 붕괴,
중종과 조광조

◎ **"먼 길 갈 수 있도록 관을 얇게 만들라"** :

1519년 12월 20일

1519년(중종 14) 12월 20일 의금부 도사 유엄이 조광조의 유배지에 들이닥쳤다. 유배지로 의금부 도사가 직접 왔다는 것은 십중팔구 사사의 명을 전하기 위함이었다. 조광조의 유배지는 전라도 능주의 외진 곳이었다.

그곳으로 유배 온 지 한 달여, 그때까지도 조광조는 중종의 진의를 헤아리지 못한 채 무언가 오해가 발생해 자신이 곤경에 빠진 것으로 착각하고 있었다. 마당에 꿇어앉아 자신의 죽음을 알리는 전교를 받들던 조광조는 여전히 미련을 갖고서 유엄에게 묻는다.

"사사의 명만 있고 글은 없는가?"

유엄이 글을 적은 작은 쪽지를 내보이자 조광조는 유엄을 쳐다보며 말했다.

"내가 명색이 대부의 반열에 있다가 죽게 되었는데 쪽지 한 장이 무엇인가?"

실록의 사관은 "조광조가 그렇게 말한 뜻은 임금은 모르는 일인데 자신을 미워하는 자들이 중간에서 마음대로 만든 일이 아닌가 의심했기 때문"이라고 친절하게 해설하고 있다.

조광조는 다시 묻는다.

"조정에서는 누가 새롭게 정승이 되었고, 심정은 지금 어느 벼슬에 있는가?"

유엄은 사실대로 대답해주었다. 중종이 조광조에게 사사의 명을 내린 다음 날인 12월 17일 그를 지키려 했던 영의정 정광필은 중추부 영사로 좌천당했고, 그와 대립했던 남곤이 좌의정으로 실권을 장악했으며, 특히 그가 죽음의 순간에도 그 거취를 궁금해했던 심정은 이조판서에 올랐다. 그가 미워했던 사람, 그리고 그를 미워했던 사람들이 요직을 차지했다는 사실을 알게 된 조광조는 마지막 미련을 버렸다.

"그렇다면 내 죽음은 틀림없다!"

조광조는 유엄에게 마지막 부탁을 한다.

"오늘 안으로만 죽으면 되지 않겠는가? 내가 집에 보내야 할 글도 있고 몇 가지 조처해야 할 것도 있으니 잠깐 방에 들어가도 좋겠는가?"

유엄이 허락하자 조광조는 방 안에 들어와 붓을 들었다. 참으로 만감이 교차하고 지난 4년간 격렬했던 정치 활동이 주마등처럼 스쳐 지나갔을 것이다. 가족들에게 당부의 편지를 끝낸 조광조는 시 한 수에 자신의 피 끓는 심정을 담아냈다.

조광조적려유허비(趙光祖謫廬遺墟碑). 총 높이 295cm이며 귀부의 높이 164cm이다. 1667년 (현종 8) 4월 능주목사 민여로가 건립했다. 적려(謫廬)란 귀양 또는 유배를 뜻하며, 기묘사화 로 능성에 귀양 왔던 조광조를 추모하기 위해 세워졌다.

임금 사랑하기를 아버지 사랑하듯 했고

나라 걱정하기를 집안 근심처럼 했다

밝은 해 아래 세상을 굽어보사

내 단심과 충정 밝디 밝게 비춰주소서

愛君如愛父 憂國如憂家

白日臨下土 昭昭照丹衷

간략하면서도 억울한 심정이 짙게 배어든 절명시였다. 그 현장을 직접 보진 못했지만 한 글자 한 글자 써내려갈 때마다 붓을 쥔 손은 전율하듯 떨렸을 것이고, 한스러움과 원망으로 눈시울이 뜨거워졌을 것이며, 그

타는 가슴이야 무슨 말로 표현할 수 있겠는가? 조광조는 남몰래 시중을 들어주었던 사람들에게 "먼 길 가기 어려우니 관은 얇게 만들라"고 당부했다. 이어 독을 탄 술을 마시고 세상을 떠났다. 그때 나이 38세, 아직 꿈을 제대로 피워보지도 못한 채였다. 훗날 그의 죽음이 조선사에 몰고 올 파고가 얼마나 높고 클지는 아마 조광조 자신도 몰랐을 것이다.

◎　　**동전의 양면, 폭정과 도덕절대주의**

조광조는 1482년(성종 13) 한양에서 태어났다. 사실 이때는 조선이 태평성대를 이루던 때였다고도 말할 수 있다. 무엇보다 성종의 무난한 정치가 본격화되기 시작했던 시점이었기 때문이다. 성종 시대에는 이렇다 할 업적도 없었지만 조정에 큰 화를 부른 정쟁도 없었다. 왕조 국가에서 신하들에게는 그것만으로도 태평성대였다.

그런 점에서 조광조는 태생적으로 불운을 안고 태어났는지 모른다. 성종의 치세는 그가 열두 살이던 1494년(성종 25)에 끝났고 연산군의 시대가 시작됐다. 세상에 눈을 뜨게 될 나이에 폭정의 기미가 보이기 시작했던 것이다. 그나마 아버지 조원강이 미관말직에 머물렀기 때문에 정치의 피바람에 휩쓸리는 일은 면할 수 있었다.

1498년(연산군 4) 일종의 필화 사건인 무오사화가 발생한다. 성종 때부터 물밑에서 신경전을 벌여오던 훈구파와 사림파의 대립이 최초로 표면화되는 순간이었다. 이 사건은 김일손이 《성종실록》을 편찬할 때 권신 이극돈이 자신의 비행을 실록에서 빼줄 것을 부탁했지만 김일손이 단호하게 거절한 데서 시작된 것으로, 어쩌면 사소한 일로 끝날 수도 있었다. 그러나 이런 비행은 비단 이극돈에만 한정된 일이 아니었다. 김일손의 언행은 결국 훈구파 다수의 심기를 건드렸고, 훈구파는 사림파에 대한 대대적인 역공을 감행했다.

역공의 빌미는 사림들이 세조 집권의 정당성과 왕실의 도덕성을 정면으로 부정하고 있다는 것이었다. 그리고 훈구파는 왕권 강화를 꿈꾸던 연산군으로부터 동의를 얻어냈다. 사림파 제거 작업은 김종직의 〈조의제문〉을 물증 삼아 이루어졌다. 김일손과 훈구파의 충돌 정도로 끝날 일이 과거사 문제로 점점 확대되기 시작했고, 결국 김종직의 제자들을 모두 잡아들이는 쪽으로 커져갔다. 이때 화를 입은 인물들 중에 김굉필이 있었다. 그는 붕당을 만들었다는 죄목으로 장 80대를 맞고 평안도 희천으로 유배를 떠나야 했다.

조선 유학사에서 김종직의 학통을 조광조에게 전한 인물로 거론되는 김굉필(金宏弼, 1454〔단종 2〕~1504〔연산군 10〕)은 관료로서는 이렇다 할 두각을 나타내지 못했다. 어려서 함양군수로 와 있던 김종직의 문하에서 학문을 익혔으며 27세가 되던 1480년(성종 11)에야 생원시에 합격해 성균관에 입학할 수 있었다.

김굉필은 그의 반듯한 행실을 눈여겨본 당대의 실력자 이극균이 1494년 조정에 천거해 참봉 벼슬을 맡으면서 관직 생활에 들어섰다. 이후 사헌부 감찰과 형조좌랑에까지 오르지만 결국 무오사화의 회오리에 휩쓸린다. 그가 유배를 간 평안도 희천은 적유령산맥과 묘향산맥의 줄기 사이에 끼어 있는 말 그대로 극변(極邊)이었다.

조광조와 김굉필의 운명적인 만남은 희천에서 이루어졌다. 그 무렵 조광조의 아버지 조원강은 희천에서 그리 멀지 않은 어천의 찰방으로 부임했다. 당시 조광조의 나이 17세였다.

2년 후 전라도 순천으로 유배지를 옮긴 김굉필은 다시 4년 후인 1504년(연산군 10) 갑자사화가 일어나자 결국 극형에 처해지게 된다.

김굉필은 어려서 김종직에게 《소학》을 배운 후 크게 깨친 바가 있어 나이 서른이 될 때까지는 오로지 《소학》을 읽고 깨친 바를 실천하는 데 혼신의 힘을 쏟았다고 한다. 당시의 심정을 김굉필은 〈독소학(讀小學)〉이란 시에서 이렇게 털어놓고 있다.

"글을 읽어도 아직 천기(天機)를 알지 못하지만 《소학》 속에서 지난날의 잘못을 깨달았네. 이제부터는 마음을 다해 자식 구실을 하려 하노니, 어찌 구구하게 가볍고 따스한 가죽 옷과 살찐 말을 부러워하리오."

이를 본 김종직은 "성인이 될 바탕이 있다"며 김굉필을 칭찬했다. 이후 김굉필은 스스로를 '소학동자'라고 즐겨 불렀다.

이극균의 천거가 있기 전까지 김굉필은 소위 '유일(遺逸) 선비'였다. 초야에 묻혀 살아가는 유사(儒士)였던 것이다. 흔히 재야 산림으로 불리는 이들은 보통 국가 경영의 문제보다는 개인 수양에 치중했고, 그러다 보니 자칫 자신에 대한 과대평가나 독단에 빠질 염려가 있었다. 이런 문제점들은 경륜을 갖춘 중신들보다는 개혁을 앞세웠던 사림들에게서 일반적으로 볼 수 있는 폐단이기도 했다. 도덕절대주의가 현실의 다양성을 지배하려 들면 어떤 일이 일어나는지는 굳이 실례를 들 필요도 없다.

조광조가 김굉필을 만난 사실 자체를 중시하는 것도 이런 맥락에서다. 17세 안팎의 나이였던 조광조는 '소학 동자' 김굉필로부터 학문보다는 인격적인 면에 깊은 감화를 받았을 것이다. 물론 조광조 자신에게도 그런 면모가 내재되어 있었을 가능성이 크다. 게다가 시대적으로는 연산군의 폭정과 난행(亂行)이 날이 갈수록 도를 더해가고 있던 시절이었다. 폭정과 도덕절대주의는 동전의 양면을 이룬다.

◎　　서서히 무르익는 영원한 제국의 꿈

2년에 걸친 김굉필과의 만남 이후 청년 조광조의 삶은 일대 전기를 맞는다. 무오사화로 사림들이 변을 당하자 젊은 식자층 사이에서는 성리학 공부 자체를 기피하는 풍조까지 생겨났고, 이런 풍조는 선조 즉위 초까지 계속된다. 중앙에서는 연일 '폭군' 연산군에 대한 흉흉한 소문이 들려왔다. 오죽했으면 조광조의 친구들조차 성리학에 미친 듯이 몰두하는 조광조를 꺼려하며 '화태(禍胎)'라고 불렀을까? 화태란 장차 화를 불러올 인물이라는 뜻이었다.

김굉필 이외에 누구를 스승으로 해서 조광조가 공부를 했는지에 대한 상세한 기록은 없다. 김굉필과의 만남 이후 개성 인근에 있는 천마산과 성거산 등을 옮겨다니며 성리학 공부에만 전념했다는 이야기만 전해져 올 뿐이다.

조광조의 이름이 실록에 처음 등장하는 것은 중종 2년 윤1월 26일 모종의 사건에 연루돼 문초를 당할 때였다. 조광조가 한양에 올라왔을 때 뜻밖에도 그와 생각을 같이하는 신진 인사들이 적지 않았다. 이때 친구들과 어울려 시국을 논하고 "요즘 유생들은 과거에만 몰두하느라 성리학을 탐구하지 않는다"는 등의 이런저런 이야기를 했다가 역모로 몰릴

뻔한 것이다. 그러나 조광조는 무고함이 밝혀졌고, 3년 후인 1510년(중종 5) 사마시에 장원으로 급제, 진사가 되어 성균관에 들어갈 수 있었다. 이 때 그의 나이 벌써 서른을 바라보고 있었으니 상당히 늦은 편이었다.

그러나 이미 김굉필에게 사사(師事)를 받고 그 후 10여 년간 '미친 듯이' 파고든 성리학의 깊이는 대단했던 것 같다. 진사의 신분으로 1510년 (중종 5) 11월 중종에게 《중용》을 강할 정도였다. 이때 중종은 조광조에 게 깊은 인상을 받았다. 당시 실록은 "조광조는 성리를 깊이 연구해 학자 들이 추대해 사림들의 영수가 되었다"고 적고 있다.

이듬해 4월 중종은 조광조에게 관직을 내릴 것을 명한다. 문과에 급제 하지 않은 진사에게 중앙 관직을 내린다는 것은 대단한 파격이었다. 그 러나 이때는 많은 신하들이 조광조를 아껴서 '좀 더 학문을 연마하게 한 다음에 현직(顯職, 요직)을 내리는 것이 좋겠다'고 건의해 없던 일이 되고 말았다.

4년 후인 1515년(중종 10) 이조판서 안당이 "성균관에서 천거한 인물 중에서 조광조와 함께 김식, 박훈 등이 경서(經書)에 밝고 행실과 수양이 있는 사람"이라며 참봉과 같은 낮은 벼슬이 아니라 적어도 주부의 직에 해당되는 자리를 제수할 것을 청해 중종의 재가를 받았다. 세 사람은 일 찍부터 함께 성리학을 공부하고 나라의 진로를 고민했다. 천거 당시 실 록은 "이들 세 사람 모두 《소학》을 읽어 행실이 곧았지만 각자의 기질에 따라 조금씩 차이가 있었다"고 평하고 있다.

"조광조는 밝고 바르고 곧았고 김식은 통달하고 두루 식견을 갖추었 으며 박훈은 덕행과 그릇이 일찍부터 이루어졌다."

특히 실록은 김식에 대해 "독실하게 학문을 좋아하고 어버이를 효성으로 섬기며 행실이 매우 결백하므로 사림들이 중히 여겼다. 조광조, 김정, 박훈, 정완 등과 친했는데 조광조가 자못 존경하고 그 명성을 사모해 만나보기를 간절히 바랐다. 그 문하에서 배출된 사람이 매우 많았다"고 평하고 있다. 그러나 김정에 대해서는 "정승의 자질이 있다"면서도 "너무 강직한 나머지 남의 과실을 지적하기를 좋아하고 편협해 큰 일을 담당할 수 없는 사람"이라고 날카롭게 비평했다.

당시 젊은 사림들의 급속한 도약에는 이조판서 안당의 역할이 컸다. 안당(安瑭, 1461〔세조 7〕~1521〔중종 16〕)은 고려 말 성리학의 도입자인 안향의 후손으로, 1481년(성종 12) 문과에 급제해 요직을 두루 거쳤고 연산군을 내몰 때 정난공신 3등에 책록됐다. 이후 승지와 충청도 관찰사를 거쳐 공조, 형조, 예조 등 여러 곳의 참판을 지냈고 대사헌에 올랐다. 강직하면서도 행정 능력이 뛰어나 1512년(중종 7)에는 경상도관찰사, 1514년(중종 9)에는 한성부판윤에 올라 수도 행정을 책임지기도 했다. 이듬해 이조판서가 되어 구폐(舊弊)를 일신하고, 인사 청탁의 일종인 분경을 금지시켰으며, 관리 등용에 있어 연공서열인 순자법(循資法)에 구애되지 말고 과감한 발탁 인사를 해야 한다고 건의했다. 그가 김안국, 김정국, 김식, 조광조 등을 적극 천거해 발탁한 것도 그런 맥락에서였다.

1518년(중종 13) 우의정에 오른 안당은 이듬해 조광조와 함께 소격서 혁파 등을 주장하다가 조광조 일파가 기묘사화를 당하는 비극을 지켜봐야 했다. 당시 영의정 정광필과 함께 조광조를 살리려 애썼지만 뜻을 이루지 못했다. 하지만 중종은 안당의 능력을 높이 사서 오히려 좌의정으로 승진시켰다. 그러나 '안당은 조광조의 일파'라는 대간의 탄핵이 이어져 결국 파직당했고, 1521년(중종 16) 아들 안처겸의 억울한 역모 사건에 연루되어 교형(絞刑)에 처해지게 된다.

안당 등의 후원에 힘입은 한양 지식인 사회에서는 이미 '사성십철(四聖十哲)' 등의 소장파들을 중심으로 도학 정치를 꿈꾸는 젊은 유학자들이 속속 네트워크를 형성하고 있었다. 원래 '사성십철'이란 공자의 제자 중에서 안자, 증자, 자사와 함께 맹자를 포함시켜 '사성'이라고 하고, 그 밖에 뛰어난 제자 10명을 일컬어 '십철'이라고 하는 것이었다. 아마도 성균관의 젊은 유생들이 호기를 부려 그 같은 별명을 스스로에게 붙였던 것으로 보이는데, 그만큼 성리학 본연의 전통을 되살려야 한다는 흐름이 강했다는 증거이기도 했다. 하지만 보기에 따라서는 독선과 교만일 수도 있었다. 그래서 성균관, 예문관, 승문원, 교서관 등 학술 진흥을 담당하는 기관의 선배 관리들로부터 고초를 겪을 뻔하기도 했다. 그러나 중종이 이를 알고 막아주었다.

◎　　　**김정과 박상, 반정공신들을 쏘다**

1515년(중종 10) 6월 8일 조광조는 안당의 추천으로 종이 만드는 조지서(造紙署)의 사지(司紙)로 제수됐지만 두 달 후 문과에서 당당히 급제함으로써 정상적인 벼슬길이 열렸다. 8월에는 성균관 전적을 거쳐 11월 사간원 정언에 제수됐다. 정언은 정6품에 지나지 않지만 언로를 책임지는 중책이었다. 조광조를 이 자리에 앉힌 데는 중종의 깊은 뜻이 담겨 있었다.

반정으로 이복형 연산을 내몰고 얼떨결에 왕위에 오른 중종은 집권 10년을 맞으면서 홀로서기를 모색하고 있었다. 이때 중종의 나이 28세로 서른을 바라보고 있을 무렵이었다. 반정공신들의 추대에 의해 왕위에 올랐기 때문에 그때까지 이렇다 할 실권을 갖지 못했던 중종은 신진 세력을 자신의 권력 기반으로 활용하려는 구상을 가졌다. 바로 그때 조광조라는 인물이 눈앞에 등장한 것이다.

같은 해 2월 하순 중종의 제1계비인 장경왕후 윤씨가 그토록 기다리던 원자(훗날의 인종)를 낳은 후 위독한 상태에 빠졌다. 3월 1일 장경왕후 윤씨가 의식불명 상태에 빠져들자 중종은 궁 밖으로 '피병(避病)'을 하겠다고 했다가 승정원으로부터 일종의 면박을 당하기도 했다. 전염병이 아니라 산후의 질병일 뿐이라는 것이었다. 그에 앞선 1월 3일에는 "아직 국본(國本, 세자)이 세워지지 않았다"며 후궁을 들이라는 어머니(성종비였던 정현왕후 윤씨)의 권고를 신하들에게 밝혔다가, 우의정 김응기의 거센 반론에 부딪힌 바 있었다. 장경왕후가 만삭일 때에 이런 논의를 했던 것이다.

장경왕후가 스물다섯 어린 나이에 산후병으로 세상을 떠나자 조정은 술렁일 수밖에 없었다. 장경왕후(章敬王后, 1491〔성종 22〕~1515〔중종 10〕) 윤씨의 아버지는 윤여필, 어머니는 병조판서를 지낸 박중선의 딸이었다. 당시 조정은 반정공신 트리오 박원종, 성희안, 유순정이 세상을 떠난 직후였다. 그중 박원종이 바로 박중선의 아들이다. 반정 직후 중종의 부인이었던 단경왕후 신씨를 강제 폐비시키고, 조카딸을 후궁으로 밀어넣어 제1계비의 자리에 앉힌 것도 다름 아닌 박원종이었다.

역사는 되풀이되는 것일까? 성종 즉위 초 한명회가 했던 역할을 중종 초에는 박원종이 하고 있었다. 장경왕후 윤씨는 어려서부터 총명하고 행실이 뛰어나 이모인 월산대군 부인 박씨가 데려다 키우기도 했다. 장경왕후의 죽음은 조정 내 권력 지형에 큰 변화를 가져왔다. 일찍 세상을 떠

삼인대의 모습. 순창군수 김정, 담양부사 박상, 무안현감 유옥이 비밀리에 강천산 계곡에 모여 폐위된 신씨를 복위시키는 것이 옳다며, 관인을 나뭇가지에 걸어 맹세하고 상소를 올리기로 결의했다. 이후 이들이 소나무 가지에 관인을 걸어놓고 맹세한 이곳을 삼인대(三印臺)라고 부르게 되었다.

난 공신 트리오를 이을 만한 마땅한 후속 세력은 아직 형성되지 못하고 있었다. 중종은 이때를 홀로서기의 호기로 보았고 그때 조광조라는 인물이 급부상하고 있었던 것이다.

조광조가 성균관 전적으로 있던 1515년 8월 8일 사림파인 순창군수 김정과 담양부사 박상이 공동으로 장문의 상소를 올렸다. 장경왕후의 뒤를 이을 계비 책봉 문제와 관련해 원래 중종의 정비였던 폐비 신씨를 복위시키고 신씨의 폐위를 주도한 반정공신 박원종 등을 처벌할 것을 주청한 것이다. 이 상소는 원래 밀봉을 해서 임금만 보도록 했지만 중종이 이를 승정원에 공개함으로써 모든 사람들이 알게 되었고, 상소를 올린 김정과 박상은 훈구 공신들의 표적이 되었다.

실록은 두 사람의 상소가 매우 올바른 것이라고 평하고 있지만 사정은 그리 간단치 않았다. 폐비 신씨는 행실이 매우 반듯한 인물이었지만 그것과는 별도로 연산군과 중종이 신씨 집안과 복잡하게 얽혀 있었기 때문이다. 먼저 연산군의 장인 신승선은 세종대왕의 아들 임영대군의 딸과 결혼했다. 따라서 성종 초에 귀양을 떠나야 했던 임영대군의 아들 구성군 이준과 신승선은 처남 매부 사이였다. 그리고 신승선의 아들 신수근은 진성대군(훗날의 중종)의 장인인 동시에 연산군의 처남이었다. 신수근은 연산군 때 좌의정을 맡았다는 이유로 반정 직후 척살됐다.

사실 박원종 등은 거사를 계획하던 중 좌의정 신수근을 찾아가 누이와 딸 중에서 어느 쪽이 더 중하냐고 넌지시 물었다. 이에 신수근은 '비록 임금은 포악하나 총명한 세자를 믿고 살겠다'며 자리를 박차고 일어섰다. 그것이 신수근에게는 죽음의 길이었다. 그리고 딸 단경왕후 신씨마저 반정공신들에 의해 폐비되는 치욕을 겪었다.

김정과 박상 두 사람이 연산군 시대에 대한 재평가를 요구한 것은 물론 아니었다. 그러나 신씨의 행실이 아무리 반듯하다고 하더라도 그들의 요청은 자칫 중종반정에 대한 부정 내지 연산군 시대에 대한 부분적 인정으로 비칠 수 있는 대목이 없지 않았다. 그런데도 사림 쪽에서 폐비 신씨 복위를 들고 나온 것은 당시 반정공신들에 대한 백성들의 반감이 적지 않았다는 데서 이유를 찾아야 할 것이다.

실제로 사림은 반정공신들을 겨냥하고 있었다. 장문의 밀봉 상소에서

두 사람이 편 논리는 '어차피 폐주 연산군이 물러나면 중종이 왕위를 잇게 되어 있었다. 그런데 반정공신들이 폐주 퇴출의 공을 너무 앞세워 자기들 마음대로 중전을 내쫓은 것은 군주에 대한 모독이다'라는 것이었다. 중종과 반정공신들을 나란히 세움으로써 중종의 선택을 요구한 측면도 있었다. 그리고 이것은 중종의 선택에 따라 두 사람이 목숨을 잃을 수도 있는 중대한 발언이었다.

사흘 후인 8월 11일 대사간 이행과 대사헌 권민수 등이 주동이 되어 뒤늦게 알게 되었다며 김정과 박상 두 사람을 잡아들일 것을 청했다. 이행의 논리는 장경왕후가 세상을 떠나기는 했지만 이미 세자가 정해졌는데, 신씨를 복위할 경우 신씨가 장경왕후보다 서열상 위가 되어 장차 세자를 둘러싼 논란이 예상된다는 것이었다. 그러나 이행과 권민수는 훈구파의 뜻을 따르고 있는 것이었다. 중종은 다음 날 김정과 박상을 잡아들일 것을 명했다. 그러면서 "지금 임금은 약하고 신하는 강하다고 한 말은 몹시 잘못됐다"고 역정을 낸다. 그러나 그것은 명백한 사실이었다.

조사 끝에 8월 22일 박상은 남평에, 김정은 보은에 유배됐다. 그러자 이틀 후 사림의 보호막 역할을 하던 이조판서 안당이 나섰다. '나라에서 의견을 구해 지방 관리들이 용기를 내어 국가의 중대사에 관해 발언을 했는데, 이를 처벌한다면 앞으로 언로가 막히게 될 것이므로 두 사람을 용서해야 한다'는 것이었다. 홍문관 부제학 김근사도 나서 '성종 때 남효온이 소릉(단종의 어머니 묘) 복위를 주장하며 망령된 말을 했지만 성종께서 끝내 죄를 주지 않았던 것도 언로를 중시했기 때문'이라며 재고해줄 것을 청했다. 그러자 대사간 이행 등이 안당을 탄핵하고 나섰다. 안당의 말이야말로 언로를 막는 짓이라는 것이었다. 이들의 논쟁은 두 달을 넘겨 11월까지 계속됐다. 그리고 11월 20일 조광조가 사간원 정언으로 임명됐다. 아니, 정확하게 말하면 중종이 직접 임명했다.

대간에 임명된 지 이틀 만인 11월 22일 조광조는 '언로를 넓혀야 할 대사간이 오히려 임금의 구언에 따라 상소를 올린 사람을 처벌하는 데 앞장섰으니 자신도 사간원에 머물러 있을 수 없다'며 사직을 청했다. 물귀신 작전이었다. 결국 이행 등은 파직당했고, 이로써 조광조는 사림들로부터 확실한 신망을 다질 수 있었다.

이듬해 3월 28일 조광조는 홍문관 수찬으로 자리를 옮긴다. 이때부터 조광조는 '검토관'이라는 이름으로 경연에 참석했다. 중종과의 스킨십을 강화할 수 있는 기회였다. 당시 경연에서 조광조의 활약상에 대해 실록은 이렇게 평가하고 있다.

"경연에 임하면 강론이 논리 정연했으며 주상의 학문이 성취되는 것을 자신의 임무로 삼았다. 벗들과 유자광의 일을 이야기할 때마다 문득 분한 낯빛을 나타내고 나라를 그르치게 된 정황을 극진하게 말하므로 조정이 경외하였다."

10월 19일 석강에서 조광조는 중종이 성리학에 힘쓸 것을 주문한다. 법으로 강제할 수는 없고 주상이 먼저 모범을 보여야 아랫사람들이 절로 따르게 될 것이라는 주장이었다. 중종도 이에 동의를 표한다. 이후 조광조는 중종을 움직여 국가적 차원에서 향약 보급 운동을 실시할 수 있는 제도적 기반을 마련한다. 말하자면 농촌의 지역사회까지 성리학적 도덕과 세계관을 확산시켜 유교의 이상적인 농촌 사회를 건설한다는 사림의 오랜 꿈 하나를 이룬 것이다. 12월 12일 석강에서 《대학연의》를 강의하다가 조광조는 중종에게 학문하는 방법에 관해 말한다. 여기에는 조광조뿐 아니라 당시 신진 성리학자들이 생각했던 학문관이 일목요연하게 표현돼 있다.

"학문하는 방법을 성상께서 이미 알고 계시겠지만 《대학》과 《중용》은 상하 누구나 힘써야 하는 것이나 대체로는 임금을 위해 지은 것입니다. 특히 임금은 한 가지 것이라도 제자리를 얻지 못한 것이 없게 해야 하는 법이니, 가령 만물이 모두 제자리를 얻게 하려고 한다면 학문이 아니고 무엇으로써 해가겠습니까? 임금의 학문은 마땅히 그 큰 일을 힘써야 하되 한결같이 요순(堯舜)을 본받아야 하는 것이니 학문이 고명(高明)해지면 다른 일은 자연히 노력하지 않아도 다스려지는 것입니다.

학문하는 방법이란 진실로 어려운 것으로 한갓 문자를 볼 뿐이어서는 안 되고, 글을 보면 모름지기 마음에 붙여 옛말을 자기 말처럼 여겨 체인(體認, 마음속으로 깊이 인정함)하기를 간절하고 지극하게 해야 학문한다고 할 수 있는 것입니다. 조정 사대부들 중 학문하지 않은 사람이 있겠습니까만 단지 문자만 배우고 그 이치를 알지 못하기 때문에 학문이 옛날과 같지 못하고 치도(治道)도 비속하니 한탄스러운 일이 아니겠습니까? 우리나라는 예부터 지금까지 성리학 하는 사람이 간혹 있었지만 한스럽게도 연원(淵源, 학문적 깊이와 뿌리)이 없기 때문에 지극한 경지에 이른 사람이 없었습니다. 모름지기 옛적 성왕(聖王)들이 서로 전해받은 뜻을 잊지 마시고 체득하시어 동정(動靜)의 모든 순간에 반드시 이에 따르소서. 지키

남곤의 집터였던 대은암(大隱嵓)의 풍경. 겸재 정선의 작품으로 종이에 담채, 29.5×33.7cm, 간송미술관 소장

는 바는 지극히 간략하지만 시행되는 면은 지극히 광대한 것이니, 선비들의 기운을 진작시키고 풍속을 고치심에 무엇이 어렵겠습니까?"

중종 12년 7월 29일 실록에는 아주 흥미로운 기사가 눈에 띈다. 이조 판서 남곤이 조광조의 특진을 중종에게 건의한 것이다. 6품에 머물러 있지만 4품직에 임명해도 얼마든지 감당할 수 있는 뛰어난 인재라며 자리가 생기는 대로 그 자리에 임명할 것을 청했고, 중종도 흔쾌히 수락했다. 이날 조광조는 바로 홍문관 응교로 특진한다. 훗날 남곤은 기묘사화 때 조광조 일파를 제거하는 데 앞장서는데, 실록은 남곤이 조광조를 적극적으로 민 것은 본뜻이라기보다는 중종이 조광조를 총애하는 것을 알고 미리 손을 쓴 것이라고 지적하고 있다.

조광조는 한 달도 안 된 8월 23일 다시 홍문관 전한으로 승진하자 진급이 너무 빠르다며 다음 날 사직을 청한다. 그러나 중종은 받아들이지 않았다. 그리고 1518년(중종 13) 5월 홍문관 부제학에 오른다. 이때부터 그는 도학 정치의 양대 목표인 소격서 철폐와 현량과(賢良科) 도입을 추진한다. 특히 왕실에서 도교를 숭상하는 기구인 소격서를 철폐하는 과정에서는 중종과 상당한 충돌을 빚었지만 끝내 이를 관철시킴으로써 사림들로부터 숭배에 가까운 추앙을 받게 된다.

그리고 중종은 조광조의 의견을 받아들여 그해 초부터 과거를 거치지 않고서도 어진 이를 선발하는 문제를 논의할 것을 신하들에게 명했다. 그러나 이것은 자칫하면 뽑는 사람의 주관이 개입돼 상당한 파장을 불러올 수 있는 사안이었다. 반면 조광조의 입장에서 보자면 자신과 입장이 같은 사림들을 대거 정치 현장으로 불러들일 수 있는 절묘한 방안이기도 했다. 간단히 말하면 현량과는 중앙에서는 성균관, 삼사, 육조에 천거권을 주고 지방에서는 유향소에 천거권을 주어 수령과 관찰사를 거쳐 중앙에서 발령을 내리도록 하는 것이다. 물론 나름의 잣대가 없지 않았다. 성품, 그릇, 재능, 학식, 행실, 지조, 현실 인식 등이 그것이었다. 이것은 누가 봐도 사림들이 산림(山林)의 인사들을 발탁하겠다는 뜻이었고, 훈구 대신들은 반발하지 않을 수 없었다. 특히나 그것은 파당으로 나아가는 지름길이었다.

소격서 혁파에 성공한 조광조는 마침내 11월 21일 대사헌에 오른다. 그의 나이 불과 37세, 문과에 급제해 출사한 지 40개월 정도밖에 되지 않을 때였다. 다음 날 무려 다섯 차례에 걸쳐 사직을 청했지만 받아들여지지 않았다.

◎ 남곤과 심정, 사림의 목을 치다

1506년 9월 1일 연산군을 내몬 반정 세력은 곧바로 공신 책봉에 들어간다. 정국(靖國)공신 책봉이 그것이었다. 중종반정은 누가 뭐래도 박원종, 성희안, 유순정 3인의 공이 절대적이었다. 그런데 정작 9월 7일 발표된 101명의 공신 명단에 세 사람의 이름은 없었다. 대신 1등공신에는 유자광, 신윤무, 박영문, 장정, 홍경주 다섯 명만 이름이 올라 있었다. 그러자 영의정 유순 등이 나서 3인을 다시 포함시켰고 공신은 104명으로 늘어났다. 그 후에도 이런저런 이유로 공신들이 추가되어 117명에 이르게 되었다. 이것은 누가 보아도 명분이 약한 반정을 뒷받침해줄 지지 세력 확보 차원에서 이뤄진 조처였다.

그러나 '공신 3훈'의 위세가 등등할 때에는 이에 대해 누구도 시비를 걸지 못했다. 다만 뜻이 있는 사람들 사이에서는 이들을 '위훈(僞勳)'이라고 부르며 비판했다. 가짜 공신들이라는 것이다.

조광조가 사마시에 합격해 성균관에서 공부하던 1510년(중종 5) 무장 출신의 박원종이 불과 마흔셋의 나이로 세상을 떠났다. 2년 후에는 유순정이 53세로, 그리고 다음 해에는 성희안이 52세로 차례차례 세상을 떠났다. 실세가 떠난 자리에 권력 공백이 생겼고 그 자리를 '위훈' 공신들이 차지하고 있었다. '사림의 청년 지도자' 조광조가 중종의 총애를 받으며 초고속 승진을 거듭했던 것도 이들 위훈 공신을 견제하려는 중종의 구상과 맞아떨어졌기 때문이었다.

1519년(중종 14) 새해를 조광조는 종2품 대사헌으로서 맞았다. 국왕의 총애를 받는 대사헌이란 자리는 막강한 권한을 갖고 있었다. 그리고 같은 해 4월 1년 이상 끌어오던 현량과를 실시하게 되었다. 모두 120명이 천거되어 28명이 급제했다. 그중에는 이미 과거를 통해 관직에 진출했다가 다시 응시한 사람도 여러 명이 포함돼 있었다. 이들은 훗날 조광조의 눈치를 살폈다 하여 비판을 받게 된다. 이때 현량과에서 장원은 사헌부 장령을 지낸 바 있는 김식이었다. 조광조와 김식은 이때 38세 동갑이었다. 김식이 조광조와 아주 가까운 데서 알 수 있듯이 28명 중 상당수가 '조광조의 사람'이었다.

조정 내 사림의 위세는 하늘을 찌를 듯해 못할 것이 없어 보였다. 중종은 김식을 종3품인 성균관 사성으로 임명했다가 열흘 후 정3품인 홍문관 직제학으로 승진시켰다. 장령이 정4품인 것을 감안한다면 불과 보름 만에 2계급 특진이었다. 그런데도 사림들은 중종을 압박해 김식을 성균관 대사성에 임명하려 했다. 이 정도 되면 중종이 아니라 세종대왕이라도 기분이 상할 일이었다. 거듭 김식의 성균관 대사성 임명을 청하는 이조 판서 신상의 요청에 대해 중종은 "부제학의 적임자를 기다린 후에 대사성에 임명하면 어떻겠는가?"라고 나름의 중재안을 내놓았지만 기세가 오른 사림들은 요지부동이었다. 결국 중종은 김식을 대사성으로 임명한다. 그러나 이것은 중종의 심기를 결정적으로 건드린 실책이었다. 중종이 원했던 것은 왕권 강화였지 또 다른 신권 세상을 노리는 사림의 집권이 아니었기 때문이다.

김식을 대사성에 임명할 것을 요청한 신상(申鏛, 1480〔성종 11〕~1530〔중종 25〕)은 세종 때 좌의정을 지낸 신개의 증손자이고, 어머니는 세조 때의 훈구 공신이자 영의정을 지낸 권람의 딸이다. 1503년(연산군 9) 문과에 급제해 홍문관, 사간원, 사헌부의 요직을 두루 거쳤고, 이어 도승지,

평안도관찰사, 한성부 판윤 등을 거쳐 이때 이조판서로 있었다. 그는 사림파는 아니지만 조광조, 김식, 김장, 김구 등 사림파가 등용되는 데 큰 힘이 되어주었다. 하지만 신상은 기본적으로 훈구와 사림을 중재하려는 입장이었다.

신상의 부인은 세종과 신빈 김씨 사이에서 난 계양군의 3남 부림군의 딸이었다. 신상의 집안은 왕실과 인연이 깊었고, 그 덕에 아버지 신말평은 종친부의 벼슬을 지닐 수 있었다. 신상의 아들도 계양군의 동생인 밀성군의 손자 고성군의 딸과 혼인을 했다. 그리고 또 다른 아들은 바로 신립 장군의 아버지 신화국이었다.

마침내 10월 대사헌 조광조가 칼을 뽑았다. 대사간 이성동과 함께 위훈 삭제를 요구하고 나선 것이다. '반정 3훈'은 세상을 떠났지만 권력은 여전히 정국공신 명단에 올랐던 가짜 공신들이 장악하고 있었다. 게다가 정국공신 1등에 올랐던 홍경주가 살아 있었다. 중종은 훈구파와 사림파의 상호 견제를 통해 왕권을 강화하려 했는지도 모른다. 조광조는 이 점을 과소평가했다. 내친 김에 훈구의 뿌리를 통째 뽑아버리려 했던 것이다. 훈구의 격렬한 반발에도 불구하고 마침내 조광조는 11월 일곱 차례의 주청을 통해 위훈 삭제를 관철했다. 2,3등공신 일부와 4등 공신 전원이 훈작(勳爵)을 삭탈당했다. 전체의 4분의 3에 달하는 76인의 훈작이 날아갔다. 당위(當爲)에도 불구하고 그것은 반동(反動)을 부르기에 충분한 조치였다.

중종은 훈구의 전횡도 싫었지만 사림의 독선에도 넌덜머리를 내기 시작했다. 위훈 삭제가 이뤄진 지 불과 4일 만에 훈구파는 대대적인 반격에 나섰다. 중종의 생각이 반(反)사림으로 돌고 있음을 간파한 두 사람이 있었다. 바로 남곤과 심정이었다. 남곤은 묘하게도 김종직의 문인으로서 그 뿌리로 보자면 사림파였다. 심정은 정국공신 3등에 녹훈됐다가 위훈을 삭제당해 훈작과 토지, 노비를 하루아침에 빼앗긴 장본인이었다. 두 사람은 중종의 후궁 희빈 홍씨의 아버지이기도 한 정국공신 1등 홍경주를 찾아갔고, 홍경주도 두 사람의 사림제거론에 쉽게 동의했다.

홍경주는 딸 희빈 홍씨를, 심정은 자신과 가까운 경빈 박씨를 통해 중종의 마음을 흔들어놓기 시작했다. 백성들이 모두 임금보다 조광조를 더 좋아한다는 것이었다. 희빈 홍씨는 아버지의 밀명에 따라 비원의 나뭇잎에 "走肖爲王(주초위왕)"이라고 꿀로 써놓은 다음 벌레가 갉아먹은 것을 중종에게 갖다 바치기도 했다. 조(趙)씨, 즉 조광조가 곧 왕이 된다는 뜻이었다. 물론 이것을 중종이 진심으로 믿었는지는 모르지만 계속되는 두 후궁의 참소에 불안감은 더해갔을 것이다.

결국 중종은 당파를 형성하려 했다는 이유를 들어 조광조 일파를 잡아들인다. 처음에는 국문도 하지 않고 죽이려 했지만 여의치 않자 일단 조광조, 김정, 김구, 김식, 윤자임 등을 옥에 가두었다. 이후 조광조와 김정, 김구, 김식 등을 사형에 처하기로 했지만 영의정 정광필이 눈물로 호소해 일단 능주로 유배되는 선에서 마무리되는 듯했다. 그러나 훈구파의 김전, 남곤, 이유청이 각각 영의정, 좌의정, 우의정에 올라 유배 가 있던 조광조 일파에게 사약을 내리도록 중종을 설득했다. 결국 한 달 후인 12월 20일 조광조에게 사약이 내려왔다. 기묘사화의 시작이었다.

논란 끝에 성균관 대사성에 올랐던 김식은 선산에 유배됐고, 다음 해 사약이 내려온다는 소식을 듣고 거창으로 숨어들었다가 목을 매 자살했다. 박상과 함께 폐비 신씨 복위 논쟁을 촉발했다가 사림파 집권 후 형조판서에까지 올랐던 김정은 제주도에 안치됐다가 1521년 사약을 받았다. 37세의 나이였다. 아산으로 귀양을 갔던 기준은 김정과 비슷한 시기에 사약을 받고 29세의 젊은 나이로 생을 마감했다. 그의 조카가 선조 때의 대표적인 성리학자인 기대승이고 아들은 기대항이다. 기묘사화의 피바람으로 인해 조선 사림은 깨어나기 힘든 깊은 잠에 빠져들어야 했다.

공자는 군주를 초월한다,
서인과 문묘 배향

◎ **"이이와 성혼을 문묘에 모시소서!":**

1681년 9월 19일

1681년(숙종 7) 9월 19일은 크게 보면 조선사상사, 좁혀서 보면 서인의 정치사에서 가장 거대한 획을 그은 날이다. 공식적으로 서인이 임금에 당당하게 맞설 수 있는 확고한 이념적 기반을 획득한 날이기 때문이다.

이날 낮 경연에서 검토관 송광연(宋光淵)이 "유생들의 상소 내용대로 예를 빨리 거행하도록 하소서"라고 하자 숙종은 평소의 부정적 태도와는 달리 이렇게 말한다.

"자세히 생각해서 처리하는 것이 좋겠다."

유생들의 상소란 바로 전날 올라온 것으로 이이와 성혼의 위패를 문묘(文廟, 공자의 사당)에 모셔야 한다는 내용이었다.

문성공 이이는 타고난 자질이 특이하고, 무리에 우뚝하게 뛰어나며, 본체와 작용이 분명하고 적당해 근본과 끝을 겸해서 갖추었으니, 옛날에 이른바 호걸스런 인재이며 성현을 배워 거의 가깝게 된 분입니다. 그리고 문간공 성혼은 장중(莊重)하고 진밀(縝密)하며 덕행과 그릇이 깊고 두터워, 유자에게는 정맥(正脈)이 되며 후학에게는 준칙이 됩니다. 그러므로 이전의 여러 임금께서 널리 권장하며 칭찬하고 총애해 이르지 않은 바가 없었는데 유독 문묘에 배향(配享)하는 것만은 아직도 아끼고 있으니, 그것이 어찌 기대할 것이 있어서 그런 것이겠습니까? 지금 전하께서 유교를 숭상하고 도를 중하게 여기심이 지극한 정성에서 나왔으니, 빨리 오래도록 시행하지 못했던 예를 거행해 많은 인사들의 막혔던 소망을 이뤄주셔야 하지 않겠습니까?

이이와 성혼 두 사람의 문묘 배향 운동은 아래로는 성균관 유생들로부터 송광연 같은 중하위 관리를 거쳐 위로는 정승과 판서급에서도 집요하게 진행됐다. 그것은 1680년(숙종 6) 5월 영의정 허적이 이끌던 남인 정권이 퇴진한 이후 들어선 서인 정권의 최우선적인 요구였다. 그리고 1년 반에 가까운 강청이 이어지자 '신중해야 한다'며 강경하게 버티던 숙종이 마침내 유연한 태도를 보인 것이다.

9월 19일에도 성균관 유생의 상소가 올라오자 마침내 그날 오후 숙종은 "해당 부서에서 검토한 다음 긍정적인 방향으로 결론을 내리도록" 명하고 "대신들의 의견을 들으라"고 덧붙였다. 사실상의 재가였다. 모두 서인인 대신들이 반대할 이유가 없었다. 대신들이 모두 찬성한다는 보고를 받은 숙종은 마침내 이이와 성혼의 문묘 배향을 결단한다.

“대신의 의논이 모두 이와 같으니 지난번의 상소대로 문묘에 올리도록 비답(批答)한다.”

당시 서인들이 숙종의 이 같은 결정을 전해듣고서 얼마나 기뻐했을지는 같은 해 5월 22일 왕실의 일원이자 송시열의 제자인 이상(李翔)이 이이와 성혼의 문묘 배향을 주청했던 상소를 통해 짐작해볼 수 있다. 이 상소에서 이상은 서인과 동인(북인과 남인)의 관계에 대한 적나라한 입장을 밝히고 있다.

이이와 성혼 두 현인을 존경하고 사모한 자들이 서인이 되고 양현(兩賢)을 공격하고 배척한 자들이 동인이 되었는데, 군자와 소인이 되는 구분은 음과 양, 낮과 밤처럼 판연(判然)합니다. 한번 나아가면 한번 물러가며 한번 성하면 한번 쇠하니, 안위치란(安危治亂, 위태함을 편안하게 하고 어지러움을 다스림)의 효과와 징험은 많은 말을 기다리지 않고도 알 수 있습니다. 전하께서 경연석상에서 임진왜란 때 파천하게 한 것이 어느 당이고 회복시킨 것이 어느 당인지 시험 삼아 물어보시고, 광해군이 물러나던 때 악한 것에 영합해 어지럽게 한 것이 어느 당이고 인조께서 반정하시던 날에 공을 세운 것이 어느 당인지 물어보시고, 전하께서 등극하시던 초기에 배향을 위태롭게 한 것이 어느 당이고 부정부패를 추방하고자 하는 뜻을 우러러 도운 것이 어느 당인지 생각해보시면, 군자와 소인이 어느 쪽인지는 명백해질 것입니다.

그러나 이상은 서인이라는 당파의 근원적인 속성, 즉 암묵적인 왕권 혹은 왕실 부정이라는 명제에 대해서는 일언반구도 하지 않았다.

서인에 맞서 동인으로 출발했지만 정여립의 난으로 인해 동인 자체는 흔적도 없이 사라지고 남인과 북인으로 갈린다. 북인은 광해군 정권의 핵심을 이루었다가 패망하고, 광해군 정권에 거리를 뒀던 남인은 인조반정을 일으킨 서인들과 일정한 거리에서 협조 경쟁하며 인조, 효종, 현종 시대를 지난다. 하지만 숙종 대에 들어서 남인은 서인과 정면으로 대립하는 위치에 서게 된다. 숙종 초기 6년은 남인 정권의 시대였다. 그리고 경신환국으로 남인이 몰락하고 서인이 집권하면서 이이와 성혼의 문묘 배향 문제가 전면에 떠오른다.

9월 27일 올라온 남인계 유생들의 반대 상소를 보면 이이와 성혼의 문제가 왕실 내에서도 논란이 되어왔음을 확인할 수 있다. 그중 이이와 성혼의 문제점에 대해 지적한 부분만 살펴보자.

인조조 을해년(1635〔인조 13〕)에 생원 송시형 등이 처음으로 두 신하를 문묘에 배향해야 한다고 주청했습니다. 그런데 주상의 비답에 "도덕이 높지 못하고 결점과 비방이 있다"고 전교하시면서 허락하지 않으셨는데, 이것은 진실로 만세토록 바꿀 수 없는 전교입니다. 신들이 이이의 사직 상소를 보건대 이르기를 "일찍이 어머니의 상을 당해 허망된 것으로 슬픔을 누르려고 마침내 불가의 가르침에 빠져 깊은 산속으로 도망쳐 들어갔지만, 마음을 다 쏟아도 더러움을 씻기에는 충분하지 못했습니다"라고 했습니다. 또한 선조께서 성혼을 처벌하는 하교에 이르기를 "신하로서 서울 근처의 하루거리에 있으면서 변고(임진왜란)를 듣고도 달려오지 않았을 뿐 아니라 임금의 행차가 사는 곳을 지날 때도 나와 알현하지 않았다. 고금 천하에 어찌 군부를 버리고 국난에 달려가지 않고서 천벌을 면할 수가 있겠는가?"했습니다.

(중략)

한효상이 성혼의 신원을 청할 때는 선조께서 "간흉(奸凶)과 일체가 되기에 합당하며, 군부를 버리기를 헌신짝처럼 한다"고 전교하면서 허락하지 않으셨습니다.

명성(明聖)하신 인조께서는 두 신하가 살던 시기와 멀지 않아 그들의 사적을 빠짐없이 아셨기 때문에 전교를 내리기를 "이이는 시호를 추증하는 것이 적당하며, 성혼은 신원하는 것만으로도 충분하다" 하셨습니다. 효종조와 현종조에는 관학(館學)과 외방의 유생들이 당시 의논에 억지로 맞추려고 연달아 배향을 청하는 소장을 수십 차례 올린 적이 있었지만 효종과 현종께서 굳은 신념으로 허락하지 않으셨습니다. 효종께서 일찍이 강연 중에 전교를 내리기를 "선조(先朝)에도 배향에 관한 의논이 있었지만 선왕께서 엄중한 글로 물리치셨기 때문에 즉시 멈췄었다. 그런데 지금은 나를 두렵게 여기지 않아 이처럼 어지러운 일을 일으키는 것인가?" 하시고, 또 말씀하시기를 "선왕의 학문과 지혜가 출중하시어 두 신하를 배향하는 것이 적절치 않다는 것을 분명히 아셨기 때문에 굳게 거절하셨던 것인데, 과궁(寡躬, 왕이 자신을 낮추어 부르는 말)이 어찌 감히 경솔히 허락할 수 있겠는가?" 하셨습니다. 현종께서는 유생의 상소에 답하시기를 "선조(先朝)에서 과단성 있게 처리하지 못하고 미뤘던 일인데, 그대들이 종이 한 장에 쓴 두어 글귀로 내 마음을 미혹시킬 수 있겠는가?"라고 하셨습니다.

상황이 이러했으니 줄곧 친왕 노선을 견지했던 동인, 남인과 북인들로서는 숙종의 결단이 참으로 서운했을 것이다.

  종묘와 문묘의 파워 게임

종묘 배향이란 임금이 죽게 되면 총애했던 신하나 통치에 공이 큰 신하들을 선정해 종묘에 위패를 모시고 함께 제사를 지내는 것을 말한다. 예를 들면 태조 이성계의 경우 1410년(태종 10)에 배향공신을 선정했는데 조준, 조인옥, 이화, 이지란 4명이었다. 그런데 세종이 남재, 남은, 이제 3명을 추가했다. 태종의 경우에는 하륜, 조영무, 정탁, 이천우, 이렇게 4명이 배향됐다.

　종묘에 배향된다는 것은 해당 가문으로서는 가장 큰 영광이었다. 세조의 경우에는 한확, 권람, 한명회 3명만이 배향됐고 신숙주, 정창손, 홍응은 성종의 배향공신이었다. 정인지는 배제됐다.

　문제는 이 같은 종묘 배향의 의미가 당쟁이 본격화된 선조 때를 지나면서 많이 퇴색했다는 점이었다. 참고로 선조의 경우는 이준경과 이황만이 배향됐는데 1866년(고종 3) 고종 때에 와서 이이도 추배됐다. 특히 고종 때는 묘호에 대한 인플레이션도 심해서 원래 정종이던 임금이 정조로 바뀌기도 했다. 이것은 고종 때 이루어진 추증이나 추봉, 추배가 의미 없다는 뜻이기도 하다.

　선조가 방계승통으로 왕위를 계승하면서 신하들 사이에는 크게 두 그룹이 생겨났다. 출신 여하를 막론하고 일단 임금은 임금이라는 동인과 임금으로 인정하기 곤란하다는 서인이었다. 이후 동인, 북인, 남인 등은 줄곧 친왕 노선을 견지한 반면 서인, 노론(소론은 친왕론), 벽파(시파는 친왕론)는 일관되게 반왕 노선을 견지했다. 다만 군주제 국가이기 때문에 반왕론을 명시적으로 제시하지 못했을 뿐이다.

이런 상황에서 서인 집단은 문묘의 중요성에 주목했다. 은밀하게나마 반왕(실) 노선을 추구하는 서인의 입장에서는 종묘 배향이 흔쾌하지만은 않았다. 솔직히 말하면 들어가도 좋고 안 들어가도 좋은 것이 종묘였다. 서인들은 선조 이후 종묘의 기능은 끝났다고 생각했다.

반면 문묘는 공자를 비롯한 5성(五聖, 공자, 안자, 증자, 자사, 맹자)으로부터 공문십철(공자의 뛰어난 열 제자)과 송나라 때의 주자학자 6명을 기리면

공자의 영정. 유학을 건국이념으로 했던 조선은 후기로 접어들면서 공자의 권위가 왕의 권위를 추월하기 시작했다. 서인들은 공자의 사당인 문묘에 배향하기 위해서라면 목숨까지거는 적극성을 보였다.

서, 동시에 신라의 설총과 최치원에서 고려의 안향과 정몽주 그리고 조선의 유학자들을 모시는 곳이었다. 따라서 서인들은 종묘보다는 문묘에 배향되는 것을 훨씬 중요하게 생각했고, 당파의 문묘 배향을 위해서라면 목숨도 거는 적극성을 보이게 되었다.

그렇다면 광해군 때부터 본격화되는 이이와 성혼의 문묘 배향 운동이 일어나기 전까지 문묘 배향 현황은 어떠했을까? 우리나라 문묘의 시초는 714년(신라 성덕왕 13) 김수충(金守忠)이 당나라에서 공자와 10철 72제자의 그림을 가져다가 국학에 둔 것이었다. 이후 이 전통은 고려를 거쳐 조선으로 이어지게 되었다.

우선 조선에서 이루어진 문묘 배향 과정을 정리해보자. 간단히 말하면 문묘란 국학에 세워진 공자의 사당이다. 이것은 한나라 때부터 생겨난 것으로 유학을 국가 지도 이념으로 한다는 뜻이기도 했다. 조선은 건국 이념 자체가 유학이었다. 그래서 일찍부터 성균관에 공자를 비롯해 그 제자들의 위패를 봉안하는 대성전이 있었다.

조선의 유학자들이 문묘에 배향된 것은 1611년(광해군 3)이 처음이다. 흔히 동방 5현으로 일컬어지는 김굉필, 정여창, 조광조, 이언적, 이황 등 5인이 그들이다. 이들의 문묘 배향 운동은 주로 경상도 유생들에 의해 선조 말경부터 추진됐다. 조광조를 제외하면 다 경상도 사람들이었다. 그러나 선조의 입장은 일관됐다.

"우리나라 유현(儒賢)들이 중국 유현에 미치지 못하기는 하지만 그대들의 정성스러운 뜻을 잘 알았다. 다만 이는 중대한 일이므로 경솔하게 행하기는 어렵다."

어쩌면 이것이 정답인지 모른다. 그러나 영남의 남인과 북인들이 중심이 된 동방 5현 배향 운동은 북인 정권이던 광해군 때 결국 관철된다. 시작은 북인이 한 셈이다. 약간의 논란이 없지 않았지만 이들 5인의 문묘 배향은 적어도 조선의 유학자들 사이에서는 하나의 당위로 받아들여졌다. 이른바 도통(道統)이라는 명분이 있었기 때문이다.

문은 북인이 열었지만 문묘의 상징성을 최대한 활용한 쪽은 서인이었다. 인조반정으로 집권에 성공한 서인들은 대부분 이이와 성혼의 직간접적인 문인들이었다. 권력을 가진 이들은 자신들의 정통성을 학문적으로 뒷받침하기 위해 이이와 성혼을 문묘에 배향하려고 시도했다. 특히 서인은 이이를 이황과 대등한 위치에 놓으려는 포부를 갖고 있었다.

문묘 배향은 예송논쟁과 더불어 서인과 남인 간 이데올로기 논쟁의 핵심 쟁점이었다. 이이의 문묘 배향은 인조반정 한 달여 만에 제기됐다. 반정 세력은 그전부터 이 문제를 오랫동안 숙의해왔던 것이다. 그러나 사안의 폭발성을 알고 있던 인조는 반대했다. 당시 성혼의 경우는 죄를 입어 신원도 되지 않은 상태였다.

그러나 서인들은 한 치도 물러서지 않았다. 김집이 주도하는 서인 산림 세력은 연명상소 등을 통해 집요하게 인조를 압박했다. 성균관에서는 서인 계통의 유생과 남인 계통의 유생이 연일 충돌했고 조정에서는 논쟁이 벌어졌다. 그러나 인조는 끝내 이이와 성혼의 문묘 배향을 허락하지 않았다. 이후 문묘 배향 운동은 더욱 심각하게 진행됐음에도 불구하고 서인과 가까웠던 효종 대에도 이뤄지지 않았다.

현종 대는 서인들의 힘이 절정에 이른 때였다. 예송논쟁에서도 서인들이 압승을 거뒀다. 이런 분위기에 힘입어 송시열과 송준길은 이이와 성혼의 저작들을 현종이 직접 읽어볼 것을 권하는 방식으로 문묘 배향을 압박해 들어갔다. 그러나 유생들의 합의 없이 이이와 성혼을 문묘에 배향했을 때 생길 수 있는 후폭풍을 감당하기 어려웠던 현종은, 집권 초기에 보인 관심에도 불구하고 결국 문묘 배향의 결단을 유보했다.

이이와 성혼의 문묘 배향은 뜻밖에도 숙종 때에 와서 이뤄졌다. 경신환국이 있고 나서 서인들이 집권하자 서인 계통의 관리들과 유생들은 전방위로 숙종을 압박해 들어갔다. 게다가 대신 김수항, 김수흥, 정지화, 민정중, 이상진 등이 하나같이 나서 "배향하는 것이 합당하다"고 아뢰자 숙종은 마침내 이듬해(1681〔숙종 7〕) 9월 "이이와 성혼의 문묘 배향 요청을 윤허한다"고 명한다. 인조반정 이후 무려 4대 58년에 걸친 논란 끝에 문묘 배향이 이뤄지는 순간이었다.

사실 그전까지는 서인 정권이라 하더라도 일부 남인들이 늘 조정에 참여하고 있었기 때문에 반대 의견을 격렬하게 개진할 수 있었다. 그러나 경신환국 직후에는 남인 세력이 거의 박멸당하다시피 했기 때문에 일이 일사천리로 진행됐다. 특정 정파에 힘을 전폭적으로 몰아주는 숙종의 정국 운영 스타일도 이이와 성혼의 문묘 배향이 가능할 수 있었던 결정적 요인 중 하나였다.

숙종은 서인의 반(反)왕실적 성향을 잘 아는 군주였다. 그러나 남인 제거를 위해서라면 적과의 동침도 불사한다는 심정으로 서인을 끌어들였기 때문에, 반대급부 차원에서라도 서인이 줄기차게 주장해온 문묘 배향을 허락할 수밖에 없었다. 물론 강극한 성향의 숙종은 얼마 후 자신이 권력을 잡고 나면 문묘 배향이야 취소하면 그만이라고 생각했을 것이다. 실제로 숙종은 몇 년 후 서인을 축출하고 남인을 재등용하면서 이이와 성혼도 문묘에서 내쫓는다.

이후 이이와 성혼의 문묘 배향은 환국과 부침을 함께할 수밖에 없었다. 1689년(숙종 15) 기사환국으로 남인이 재집권하자 유생들을 동원해 이이와 성혼의 문묘 출향을 건의했고, 얼마 후 숙종은 이들의 요청을 윤허했다. 이때 숙종의 말이다.

"두 신하는 문묘에 배향해서는 안 되는데 나 때문에 문묘를 더럽히게 되었다. 지금 와서 생각해보니 후회스럽고 한스러운 마음이 간절하다."

뼛속까지 정치적인 군주였던 숙종은 이 정도의 말은 아무렇지도 않게 할 수 있는 사람이었다. 다시 서인이 집권하는 갑술환국이 있기 직전인 1694년(숙종 20) 2월에는 이이와 성혼의 출향에 반하는 글을 엄금하는 비망기를 8도 군현에 내리기까지 했다. 여기에는 이런 대목이 나온다.

"이이나 성혼은 본래 덕이 갖춰진 사람이 아니고 가리기 어려운 결점이 많은데도 내가 살피지 못하고 함부로 배향하게 되었다. 그런데도 이미 거행했으므로 잘못을 바로잡고 시비를 밝힐 방도를 생각하지 않아야 한다고 말할 수 있는가? 이것이 교화를 새롭게 하는 처음에 공론을 쾌히 따른 까닭이다. 다만 그때는 이이나 성혼을 위해 편드는 사람이 있었고 조정의 명령을 거역해 즉각 출향하지 않은 사람도 있었다. 인심이 퇴폐하고 의리가 가려진 이때에 암퇘지가 머뭇거리듯 사설(邪說)이 멋대로 행해지는 것을 엄하게 막지 않을 수가 없다. 지금부터 이이와 성혼의 일로 공론을 고려하지 않고 몸을 던져 깃발을 드는 자는 문묘 모독죄로 논할 것을 명백히 포고한다!"

그리고 한 달여가 지나 서인이 집권하는 갑술환국이 있었다. 숙종 때 환국이 진행될 때마다 반복되는 일이 두 가지 있었다. 하나는 피의 숙청,

그리고 다른 하나는 이이와 성혼의 문묘 배향과 출향이었다. 갑술환국이 일어나자 역시 10여 명의 남인들이 처형당했고 100여 명이 유배, 삭탈관 직, 파직 등을 당했다. 피의 숙청이었다.

이이와 성혼은 서인의 정신적 뿌리였다. 다시 이들이 문묘에 배향되는 일은 시간문제였다. 그렇다면 이제 숙종은 어떤 태도를 취할 것인가? 다시 복향(復享)을 할 경우 국왕의 체통이 말이 아니었다. 그러나 숙종은 조금도 개의치 않았다. 환국 직후인 4월 21일 성균관 유학 신상동이 이이와 성혼의 복향을 청하자 일단은 '난처하다'는 입장을 밝힌다. 5월에도 경기도 유생들의 복향 상소가 올라왔다. 이때 예조판서 윤지선과 영의정 남구만은 신중한 처리를 당부하는데 오히려 숙종이 앞장서서 복향을 결정해버린다.

남구만과 윤지선은 형식적으로라도 대신들을 불러모아 논의에 붙일 것을 건의했지만 숙종은 "바른 사람을 욕하는 무리에게 속아 두 어진 신하를 출향하기에 이르렀으므로 항상 후회하고 한탄해왔다"며 "특별히 두 신하의 복향을 명한다"고 말했다. 숙종은 문묘 배향을 자신의 정치적 도구로 삼고 있었던 것이다. 출향을 주장했던 남인들은 그 자리에서 귀양을 떠나야 했다.

◎　　　**서인들, 공자의 사당을 점령하다**

이이와 성혼에 이어 서인의 실질적인 지도자 김장생에 대한 문묘 배향 운동이 일어난 것은 자연스러운 움직임이었다. 1631년(인조 9) 김장생이 세상을 떠난 직후 장유가 김장생의 시호를 청했지만 인조는 윤허하지 않았다. 서인의 득세를 우려했기 때문이다. 그러나 서인들의 움직임은 집요했고 1658년(효종 9) 마침내 문원(文元)이라는 시호가 내려졌다.

시호는 신호탄일 뿐 궁극적인 목표는 문묘 배향이었다. 숙종 대 말인 1712년(숙종 38) 유생 1,000여 명이 상소해 청하면서 김장생의 문묘 배향 운동이 시작됐다. 이때는 숙종이 친왕적인 소론을 물리치고 노론과의 타협을 시도할 때였다. 결국 운동을 시작한 지 5년 만인 1717년(숙종 43) 상소가 받아들여져 문묘의 동무(東廡)에 배향됐다. 동무란 문묘의 정면을 바라보고 오른쪽을 말한다. 왼쪽보다 더 권위 있는 자리다.

영조가 노론의 지원으로 집권하자 첫해부터 송시열과 송준길을 문묘에 배향해야 한다는 상소가 빗발쳤다. 이처럼 문묘 배향은 철저히 정치 투쟁과 맞물려 돌아갔다. 영조는 허락하지 않았다. 노론 역시 물러서지 않고 유생들을 동원해 해마다 여러 차례 상소를 올렸다. 영조가 마침내 두 사람의 문묘 배향을 허락한 때는 1756년(영조 32) 2월 1일이다. 이렇게 해서 송시열은 서무, 송준길은 스승 김장생 아래의 동무에 놓이게 되었다.

흥미롭게도 영조가 송시열과 송준길 두 사람의 문묘 배향을 허락한 지 한 달여가 지난 3월 중순부터 박세채에 대한 종묘 배향 운동이 일어난다. 그리고 2년 후인 1758년(영조 34) 8월부터는 김장생의 아들 김집과 서인의 행동대장 격이었던 조헌에 대한 문묘 배향 운동도 시작된다. 이후 상소의 횟수로 보자면 박세채보다는 김집과 조헌의 문묘 배향 운동이 훨씬 강도 높게 진행됐다.

영조는 1764년(영조 40) 3월 1일 박세채의 배향을 명한다. 송시열의 제

자였던 박세채의 배향을 명
하면서 영조가 남긴 말이 인
상적이다. 그것이 얼마나 정
치적 행위였는지를 단적으
로 보여주고 있는 것이다.

"지금 배향하지 않으면 또
다른 당(黨)이 생길 것이다.
비록 결단해 행했지만 문묘
는 사체(事體, 사리와 체면)가
중한 만큼 후에 다시 배향을
청하는 자는 승정원에서는
글을 받지 말라. 나도 엄히
처분하겠다."

이것은 김집과 조헌에 대
해서는 불허하겠다는 통보
와 같았다. 영조의 위세에
눌린 때문인지 김집과 조헌

문묘에 배향한 위패들의 모습을 기록한 성균관 대성전 위패 봉안위차도(成均館大成殿位牌奉安位次圖). 배향된 인물은 총 39명으로 중국의 5성, 공자 문도의 10철, 송나라 때의 6현, 그리고 우리나라의 18명이 배향돼 있다.

에 대한 문묘 배향 운동은 한동안 물밑으로 들어간다.

정조 때 들어 1796년(정조 20)경 다시 김집과 조헌에 대한 문묘 배향 운동에 불이 붙는다. 이에 대해 남인들은 당파가 생기기 이전에 활동했던 인물인 김인후를 배향해야 한다고 맞섰다. 노론은 그해 7월부터 김인후, 김집, 조헌 3인의 배향안을 들고 나온다. 그렇게 해서라도 김집과 조헌의 배향을 관철하려는 우회 전략이었다. 그러나 저의를 모를 리 없는 정조는 남인에게 힘을 실어주기 위해 9월 17일 전격적으로 김인후 단독 배향을 결정한다. 노론 벽파로서는 허가 찔린 셈이었다.

인종 때 당파가 생기기 이전 인물인 김인후는 서무의 이언적 다음, 성혼의 위쪽에 자리 잡는다. 이이와 성혼 배향 이후 거의 유일한 비(非)서인 인물이 배향된 것이다.

김집과 조헌은 고종 때에 와서 맨 마지막으로 문묘에 배향된다. 물론 두 사람 모두 서인의 핵심들이다. 게다가 김장생과 김집은 부자지간이다. 이처럼 문묘 배향은 사실 자체보다는 과정에 주목할 때 그 의미가 명확하게 드러난다.

역사를 두고 벌이는 전쟁, 왕과 실록

◎ **"선대의 신하가 그 실록을 쓸 수는 없습니다!" :
1409년 8월 28일**

1408년(태종 8) 5월 24일, 조선 개국의 영웅이자 아들에게 왕위를 빼앗긴 비운의 왕 이성계가 74세를 일기로 파란만장했던 삶을 마감한다. 그리고 8월 7일 신하들은 태조(太祖)라는 묘호를 올린다. 고려 때 왕건이 그러했듯이 개국 영웅은 당연히 태조였으므로 이성계의 묘호를 둘러싼 논란은 없었다.

논쟁은 그로부터 1년여가 지난 1409년(태종 9) 8월 28일, 태종이 춘추관 영사 하륜을 불러 《태조실록》 편찬을 명하면서 시작됐다. 역사 편찬을 담당하는 예조 산하의 관청인 춘추관에는 영사(정1품), 지사(정2품), 동지사(종2품)의 고위직 외에 수찬관, 편수관, 기주관, 기사관 등의 실무직이 있었다. 태종이 명을 내릴 당시 영사는 하륜, 지사는 유관, 동지사는 정이오, 변계량으로 당대의 쟁쟁한 정치가이자 최고의 학자들이었다.

명을 받은 하륜은 즉시 실무 사관들에게 "임신년부터 경진년까지의 사초를 모두 거둬들이라"고 지시했다. 그런데 뜻하지 않게 말단 실무직인 기사관들이 유관과 변계량을 찾아와 따지듯이 물었다.

"예전 역사서를 보건대 모두 3대 후에 이루어졌습니다. 고려 때도 역시 그러했습니다. 그런데 '태조실록'을 어찌 오늘날에 편수할 수 있습니까? 왜 춘추관에서 상소를 올려 중지하기를 청하지 않습니까?"

이유 있는 항의였다. 그런데 유관과 변계량은 옆으로 비켜서며 영사 하륜에게 직접 따지라고 말한다. 기사관들이 하륜을 찾아가 같은 내용을 말하자 하륜은 정반대로 '옛날 역사서는 바로 다음 임금 때 이뤄졌다'며 묵살했다. 기사관들도 물러서지 않고 이렇게 반박했다.

"태조의 구신(舊臣)이 태조의 실록을 편찬하면 후세의 의논이 어떻겠습니까?"

역사 서술의 객관성 혹은 공정성과 관련해 정곡을 찌르는 주장이었다. 지금도 우리는 한 인물을 어느 정도 객관적으로 평가하려면 적어도 한 세대, 30년은 흘러야 한다고 말한다. 기사관들이 반박했던 것도 같은 맥락이었다.

태종을 제외한다면 최고의 실권자였던 하륜은 당대 최고의 경세가요, 노련한 정객이었다. 그는 신진 사관들의 주장을 일거에 묵살하며 이렇게 말했다.

"한때의 일만을 기록하는 젊은 사관이 어찌 태조의 일을 빠짐없이 기록하겠나? 족히 사실로 삼을 수 없네. 마땅히 노성한 신하가 죽지 않았을 때 본말을 빠짐없이 기록해 실록을 만들어야 하네. 이것이 마땅히 할

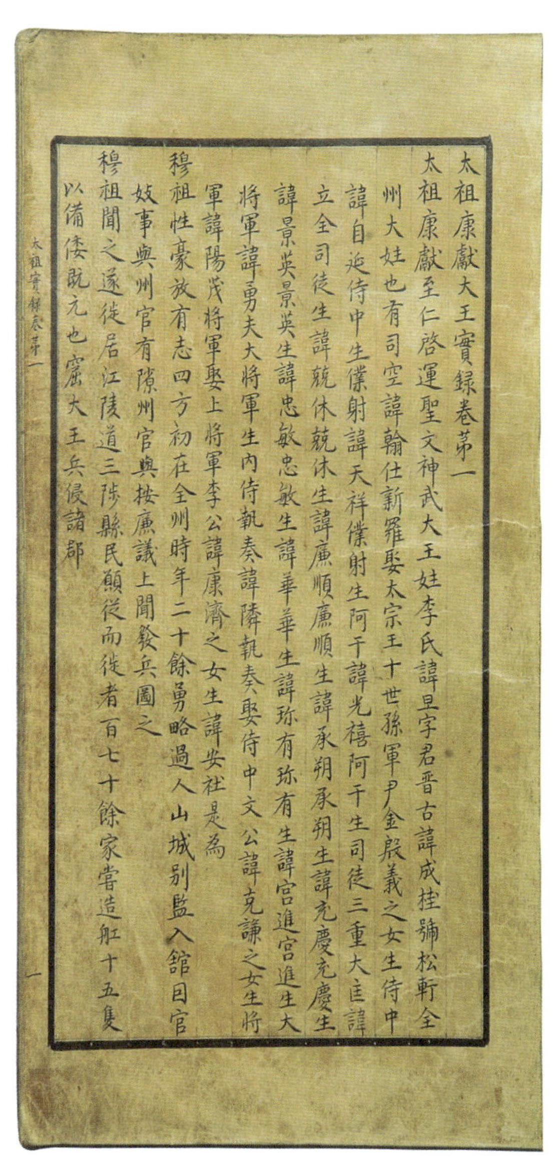

太祖康獻大王實錄卷第一
太祖康獻至仁啓運聖文神武大王姓李氏諱旦字君晉古諱成桂號松軒全
州大娃也有司空諱翰仕新羅娶太宗王十世孫軍尹金殷義之女生侍中
諱自延侍中生傑射諱天祥傑射生阿于諱光禧阿于生司徒三重大匡諱
立全司徒生諱兢休兢休生諱廉順廉順生諱承朔承朔生諱充慶充慶生
諱景英景英生諱忠敏忠敏生諱華華生諱珛有珛有生諱宮進宮進生大
將軍諱勇夫大將軍生內侍執奏諱隣執奏娶侍中文公諱克諫之女生將
軍諱陽茂將軍娶上將軍李公諱康濟之女生諱安社是為
穆祖性豪放有志四方初在全州時年二十餘勇略過人山城別監入舘囙官
奴事與州官有隟州官與按廉議上聞發兵圖之
穆祖聞之遂徙居江陵道三陟縣民顛從而徙者百七十餘家嘗造舡十五隻
以備倭既元也窟大王兵侵諸郡

太祖實錄卷第一

《태조실록》. 15권 3책으로서 현전의 정족산본은 필사본이고 태백산본은 인본(印本)이다. 태조 재위 기간에는 왕위 계승을 둘러싼 왕자들 간의 혈투가 벌어지는 등의 정치적 소용돌이가 있었다. 《태조실록》에는 이 같은 개국 초창기의 사실(史實)이 담겨 있어 고려 말과 조선 초기의 역사와 문화를 연구하는 데 기본적인 자료가 된다.

일일세. 지금 사헌부와 사간원의 신하들은 사람의 과실을 말하는 것도 꺼리지 않는데, 하물며 글로 사람을 포폄하는 것이겠는가? 예전 사람이 문헌(文獻)이라고 말하는데 문(文)은 사기(史記)고, 헌(獻)은 노성한 사람을 말함이네. 나는 그대들이 말하는 불가하다는 주장을 이해하지 못하겠네."

양쪽의 주장은 지금도 이어지고 있는 신진과 노장의 역사관 충돌을 보는 듯하다.

논쟁은 격화됐다. 9월 8일에는 예조판서 이응이 젊은 사관들을 거들며 3대 후에 편찬하는 것이 옳다고 주장했고 태종도 일단 한걸음 물러나 좀 더 논의해볼 것을 명한다. 아마도 태종은 심복 하륜과 이 문제를 깊게 의논했을 것이고, 하륜은 실록 편찬 강행을 주문했을 것이다. 결국 이듬해(1410년) 1월 10일, 《태조실록》 편찬 작업이 시작된다. 여기에는 기주관(記注官)으로 조말생, 권훈, 윤회, 기사관(記事官)으로 신장이 참여했는데, 모두 세종 때 명신으로 이름을 날리게 된다. 《태조실록》 편찬 작업은 2년 2개월여가 지난 1413년(태종 13) 3월 22일 15권 분량으로 완성된다. 이후 조선에서는 선왕이 죽으면 바로 다음 대에서 실록을 편찬하는 것이 전통으로 자리 잡는다.

◎　　**실록을 보는 왕들 VS 실록을 다시 쓰는 신하들**

자신이 가장 신뢰하던 하륜이 주도했으니 역사관이나 서술 방향에 대해 신뢰감을 가졌을 것임에도 불구하고 1413년 《태조실록》이 완성되자 태종은 그 내용이 궁금했다.

태종이 실록의 내용을 보고 싶다고 하자 다시 하륜과 변계량 사이에 의견이 갈렸다. 하륜은 보는 것이 옳다는 입장이었고 변계량은 보지 않는 것이 옳다는 입장이었다. 고민 끝에 태종은 변계량의 손을 들어주었다. 실록을 보면 당장은 속이 시원하겠지만 그것이 하나의 전례가 될 경우 후대에 실록에 대한 자의적인 개정이나 개악의 길을 열어놓을 수 있기 때문이었다.

1431년(세종 13) 3월 20일 춘추관에서 《태종실록》 편찬을 끝내자 세종도 하륜과 변계량의 논쟁을 언급하면서 자신이 《태종실록》을 열람하는 것이 어떤지 신하들에게 묻는다. 우의정 맹사성, 제학 윤회, 동지총제 신장 등이 나서 간곡한 반대 의견을 올렸다.

"전하께서 이를 보신다면 후세의 임금이 이를 본받아 고칠 것이며, 사관 또한 왕이 볼 것을 의심해 사실을 다 기록하지 않을 것입니다. 그러니 어찌 후세에 진실함을 전하겠습니까?"

신하들은 태종이 우려했던 바로 그 점을 지적했다. 윤회나 신장은 《태종실록》 편찬에 참여하면서 역사를 대하는 태종의 태도를 직접 보았기 때문에 이런 주장을 더욱 당당하게 펼칠 수 있었다.

그렇다면 역대 조선 왕들은 선대의 실록을 전혀 보지 못했을까? 그렇지 않다. 1438년(세종 20) 3월 2일, 세종은 선왕들의 행적을 제대로 알아야 올바른 정치를 할 수 있지 않겠느냐는 논리를 내세워 《태조실록》을 열람했다면서, 같은 이유로 《태종실록》을 열람하겠다는 의사를 밝힌다. 이에 영의정 황희가 《태종실록》을 편찬한 자들이 지금 모두 전하의 신하들인데 전하께서 실록을 열람하신다면 그것만으로도 많은 이들이 불편할 것"이라며 반대하자 세종은 《태종실록》 열람을 포기했다.

성격상으로 본다면 학식이 출중하고 호방한 품성의 세조가 실록을 보고 싶어 했을 가능성이 높다. 그러나 이미 《세종실록》은 편찬돼 있었고 자신이 쿠데타로 집권한 후에는 형인 문종의 실록을 편찬해야 했기 때문에 그다지 보고 싶어 하지는 않았다. 다만 한 가지, 1455년(세조 1) 윤6월 12일 춘추관에서 《문종실록》 편찬 작업에 착수한다는 보고를 올렸을 때 이런 지침을 내렸다.

예로부터 사관은 과거에 있었던 사실을 그대로 쓰는 것이니 문종대왕 실록 속에 혹시 과실을 말한 곳이 있더라도 삭제하지 말라.

보기에 따라서는 자신의 형인 《문종실록》에 가능하면 부정적인 내용을 많이 적어 넣으라는 은근한 압력처럼 느껴진다. 대신 세조는 11월 10일 《문종실록》이 13권으로 편찬 작업을 마쳤을 때 그것을 보겠다는 요구는 한 번도 하지 않았다. 같은 정난공신들이 편찬했으니 굳이 볼 필요가 없다고 생각했을 수도 있다.

실록 열람과 관련해서는 연산군을 빼놓을 수 없다. 1498년(연산군 4)에 터진 무오사화는 실록 편찬을 둘러싼 훈구 세력과 신진 사림 간의 충돌이었다. 무오사화는 사사건건 성종을 내세워 자신을 압박해오던 신진 사림에게 연산군이 결정적으로 반격을 가할 수 있는 빌미를 제공했다. 7월 13일 연산군은 다음과 같은 전교를 내린다.

"홍문관과 예문관에서 실록을 보는 것은 부당하다고 했는데, 평시라면 이 말이 맞다. 그러나 지금 큰 일을 상고하려고 하는데 완강히 불가하다고 하니, 이는 반드시 꺼리는 내용이 있어서다. 의금부에 내려 국문하라!"

연산군이 실록을 열람했음은 물론이다. 이로 인해 실록 편찬자들은 '이제 폭군을 만나면 실록은 언제든 공개될 수 있다'는 불안감 속에 편찬에 임해야 했는지 모른다. 하지만 이렇게 실록을 보는 문제로 왕권과 신권이 부딪힌 것은 조선왕조 초기의 이야기이다.

조선을 전반기와 후반기로 나눌 경우 대체적으로 전반기에는 왕권이 강했고 후반기에는 신권이 강했다. 왕권 대 신권의 강약은 실록 편찬에서도 나타난다. 전반기에는 태종이나 세종처럼 선대의 기록을 보고 싶어 하는 것이 문제였지만 후반기로 가면 신하들이 노골적으로 이미 완성된 실록을 다시 써야 한다고 주장하는 상황이 벌어진다. 신권 강화로 인한 당쟁의 여파였다.

명종 때까지만 해도 조선 왕실은 우여곡절이 있긴 했어도 정비 소생인 적자들이 왕통을 이어왔다. 그러나 명종 때 적통이 끊기면서 처음으로 중종 후궁의 손자인 선조가 추대 형식으로 왕위에 오른다. 그 때문인지 신권이 강해져 당쟁이 시작됐다. 이런 투쟁은 고스란히 실록 편찬 과정에도 반영된다.

선조 시대에 대해서는 《선조실록》과 《선조수정실록》이 있다. 《선조실록》에는 그것이 편찬되던 광해군 때 집권 세력이었던 북인의 시각이 반영될 수밖에 없었다. 그러나 서인이 주도한 인조반정으로 북인들이 내몰리면서 《선조실록》에 대한 전면적인 수정 작업에 들어가 1657년(효종 8) 《선조수정실록》이 편찬됐다. 다행스럽게도 《선조실록》을 파기하지 않았기 때문에 두 개의 실록은 후대의 입장에서 보면 사건이나 인물의 양면

성을 살필 수 있는 소중한 기회를 제공하기도 한다.

《현종실록》도 훗날 개수 작업을 거쳐《현종개수실록》이 나오게 된다. 《현종실록》은 숙종 초 권력을 잡았던 남인의 시각이 담겨 있었기 때문에 경신환국으로 권력을 다시 잡은 서인 세력에 의해 대대적인 수정 증보 작업이 이뤄졌다. 서인들이 역사를 왜곡한 것인지, 아니면 재평가를 통해 사실(史實)을 바로잡은 것인지는 지금도 학계의 논쟁거리다.

《숙종실록》은 영조 초 노론이 주도해 편찬했다. 그러나 얼마 후 소론이 득세하면서 수정 내지 개수를 시도하려 했지만 노론의 힘이 여전히 막강했기 때문에 극히 일부를 손대는 선에서 그쳤다. 그래서 이름도《숙종보궐정오(肅宗補闕正誤)》다. 약간 보충하고 미미한 오류를 바로잡았다는 뜻이다. 만약 소론이 막강했다면 '숙종개수실록'이나 적어도 '숙종수정실록'이 나왔을지도 모른다.

《경종실록》이 바로 그런 경우다. 영조 초 권력을 장악한 소론의 이집, 조문명 등이 주도해 편찬을 완성한 것이《경종실록》이다. 그러나 영조 중반 권력을 다시 쥔 노론은 오랜 준비를 거쳐 마침내 1781년(정조 5)에 《경종수정실록》을 내게 된다. 특이하게도 수정의 범위가 가장 미미했던 《숙종보궐정오》를 제외한다면 역대로 수정, 개수, 수정 등의 작업을 추진한 세력은 서인과 노론이었다. 그들은 역사를 장악해야 당대뿐만 아니라 미래에도 권력을 쥘 수 있다고 생각했는지도 모른다.

개국 당시 조선에는 사료를 보관하는 곳이 두 곳이었다. 하나는 춘추관 사고로 내사고였고 또 하나는 충주 사고로 외사고였다. 사고를 이처럼 중앙과 지방에 나눠 설치한 것은 잦은 외침을 겪은 고려가 사료 보존을 위해 강구해낸 방법이었다. 이후 1439년(세종 21) 경상도 성주와 전라도 전주 두 곳을 추가로 외사고로 지정해 4사고 체제가 갖춰진다.

《조선왕조실록》에 닥친 첫 번째 시련은 1538년(중종 33) 성주 사고 전소였다. 11월 13일 조정은 이 전대미문의 사건으로 발칵 뒤집어진다. 경상도관찰사 강현이 서장을 올려 '11월 6일 화재로 인해 성주 사고가 전부 불타버렸다'고 보고한 것이다. 당시 중종의 발언을 보면 왕과 조정이 얼마나 충격을 받았는지를 간접적으로 알 수 있다.

"지금 서장을 보니 사고가 불에 탔다고 했는데 지극히 놀라운 일이다. 이러한 사고가 있을 것을 염려해 사초(史草, 여기서는 실록을 뜻한다)를 큰 고을에 나누어 간직하고 있다. 그러나 일찍이 이런 변고는 보지 못했다."

일단 조정에서는 11월 16일 삼정승 등이 모여 춘추관 사고에 있는 실록을 등사(謄寫)해 성주 사고가 새롭게 완성되는 대로 다시 보내도록 한 후 정확한 사고 원인 규명을 위해 현지에 경차관(敬差官)을 보낸다. 경차관은 일종의 특별 조사관이다. 경상도관찰사는 실화(失火)라고 보고했지만 방화일 가능성이 크다고 보고 내린 조치였다.

이듬해(1539년) 1월 14일 성주추고경차관(星州推考敬差官)으로 내려갔던 조사수가 최종 조사 보고서인 계본(啓本)을 올렸다.

관노 종말과 그의 아들 말이 등이 사고의 누각 위 중층 산비둘기가 모여 잠자는 곳에서 불을 켜들고 비둘기를 잡다가 불이 창틈으로 떨어졌다. 이에 비둘기 둥우리에 불이 붙었는데 마침 바람이 세차게 불었으므로 걷잡을 수 없이 타버렸다. 종말과 말이 등은 세 차례 형신을 받고서 승복했다.

참으로 어이없는 실화로 인해 화재가 났던 것이다. 그러나 50여 년 후인 1592년(선조 25) 임진왜란이 일어나면서 성주 사고는 물론이고 충주 사고와 한양의 춘추관 사고까지 불타버리고 오직 전주 사고만이 전화를 피하게 된다. 당시 파죽지세로 경상도를 점령한 왜군 한 무리는 남원을 거쳐 전주를 향하고 있었다. 상황이 급박하게 돌아가자 전라도관찰사 이광, 전주부윤 이정, 경기전 참봉 오희길 등은 대책 마련에 들어갔다. 전주에는 실록뿐 아니라 태조의 어진도 모신 경기전도 있었다. 이들은 실록과 어진을 숨겨둘 수 있는 적지로 내장산 은봉암을 지목하고 말 수십 마리를 동원해 태조 대에서 명종 대까지의 실록 805권 614책을 비롯해《고려사》 등을 60여 개의 상자에 담아 옮겨놓았다. 이때가 1592년 6월 22일이다. 그러나 실록이 겪어야 할 시련은 이제 시작에 불과했다.

이듬해(1593년) 7월 9일 의주에 있던 조선 조정은 내장산에 있던 실록과 태조 어진을 보다 안전한 곳으로 옮기기로 결정을 하고 다음 날 춘추관 대교 조유한을 현지에 파견한다. 현지로 내려간 조유한은 관찰사 이광 등과 의논한 끝에 어진은 의주로 가져가고 실록은 충청도 아산을 거쳐 황해도 해주로 옮기기로 한다. 7월 29일 결정이 났으니 실제 이전 작업은 8월 초쯤 이뤄졌을 것이다. 그리고 2년이 지난 1595년(선조 28) 전

태백산 사고의 현판. 1605년(선조 37) 10월 경상감사 유영순이 태백산의 봉우리 아래가 사고지(史庫址)로서 적당하다고 보고하자 조정에서 이를 받아들여 공사에 착수했다. 다음 해 4월 사고 건축을 완성하고 신인본 1질을 봉안해 외사고의 기능을 수행하게 되었다.

황이 안정되고 선조도 한양으로 와 민심이 어느 정도 수습돼가던 9월부터 실록을 새롭게 베끼는 문제와 보다 안전한 곳으로 옮겨 영구적으로 보존하는 방법에 대한 논의가 이루어졌다. 10월 24일 유성룡이 이끌던 춘추관에서는 강화도로 옮기는 방안을 제시했다. 선조도 동의했고 결국 실록은 강화도로 옮겨가게 된다.

그런데 1597년(선조 30) 정유재란이 일어나고 서울과 강화도가 왜군에게 함락될 상황이 되자 강화도의 실록은 9월경 다시 피난길에 나선다. 이번에는 평안도 묘향산의 보현사 별전에 모셨다. 그러나 숭유억불(崇儒抑佛) 하던 조선 관리들은 국보나 다름없는 실록을 산승들의 손에 맡기는 것이 못내 불안했다.

1598년(선조 32) 마침내 7년 전쟁은 끝났다. 조정에서는 서둘러 산사에 있는 실록을 옮겨올 것을 논의하면서 일단 1600년(선조 33) 1월 영변부의 집 한 채를 확보해 옮긴 다음 3년 후인 1603년(선조 36) 강화도 사고로 가져온다.

왜란을 통해 선조와 조정 관리들은 큰 교훈을 얻었다. 논란 끝에 4사고 체제를 5사고 체제로 바꾸면서 한양의 춘추관 외에 외사고로 강화도 마니산, 평안도 묘향산, 강원도 태백산과 오대산이 선정됐다. 이와 더불어 5사고에 보관할 실록 등사 작업이 1603년부터 1606년까지 진행됐다. 이렇게 모두 5질을 만들어 각각 5사고에 보관함으로써 더욱 안전한 보관 체제가 확립될 수 있었다.

그러나 실록의 시련은 멈추지 않았다. 인조반정에 적극 관여했던 이괄이 2등공신으로 책정된 데 불만을 품고 1624년(인조 2) 평안도를 근거로 반란을 일으켰다. 평안도는 조선 최정예 부대가 있었기 때문에 이들이 진격해 내려오자 순식간에 한양이 점령당했고 인조는 공주 쪽으로 피난을 가야 했다. 조선사에서 내부 반란으로 한양이 점령당한 것은 이때가 처음이자 마지막이었다. 당시 궁궐이 불타면서 춘추관이 소실돼 춘추관 실록의 상당수가 불타버렸다. 춘추관에서는 《광해군일기》 편찬을 위해 《승정원일기》를 비롯한 많은 사료들을 보관하고 있었는데 이 또한 함께 불타 없어졌다. 《선조실록》의 경우도 왜란 초기에 춘추관이 불타는 바람에 선조 즉위 때부터 임진왜란 때까지 25년간의 《승정원일기》와 기초 사료들이 없어져 신하들의 가장(家藏) 사료로 얼기설기 엮어야 했다. 《선조실록》 전반부가 부실하기 그지없는 것은 이 때문이다.

병자호란은 강화도 마니산 사고를 크게 파손시켰다. 1653년(효종 4)에는 이곳에 화재가 발생해 남아 있던 실록마저 상당 부분 멸실됐다. 이에 사고를 마니산에서 보다 안전한 정족산으로 옮겨야 한다는 주장이 제기됐고 효종이 허락함으로써 이전 작업이 추진됐다. 1660년(현종 1) 정족산 사고가 만들어졌고, 현종 대에 그동안 멸실된 실록을 모두 복원해 정족산 사고에 보관하게 된다. 이처럼 실록의 역사는 우리 민족의 고난과 고스란히 겹쳐진다.

왕의 일거수일투족을 기록으로 남기다

조선 건국 초인 1392년(태조 1) 9월 14일, 예문춘추관에서는 앞으로의 역사 편찬을 위해 다음과 같은 건의를 올렸다.

첫째, 정전에서 모든 일을 재결하고 신료들을 접견할 때에는 항상 사관으로 하여금 좌우에 입시하게 하여 크고 작은 일을 논할 것 없이 모두 들도록 하소서.

둘째, 겸관(兼官)으로서 수찬 이하의 관직에 충당된 사람은 각자 보고 들은 바를 기록하고 사초로 만들어서 모두 춘추관으로 보내게 하소서.

셋째, 춘추관으로 하여금 서울과 지방의 크고 작은 아문(衙門)에 직접 공첩을 보내, 시행한 것이 정령(政令)에 관계되고 권계(勸戒)에 전할 만한 것은 명백히 공문서로 보내게 하소서. 또한 도평의사사와 검상조례사(법률 제정 기관)로 하여금 항상 그 달의 마지막 날에 조례를 모두 써서 춘추관으로 보내 기록에 참고하게 하고, 이것을 일정한 법식으로 삼게 하소서.

1398년(태조 7) 12월 9일 신하들의 요청에 따라 첫 번째 경연이 열려 《논어》를 읽었는데, 태조는 신하들이 사관이 들어올 것을 요청하자 윤허하지 않았다. 이때만 해도 사관은 정전에서 이뤄지는 공식적인 행사에만 들어갈 수 있었던 것이다. 그러나 경연에서 임금과 신하들은 학문을 논하면서 정치 문제도 자연스럽게 토론했기 때문에 사관들은 한사코 경연에 들어가려고 했다.

경연에 사관이 공식적으로 입시하게 되는 것은 1399년(정종 1) 1월 7일에 이르러서이다. 정종도 사관이 경연에 입시하는 것을 꺼렸지만 문하부에서 두 차례에 걸쳐 강력한 상소를 올리자 마지못해 받아들였다. 특히 고려 말에 사관이 입시하지 못했던 맥락을 들먹이자 정종으로서는 받아들이지 않을 수 없었다.

고려 말년에 임금들이 황음무도해 부녀자와 내시를 가까이하고, 충성스럽고 어진 신하를 멀리했으며, 사관이 직서(直書)하는 것을 꺼려 가까이 있지 못하게 했으니 너무나 무도한 일이었습니다. 고려의 실정을 거울 삼고 관직을 설치한 뜻을 생각해, 사관으로 하여금 날마다 좌우에 입시해 언어와 동작을 기록하고 그때그때의 정사를 적게 하여 만세의 큰 규범으로 삼도록 하소서.

고려 말기의 영향 때문인지 당시만 해도 임금들은 사관들이 가까이에서 자신들을 지켜보는 것을 내켜 하지 않았다. 1401년(태종 1) 3월 23일 태종은 다섯 승지 그리고 경연을 돕는 시독관 김과 등과 이런저런 이야기를 나누다가 문득 생각이 났다는 듯이 이렇게 묻는다.

"지난번 사냥을 할 때 사관이 그곳까지 따라온 이유가 무엇인가?"

김과와 승지들은 입을 맞춘 듯이 이렇게 답했다.

"사관의 직책은 시사(時事)를 기록하는 것인데, 하물며 임금의 거둥이 겠습니까?"

그러나 강력한 왕권주의자였던 태종은 사관들이 자신의 일동일정(一動一靜)을 살핀다는 사실 자체가 달갑지 않았다. 결국 태종과 사관은 정전이 아닌, 편전의 출입 여부를 둘러싸고 충돌을 빚게 된다.

4월 25일 편전인 보평전에서 정사를 보고 있는데 사관 홍여강이 뜰 아래에 모습을 드러내자 태종은 환관들을 시켜 강제로 끌어낸다. 그리고 도승지 박석명을 불러 엄명을 내린다.

"무일전(無逸殿, 정전) 같은 곳에서는 사관이 마땅히 좌우에 들어와야 하지만 이곳은 내가 편안히 쉬는 곳이고 승지들이 모두 사관의 직책을 겸했으니 사관이 들어올 필요가 없다!"

태종의 이 말은 태조 초 예문춘추관에서 올린 지침에 입각해 있었다. 정전에만 전임 사관이 입시하고 편전에서는 승지들이 사관을 겸하고 있으니 굳이 들어올 필요가 없다는 논리였다. 하지만 사관의 입장에서 보자면 편전은 휴식 공간임과 동시에 인사 문제 같은 은밀한 정사가 논의되는 곳이었다. 보기에 따라서는 편전이 정전이나 경연보다 훨씬 중요한 권력의 심장부였다. 사관의 입장에서는 편전에 접근하려 하는 것이 당연했다.

홍여강이 편전에 들어오려다가 쫓겨난 나흘 후, 이번에는 사관 민인생이 또 편전에 접근하려다가 도승지 박석명에게 제지당했다. 이 모습을 태종이 목격하고 민인생에게 호통을 치자 민인생도 물러서지 않고 정종 때 문하부의 상소를 근거로 제시했다. 이에 태종은 귀찮다는 듯이 "편전에는 들어오지 말라"며 민인생을 물리쳤다.

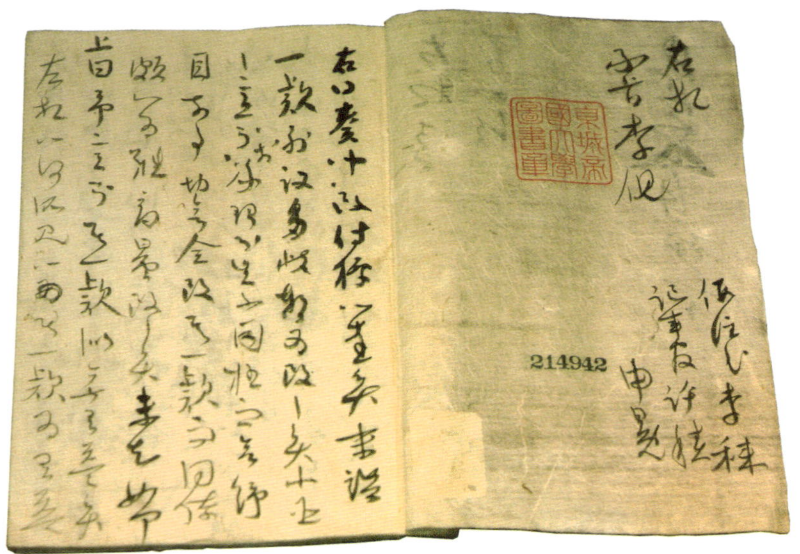

〈인조무인사초(仁祖戊寅史草)〉. 조선 후기 인조 때 작성된 것으로 보이는 사초이다. 원래 사초는 실록을 작성할 때 제출해 실록이 완성될 때 세검정에서 세초하는 것으로 되어 있지만 사초 작성자가 개인적으로 복사본을 남겨놓은 것으로 보인다. 사초에는 다듬어지지 않은 민감한 내용이 많아 유출될 경우 '정치적 시한폭탄'이 될 수 있었다.

그것은 새로운 논란의 시작이었다. 5월 8일 경연이 끝나고 태종은 경연에 참여했던 신하들에게 술자리를 베풀었다. 이때 말석에 있던 사관 민인생이 다시 나섰다.

"지금 여러 신하들과 더불어 강론하심이 매우 정밀하고 온화한 말씀이 친밀하시니, 전하께서 편전에 앉아 정사를 들으실 때라도 사관을 입시시켜 아름다운 말을 기록하게 하소서."

그러나 경연을 책임지던 동지사 이첨, 참찬관 승지 박신, 시강관 조용, 시독관 김겸, 김과 등은 펄쩍 뛰었다. 그들은 한결같이 이렇게 말했다.

"경연에 입시하는 것은 가능하지만 어찌 정사를 듣는 때에 들어오려고 합니까? 신 등도 역시 고려 신씨(우왕과 창왕)의 사관이었는데 두렵고 위축되어 감히 뵙지 못했습니다."

고려조를 들먹인 것은 실수였다. 민인생은 즉각 이들을 반박했다.

"임금이 밝으면 신하가 곧은 것입니다. 어찌 감히 고려를 오늘과 비교할 수 있습니까?"

결국 편전 입시 문제는 이 자리에서 해결을 보지 못하고 달을 넘겨 6월 22일 신하들 간의 논쟁으로 확대된다. 이날 태종은 청화정에 나아가 대명 외교 문제를 잘 처리하고 돌아온 사신단과 통사들을 불러 술자리를 베풀고 상을 내렸는데, 이 자리에 사관이 들어오려다가 문지기의 제지를 받았다. 이를 지켜보던 시독관 김과가 춘추관 수찬 노이에게 말했다.

"이미 다섯 승지가 겸관으로 임금의 언동을 기록하고 있는데 굳이 사관이 들어오려 하는가?"

그러자 노이도 지지 않고 반박했다.

"이럴 바에는 차라리 사관이라는 자리를 없애버리는 게 좋겠소!"

실록은 이에 대해 "김과가 화를 내자 두 사람 사이에 틈이 생겼다"고 쓰고 있다. 왕당파와 신권파의 갈등이라고 할까? 그러나 이후 태종은 사관의 입시 범위를 넓혔고 1413년(태종 13) 무렵이 되면 편전에서의 정사에도 매일 입시하게 된다. 그렇게 된 데는 역사를 두려워했던 태종의 생각도 중요했지만 민인생처럼 처벌을 각오하고 권력의 중핵을 기록하려 했던 사관의 기백이 큰 역할을 했다.

이후 사관의 영역은 단계적으로 확대됐다. 세종 때는 거의 모든 조정 회의에 사관 2명이 공식적으로 입시하게 되었고 세조 때는 편전 안까지 들어가 국왕의 일거수일투족을 기록하게 된다. 또한 중종반정이 사관의 활동 영역을 크게 넓혔다. 반정의 성공에 따라 신권이 왕권을 압도하게 되었고, 사관들은 국왕이 역모 혐의자를 국문하는 친국 현장에도 들어갈 수 있었다. 거의 모든 역사적 현장에 사관이 참여할 수 있게 된 것이다.

1519년(중종 14) 4월 22일에는 아침 경연인 조강에서 사림들의 신망을 크게 받던 김안국이 중국의 사례를 거론하며 "대궐 안 은밀한 곳에서 임금의 일거수일투족을 기록하기 위해 여사(女史, 여성 사관)를 두어야 합니다"라고 건의했다. 그 자리에 있던 사헌부 장령 기준도 그 주장에 동의했다.

"임금은 깊은 궁궐에 거처하므로 하는 일을 바깥사람들이 알 수 없습니다. 이 때문에 여사를 두어 그 선악을 기록했으므로 임금이 깊숙한 궁궐 속에 있더라도 혼자 마음대로 할 수 없었습니다. 옛 제도를 따라 여사를 두는 것이 좋을 듯합니다."

아무리 신하들에 얹혀서 임금 자리에 오른 중종이지만 이때는 이미 재위 14년을 맞고 있을 때여서 국왕으로서의 자존심이 한껏 자라 있을 때였다. 우유부단한 듯하면서도 명민한 성품이었던 중종은 일단 우회적으로 거부 의사를 밝힌다.

"옛날에는 여자들이 모두 글을 지을 줄 알았기 때문에 올바른 여사를 얻어 궁궐 내부의 일을 빠짐없이 상세히 기록할 수 있었다. 하지만 지금은 글에 능한 여자가 적을 테니 기록할 사람을 얻기가 어려울 듯하다."

궁궐에 여사를 두는 것 자체를 반대하지는 못하고 적임자 부재론을 들어 신하들의 압박을 피한 것이다. 다시 김안국이 나섰다. 김안국은 "여사는 문자를 다 알 필요는 없고 조금만 해득해도 궁궐 안의 일을 관찰하고 기록하는 데 문제가 없을 것"이라고 은근히 중종의 주장을 반박했다. 심지어 이청이라는 신하는 "굳이 한문으로 기록할 필요는 없고 언문으로 기록해도 무방할 것"이라며 재차 압박을 가해왔다. 중종은 다시 한 번 우회적으로 반론했다.

"여사의 직무는 선한 일과 악한 일을 기록하는 것이니 반드시 마음이 올바른 여자를 얻은 후에라야 가능하다. 여사도 사관인데 사필을 잡는 것은 아무나 할 수 있는 일이 아니다."

이청 역시 물러서지 않고 이렇게 답했다.

"사관과 여사는 다릅니다. 사관은 공의를 바탕으로 포폄을 명백하게 하여 후세에 보이는 것이 직무이고, 여사는 규중 안에서의 임금의 일상생활을 기록할 뿐입니다."

중종으로서는 신하들이 너무한다는 생각을 하지 않을 수 없었다. 얼마 후 기묘사화가 일어나 조광조뿐만 아니라 김안국과 문인들이 큰 화를 입은 것도 임금에 대한 지나친 간섭과 무관하지 않았을 것이다. 결국 여사 문제는 중종이 받아들이지 않음으로써 해프닝으로 끝났다.

3

하루에 담긴

조선 왕의 모든 것

왕이 첫날을 시작하다,
즉위식

◎ **울음이 그치지 않는 즉위식, 숙종의 케이스**

1674년 8월 18일(이하 음력) 재위 15년 3개월을 맞은 조선의 18대 국왕 현종이 34세의 젊은 나이로 세상을 떠났다. 인조반정 이후 서인이 독주하는 분위기에서 남인에게 힘을 실어주려고 노력을 했지만 이렇다 할 성과를 남기지 못한 임금이었다.

다음 날 영의정 허적(許積)을 비롯해 좌의정 김수항, 우의정 정지화가 원상(院相)에 임명됐다. 앞으로 왕위를 잇게 될 세자(이후의 숙종)는 14세였다. 원상 제도는 어린 성종이 즉위할 때 수렴청정의 보완 방식으로 설치된 임시 제도다.

왕위 계승 문제가 처음으로 언급되는 것은 8월 20일이다. 국가 행사를 주관하는 예조에서 왕위를 계승하는 절차에 대해 보고를 올리려 하자 세자는 단호하게 거부한다.

숙종 즉위 당시 원상을 맡았던 허적의 초상.
1610년(광해군 2)~1680년(숙종 6). 1674년
(숙종 즉위년) 인선대비가 죽어 자의대비의
복상 문제가 일어나자 서인의 '대공설(9개
월)'을 반대하고 '기년설(1년)'을 주장하여
채택됨으로써 영의정에 복직해 남인 정권을
이룩했다.

"부왕께서 승하하신 망극한 중에 이런 말을 듣게 되니 오장이 타는 듯하다. 스스로 안정할 수 없으므로 이 절목은 도로 내려 보낸다."

8월 21일에는 예조에서 다시 사위절목(嗣位節目, 왕위에 오르는 절차를 적은 절목)을 올렸지만 세자는 사양했고, 이어 원상을 맡고 있던 삼정승이 직접 백관을 거느리고 와서 왕위를 이을 것을 청했지만 이 역시 사양했다. 이에 삼정승은 국왕의 자리는 한시라도 비워둘 수 없으니 속히 즉위할 것을 다시 청했다.

8월 22일 삼정승은 대왕대비와 중전에게 도움을 청한다. 고려와 조선시대 때 왕위 계승에 문제가 생길 경우 형식적으로나마 전권은 중궁이나 대왕대비에게 있었다. 이렇게 하고서야 세자는 일단 신하들의 청을 받아들인다.

"부왕을 그리워하는 정리를 억지로 참아가면서 그대들의 청을 따르고 싶지는 않다. 하지만 위로는 어머니의 말씀을 받들고 아래로는 신하들의 마음에 따라, 하늘이 무너지는 듯한 망극한 심정을 억지로 누르며 공경

(公卿)의 청에 부응하려 한다. 살을 베는 듯한 아픔을 견딜 수 없다.”

마침내 선왕(현종) 승하 닷새째인 8월 23일 세자는 창덕궁 인정전에서 왕위에 오른다. 어머니 명성왕후 김씨는 왕비에서 왕대비가 되었고 부인 김씨는 왕비의 자리에 올랐다. 이어서 즉위 교서를 발표하고 대대적인 사면령이 내려졌다. 실록은 이날 하루의 모습을 중계방송을 하듯 상세하게 전하고 있다. 정상적인 즉위식일 경우에는 대부분 이와 비슷했다.

이날 성복을 마치고 왕세자가 관면(冠冕)과 길복(吉服)을 갖추고, 규(圭)를 쥐고 여차(廬次, 상주가 머무는 장소)로부터 걸어가면서 곡했다. 내시 2명이 좌우에서 보호하고 선정전 동쪽 뜰에 나가 빈소를 향해 네 번 절하는 예를 거행했다. 섬돌에 올라가 선정전 안의 향안(香案) 앞으로 들어가 향을 피우고 내려와 이전 자리로 돌아와 또 절하고 동쪽 행랑의 막차(幕次, 상주가 머무는 곳)로 들어갔다. 조금 후에 왕세자가 선정문에서 걸어나와 연영문을 따라 가서 숙장문을 나와 인정문에 이르니, 승지와 사관이 따라나갔다. 왕세자가 서쪽을 향해 어좌 앞에 서서 자리에 오르지 못하고 소리 내어 슬피 울기를 그치지 않았다. 승지와 예조판서가 잇달아 어좌에 오르기를 권했다. 삼정승이 도승지와 더불어 나가 왕세자를 부축하면서 번갈아 극진히 말했다. 왕세자가 눈물을 흘리면서 슬피 우니, 이날 뜰에 있던 백관과 군병으로서 목소리를 내지 못할 정도로 울부짖지 않는 사람이 없었다. 왕세자가 어좌에 오르니 백관들이 네 번 절하고 의식대로 만세를 불렀다. 예를 마치자 사왕(嗣王, 대를 이은 왕)이 인정문으로부터 인정전에 올라갔고 인화문으로 들어와 여차로 돌아왔는데, 우는 것이 끊어지지 않았으며 소리가 밖에까지 들렸다.

조선에서 즉위식은 기본적으로는 상중에 치러지기 때문에 길례가 아닌 흉례로 분류된다. 지금 보았듯이 부왕이 세상을 떠나고 정상적으로 성장한 세자가 왕위를 이었을 때 즉위식 현장은 눈물바다가 될 수밖에 없었다. 효를 충과 대등한 가치로 높였던 조선에서는 어쩌면 당연한 일이었다.

조선 왕실 500년 역사에서 길례로서의 즉위식이 딱 한 번 있었다. 바로 태조 이성계의 즉위식이었다. 1392년 7월 17일 이성계는 옛 고려의 신하들이 추대하는 형식으로 개경의 수창궁에서 조선 최초의 왕위에 오른다. 이때 이성계는 눈물을 보일 필요가 없었고 신하들의 추대 의사를 몇 차례 사양하기만 하면 되었다.

제2대 정종은 아는 바와 같이 허수아비 임금이다. 이방원이 주도한 1차 왕자의 난이 일어난 때는 1398년(태조 7) 8월 26일이다. 그리고 정종이 임금의 자리에 오르게 되는 것은 9월 5일이다. 무려 열흘간의 권력 공백이 있었다. 권력을 둘러싼 이성계와 이방원의 파워 게임이 격렬했기 때문이다.

9월 1일 방석을 대신해 세자를 맡게 된 이성계의 둘째 아들 이방과가 세자궁에 들어간다. 닷새간의 파워 게임에서 이방원이 아버지를 꺾고 승리했음을 보여주는 대목이다. 같은 날 이방과의 부인 김씨는 덕빈에 봉해진다. 그녀가 정안왕후 김씨다.

결국 9월 5일 태조 이성계는 '모든 것을 포기하고' 세자에게 왕위를 전한다는 내용의 교서를 내린다. 형식은 자발적인 양위였지만 사실상 찬탈이었다. 그날의 기록을 보자.

> (교서를 내린) 다음 좌정승과 우정승을 부르니 공복(公服)을 갖추어 들어
> 왔다. 임금이 말했다.
> "내가 지금 세자에게 왕위를 전하니 경들은 힘을 합해 정치를 도와 큰
> 왕업을 퇴폐시키지 말라."
> 이에 국새를 그들에게 주고 도승지 이문화에게 명해 세자를 모시고
> 나오게 했다. 좌정승과 우정승이 국새를 받들며 앞에서 인도하고 이문
> 화가 세자를 모시고 근정전에 이르렀다. 세자가 강사포와 원유관으로
> 바꾸어 입고 어좌에 올라 백관의 하례를 받았고, 이름을 고쳐 경(曔)이
> 라 했다. 면복 차림으로 백관을 거느리고 부왕에게 존호를 올려 상왕이
> 라 하고는 절하며 치하(致賀)했다.

양위였기 때문에 상중이 아니었고 눈물도 없었다. 그래서 '치하'라는
말까지 나온다. 그러나 정작 주인공 이방원은 아직 등장하지 않고 있다.

정종이 태종에게, 태종이 세종에게 왕위를 넘길 때도 상황은 비슷했
다. 선왕이 죽지 않은 상황에서 왕위 계승이 이뤄졌고 상왕이나 태상왕
(太上王)이 생겨날 수밖에 없었다. 이런 즉위식에는 눈물이 없었고 형식
적인 사양의 예만이 있었을 뿐이다. 이것은 그만큼 조선 건국 초의 정치
상황이 긴박했다는 뜻이기도 하다.

조선에서 첫 번째 눈물의 즉위식은 제5대 문종 때였다. 1450년(세종
32) 2월 17일 세종이 막내아들 영응대군의 집에서 요양을 하던 중 세상
을 떠나자 오랫동안 아버지를 도와 정사를 맡아온 세자가 2월 23일 권좌

에 오른다.

> 임금이 면복 차림으로 관 앞에서 유명을 받고 빈소 문밖의 장전(帳殿)에
> 나가 즉위식을 행했는데 의식대로 했다. 슬피 울면서 스스로 견디지 못
> 하니 옷소매가 다 젖었다. 임금이 면복을 벗고 상복을 다시 입었다.

단종의 경우 역시 눈물의 즉위식이 될 수밖에 없었다. 수양과 안평대
군 등 권좌를 노리는 숙부들이 도사리고 있는 가운데 1452년(문종 2) 5월
18일 열린 열두 살짜리 어린 임금의 즉위식은 안타까운 분위기였을 것이
다. 그러나 단종 사후 편찬된 《노산군일기》에는 엉뚱한 눈물의 기록만
보인다.

> 상례에 곡할 때 세조께서 애통함이 지성에서 나오니 조정 신하들 중 눈
> 물을 흘리지 않는 사람이 없었다. 그런데 이용(안평대군)만은 한 번도 참
> 여하지 않았고, 술을 마시고 고기를 먹는 것이 평소와 다름없었다.

《노산군일기》는 세조 때 편찬됐다. 그래서 수양은 세조라고 하면서 안
평은 그냥 이용이라 부르며 과도하게 폄하하고 있다. 단종이 즉위식에서
흘린 눈물에 대해서는 단 한 자도 나오지 않는다.

권력을 장악한 수양대군은 1455년(단종 3) 윤6월 11일 경복궁 사정전
에서 상왕을 알현한 후 근정전에서 즉위식을 갖는다. 눈물은 없고 축하
일색인 즉위식이었다. 세조에게는 의경세자와 해양대군 두 아들이 있었
지만 의경세자가 일찍 죽는 바람에 해양대군이 세자가 되어 왕위를 잇는

다. 훗날의 예종이다. 세조는 죽기 직전인 1468년(세조 14) 9월 7일 선위했기 때문에 이때는 눈물의 즉위식은 아니었다.

그렇게 왕위에 오른 예종은 1년 2개월 만인 1469년 스무 살의 나이로 세상을 떠난다. 의문의 죽음이었다. 정황은 뒤를 이은 즉위식에서도 그대로 드러난다.

1469년(예종 2) 11월 28일 오전 8시경 예종이 경복궁 자미당에서 승하했다. 그런데 대왕대비(세조의 부인 정희왕후 윤씨)의 명에 따라 그날 오후 4시경 예종의 아들인 제안대군도 아니고, 예종의 형 의경세자의 장남인 월산대군도 아니고, 의경세자의 차남이자 한명회의 사위인 열세 살 잘산대군(훗날의 성종)이 즉위한다. 이날 즉위식에는 눈물도 축하도 없었고 절차가 무시된 데 따른 의혹만 가득했다.

1494년 12월 24일 재위 25년을 맞은 젊은 군주 성종은 왕권 약화와 신권 강화 그리고 폐비 윤씨 사사라는 업보를 남긴 채 서른여덟의 나이로 세상을 떠난다. 계비 정현왕후 윤씨와의 사이에 진성대군이 있었지만 폐비 윤씨 사이에서 난 세자가 왕위에 올라 연산군이 되었다. 정상적인 절차를 밟아 닷새 후인 12월 29일 즉위식이 열렸지만 훗날 반정 세력이 편찬한 《연산군일기》는 그날 반포된 즉위 교서를 인용하는 것으로 분위기를 전달할 뿐이다. 그러나 정상적인 왕위 계승이었음을 감안할 때 연산군도 상당히 눈물을 흘렸을 것이라고 짐작해볼 수 있다.

1506년(연산군 12) 9월 2일 연산군을 내모는 반정이 일어났다. 이날 진성대군(훗날의 중종)은 반정 세력의 추대를 받아 경복궁 근정전에서 즉위식을 갖는다. 이날은 폭군을 몰아냈다는 환호만이 가득했다고 실록은 적고 있다.

조정 신하들이 만세를 부르니 환성이 우레같이 끓어올랐다.

38년 2개월 동안 왕위에 있던 중종이 세상을 떠나고 25년 동안 세자로 있던 인종이 왕위를 잇지만 8개월밖에 재위하지 못했다. 실록은 부왕의 죽음을 너무 슬퍼한 나머지 건강을 해쳤다고 이유를 밝히고 있다. 1544년 열린 인종의 즉위식 또한 눈물의 즉위식이었다.

그렇다면 이복형 인종을 뒤이어 12세의 나이로 왕위를 잇게 된 명종의 경우는 어떠했을까? 1545년(인종 1) 7월 1일 병약했던 인종이 의문의 죽음을 맞는다. 장례 절차를 밟고 닷새 후인 7월 6일 명종이 즉위식을 가졌다. 인종과 인성왕후 박씨 사이에 자손이 없었기 때문에 이복동생이 왕위를 이은 것이다. 지극히 실무적인 즉위식일 뿐 눈물도 하례도 없었다.

명종에게는 순회세자가 있었지만 일찍 세상을 떠나 1567년(명종 22) 명종이 세상을 떠났을 때는 왕실의 적통이 단절됐다. 그래서 영의정 이준경 등이 명종비인 인순왕후 심씨와 의논해 중종과 창빈 안씨 사이에서 난 덕흥군의 셋째 아들 하성군으로 왕통을 잇게 한다. 7월 3일 선조의 즉위식 또한 별다른 특색이 있을 수 없었다.

후궁의 손자로 왕위에 올라 왕권 확립에 실패함으로써 당쟁의 실마리를 제공하고 임진왜란을 당해 온갖 수모를 겪어야 했던 제14대 국왕 선조는 40년 7개월을 재위한 끝에 1608년 2월 1일 승하했다.

왕위는 '불안정한 세자' 광해군이 잇는다. 선조와 인목대비 사이에서 난 적통 영창대군이 있었기 때문이다. 북인들은 광해군 쪽에 줄을 섰고 서인들은 인목대비와 영창대군 쪽이었다. 북인들은 서둘러야 했다. 광해군은 지금 덕수궁 자리에 있던 행궁에서 선조 승하 다음 날인 2월 2일 즉위식을 가졌다. 일부 신하들만의 하례를 받았던 축복받지 못한 즉위식이었고, 이는 결국 인조반정을 예비하는 예식이 되었다.

1623년 3월 13일 재위 15년 1개월을 맞고 있던 광해군은 이복동생 정원군의 아들 능양군(훗날의 인조)이 주도한 반정으로 쫓겨난다. 거사에 성공한 반정군은 서궁에 유폐 중이던 인목대비의 재가를 받아 이날 능양군을 신왕으로 추대한다. 광해군은 백성들에게 횡포를 부린 왕은 아니었기에 연산군이 폐출됐을 때와는 조금 다른 분위기였다. 즉위식은 지극히 정치적인 사건일 뿐이었다.

그렇게 왕위에 올랐지만 병자호란의 참화를 겪어야 했던 인조는 1649년 재위 26년 2개월 만에 쉰다섯 살을 일기로 세상을 떠났고, 왕통은 둘째 아들인 효종(봉림대군)에게 이어진다. 원래 세자였던 소현세자는 정치적 이유로 의문사를 당했다.

그러나 봉림대군 또한 4년 동안 세자로 있었던데다가 정상적인 왕위 계승에 가까웠기 때문에 즉위하던 날 "맨 땅바닥에 거처하며 가슴을 치며 통곡하면서 물이나 장도 들지 않았다"고 한다.

1659년 5월 4일 재위 10년을 맞은 효종이 세상을 떠나고 외아들 현종이 즉위했다. 앞에서 보았던 외아들 숙종이 즉위한 때와 비슷하게 눈물바다를 이루는 즉위식이었다. 5월 9일의 기록이다.

사왕(嗣王)이 창덕궁 인정문 어좌에 이르러 동쪽을 향해 한참 서 있었는데, 도승지가 꿇어앉아 어좌로 오를 것을 청했지만 응하지 않았다. 김수항이 종종걸음으로 나아가 꿇어앉아 청했지만 역시 따르지 않았다. 이은상이 총총히 나와 급히 예조판서 윤강을 불러 나가 꿇어앉아 청하게 했지만 그때도 따르지 않았다. 영의정 정태화가 종종걸음으로 나와 두세 번 어좌로 오를 것을 청하자 그제야 어좌에 올라 남쪽을 향해 섰다. 정태화가 어상(御床)으로 앉을 것을 청하니 사왕이 이르기를 "자리에 올랐으면 앉은 것이나 다름이 없지 않은가?" 했고 흐느끼기 시작했다. 좌우가 모두 울며 차마 쳐다보지 못했다. 정태화가 의식대로 할 것을 굳이 청하자 사왕이 비로소 앉아 백관의 하례를 받고 예를 마쳤다.

사왕이 인정문 동쪽 협문으로 들어간 후 인정전 동쪽 뜰에 올라 전 밖 동편 거느림채를 돌아 인화문을 거쳐 들어갔는데, 통곡하는 소리가 밖까지 들렸다.

그 후 현종을 이은 숙종이나 숙종을 이어 1720년(숙종 46) 권좌에 오르는 경종 모두 눈물의 즉위식을 치렀다. 부왕의 상을 겪는 와중에 닷새 만에 즉위식을 치러야 했기 때문이다.

1724년(경종 4) 8월 30일 이복동생으로서 경종의 뒤를 이은 영조는 눈물의 즉위식을 치를 필요는 없었다. 다만 여러 의심을 받고 있었기 때문에 사양하는 예를 보여야 했다.

흥미로운 것은 세손으로 있다가 영조의 뒤를 이었던 정조의 즉위식이다. 1776년(영조 52) 3월 10일 경희궁에서 거행된 즉위식 장면이다.

오시(午時)에 대신들이 옥새 받기를 청하니 왕이 사양하다가 되지 않자 면복을 갖추고 부축받으며 빈소의 문 밖 욕위(褥位)로 나가 네 번 절하는 예를 거행했다. 영의정 김상철은 유교를 받들고 좌의정 신회는 대보(大寶)를 받들어 올리니, 왕이 눈물을 흘리며 억지로 받고 다시 절을 올

사도세자의 무덤인 융릉(隆陵). 1762년(영조 38) 뒤주 속에서 죽은 사도세자는 배봉산 아래 언덕에 예장됐으며 묘호를 수은묘(垂恩墓)라 하였다. 1899년 11월 '융릉'이라는 능호를 받았다. 경기도 화성에 있다.

렸고, 자정문으로 나와 가마를 타고 숭정문에서 내렸다. 종친들과 문무백관이 동서로 차례대로 서서 의식대로 시위(侍衛)했지만 왕이 울먹이며 차마 어좌에 오르지 못했다. 대신 이하가 다시 극력 청하자 왕이 울부짖기를 "이 어좌는 선왕께서 앉으시던 어좌다. 어찌 오늘 이 어좌를 마주할 줄을 생각이나 했겠는가?" 했다.

하지만 정조가 영조의 유언을 무시하고 폐묘를 쓴 것을 생각한다면 그 눈물이 100퍼센트 진실이었다고 볼 수 있을까? 아버지 사도세자를 죽인 데 대한 원통함은 가슴속에 안고 있었다고 봐야 하지 않을까?

이제 즉위식의 패턴을 정리해보자. 크게 보면 추대형과 승계형이 있고 승계형 중에는 정상적인 승계와 비정상적인 승계가 있다. 눈물의 즉위식은 정상적인 승계일 때만 나타나는 현상이다.

제22대 정조에서 제23대 순조로 넘어가는 과정은 정상적인 즉위였다. 그러나 순조에서 헌종으로 넘어가는 과정은 부자 승계가 아니라 조손(祖孫) 승계다. 의문사한 효명세자의 아들인 헌종이 즉위할 때 나이는 여덟 살이었다. 14년 7개월 즉위했지만 아들이 없었다.

당시에는 선조가 처음 방계로 왕통을 이을 때와는 비교할 수 없을 만큼 왕실의 권위와 정통성이 땅에 떨어졌다. 뒤지고 뒤진 결과, 영조와 영빈 이씨 사이에서 난 사도세자와 숙빈 임씨의 소생 은언군의 손자 덕완군이 제25대 조선 국왕에 오르게 된다. 세속적으로 풀이하면 이렇다. 무수리 출신 후궁의 아들 영조와 후궁 이씨 사이에서 난 사도세자와 그의 첩 임씨 사이에서 난 은언군의 아들도 아닌, 손자가 왕위를 잇게 된 것이다. 그가 열아홉 살의 강화도령 철종이다. 그는 1849년(헌종 15) 6월 9일 창덕궁 인정문 앞에서 즉위식을 치렀다. 눈물도 축하도 있을 수 없었고 걱정과 우려만 있었을 뿐이다. 이런 정황은 그날 대왕대비(조대비)가 언문으로 신왕에게 내린 글에 고스란히 담겨 있다.

이렇게 망극한 일을 당한 속에서도 500년 종사를 부탁할 사람을 얻게 되어 다행스럽소. 주상은 영조의 혈손(血孫)이지만 지난날 어려움도 많았고 오랫동안 시골에서 살았소. 하지만 옛날 제왕들 중에도 민간에서 성장한 이들이 백성들의 괴로움을 빠짐없이 알아 항상 애민을 중심으로 정사를 펴 끝내 명군이 되었소. 지금 주상도 백성들의 일을 익히 알고 있을 것이오. 백성을 사랑하는 도리는 절약과 검소함보다 더한 것이 없소. 한 톨의 밥알이나 한 자의 베도 모두 백성에게서 나온 것인 만큼, 절약하고 검소하지 않는다면 그 피해는 즉시 백성에게 돌아갈 것이고 백성이 살 수 없으면 나라가 유지될 수 없을 것이오. 모름지기 일념으로 가다듬어 '애민(愛民)' 두 글자를 잊지 마시오. 지난날의 공부가 어떠한지 알 수 없지만 사람이 배우지 않으면 옛일에 어둡고 옛일에 어두우면 나라를 다스릴 수 없소. 슬프고 경황없는 중일지라도 수시로 유신(儒臣)을 접견하고 경사(經史)를 토론해 성현의 심법(心法)과 제왕의 치모(治謨)를 익힌 후에야 처사가 올바르게 될 것이오. 위로는 종사의 막중함을 생각하고 아래로는 백성들의 곤궁함을 보살펴 공경하고 조심하시오. 또한 검소하고 부지런해 만백성이 바라고 우러르는 뜻에 부응하도록 하시오. 임금이 지극히 존귀하다고는 하지만 조정 신하들을 가벼이 여기는 법은 없으니 대신들을 예로써 대하시오. 그리고 대신들이 아뢰는 데는 옳지 않은 말이 없을 테니 정성을 기울여 잘 듣고 마음속에 새겨두기 바라오.

제25대 철종과 철인왕후 김씨 사이에는 왕자 하나가 있었지만 어려서 죽었고 숙의 범씨와의 사이에서 낳은 영혜옹주 한 명을 제외하고는 모두 일찍 세상을 떠났다. 그 영혜옹주의 남편이 우리가 알고 있는 구한말의 풍운아 박영효다.

1863년 재위 14년 6개월 만에 철종이 세상을 떠났을 때 왕실은 또다시 핏줄을 찾아 위로 위로 거슬러 올라가야 했다. 그렇게 해서 찾고 찾은 인물이 고종이다. 흥선대원군 이하응과 고종의 뿌리는 인조의 셋째 아들, 즉 효종의 아우인 인평대군이다. 대원군이 8대, 고종이 9대였다. 그러나 대원군의 아버지 남연군이 사도세자의 아들 은언군의 동복아우인 은신군의 양자로 입적되면서 왕실과의 거리를 회복할 수 있었고, 특히 철종과 같은 뿌리를 갖게 됨으로써 고종이 왕위에 오를 수 있었다. 후궁의 손자의 손자도 아닌, 입양 후손이 왕위에 오른 것이다.

'마지막 황제' 순종이 즉위했을 때 일제에 의해 작성된 《순종실록》 1907년 7월 19일자 기록은 이렇다.

'선위(禪位)했다.'

이것이 전부다. 과거의 예대로 하자면 부왕을 이었기 때문에 눈물의 즉위식이 되어야 마땅하지만 국망의 시기를 당해 눈물을 흘릴 여유가 없었던 것인지, 아니면 눈물바다의 즉위식을 일제가 이렇게 기록하고 만 것인지는 알 수 없다. 이상이 왕으로서의 첫날, 즉위식의 하루를 통해 볼 수 있는 조선 500년 왕실의 단면이다.

왕의 최고 임무,
제왕학 수련

◎ **명신 이준경, 유언 상소로 왕을 경책하다**

1572년(선조 5) 선조의 즉위에 결정적으로 기여했던 영의정 이준경이 세상을 떠난다. 왕위에 오른 지 5년밖에 되지 않은 스물한 살의 신왕이 국정을 제대로 이끌어나갈지 걱정이 태산이었던 이준경은 세상을 떠나기 직전까지 마음이 편치 않았다. 이준경은 죽기 직전 아들을 불러 자신이 즉위시키다시피 한 어린 임금에게 유언 상소를 쓴다. 당시 74세였던 이준경은 중종, 인종, 명종, 선조를 가까이에서 보필한 명신 중에 명신이었기 때문에 그의 유언 상소는 일종의 조선 왕 리더십 가이드였다. 네 가지로 정리된 유언에는 가까이에서 선조를 지켜보면서 느꼈던 문제점들까지 포함돼 있어 역사적으로도 대단히 중요하다.

이제 흙으로 돌아가는 신하 이준경은 네 가지 조목으로 들어주실 것을 청하오니 전하께서는 살펴주십시오.

첫째 제왕은 학문하는 것이 중요합니다. 정자(程子)가 말하기를 "함양(涵養)은 모름지기 경(敬)으로 해야 하고 진학(進學)은 치지(致知)에 있다"고 했습니다. 전하의 학문은 치지의 공부는 어느 정도 되었지만 함양의 공부에는 미치지 못한 바가 많습니다. 이 때문에 언사의 기운이 거칠어 아랫사람을 접하실 때 너그럽고 겸손한 기상이 적으니 전하께서는 이 점에 더욱 힘쓰소서.

둘째 아랫사람을 대하는 데 위의(威儀)가 있어야 합니다. 신이 들으니 "천자는 온화하고 제후는 아름답다"고 했습니다. 위의를 갖추어야 할 때는 삼가야 합니다. 신하가 말씀을 올릴 때에는 너그럽게 받아들이고 예모(禮貌)를 갖추어야 합니다. 귀에 거슬리는 말이 있더라도 그때마다 영특한 기운을 발해 깨우쳐줄 것이요, 일마다 겉으로 감정을 드러내고 스스로 현성(賢聖)인 체 자존하는 모습을 아랫사람에게 보이는 것은 옳지 않습니다. 그렇게 하시면 모든 신하들이 허물어져 잘못을 바로잡지 못할 것입니다.

셋째 군자와 소인을 분별하는 것입니다. 군자와 소인은 구분되기 마련이어서 숨길 수 없습니다. 당 문종과 송 인종도 군자와 소인을 모른 것이 아니었지만 사당(私黨)에 끌려서 (뛰어난 인재를 제대로) 분간해 등용하지 못함으로써 마침내 시비가 현혹되어 조정이 어지럽게 되었던 것입니다. 진실로 군자라면 소인이 공박하더라도 발탁해 쓰고 진실로 소인이라면 사사로운 정이 있더라도 의심하지 말고 버리소서. 이같이 하시면 어찌 북송 때처럼 다스리기 어려운 일이 있겠습니까?

넷째 붕당의 사론(私論)을 없애야 합니다. 지금 사람들은 잘못한 과실이 없고 법에 어긋난 일이 없더라도, 자기와 한마디만 서로 맞지 않으면 배척해 용납하지 않습니다. 그리고 자신의 행동을 검속(檢束)하거나 독서하는 데는 힘쓰지 않으면서 고담대언(高談大言)으로 친구나 사귀는 자를 훌륭하게 놀음으로써 허위의 풍조가 생겨났습니다. 군자는 함께 어울려도 의심하지 마시고, 소인은 저희 무리와 함께하도록 버려두는 것이 좋습니다. 전하께서

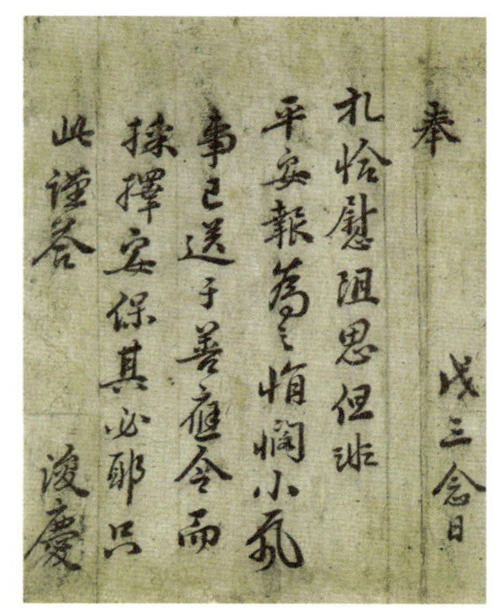

이준경의 친필 편지. 조선 중종, 명종, 선조 때의 문신. 선조 즉위 후 원상을 지냈다. 사화로 억울한 피해를 당한 사람들을 서용(敍容) 또는 신원했다.

공평하게 듣고 보신 바로써 폐단을 제거하는 데 힘쓰셔야 할 때입니다.

　신은 충성을 바칠 마음 간절하나 죽음에 임해 정신이 혼란해 마음속의 말을 다하지 못합니다.

　일반적으로 이 유언 상소가 주목받아온 이유는 군자 소인론과 당쟁 발생에 대한 경고 때문이다. 이준경은 명종의 왕비, 즉 선조 때 대비로서 최고의 권한을 갖게 된 인순왕후 심씨의 남동생 심의겸과 이이, 성혼, 송익필 등 파주 지역의 젊은이들이 결탁해 조정의 질서를 어지럽히고 있다고 보았다. 실록에서도 붕당과 관련해 "이때에 심의겸이 외척으로 뭇 소인들과 결탁해 조정을 어지럽힐 조짐이 있었기 때문에 이를 지적한 것이다"라고 풀이하고 있다. 이이 또한 이준경이 죽은 직후 자신들을 소인으

로 지목했다며 분노를 금치 못했다.

그러나 여기서 주목하는 것은 이준경의 네 가지 조목 중 첫 번째다. 실제로 이준경이 첫 번째로 강조한 것도 제왕학, 즉 성학(聖學)이다. 학문적으로 뛰어나고〔進學〕 그것을 통해 군주로서의 덕성을 갖추는 것〔涵養〕이 성학의 양대 기둥이다.

◎　　　**학문으로 신하들의 힘을 제압한 왕들**

조선을 세운 태조 이성계는 무인이다. 글을 읽을 줄은 알았지만 유학의 경전을 자유자재로 읽는 수준은 못 되었다. 먼저 《태조실록》 총서에 나오는 짧은 기록부터 보자.

태조는 본래부터 유학을 존중해 비록 군중에 있더라도 늘 창을 던지고 휴식할 동안에는 유학자 유경 등을 가까이 두고 경사(經史)를 토론했다. 더욱이 송나라 유학자 진덕수의 《대학연의(大學衍義)》 보기를 좋아해 밤중에 이르도록 자지 않았으며 세상의 도의를 만회할 뜻을 가졌다.

고려 말 장수로 이름을 날리던 이성계는 집안에 학문하는 이가 없는 것을 한탄해 다섯째 아들인 이방원으로 하여금 스승을 찾아가 학문을 익히도록 했다.

이성계가 유학을 좋아했던 것은 분명하다. 그러나 그가 진덕수의 《대학연의》를 자유자재로 볼 정도의 학식은 아니었다. 대신 뛰어난 유학자로 하여금 틈날 때마다 대신 읽도록 하여 모자란 학식을 채워나갔다. 요즘 식으로 하자면 오디오북으로 공부를 한 셈이다.

이성계가 제왕학의 교과서였던 《대학연의》를 읽는 것을 좋아했던 것은 사실이다. 개국 후 왕위에 오른 이성계는 유경을 성균관 대사성으로 임명해 계속해서 독서를 보좌하도록 했고 후에는 도승지 한상경이 그 일을 맡았다. 개국공신이기도 한 한상경의 형 한상질의 손자가 바로 한명회다.

'임시 국왕' 정종은 어려서부터 아버지를 따라 전장을 떠돈 무장이었다. 그리고 왕좌에 대한 뜻이 없었기 때문에 별도의 제왕학 공부를 하지 않았다. 그가 즉위했을 때 이미 42세였음에도 경연이 열렸을 때《논어》를 읽었다는 것이 이런 사실을 보여준다. 학문적으로는 초보 단계에 머물러 있었던 것이다. 게다가 그는 아우 이방원의 뜻을 알고 있었기 때문에 제대로 된 제왕학을 공부한다는 것은 언감생심이었다. 제왕학을 마음먹고 공부하는 순간 아우에 의해 제거될 것이 분명했기 때문이다. 정종도 당대의 석학 권근에게 《대학연의》를 잠시나마 배우기는 했지만 건성건성 시늉만 할 뿐이었다.

태종은 조선 국왕 27명 중에서 유일한 (고려) 문과 출신 임금이다. 그는 한마디로 문무를 고루 갖춘 인물이어서 왕위에 올랐을 때는 이미 상당한 수준의 학문이었다. 그럼에도 불구하고 신하들은 경연을 열어 공식적인 학문 토론의 장을 마련해야 한다고 상소를 올렸다. 1401년(태종 1) 3월 23일 태종과 시독관 김과의 대화는 태종이 학문을 대하는 태도를 간명하게 보여준다. 신하들의 경연 개설에 관한 상소가 이어지자 태종은 김과를 향해 이렇게 말한다.

"내가 날마다 경연에 나아가서 여러 대신들과 강론하지 않는다 해도, 항상 그대와 더불어 글을 읽으니 배우기를 좋아하는 것은 한가지다."

어차피 경연의 목적이 임금의 학문 수련이라면 경연에서 읽으나 승지나 시독관을 불러 책을 읽고 정사를 토의하나 마찬가지라는 것이다. 이에 김과가 "그렇긴 하지만 이렇게 해서는 안 되는 이유가 있습니다"고 답하자 태종은 "그게 무엇인가?"라고 묻는다. 김과는 다음과 같이 곡진하게 아뢴다.

"신은 전하께서 호학(好學)하시는 것을 아옵니다. 하지만 여러 어진 신하들과 더불어 강론하지 않고 오로지 소신과만 더불어 읽으면 경연은 장차 폐지될 것입니다. 후세의 자손 중에 반드시 이를 본받는 자가 있을 것입니다. 혹 어둡고 용렬한 임금이 있어 간사하고 아첨하는 신하가 날마다 깊은 궁중에 들어와서 하지 않는 일이 없고, 나가서 사람들에게 말하기를 '임금께서는 글 읽기를 좋아한다'고 하면 딱한 일이 아닙니까? 이것은 교훈을 삼을 수 없는 것입니다. 전하께서 호학하시는 것과 같이 하기가 어렵습니다."

태종의 뛰어난 학식은 인정하지만 임금의 학문 수련을 제도로 정착시키지 않으면 후대에 문제가 생길 수 있다는 사실을 들어 태종을 설득한 것이다. 이에 태종도 경연청 건물 수리가 끝나는 대로 경연에 나아가겠다고 약속한다. 그리고 이 약속은 실행에 옮겨졌다. 그해 12월 22일 《대학연의》 강독이 끝난 것을 보면 대단히 빠른 속도로 경연이 진행됐음을 알 수 있다. 이날 태종은 강독이 끝난 후 《대학연의》에 대해 이렇게 평한다.

"이 글을 다 읽으니 이제야 학문의 공을 알겠다."

세종은 잘 알려져 있는 것처럼 조선을 대표하는 호학 군주다. 하지만 어려서부터 독서를 좋아했다고는 하나 왕위에 올랐을 때 아직 스물두 살의 청년에 불과했다. 세종의 즉위 교서에는 자신의 세 가지 약점을 다음과 같이 표현하고 있다.

"나는 학문이 얕고 거칠며 나이가 어려 일에 경력이 없다."

학문 부족과 어린 나이, 경륜 부족이라는 자신의 세 가지 약점을 정확히 직시했고 이 약점을 학문 수련으로 극복해나간 것이 세종의 위대한 점이다. 1418년(세종 즉위년) 11월 13일 《대학연의》를 끝낸 세종은 다음 책으로 《자치통감》을 읽고 싶다고 했지만 신하들이 분량이 너무 많다는 이유로 반대해 좌절됐다. 자신이 읽고 싶은 책도 마음대로 읽을 수 없었던 것이다. 그런데 《세종실록》을 면밀하게 읽어보면 대략 1424년(세종 6)을 전후해서 세종의 학문이 신하들과 대등한 단계에 이르렀음을 알 수 있다. 예를 들어 1423년(세종 5) 12월 29일에는 《고려사》를 고쳐 쓰는 문제를 두고서 신하들과 논쟁이 벌어졌는데, 당대의 석학 변계량의 의견에 대해서까지 논리적으로 조목조목 반박하는 모습을 볼 수 있다. 세종은 임금이 된 후 제대로 된 제왕학을 익혀 태평성대를 이룬 인물이다.

문종은 세종에 버금가는 학식을 갖춘 군주였다. 《문종실록》에서도 "여색과 유희를 멀리했고 성리(性理)의 학문에만 전심전력을 기울였다"고 평하고 있다. 그리고 이미 1445년(세종 27)부터 세종을 대신해서 국정을 처리했기 때문에 세종 후반부의 치적 중 상당수는 문종의 업적이라 해도 과언이 아니다. 그러나 '작은 세종' 문종은 현덕왕후 권씨와의 사이에 어린 아들 하나를 남겨둔 채 세상을 떠난다.

열두 살 어린 임금은 학문적 훈련이 되어 있지 않았다. 경연의 첫 책은 《논어》였다. 경서를 읽을 수 있는 기본 훈련용 책이었다. 1452년(단종 즉위년) 윤9월 7일 어린 임금은 〈위정(爲政)〉편을 읽다가 '思無邪(사무사)'가 무슨 뜻인지를 신하들에게 묻는다. 이에 훗날 사육신이 되는 박팽년은 이렇게 답하고 있다.

"생각하는 바에 사사로움이 없는 것이니 마음이 바름을 일컫는 것입니다. 마음이 바르면 모든 사물에서 바름을 얻을 것입니다."

2년 후인 1454년(단종 2) 단종은 경연에서 《중용》을 읽고 있었다. 그리고 아직 사서(四書)의 범위를 벗어나지 못한 상태에서 왕위를 수양대군에게 빼앗기고 만다.

세조는 태종과는 조금 다른 의미에서이긴 하지만 역시 문무를 겸전(兼全)한 인물이었다. 아버지를 도와 《역대병요》라는 책을 편찬했고 책을 편찬할 때 함께했던 권람 등은 훗날 정변의 핵심 세력이 되었다. 게다가 세조는 《주역》에 능했다. 《주역》에 이르렀다는 것은 그의 학문 수준이 유학 차원에서 최고의 경지에 도달했다는 뜻이다.

◎ **《주역》을 통해 본 왕의 학문 수준 : 태종부터 세조까지**

이야기를 잠깐 돌려 《주역》이라는 관점에서 역대 임금들의 학문 수준을 짚어보는 것도 의미 있는 일이 될 듯하다. 실록을 근거로 해서 보자면 《주역》을 처음으로 공부한 국왕은 태종 이방원이다. 문무를 겸비했던 태종은 1407년(태종 7) 4월 1일 성균관 대사성을 지낸 장덕량이 《주역》에 밝다는 소문을 듣고 매일 대궐에 나오도록 했다. 이때 태종의 나이 사십 대 초반이었다.

한번은 태종이 두보의 시를 읽으려 하자 권근이 나서서 "그것은 임금으로서 배울 만한 것이 못 되오니 《주역》을 강습하소서"라고 건의했다. 태종이 《주역》을 읽게 된 것은 권근의 추천 때문이었다.

그러나 태종이 《주역》을 처음 접한 것은 그보다 먼저다. 왕자의 난을 일으키고 형님인 정종을 왕위에 올린 다음 세자(혹은 세제)로 있던 1400년(정종 2) 5월 17일 이방원은 좌빈객 이서와 함께 《주역》을 강론했다. 이때 태종이 관심을 가졌던 테마는 《주역》 자체라기보다는 제왕의 학문 연마와 업적 사이에 어떤 관계가 있는가 하는 것이었다.

이후 태종은 1407년(태종 7) 5월 8일에도 성균관 대사성 유백순을 불러 《주역》과 《춘추》를 강론했다. 또 4년 후인 1411년(태종 11) 6월 6일에는 《주역》을 읽다가 그것에 관한 해설서인 《회통(會通)》이란 책을 구해오라고 명한다.

이러한 사실을 볼 때 태종은 이미 완숙한 경지에서 《주역》을 독파했던 것으로 보인다. 특히 《회통》을 구해오라고 했다는 것은 처음에는 장덕량과 유백순 등 대학자들의 도움을 받다가 이때쯤 되면 혼자 《주역》을 이해하게 되었다는 뜻으로 해석할 수 있다.

세종은 왕위에 오른 지 7년째인 1425년 12월 12일 경연에서 최초로 《주역》을 강론했다. 그러나 이것은 공식적인 자리에서 처음 강론했다는 뜻이고, 워낙 학문을 좋아했던 세종은 이미 이전에 《주역》을 읽어보았을 것이다. 이를 입증해주는 자료는 태종 18년 1월 26일자 실록이다. 바로 이 해에 양녕대군이 폐세자되고 충녕대군이 왕위에 오르게 된다. 이날 세종의 친동생인 성녕대군이 병이 나서 위독하게 되자 정탁이라는 인물이 《주역》으로 점을 쳐서 태종에게 올렸는데, 그 뜻을 충녕대군이 너무도 분명하게 풀이하니 세자인 양녕대군도 감복했다는 것이다. 이미 개인적으로는 《주역》을 읽고 어느 정도 이해를 하고 있었다고 볼 수 있다.

특히 1426년(세종 8) 7월 4일 경연에서 "내가 이미 《주역》을 다 읽었다"고 밝히고 있는 것을 볼 때 이미 그전부터 세종이 《주역》을 읽었다고 추론해볼 수 있다. 그렇지 않다면 정독 스타일이었던 그가 불과 7개월 만에 난해하기로 정평이 나 있는 《주역》을 독파하기란 쉽지 않았을 것이다.

세종 14년 10월 25일자 실록에는 아주 흥미로운 대목이 나온다. 세종은 경연에서 신하들과 세자의 문제를 이야기하던 중 세자의 건강이 좋지 못함을 걱정하면서 "요사이는 문안할 때마다 내가 세자에게 《주역》을 가르치고 있다"고 밝히고 있다. 이때 세종의 나이 37세 무렵이었고 세자는 20세를 바라보고 있었다. 그런데 태종이나 세종이 정확히 어떤 시각에서 《주역》을 이해하고 받아들였는지를 보여주는 구체적인 사례는 실록에 나오지 않아 아쉬움이 남는다.

세종에게 직접 《주역》을 배운 때문인지 문종은 경연 등에서 《주역》을 강론하지는 않았다. 그러나 문종은 문과에 급제한 신하들을 대상으로 《주역》에 관한 내용을 물어 우수한 인재들을 선발하곤 했다. 그것은 문종이 이미 《주역》을 충분히 이해하고 있었다는 뜻이다.

세조도 일찍부터 《주역》을 공부했다. 심지어 세종 말년에는 친동생인 금성대군 이유에게 직접 《주역》을 가르치기도 했다. 이 덕분에 신하들 중에도 《주역》에 정통한 이들이 있었다. 정인지는 1457년(세조 3) 4월 9일 경복궁 사정전에서 열린 술자리에서 다른 신하들에게 《주역》을 논해보라고 권하기도 했다. 그것은 세조가 《주역》을 좋아했기 때문에 비위를 맞추려는 행위로도 볼 수 있다.

세조는 경연을 하지 않은 것으로 유명하다. 그는 신하들에게 더 이상 배울 것이 없다고 생각했다. 대신 대등하게 토론을 하거나 아니면 자신이 일방적으로 강의하는 것을 좋아했다. 1465년(세조 11) 9월 26일부터 세조는 당시의 석학들을 불러모아 함께 《주역》을 읽고서 읽기 편하도록 구결(口訣)을 다는 작업을 시작했다. 그리고 다음 날 좌참찬 최항에게 이런 지시를 내린다.

"어제 성균 사예 정자영, 직강 유희익 등과《주역》의 이치를 강론하고 밤이 깊어서야 파했는데 그 이치가 무궁하다. 지금 반열에 있는 조정 신하들 중《주역》의 이치를 아는 자가 누구인가? 이름을 적어서 아뢰라."

하지만 10월 6일자 실록을 보면 신하들 중에 세조와 함께 《주역》을 논할 수 있는 인물들은 없었던 것으로 보인다. 정자영이나 유희익은 겨우 장구(章句)를 해석하는 수준이었고, 세조의 명으로 뒤늦게 참여한 직강 구종직이나 주부 유진 등은 그나마 두 사람에 미치지 못했다고 비판하고 있다.

세조는 자신이 주도해 완성한 《주역》 구결을 놓고서 신하들 간에 경쟁을 붙이기도 했다. 또 유생 김귀가 《주역》에 능하다는 말을 듣고서는 즉시 불러서 시험해본 후 만족감을 표시하며 그에게 장악원 장악이라는 관직을 내렸다. 《주역》만 제대로 파악하고 있으면 벼락출세도 할 수 있을 만큼 세조는 《주역》 마니아였던 것이다.

세조가《주역》만을 좋아했던 것은 아니었다. 1467년(세조 13) 6월 22일 세조는 문신 중에서 선발된 107인에게《주역》을 비롯해《노자》,《장자》, 《열자》 등 노장사상 책과 두보, 이백, 소동파의 시집 등 10권씩을 선물하고 모두 읽어보도록 명했다. 그는 열린 사고의 소유자였던 것이다.

◎ 왕권의 《대학》에서 신권의 《소학》으로 : 예종부터 고종까지

재위 1년 만에 경연에서 《대학연의》를 읽은 것을 보면 예종은 학식이 뛰어났던 인물로 보인다. 1469년(예종 1) 9월 19일 경연을 책임지고 있던 임원준은 예종에게 이렇게 말하고 있다.

"성상의 학문이 고명하셔서 지금 경연에서 《주역》을 강론하고 계십니다. 하지만 《주역》은 비록 뜻과 이치가 깊지만 정사에 절실하지는 않습니다. 《대학연의》는 나라를 다스리는 율령이 되어 세종대왕께서 늘 보며 외우시고 왕자들에게 모두 읽히셨으니, 청컨대 경연에서 이 글을 강론하소서."

예종은 아버지 세조의 영향으로 《주역》을 좋아했지만 신하들이 이처럼 말하니 다음과 같이 답한다.

"앞으로는 경연에서 《대학연의》를 아울러 강론하라."

예종의 학식이 상당한 수준에 이르렀음을 보여주는 대화라고 할 수 있다.

1469년 11월 28일 재위 1년 2개월밖에 안 된 예종이 갑자기 세상을 떠난다. 그리고 왕위는 그의 조카, 즉 의경세자의 둘째 아들 성종에게 이어진다. 이때 성종의 나이 열세 살이었다.

어린 성종은 1470년(성종 1) 1월 7일 경연이 시작된 이후 1월 한 달 중 24일 동안 하루도 빠지지 않고 경연과 주강을 반복했다. 훗날 드러나게 되지만 그는 학문에 대한 호기심이 왕성했고 성품 또한 근면 성실했다.

이런 패턴은 수렴청정이 끝나고 왕위를 물려받을 때까지 7년 동안 계속된다. 그때까지 월평균 경연일수가 25일 이상이다. 심지어 한 달 반이 지난 2월 20일부터는 저녁때 하는 석강까지 하루에 세 번씩 공부를 한다. 여기에는 "항상 내시와 함께 있으면 무슨 도움이 되겠는가? 자주 대신을 접하면 도움 되는 말을 많이 들을 수 있으니 좋지 아니한가?"라는 대왕대비의 생각도 영향을 미쳤다. 공부에 힘이 붙은 1471년(성종 2) 10월부터는 밤에 하는 야대(夜對)까지 자청해 하루에 네 차례씩 공부를 했다. 야대에서는 별도로 조선시대 국왕들의 행적만을 간추린 《국조보감》을 강독했다. 윤대(輪對)라고 해서 승지와 사관이 1명씩 참석해 중앙 각 관서의 운영 상태와 문제점을 토론하는 자리까지 있었다. 여기에도 성종은 1471년부터 스물두 살이 되는 1478년(성종 9)까지 성실하게 참석했다. 성종은 말 그대로 참다운 왕이 되기 위한 학문 연마에 꼬박 10년을 쏟아부은 것이다. 그런데 경연을 시작한 지 18일이 지난 1월 25일 당시 성종의 학문 수준을 보여주는 흥미로운 일화가 나온다.

임금이 경연에 나가서 《논어》를 강독하는데 '왕손가(王孫賈)가 물었다. 아랫목 귀신에 잘하기보다는 차라리 부엌 귀신에게 잘해라' 하는 장에 이르러 묻기를 "《소학》에도 왕손가란 사람이 있는데 이것이 바로 그 사람인가?" 했다. 도승지 이극증이 대답하기를 "다른 시대의 사람입니다" 했다. 그리고 다시 서면으로 아뢰기를 "《논어》의 왕손가는 위나라 사람이고 《소학》의 왕손가는 제나라 사람입니다" 했다.

여기에서는 두 가지 중요한 사실이 드러난다. 하나는 성종이 《소학》은 이미 뗐다는 것이다. 그리고 다른 하나는 질문의 수준이 소박하기 그지 없다는 것이다. 《논어》의 이 문맥에서 질문을 던진다면 왕손가가 한 말이 무슨 뜻인지를 묻는 게 정상이다. 그것은 겉만 번지레한 임금보다는 실속 있는 실권자에게 줄을 서는 게 낫다는 의미이기 때문이다.

그러나 아직 어린 성종은 자신이 알고 있는 것과 새로 배운 내용을 피상적으로 비교하는 수준에 머물러 있었다. 뒤에서 살펴보겠지만 《소학》은 성종이 가장 좋아한 유학의 책이다. 이 점은 《대학연의》를 중시한 세종과 대비되는 대목이다. 세종은 《대학》을, 성종은 《소학》을 즐겨 읽었다.

그해 12월경이면 《논어》 다음으로 《맹자》를 진강하는데 여기서는 군데군데 내용에 관한 질문을 하기 시작한다. 특히 12월 11일자 강의는 상징적이기까지 하다. 《맹자》의 관련 대목만 인용한다.

장창(臧倉)이 말하기를 "예의는 어진 이로 말미암아 나오는 것인데 맹자는 모친상을 부친상보다 넘치게 했으니 임금께서는 만나보지 마십시오" 하므로 임금이 "그렇다"고 했다.

성종은 이 대목을 보면서 "장창이 노나라 평공에게 고한 것은 그 말이 옳은 것이냐?"고 묻는다. 상당히 예리한 질문이다. 이에 대해 동지사 이극배와 참찬관 김지경은 '장창의 말이 틀렸다'고 답한다. 이극배에 따르면 '모친상을 부친상보다 넉넉하게 치른 것은 그 사이에 살림이 나아져서이지 어머니를 아버지보다 더 공경한 때문이 아니라는 것'이다. 또 김지경은 '소인배 장창이 군자인 맹자를 견제하기 위해 그렇게 말했다'고 설명했다.

이런 부지런한 학습의 결과 성종은 훗날 뛰어난 학식을 갖춘 임금이 된다. 그러나 그의 학식은 철저하게 신하들의 세계관에 따라 만들어진 것이었기 때문에 왕권 약화가 심화됐고, 그것은 훗날 왕권 강화를 꿈꾸는 연산군과 방어하려는 신하들 간의 충돌을 만들어내는 단서가 된다.

연산군이 왕위에 올랐을 때 그의 나이는 19세로 예종과 비슷했다. 실제로 세조를 모델로 하여 왕권 강화를 꿈꾸다가 비극적인 최후를 맞게 된다는 점에서 연산군과 예종은 여러모로 비슷하다. 그리고 즉위 초 경연에서 《대학연의》를 강론했다는 점을 볼 때 연산군에 대한 부정적 인식과는 달리 상당한 수준의 학문을 갖췄다고 볼 수 있다. 그러나 그에게는 어린 나이를 포용력으로 극복한 세종 같은 끈기와 여유로움이 없었다. 오히려 예종처럼 신하들과 정면충돌하다가 결국 비참한 최후를 맞는다.

연산군은 수시로 경연에 빠지다가 1504년(연산군 10)이 되면 아예 경연을 폐지해버린다. 그해 10월 연산군이 정승들에게 내린 글의 일부다.

옛사람이 이르기를 "어진 사대부를 접하는 때가 많고, 환관과 후궁을 친근히 하는 때가 적으면 유익하다" 했다. 그러나 경연 때에 무상(無狀, 함부로 행동해 버릇이 없음)한 무리들이 불령한 말을 많이 하니 경연에 나갈 것이 없다. 만약 나이 어린 임금이라면 여러 신하와 더불어 마땅히 시정(時政)의 득실을 논해야 될 것이다. 그러나 지금 나는 경연이 아니라도 스스로 정령(政令)을 출납할 수 있다. 어찌 경연에 나가야만 학식을 더 하겠는가? 학문을 모른다 할지라도 어찌 장구하게 나라를 누리지 못하겠는가?

중종의 경우는 반정 트라우마에서 자유롭지 못했다. 반정 때문에 왕위에 올랐지만 자신이 한 것이라고는 아무것도 없었다. 태종이나 세조, 심지어 인조와도 전혀 달랐다. 그랬기 때문에 누구보다 신권의 두려움을 잘 알고 있었다. 어찌 보면 중종은 군주보다는 학자에 가까운 인물이었다. 하지만 19세에 왕위에 오른 중종은 학문 연마를 통해 아주 조금씩 파워 게임에 능한 군주로 변해갔다. 38년 2개월 동안 왕위를 지킨 중종은 이렇다 할 업적은 내지 못한 채 조광조를 제거하고 권간들을 중용해 명종 대의 파행 정치를 향한 길을 열어놓았다. 이런 점에서 선조는 어쩌면 할아버지 중종을 빼닮았다고 할 수 있을 것이다.

중종은 즉위하자마자 경연을 다시 열었다. 그리고 《대학연의》를 진강하도록 한다. 즉 어느 정도 학식은 갖춰져 있었던 것이다. 그리고 재위 6년째에 《주역》을 읽고 있는 것을 볼 때 뛰어난 학식과 성실성을 갖춘 인물임에는 분명하다. 하지만 결단력과 비전이 없었다고 할 수 있다. 이 또한 선조를 미리 보는 듯하다.

인종은 날 때부터 원자로 나서 세자 교육을 받고 30세에 왕위에 오르지만 불운하게도 8개월 만에 세상을 떠난다. 그는 가장 짧게 왕위에 있었던 임금이다. 인성왕후 박씨와의 사이에 자식도 두지 못했다. 조선 후기 학자 이긍익의 역사서 《연려실기술》에는 당시 조선을 찾았던 명나라 사신이 세자 시절의 인종을 평한 대목이 나온다.

"당신네 나라의 임금은 성인입니다. 그러나 당신네 나라는 조그만 나라라 성인과 서로 맞지 않습니다. 당신네 임금은 분명히 오랫동안 임금이 되지는 못할 것입니다. 당신들은 실로 복이 없습니다."

오랫동안 임금이 되지 못한다는 말이 오랜 세자 생활로 인해 뒤늦게 임금이 된다는 말인지 단명의 임금이 된다는 말인지는 불분명하지만 결과적으로 이 '예측'은 적중했다.

이어 인종의 이복동생이자 중종과 문정왕후 윤씨 사이에 난 명종이 열두 살의 나이로 왕위에 오른다. 열두 살 어린 임금의 공부는 《소학》과 《효경》에서 출발하고 있다. 가장 초보 단계의 공부를 시작한 것이다. 그의 공부를 책임진 인물 중 한 명이 당대의 명유였던 이언적이다. 이때는 공부의 경향이 《소학》 중심으로 바뀌고 있었다. 《대학》보다 《소학》을 중시한다는 것은 왕권보다는 신권 중심의 세계관이 지배하기 시작했다는 의미다. 명종이 《논어》를 접하게 되는 것은 재위 3년째가 되던 해였다. 명종은 유약하기는 해도 호학하는 임금이었다. 하지만 현실 정치에서는 어머니 윤씨와 외삼촌 윤원형의 위세에 눌려 아무것도 하지 못한 임금이기도 했다.

반정으로 광해군을 내쫓고 왕위에 오른 인조는 결단력을 갖고 있었고 어느 정도의 학식도 갖춘 인물이다. 그러나 신하들을 제대로 장악하지 못했고 서인에 얹혀 독자적인 권력을 행사하지 못했다. 두 차례의 호란을 겪고, 소현세자의 의문사를 방치하고, 내란으로 한양을 버리고 충청도로 피신까지 해야 했다. 어찌 보면 선조보다도 훨씬 못했다고도 볼 수 있다.

효종은 서인의 위세에 눌려 이렇다 할 업적을 보여주지 못했고 그의 아들 현종 또한 15년 3개월을 재위하며 서인에서 벗어나 남인과의 협력을 시도하려 했지만 성과를 거두지 못하고 세상을 떠난다.

인종 이후 처음으로 원자로 태어나 열네 살에 왕위에 오른 숙종은 앞서 비슷한 나이에 왕위에 올랐던 임금들과는 완전히 달랐다. 우선 왕으로서의 자부심이 하늘을 찔렀다. 게다가 송시열, 송준길 등으로부터 최고의 학문 수련을 받아 다른 임금들과는 비교할 수 없을 정도의 학식으로 일찍부터 놀라운 정치력을 발휘한다.

숙종은 왕위에 오른 이듬해에 주희의 《자치통감 강목》을 강독했다. 《자치통감 강목》은 사서에 통달한 자라야 읽을 수 있는 책이다. 같은 해 《논어》도 강독하는데 수업을 받는 차원이 아니라 신하와 함께 토론하는 수준이었다. 숙종은 신하들에 버금가는, 혹은 훨씬 능가하는 학식으로 신하들을 제압하며 당쟁의 폐단을 제거하는 데 혼신의 힘을 쏟았다. 숙종이 태종 다음으로 막강한 왕권을 누릴 수 있었던 것은 타고난 정통성, 뛰어난 학식, 그리고 과감한 결단력이 한데 어우러졌기 때문에 가능했다고 볼 수 있다.

영조의 경우는 학식도 뛰어났지만 무엇보다 정치 감각이 출중했다. 그래서 당쟁을 제압하지는 못했지만 교묘하게 이합집산을 유도하며 당쟁의 파고를 넘었고, 무려 51년 7개월 동안 왕위에 있으면서 조선의 중흥의 기틀을 다졌다는 평가를 받게 된다. 그러나 영조가 명군이라는 평가에 대해서는 조금 의문스럽기도 하다. 무엇보다 사도세자를 죽임으로써 후계 구도를 안정시키지 못했기 때문이다.

제22대 정조의 학식과 업적에 대해서는 잘 알려져 있다. 학계에서 숭앙하듯 성군이었는지는 모르겠지만 학식만 놓고 본다면 세종 다음으로 출중했던 임금임에 틀림없다. 다만 그 또한 협량했다는 비판을 면하기 어렵다고 보인다. 특히 정조는 공의(公義)보다는 아버지 사도세자를 추앙하는 사친(私親)에 매몰돼 있었다는 비판을 면하기 어렵다. 순조의 경우는 장인 김조순과 안동 김씨들에게 포위돼 임금다운 임금의 모습을 보여주지 못했다. 우리가 흔히 세도정치라고 부르는 정치가 순조 때부터 시작됐고, 그 길을 열어준 장본인이 김조순을 사돈으로 맞아들인 정조다. 큰 흐름에서 볼 때 정조에 대한 역사적 평가가 부정적일 수밖에 없는 대목 중 하나다.

조선의 26대 국왕 고종은 재위 4년(1867)이 지나서야 경연에서 《소학》 공부를 끝냈다. 이것을 볼 때 사가에 있을 때는 거의 공부를 하지 않았던 듯하다. 그리고 재위 5년(1868)부터 2년여에 걸쳐 《맹자》 공부를 마치고 있다. 여전히 느린 속도다. 그러나 고종은 무엇보다 오랫동안 재위하면서 조금씩 국왕으로서의 정치력과 권위를 만들어간 인물이라 할 수 있다. 그런 점에

고종의 사진. 조선 제26대 왕이자 대한제국 제1대 황제(재위 1863~1907). 명성황후와 대원군의 세력 다툼 속에서 일본을 비롯한 열강의 내정 간섭을 겪었다. 밀사 이준 등을 파견하여 국권 회복을 시도했으나 일본의 방해로 실패, 황태자에게 양위한 후 태황제(太皇帝)의 칭호를 받고 덕수궁에서 만년을 보내다가 1919년 1월 21일 일본인에게 독살된 것으로 전해진다.

서 38년 2개월 재위한 중종이나 40년 7개월 재위한 선조, 51년 7개월 재위한 영조와 비슷하다. 시작할 때는 무력했지만 오랜 집권 기간을 통해 권위를 조금씩 회복한 경우라 할 수 있겠다.

정치 행위의 결정체,
왕의 결혼

◎ 신하들에 의해 강제로 이혼당한 중종

1506년(연산군 12) 9월 2일 거사를 일으켜 연산군을 강화도로 내쫓은 반정 세력은 연산군의 이복동생 진성대군을 새 임금으로 추대했다. 그런데 이때 열아홉 살이던 진성대군은 이미 혼인을 한 상태였다. 묘하게도 진성대군의 부인은 연산군의 처남인 신수근의 딸이었다. 두 사람은 1499년(연산군 5)에 가례를 올렸다.

연산군의 몰락은 곧 그의 처가 거창 신씨의 몰락이기도 했다. 연산군의 장인 신승선은 1466년(세조 12) 문과에 장원급제해 관리의 길에 들어섰고 세종의 넷째 아들 임영대군의 딸과 결혼해 왕실과 인연을 맺었으며 다시 그의 딸이 성종 때 세자빈이 되고 연산군이 즉위해 영의정에까지 올랐다.

신승선에게는 연산군과 결혼한 딸 외에 신수근, 신수영, 신수겸 세 아들이 있었다. 그중 신수근이 바로 진성대군의 장인이다. 반정을 하려 할 때 반정공신들은 어차피 진성대군밖에 세울 사람이 없었기 때문에 신수근 삼형제를 반정에 끌어들이려 했다. 그러나 이들은 동시에 연산군의 처남들이었기 때문에 고심 끝에 반정 제안을 거부했다가 반정 직후 모두 형장의 이슬로 사라지게 된다.

9월 8일 박원종, 유순정, 성희안 등 반정 3대장을 비롯한 조정 신하들은 신왕에게 '신수근의 딸'을 내칠 것을 청한다. 이에 신왕은 조강지처를 어떻게 내칠 수 있느냐고 반발했지만 신하들의 기세에 밀려 결국 정현조의 집을 수리해 그곳에 거처하도록 조치를 취한다. 정현조는 정인지의 아들이며 세조의 딸 의숙공주의 남편이기도 해서 왕실과 인연이 있는 인물이었다. 이렇게 쫓겨난 신씨는 그 후 친정집으로 옮겨 한 많은 인생을 산 끝에 1557년(명종 12) 71세를 일기로 세상을 떠났다. 왕후로 있었던 기간이 불과 6일밖에 되지 않은 단경왕후 신씨는 먼 훗날인 1739년(영조 15) 왕후의 자리를 되찾게 된다. '단경(端敬)'이라는 시호도 이때 받은 것이다. 그 이전에는 그냥 '폐비 신씨'였다.

폐비 신씨의 빈자리는 1507년 8월 4일 반정 직후 후궁으로 선발돼 숙의로 있던 윤여필의 딸이 메우게 된다. 장경왕후 윤씨(1491~1515)가 그다. 윤씨가 왕비가 될 수 있었던 가장 큰 이유는 윤여필이 반정 1등공신 박원종의 매부였기 때문이다. 신하가 왕비를 정한 것이다. 그런데 장경왕후 윤씨는 8년 후인 1515년 2월 원자(훗날의 인종)를 낳고 산후병으로 고생하다가 엿새 만인 3월 2일 세상을 떠난다. 그 바람에 조정 일각에서는 폐비 신씨의 복위론이 제기되면서 커다란 정치적 풍파가 일어나기도 했다.

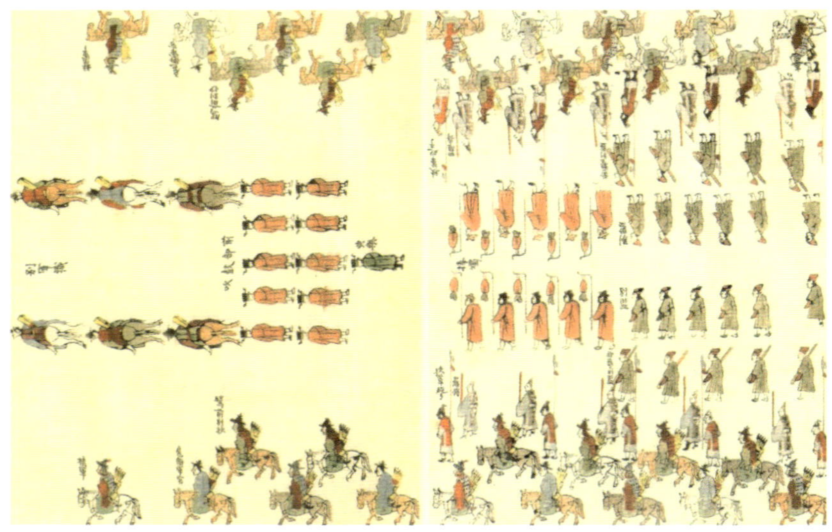

중종 시대의 조정은 암투의 연속이었다. 특히 2년 후 두 번째 계비인 문정왕후 윤씨(1501~1565)가 대궐의 안주인이 되면서 조선의 역사는 크게 격동하게 된다. 이때는 이미 공신 세력의 힘이 쇠퇴하고 중종이 조금씩 권력을 장악해갈 때였기 때문에 간택 과정에서 신하들의 입김은 크지 않았다. 게다가 윤씨도 넓은 의미에서 파평 윤씨 가문이었기 때문에 임금이나 신하 어느 쪽도 거부감을 갖지는 않았다.

장경왕후로부터 나온 원자는 세자가 되어 성장하고 있었고 문정왕후 윤씨는 4명의 딸을 낳은 끝에 마침내 1534년 왕자를 출산한다. 그 왕자가 훗날의 명종이다. 훗날 세자를 보호하려는 대윤과 세자를 교체하려는 소윤이 정면충돌하게 되는데, 대윤을 이끈 윤임은 인종의 외숙이고 소윤을 이끈 윤원형은 명종의 외숙이다. 새로운 사화가 싹트고 있었다.

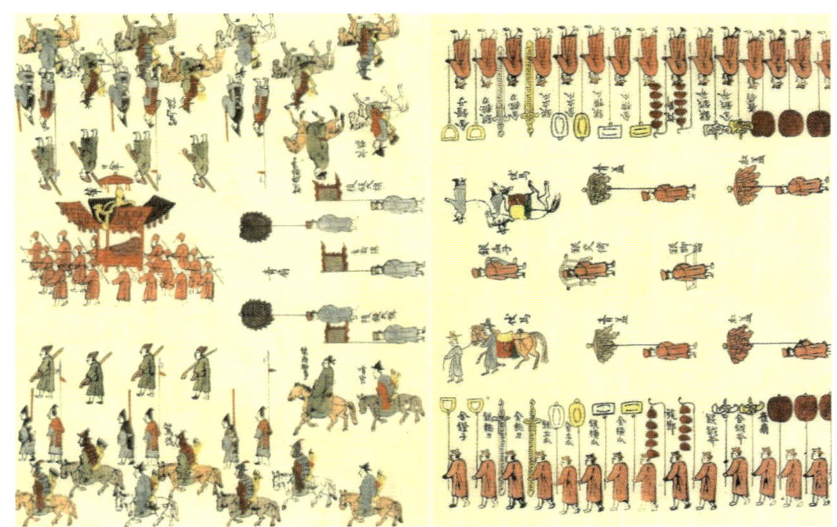

영조와 정순왕후의 혼인식 장면을 담은 반차도(班次圖). 영조와 정순왕후 결혼식의 경우 친영일(親迎日)은 6월 22일이었지만 친영의 모습을 담은 반차도는 6월 14일 이미 제작돼 국왕에게 바쳐진 것으로 기록돼 있다. 반차도에는 참여 인원과 의장기의 모습, 가마의 배치 등 결혼식의 생생한 모습들이 담겨 있다. 규장각 소장

◎ 국혼을 알면 왕의 파워가 보인다

국혼은 간단히 말하면 임금의 결혼이다. 그런데 임금이 되는 과정이 다양한 만큼 국혼의 양상도 다양하며 그에 따른 정치적 결과도 각양각색이다. 무엇보다 임금이 되기 전에 혼인을 했느냐 임금이 된 후에 혼인을 했느냐가 국혼의 정치적 성격을 살피는 중요한 척도가 된다.

태조 이성계는 고려 말 자신의 혼인뿐만 아니라 자식들의 혼인을 통해 무신으로서의 한계를 극복하고 최고의 권력을 장악한 다음 조선 개국이라는 위업을 달성했다는 점에서 주목을 요한다.

조선 최초의 국모는 신의왕후 한씨다. 그러나 신의왕후는 실제로는 왕비의 자리에 오르지 못했다. 조선이 개국하기 직전인 1391년(고려 공양왕 3) 9월 23일 55세를 일기로 세상을 떠났기 때문이다. 왕후는 추존된 것이다. 안변 한씨인 신의왕후는 그렇게 여유롭거나 행복한 삶을 살았다고 보기는 어렵다.

계비인 신덕왕후 강씨(1356~1396)도 이성계가 조선을 개국하기 전 결혼을 했지만 마침내 남편 이성계의 개국과 더불어 조선 최초의 왕비가 된다. 강씨는 고려 충혜왕 때 권문세족으로 떠오른 강윤성의 딸이었다. 혼인 당시 이성계와 강씨의 나이 차이가 스물한 살이었다고 하니 전형적인 정략결혼이었다.

강씨는 대담한 지략의 소유자로 전해진다. 개국 과정에서 주요 시기마다 개입했으며 특히 개국 후에는 왕통이 한씨 소생 이방원이 아닌, 자신의 소생 이방석으로 이어지도록 하는 데 결정적인 역할을 했다. 평소 강씨는 이방원을 보면서 늘 이렇게 한탄했다고 한다.

"어찌해 내 몸에서 나지 않았던고?"

강씨는 정도전을 가까이하며 그가 아들 방석의 왕위를 지켜주기를 바랐다. 하지만 강씨는 1396년(태조 5) 아들의 즉위식을 보지 못하고 세상을 떠난다. 2년 후에 일어날 비극을 예감이나 했을까?

왕위는 잠시 이방원의 형 정종에게 돌아갔지만 정종비 정안왕후 김씨는 힘 있는 왕후가 될 수 없었다. 이방원의 위세를 누구보다 잘 알고 있던 김씨는 늘 정종에게 조심할 것을 당부했다고 한다. 게다가 두 사람 사이에는 자식이 없었다.

이방원의 부인 민씨는 남편이 두 차례 왕자의 난으로 고심할 때 조용히 다가가 갑옷을 입혀준 것으로 유명하다. 강씨 못지않은 강한 권력 지향의 여인이었다. 그러나 결국은 이 같은 권력 지향은 민씨 집안에 큰 화를 초래하게 된다.

두 사람은 태종이 16세, 민씨가 18세 되던 1382년(고려 우왕 8) 혼인했다. 이방원이 진사시에 급제하던 그해였다. 이때 민씨 집안은 전통적인 개경의 명문가였고 이씨 집안은 이성계의 연이은 전승으로 인해 함흥 토호에서 중앙의 신흥 명문가로 부상하던 중이었다. 일종의 정략결혼의 성격이 있었다고 봐야 한다.

10년 후 조선왕조가 들어섰고 이방원은 정안공, 민씨는 정녕옹주라는 칭호를 받았다. 그러나 이때부터 이방원이 1,2차 왕자의 난을 주도할 때까지 10년이 어쩌면 두 사람 사이가 가장 좋았던 기간인지 모른다. 4남 4녀의 많은 자식들도 대부분 이때 생겼다. 사실상의 1등 개국공신이면서도 공신 명단에서 빠진 이방원은 '백수'에 불과했다. 권력은 계모 강씨와 정도전이 나눠 갖고 있었다. 훗날 태종이 왕위에 올랐을 때 일어난 조사의의 난도 배후에 함흥 쪽의 강씨 집안이 있었기 때문에 가능했다.

태종이 집권 기간 내내 보여준 외척에 대한 지나칠 정도의 경계심은 일차적으로는 태조 당시 계모 강씨 집안의 권력 때문으로 볼 수 있다. 여기에 자기 집안보다는 훨씬 뿌리가 깊은 민씨 집안에 대한 묘한 콤플렉스가 작용했을 것이다. 그러나 이것은 훗날의 이야기고, 태조 재위 7년 동안 민씨 집안은 '백수' 이방원에게 누구보다 든든한 배경이 되어주었다. 민제와 그 아들들은 이방원을 위해 사람들을 모았다. 하륜을 이방원과 연결시켜준 인물도 바로 민제였다.

보기에 따라서는 1차 왕자의 난을 주도한 인물은 이방원이라기보다는 부인 민씨라고 해도 틀린 말이 아니다. 사병 혁파 때 목숨을 걸고 사병과 무기들을 친정집에 빼돌려놓아 무력을 유지할 수 있었다. 2차 왕자의 난 때는 결단하지 못하는 남편에게 말없이 갑옷을 입혀주어 거사의 성공을 이끌었다. 결국 1400년(정종 2) 정종의 양위를 받아 남편 이방원이 왕위에 오르자 민씨도 그토록 갈망하던 왕비의 자리에 올라 원경왕후가 된다. 그러나 두 사람의 행복한 관계는 여기까지였다.

1402년(태종 2) 1월 8일 태종은 예조와 춘추관 영사 하륜, 지사 권근 등에게 명해 고대 중국에서 역대 임금의 비빈의 수와 고려 때의 비빈 및 시녀의 수를 고찰해 아뢰게 했다. 예조에서 상고한 결과 중국에서 제후의 경우는 한 번 장가드는 데 9녀를 얻고 경대부는 1처 2첩, 사대부는 1처 1첩이며 그 뜻은 '자손을 넓히고 음란함을 막기 위함'이라고 보고한다. 그런데 고려 때는 혼례 제도가 엉망이 되는 바람에 적첩에 제한이 없어 일대 혼란을 빚었다고 덧붙였다. 실록은 당시 태종이 이런 지시를 내린 이유를 두 가지로 밝힌다. 하나는 즉위한 지 얼마 안 되어 빈첩이 갖춰지지 않고 시녀만 있었기 때문이다. 또 하나는 정비(원경왕후 민씨)는 천성이 투기가 심해 사랑이 아래로 이르지 못해 임금이 빈첩을 갖추고자 했기 때문이다. 보다 결정적인 이유는 두 번째였을 것이다.

태종의 빈첩 제도에 대한 검토 지시가 있은 지 열흘도 안 된 1월 17일 사평부 영사 하륜과 정승 김사형, 이무가 빈첩을 맞아들일 가례색 제조로 임명됐다. 민씨 집안에서는 한때 자신들과 가까웠던 하륜을 곱게 보기 어려웠다. 같은 공신으로서 알력 다툼 이외에도 태종의 빈첩 들이는 일에 그가 앞장서고 있었기 때문이다.

이때 민제와 하륜 양쪽과 사이가 좋았던 검교 참찬 조호가 어느 날 민제의 집에 갔다가 민제가 아들들과 나누는 이야기를 듣게 된다.

"온 나라 사람들이 하륜을 정도전에 비유한다. 사람들이 하륜을 꺼려함이 이렇기 때문에 머지않아 하륜은 환난을 당할 것이다."

조호는 이 말을 듣고 즉각 하륜에게 전했다. 이에 대한 하륜의 답변이다.

"죽고 사는 것은 하늘에 달려 있는 것이오. 옛사람들도 바른 도리를 가지고 억울하게 죽은 사람이 있는가 하면 요행히 죽음을 면한 사람도 있소. 후대인들이 스스로 공론으로 판별할 텐데 내 무엇을 두려워하겠소?"

천하의 하륜도 민씨 집안의 권세 앞에서는 어쩔 수 없었음을 보여주는 장면이다. 민씨 집안과 하륜 진영의 긴장감이 점점 높아져가는 가운데 3월 7일 드디어 첫 번째 빈을 맞아들인다. 성균 악정 권홍의 딸이었다. 그가 의빈 권씨다.

이 말을 들은 원경왕후 민씨는 태종의 옷을 붙잡고 울면서 하소연했다.

"상감께서는 어찌해 예전의 뜻을 잊으셨습니까? 제가 상감과 더불어 어려움을 지키고 같이 화란을 겪어 국가를 차지했사온데, 이제 나를 잊음이 어찌 이러하십니까?"

민씨는 단식으로 맞섰다. 그 바람에 가례는 갖지도 못한 채 환관과 시녀 몇 사람이 권씨를 별궁에 맞아들이는 것으로 혼례가 끝났다. 실록은 이 일로 인해 "정비는 마음에 병을 얻었고, 임금은 수일 동안 정사를 듣지 아니했다"고 적고 있다.

이런 맥락에서 한 달여 후인 4월 18일의 인사는 다목적 포석으로 보인다. 이날 권씨는 정의궁주로 봉해지고, 아들 이제를 원자로 삼았다. 왕권 강화의 의지가 담겨 있는 인사이다. 그런데 주목해야 할 것은 이날 귀양가 있던 이거이가 영의정으로 화려하게 권좌에 복귀하고 조온은 의정부 찬성사에 올랐다는 점이다. 또 원자를 보필할 좌유선에 조서, 좌시학에 이공의가 임명되는데 조서는 조영무의 아들, 이공의는 이무의 아들이었다. 최대 집단을 형성하고 있는 민씨 집안을 견제하기 위해서는 이거이, 조영무, 이무 등의 도움을 받지 않을 수 없기 때문이었을 것이다. 정국을 읽어내는 태종의 치밀한 계산을 볼 수 있다.

태종은 즉위 초부터 인재를 널리 추천하되 추천된 인물이 적임자가 아니면 추천한 거주(擧主)에도 똑같이 책임을 물리겠다는 원칙을 선언했다. 더불어 권문세가의 집을 찾아다니며 엽관 운동을 하는 분경을 엄격하게 금지했다. 1402년 6월 18일에도 사헌부에서 다시 한 번 거주의 책임을 강화해야 한다는 상소를 올리기도 했다. 이 같은 제도의 강화를 주도한 사람이 하륜이다.

공교롭게도 7월 11일 사헌부에서는 여흥부원군 민제와 총제 윤곤, 호군 이공효를 탄핵했다. 민제가 천거한 윤곤과 이공효가 적임자가 아니라는 이유였다. 그러나 이 탄핵은 크게 문제가 되지 않았던 것 같다. 한 달여 후인 8월 26일 태종이 민제의 집을 방문해 잔치를 베풀고 있기 때문이다. 위로와 무마의 차원이었던 것 같다. 이 자리에는 태종을 비롯해 민제, 민제의 매부인 의정부 찬성사 곽추, 민제의 처남인 개성유후 송제대, 민제의 동생 승녕부(태상왕을 모시는 기관)윤 민양 등이 참석했다. 풍악이 술잔을 타고 넘쳤고 태종도 즐거워하며 춤을 추었다고 한다. 그러나 민제의 아들인 민무구, 민무질 형제는 이 자리에 참석하지 않았다.

결국 민제의 네 아들은 향후 양녕대군이 왕위에 올랐을 때 왕위를 위협할 요인이 된다는 이유만으로 목숨을 잃어야 했다. 그리고 정작 왕위는 양녕대군이 아닌 충녕대군으로 이어진다.

원래 충녕대군은 왕위와는 무관했다. 따라서 1408년(태종 8) 가례를 올릴 때만 해도 열네 살 심씨는 왕비가 되리라고는 꿈에도 생각지 않았을 것이다. 심씨는 조부 심덕부와 아버지 심온이 개국공신이고 숙부 심종은 태조의 딸 경선공주와 결혼한 부마였으니 왕실과 가까운 집안일 뿐이었다.

그런데 1418년(태종 18) 갑자기 폐세자 조치에 이어 충녕대군이 세자가 되어 곧바로 왕위에 올랐다. 갑자기 권력이 심온에게 쏠렸고 이는 태종의 심기를 불편하게 만들었다. 결국 처가를 몰살했던 태종은 상왕으로 있으면서 세종의 처가에 그 못지않은 조치를 취한다. 심온 형제는 형장의 이슬로 사라져야 했고 심온의 부인은 관노비로 전락했다. 왕권이 강하던 시절, 국혼의 주도권은 왕실에 있었음을 단적으로 보여주는 사례다.

세종을 이어 즉위한 문종은 상당 기간 세자로 지냈기 때문에 혼인도 이때 이뤄졌다. 첫 번째 세자빈 김씨는 세자 향(훗날의 문종)이 열네 살 때 맞아들였는데 어쩐 일인지 부부 사이가 좋지 않았다. 대신 세자는 어려서부터 가까웠던 중전의 몸종 효동이나 덕금을 가까이했다. 결국 남편의 사랑을 얻기 위해 비방을 썼다가 들킨 김씨는 쫓겨났고, 다시 봉씨를 맞아들이는데 봉씨 또한 레즈비언 행각을 벌이다가 쫓겨났다. 이후 문종은 후궁(훗날의 현덕왕후 권씨)에게서 아들 하나, 딸 하나를 얻는데 그 아들이 바로 훗날의 단종이다.

이 점은 상당한 주목을 요한다. 훗날 수양대군이 거사의 명분 중 하나로 생각한 것이 바로 단종을 적장자로 보지 않고 서자로 보았다는 것이

다. 권씨는 아들을 낳은 다음 날 세상을 떠났기 때문에 실제로 그때 권씨
의 지위는 세자의 후궁이었다.

◎ 최고 권력가 정희왕후부터 죽어서 한을 푼 인성왕후까지

정희왕후 윤씨는 파평 윤씨로 1428년(세종 10) 열한 살의 나이로 수양대
군과 혼인을 했다. 1452년(단종 즉위년) 수양대군이 김종서 등을 제거하
기 위해 거사를 할 때 사실이 누설되어 손석손 등의 만류가 있었지만, 대
군이 중문에 이르자 갑옷을 들어 입혀 용병을 결행하게 했다. 윤씨도 처
음에는 말리는 입장이었지만 상황이 예사롭지 않다고 생각해 이때 오히
려 남편의 결단을 도왔던 것이다.

그는 왕비가 되어서도 조용한 가운데 중요한 정치적 사안에는 개입을
피하지 않았다. 그래서 세조도 부인의 정치 감각을 높이 평가했다고 전
한다. 윤씨가 왕비가 되면서 파평은 하루아침에 파주목으로 승격된다.
1468년(세조 14) 예종이 19세의 나이로 즉위하자 수렴청정으로 주요 정
무를 체결했고 이듬해 손자 성종이 열세 살의 어린 나이로 즉위하자 7년
간 수렴청정해 조선에 대비 섭정의 전통을 만들었다.

이 무렵 국혼에 깊이 개입한 인물이 있다. 바로 한명회다. 세조의 장남
의경세자(훗날 덕종으로 추존)의 부인으로, 같은 청주 한씨인 한확의 딸(훗
날의 인수대비)을 천거했고, 자신의 두 딸을 각각 예종비(장순왕후 한씨)와
성종비(공혜왕후 한씨)로 밀어넣었지만 둘 다 일찍 세상을 떠나는 바람에
국구의 영예를 제대로 누리지는 못했다.

예종은 첫 부인 장순왕후 한씨가 죽자 한백륜의 딸을 계비로 맞아들이는데 그가 안순왕후 한씨로 제안대군을 낳았다. 이 과정에도 한명회가 개입했음은 물론이다.

성종 대에 이르러 한명회의 영향력은 쇠퇴하고 정희대비 윤씨의 파워가 극에 달한다. 한명회의 딸인 첫 왕비 공혜왕후 한씨가 자식 없이 일찍 세상을 떠나자 두 번째 부인으로 윤씨가 들어왔지만 폐비됐고 이어 정현왕후 윤씨가 들어와 진성대군(훗날의 중종)을 낳았다.

앞에서 말한 것처럼 연산군의 비는 신승선의 딸이다. 실록에 따르면 폐비 신씨는 어진 덕이 있어 화평하고 온순하고 근신해, 아랫사람들을 은혜로써 어루만졌으며, 왕이 총애하는 사람이 있으면 왕비가 더 후하게 대했다고 한다. 그래서 왕은 비록 미치고 포학(暴虐)했지만 그는 소중한 여김을 받았다. 왕이 무고한 사람을 죽이고 음란, 방종함이 한없음을 볼 때마다 밤낮으로 근심했으며, 때로는 울면서 간했는데, 말뜻이 지극히 간곡하고 절실해 왕이 비록 들어주지는 않았지만 그렇다고 성내지도 않았다. 또 대군, 공주, 노복들을 계칙(戒勅)해 함부로 방자한 짓을 못하게 했는데, 반정 이후에는 울부짖으며 왕을 따라가려고 했지만 뜻대로 되지 않았다고 한다. 그 후 신씨는 중종의 배려 속에 편안한 삶을 살다가 1537년(중종 32) 조용히 세상을 떠났다.

단경왕후 신씨와 강제 이혼을 당한 중종은 장경왕후 윤씨와의 사이에 인종을 낳고 얼마 후 장경왕후가 세상을 떠나자 문정왕후 윤씨를 계비로 맞아들인다. 윤씨의 흐름이 계속 이어지고 있었다.

30세에 즉위해 8개월 만에 세상을 떠나는 비운의 군주 인종은 인성왕후 박씨와 혼인했지만 자식이 없었다. 반남 박씨였던 인성왕후 박씨는

문정왕후의 무덤인 태릉(泰陵)의 입구. 문정왕후는 자신이 중종 옆에 묻힐 요량으로 장경왕후의 능 옆에 있던 중종의 정릉(靖陵)을 풍수지리가 안 좋다 하여 선릉(宣陵) 옆으로 옮겼다. 그러나 새로 옮긴 정릉에 홍수 피해가 자주 일어나 결국 그 자리에 묻히지 못했다.

사람들이 알 만한 일화도 남기지 못했다.

명종비 인순왕후 심씨는 세종비였던 소헌왕후 심씨와 마찬가지로 청송 심씨이며 12세 때 경원대군(명종)과 가례를 올리고 인종이 죽은 후 1545년(인종 1) 14세에 왕비로 책봉됐다. 시어머니 문정왕후의 섭정으로 당대의 명종과 인순왕후는 허수아비였으며, 윤원형 등의 외척 세력이 득세해 부정부패가 만연하자 백정 출신 임꺽정이 의적 행각을 일으키기도 했다. 1551년(명종 6) 순회세자를 낳았지만 열세 살에 죽고 말았다. 선조 즉위 후 잠시 수렴청정을 했지만 곧 청정을 철회했다.

선조가 즉위했을 때 왕실에는 부모처럼 모셔야 할 두 어른이 있었다.

   | 왕의 하루 |

인종비인 왕대비 인성왕후와 명종비인 대비 인순왕후였다. 왕실 족보상으로는 각각 할머니와 어머니였다. 인종비 인성왕후 박씨(1514~1577)는 1524년(중종 19) 열한 살 때 세자비로 책봉되어 1544년(중종 39) 인종이 왕위에 오르자 20년을 기다린 끝에 왕비가 되지만 7개월 반 만에 인종이 승하하면서 허무하게 꿈이 사라져버렸다. 그리고 명종이 즉위하자 명종의 어머니 문정왕후는 왕대비, 자신은 대비가 되었다. 그의 나이 불과 30세일 때였다. 그 후 명종 22년 재위 기간 동안 문정왕후의 수렴청정과 횡포를 묵묵히 지켜보아야 했다. 특히 을사사화는 인성왕후의 입장에서 보자면 먼저 간 남편의 외척과 남편을 따랐던 총신(寵臣)들이 도륙을 당하는 것이었다. 누구보다 권력의 무상함을 절절하게 느꼈을 인물이 바로 인종비 인성왕후 박씨다.

인성왕후는 조선 왕실에서 처음 나온 반남 박씨 출신 왕비다. 그런데 한 대 건너인 선조의 왕비 의인왕후 박씨도 같은 반남 박씨 출신이다. 의인왕후 박씨가 간택된 데는 명종비의 추천도 있었겠지만 아마 인성왕후 박씨의 힘도 어느 정도 작용했을 것이다.

명종 말년에도 일부 대신들은 인성왕후가 왕실의 최고 어른이니 후사도 인성왕후가 정해야 한다고 주장했다. 그러나 영의정 이준경이 단호하게 반대하면서 명종비 인순왕후 심씨가 정해야 한다며 자신의 주장을 관철시켰다. 하성군 이균(훗날의 선조)을 사저에서 대궐로 모시고 오면서도 어디에 거처하게 할 것인가의 문제를 놓고 인순왕후가 "대비전에 물어서 하는 것이 좋겠다"고 하자 이준경은 "이런 때를 맞아 정사는 한 곳에서 나와야지 다른 곳에서 나와서는 안 된다"고 반대했다.

선조가 나이가 어리기 때문에 수렴청정을 하려 했을 때도 비슷한 상황

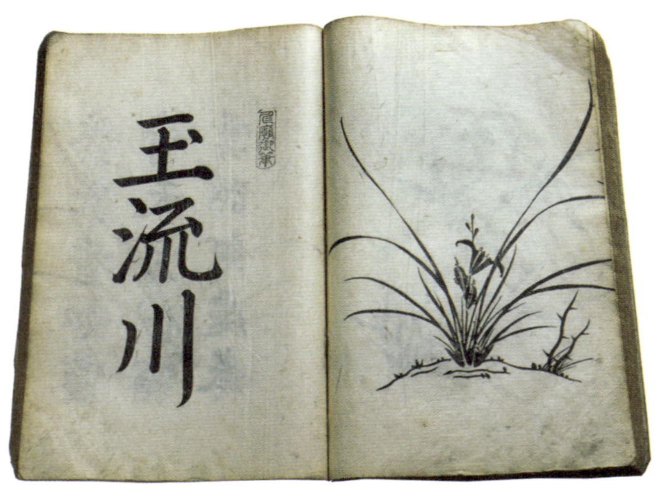

선조의 어필과 그림. 옥류천(玉流川)은 창덕궁 후원에 있는 냇물이다.

이었다. 서열상으로 보자면 인성왕후가 인순왕후보다 위였기 때문에 수렴청정을 하더라도 인성왕후가 해야 했다. 그러나 결국 이준경의 요청에 따라 수렴청정은 인순왕후가 맡게 된다.

선조는 두 대비를 지성으로 모셨다. 선조가 즉위했을 때 인성왕후는 어느덧 나이 54세였다. 이제 왕대비에까지 오른 그녀에게 남은 바람이 있다면 1년도 왕위에 있지 못하고 세상을 떠난 남편 인종을 대신해 인종의 외가 사람들의 한을 풀어주는 것뿐이었다. 자기 집안의 경우는 워낙 한미했던데다가 자신이 중전으로 1년도 있지 못해 이렇다 할 권세를 누린 적이 없어 명종 때 피해를 받은 사람은 없었다. 명종도 인성왕후의 이런 바람을 알고 있었다. 그래서 명종은 죽기 직전 인종의 외삼촌인 윤임의 집안사람들 중에서 을사사화 이후 노비로 전락했던 45명을 면천해주도록 명한다.

선조 대에 와서도 을사사화 때 공신으로 책록된 이들을 삭제해줄 것과 윤임 등 피해자들을 복권해줄 것을 청하는 신진 사림들의 요구가 거셌다. 이 문제로 이준경과 이이는 격렬하게 충돌하기도 했다. 결국 1577년(선조 10) 12월 을사위훈은 대거 삭제되고 윤임 등도 명예를 되찾게 된다. 그것은 사림들의 요구도 있었지만 왕대비 인성왕후에 대한 선조의 배려이기도 했다. 사실 인성왕후는 위훈 삭제를 둘러싼 논란이 한창일 때 세상을 떠나는 바람에 위훈 삭제와 신원을 직접 목격하지는 못했다.

선조 10년 12월 4일자 실록의 한 장면이다. 승정원에서는 위훈 삭제와 신원 문제는 돌아가신 왕대비의 염원이었으므로 지금 상중이긴 하지만 서둘러 반포하는 것이 좋겠다는 의견을 올렸다. 이에 대해 선조는 원칙적인 찬성 입장을 밝히면서도 "생전에 이황이 '윤임과 계림군 이유는 죽이지 않을 수 없었다'고 했고 이준경도 '경솔하게 고쳐서는 안 된다'고 했다"며 단순한 조작이 아니라 뭔가 당시 사람들만이 알고 있는 이유가 있었지 않겠느냐는 생각의 일단을 내비쳤다. 그러나 대세는 위훈 삭제와 신원 쪽이었다. 인성왕후의 생전에 맺힌 한은 죽어서나마 어느 정도 풀릴 수 있었다.

◎ **왕의 '절반'을 장악하는 서인 세력들**

같은 반정으로 인해 폐비됐지만 중종의 배려 속에 천수를 누렸던 연산군의 부인 거창 신씨와 달리 광해군의 부인 유씨는 비극적인 최후를 맞게 된다.

폐비 유씨는 문화 유씨로 한성판윤 유자신의 딸로 태어나 선조 때에 광해군의 부인으로 간택돼 가례를 올렸다. 그때까지만 해도 광해군이 임금의 자리에 오를지는 아무도 몰랐다. 따라서 그 결혼은 엄밀한 의미에서 국혼이라 할 수 없다. 그 뒤 광해군이 세자에 책봉되자 왕세자빈에 올랐으며 이후 광해군이 34세에 즉위할 때 왕비로 진봉됐다.

1623년(광해군 15) 3월 인조가 반정을 일으켜 왕으로 즉위하면서 광해군과 더불어 폐위되어 강화도에 유배됐다. 그해 6월 아들 질과 며느리 박씨가 탈출 기도에 실패한 후 자결하는 사건이 있었으며, 결국 같은 해 10월 8일 폐위된 지 7개월여 만에 유배지에서 자결했다.

인조는 반정 당시 29세로 이미 한씨와의 사이에 4남을 두고 있었다. 청주가 본관이었던 인렬왕후 한씨(1594~1635)는 선조 때의 총신 한준겸의 딸이다. 한준겸은 서인의 핵심 인물이었다. 1610년(광해군 2) 열일곱 살의 나이로 한 살 연하였던 능양군과 가례를 올리고 청성현부인(淸城縣夫人, 청성현은 청주를 뜻한다)에 봉해졌다. 이후 능양군이 인조반정을 일으키고 왕위에 오르자 왕비에 책봉됐다. 1635년(인조 13) 음력 12월 5일, 다섯째 아들을 낳았지만 곧 죽었고, 나흘 뒤인 음력 12월 9일 왕후 자신도 산후병으로 창경궁 여휘당에서 춘추 42세를 일기로 세상을 떠났다. 인을 베풀고 의를 따르는 것을 인(仁), 공로가 있고 백성을 편안하게 하는 것을 열(烈)이라 하여 인열(仁烈)이라는 시호를 받았다. 원래 인조는 명헌(明憲)이라는 시호를 내리길 원했지만 대사헌 김상헌이 시호를 정하는 일은 군주의 의향대로 할 수 없다 하여 바꾼 것이다. 이때부터 벌써 왕권을 압도하는 서인들의 힘이 행사되고 있었다.

사실 반정 직후 반정공신들은 향후 국혼을 결코 놓쳐서는 안 된다는 결의를 한 바 있다. 그러나 이 같은 결의는 다음 다음 임금, 즉 현종 때부터 적용된다. 능양군(인조)의 경우는 이미 결혼을 했고 뒤를 이어 왕위에 오른 봉림대군도 세자가 아닌 상태에서 혼인을 한 상태였기 때문이다.

효종비 인선왕후 장씨는 장유의 딸로 봉림대군과 함께 심양에서 인질 생활을 함께하고 소현세자의 뜻하지 않은 죽음으로 인해 왕비의 자리에 오른다. 1659년(효종 10) 효종이 승하하고 아들인 현종이 즉위하자 왕대비가 되었고 1662년(현종 3) 효숙(孝肅)의 존호를 받아 효숙왕대비가 되었으며 12년 뒤인 1674년(현종 15)에 57세의 나이로 사망했다.

그러나 당시는 인조의 계비로서 여섯 살 어린 시어머니였던 자의대비가 생존해 있던 상황이라 효종의 사망 이후 문제됐던 예론이 또다시 불거졌고, 결국 인선왕후의 사망은 제2차 예송논쟁의 시발점이 되었다.

숙종의 아버지 현종은 비교적 무난하고 반듯한 인물이었다. 정치를 함에 있어서도 크게 무리수를 두지 않았고, 재위 기간 동안 커다란 업적도 없었지만 이렇다 할 큰 실정도 없었다. 특이하게도 현종은 조선 국왕 중에 유일하게 정실왕후 한 사람만을 아내로 두었다. 그가 바로 명성왕후 김씨다. 공식적으로는 후궁이 단 한 명도 없었다. 두 사람 사이에는 1남 3녀가 있었다. 1남은 숙종이고 3녀는 명선공주, 명혜공주, 명안공주였다.

현종이 승하하자 어린 숙종이 의지할 데라고는 어머니 명성왕후와 그 집안밖에 없었다. 명성왕후 김씨는 훗날 숙종이 즉위한 후 일어나는 주요 사건에서 배후 조정자로서 막강한 영향력을 행사하게 된다는 점에서도 주목을 요한다. 명성왕후 김씨는 김우명의 딸로 1642년(인조 20) 5월 17일 서울에서 태어났다. 김우명은 영의정을 지낸 김육의 아들이다. 김육(金堉, 1580〔선조 13〕~1658〔효종 9〕)은 한때 출사를 꿈꾸었지만 성균관 태학생으로 있으면서 사림들의 문묘 배향을 건의했다가 광해군의 노여움을 사 초야에 묻혀 지냈다. 산림 거사가 된 것이다. 1623년 인조반정으로 서인이 집권하자 그에게도 기회가 찾아왔다. 제일 먼저 '유일(遺逸, 벼슬을 버리고 초야에서 지내던 선비)'로 추천되어 음성현감을 맡았고 1624년(인조 2) 문과에 장원급제해 본격적인 벼슬길에 오른다. 충청도관찰사로 있으면서 대동법 실시를 건의했고, 효종 즉위 후에는 영의정에 올라 충청도 지방에 대동법을 시험 실시해 성공을 거두었다. 그는 성리학에 조예가 깊으면서 신문물에도 관심이 많아 1653년(효종 4)부터 새로운 역법인 '시헌력'을 시행했고, 수레와 수차(水車) 등의 개발에도 적극적이었다. 또 상평통보 주조 등을 통해 화폐 경제를 활성화시키려 했다는 면에서 실학의 선구자로 평을 받는다. 그는 죽기 직전 상소를 올려 "나라의 근본을 기르는 일은 오늘의 급선무인데 그 책임을 맡길 사람은 송시열과 송준길보다 나은 사람이 없을 것"이라며 세자의 스승으로 두 사람을 추천하기도 했다. 그래서일까? 훗날 서인이 집필한 《효종실록》에서는 김육에 대한 극찬을 아끼지 않았다.

1651년(효종 2) 11월 21일 영의정 김육의 손녀이자 세마(洗馬) 김우명의 딸 김씨가 세자빈으로 책봉됐다. 이때 세자빈의 나이 열 살이었다. 1661년(현종 2) 7월 29일 만삭이던 김씨는 중궁으로 책봉됐고 보름여가 지난 8월 15일 왕자를 생산했다. 그리고 숙종이 즉위했을 때 명성왕후 김씨의 나이는 33세였다.

아마도 열네 살 어린 국왕의 어머니인 명성왕후 김씨는 수렴청정을 하고 싶었을 것이다. 아무리 어린 왕이 똑똑하다고 해도 열네 살은 너무 어렸다. 전례를 보더라도 정희왕대비가 성종이 스무 살이 될 때까지 수렴청정을 했던 적이 있었다. 명종 때도 문정왕후의 수렴청정이 있었다. 그런데도 숙종이 즉위할 당시에는 원상들이 국정을 사실상 대행하는 체제는 세우면서 대비의 수렴청정 이야기는 단 한 번도 나오지 않았다.

수렴청정을 할 생각이 애당초 없었다면 모르겠지만, 그렇지 않고 수렴청정을 하고 싶었지만 어쩔 수 없이 관둘 수밖에 없었다면 그것은 자의대왕대비의 존재 때문이었을 것이다. 수렴청정을 하게 된다면 우선순위는 명성왕후 김씨가 아니라 자의대왕대비에게 있었다.

자의대왕대비는 자신의 의지와는 무관하게 두 차례에 걸쳐 상복 문제로 조선 조정을 뒤흔들어놓은 인물이다. 자의대비, 즉 장렬왕후 조씨는 말 그대로 비운의 왕비였다. 1624년생으로 열다섯 살 때인 1638년(인조 16) 3년 전 세상을 떠난 인렬왕후 한씨의 뒤를 이어 인조의 계비가 되었다. 하지만 피부병이 있는데다가 후궁 중에서 소용 조씨가 인조의 총애를 받는 바람에 이궁(離宮)으로 쫓겨나 사실상 별거에 들어갔다. 게다가 장렬왕후는 아이를 낳지 못하는 석녀였다. 그러나 소현세자가 죽고 세자 위에 오른 봉림대군은 장렬왕후를 친어머니 대하듯 지극한 효성으로 모셨다. 경덕궁에 쫓겨나 있던 장렬왕후가 왕실의 어른으로 제대로 대접을 받게 된 것은 인조가 죽고 효종이 즉위한 후부터였다. 효종은 즉위하자마자 계모인 장렬왕후를 창덕궁으로 모셔왔고, 1651년(효종 2) '자의(慈懿)'라는 존호를 올렸다.

이런 자의대비였기에 왕실 내에서 별다른 파워가 있을 리 없었다. 정작 자신의 상복을 둘러싼 당쟁이 격화될 때에도 그는 그와 관련된 단 한마디의 말도 하지 않았다. 사실은 말할 처지도 되지 않았고 말을 한다고 해도 귀 기울여 줄 사람이 단 한 명도 없다는 것을 정확히 인식하고 있었던 듯하다. 상황이 이러니 손자며느리인 명성왕후 김씨가 그를 진심으로 챙겨줄 리 만무했다.

자의대왕대비의 존재 자체가 명성왕후 김씨의 입장에서 보자면 껄끄러울 수밖에 없었다. 수렴청정을 할 경우 절차가 대단히 복잡해지고 특히 시간이 지나면서 적대 세력이 자의대왕대비에게 접근하지 말란 법도 없었다. 결국 수렴청정보다는 숙종의 친정을 자기 집안이 음양으로 돕는 것이 가장 효과적이겠다는 쪽으로 생각을 돌린 것으로 보인다. 마침 자신의 뜻을 정확히 대변해 아들 국왕의 곁에서 보좌할 수 있는 사촌 김석주가 있었다. 아들도 똑똑한데다가 효심이 깊어 자기의 뜻을 거스르지는 않을 것이라는 자신감까지 있었다. 그러나 이는 오판이었음이 곧 드러나게 된다.

1670년 재위 11년을 맞고 있던 현종은 세자의 관례를 서둘렀다. 이때 세자의 나이 열 살이었으므로 관례를 행하기에는 너무 빠르지 않으냐는 신하들의 지적이 있었지만 현종은 이를 무시하고 강행한다. 예정대로 3월 9일 열린 관례에는 '찬선' 송준길만이 참석했다. 송시열은 참석하지 않았다는 뜻이다.

관례가 끝나자 곧바로 대례(大禮, 혼인)를 위한 세자빈 간택에 들어갔다. 8월 5일 사간원 정언 조근의 딸이 간택에 들었지만 병으로 참여하지 못했다. 그 바람에 조근은 그 직에서 쫓겨났다. 결국 그해 12월 26일 참의 김만기의 딸이 세자빈으로 최종 낙점됐다. 그가 훗날 숙종비인 인경왕후 김씨다.

김만기는 '예학의 원조' 김장생의 증손자로 그의 할아버지는 김장생의 셋째 김반이고, 아버지는 김반의 셋째 아들 김익겸으로 병자호란 때 강화도에서 김상용과 함께 청나라 오랑캐에 맞서 싸우다가 장렬하게 전사했다. 그리고 우리에게는 《사씨남정기》와 《구운몽》으로 친숙한 김만중이 바로 김만기의 친동생이다. 이 가문은 두말할 것 없는 서인의 핵심 집안이자 송시열계로서 김만기 자신이 송시열의 제자이기도 했다. 세자빈 선택 과정에 송시열이 어떤 영향력을 행사했는지는 알 수 없지만 일단 송시열 세력은 차기 국왕의 '절반'을 장악한 셈이었다.

인조반정을 일으킨 공신들은 회맹(會盟)하는 자리에서 두 가지 약속을 한 바 있다고 이건창은 《당의통략》에서 쓰고 있다. 하나는 명분으로써 산림을 등용하자는 것이고, 또 하나는 실리로써 국혼을 놓쳐서는 안 된다는 것이었다. 김만기의 딸을 세자빈으로 넣은 것은 이 '무실국혼(無失國婚)'을 실천에 옮긴 것이었다.

김만기의 딸이 세자빈으로 책봉된 것은 이듬해 3월 22일이었다. 세자빈에 대해 실록은 "예법 있는 집에서 태어나 일찍부터 참하고 얌전한 여자의 덕이 드러났는데, 때마침 세가(世家)의 처녀를 뽑는 데에 들어 궁중에 들어갔다. 빈의 나이가 겨우 열 살이었는데도 행동거지가 예에 어긋나는 것이 없었으므로 왕후들이 모두 사랑해 드디어 세자빈으로 정했다"고 적고 있다.

그러나 딸 둘을 낳은 김씨는 일찍 세상을 떠났고 1년 후인 1681년 이번에는 서인의 또 다른 축인 민씨 집안에서 계비가 간택됐다. 인현왕후 민씨였다. 종종 사극 등에서 희빈 장씨와의 암투를 벌이는 주인공으로 등장하는 장본인이다. 희빈 장씨는 아들을 낳고 잠시 왕비의 자리에 오르지만 얼마 후 죽음을 당했고, 두 번째 계비 인원왕후 김씨가 왕비가 된다. 경주 김씨 김주신의 딸인 인원왕후는 원래 소론 집안의 딸이었지만 숙종 사후 소론과 노론의 당쟁 과정에서 노론을 지지해 영조의 집권 초기 후견인 역할을 한 것으로 유명하다.

경종비 단의왕후 심씨와 선의왕후 어씨는 둘 다 자식을 낳지 못했고 이렇다 할 일화도 남기지 않았다. 다만 계비인 선의왕후 어씨는 막강한 노론 집안을 배경으로 같은 노론의 지지를 받고 왕위에 오른 영조를 만만치 않게 견제를 했다는 이야기가 전한다.

영조의 왕비는 정성왕후 서씨다. 그러나 두 사람 사이에 자식이 없었다. 이는 선조와 의인왕후 박씨 사이에 자녀가 없었던 것과 상황이 비슷하다. 훗날 영조는 정순왕후 김씨를 계비로 맞아들이지만 역시 자녀는 없었다. 영조의 자녀, 특히 두 아들은 각각 정빈 이씨와 영빈 이씨라는 후궁의 몸에서 났다. 정성왕후 서씨는 달성부원군 서종제의 딸로 1692년(숙종 18)에 태어났다. 1704년(숙종 30) 연잉군과 혼인했고 1721년(경종 1) 연잉군이 왕세제로 책봉됨에 따라 세제빈이 되었다. 1724년 왕세제 연잉군이 경종의 뒤를 이어 왕위에 오르자 왕비가 되었으니 이때 영조의 나이는 31세, 정성왕후의 나이는 33세였다. 정성왕후는 당쟁으로 인해 어지러운 정국 속에서 소생까지 없었지만 영빈 이씨 소생 사도세자를 매우 아꼈다고 한다. 사도세자와 영조 사이의 갈등을 풀기 위해 노심초사하던 중 병을 얻어 창덕궁에서 66세로 사망했다.

효의왕후 김씨(1753~1821)가 정조의 배필이 된 데는 그녀가 현종비 명성왕후의 친정 집안인 청풍 김씨라는 사실이 크게 작용했다. 물론 청풍 김씨도 서인이다. 명성왕후가 숙종을 낳았듯이 청풍 김씨가 정조의 배필이 되어 후손을 낳기를 바라는 영조의 뜻이었다. 1776년(영조 52) 남편 정조가 즉위하면서 왕비로 책봉됐고, 슬하에 소생이 없어 수빈 박씨의 아들을 세자로 삼았다. 그 아들이 바로 정조의 뒤를 잇게 되는 순조다.

정조는 수빈 박씨와의 사이에서 난 세자를 안동 김씨 집안과 혼인시켰다. 아마도 안동 김씨 가문이 왕실을 보호해주기를 기대했을 것이다. 그가 김조순의 딸 순원왕후 김씨다. 그 아들 효명세자는 풍양 조씨의 딸과 혼인하는데 세자가 의문사하는 바람에 신정왕후 조씨는 왕비의 자리에 오르지는 못했다. 대원군 시절 '조대비'라는 이름으로 잘 알려진 신정왕후 조씨는 훗날 아들 헌종이 아버지 효명세자를 익종으로 추존함으로써 '왕후'라는 칭호를 가질 수 있었다.

헌종의 뒤를 이은 철종의 비인 철인왕후 김씨는 안동 김씨 김문근의 딸로 순원왕후 김씨의 힘을 입어 왕위에 올랐다. 철인왕후는 순원왕후의 압력으로 안동 김씨 친정을 위한 주청을 계속하다가 철종으로부터 총애를 잃게 됐고, 이후 철종은 철인왕후를 찾지 않았다고 한다. 철인왕후는 철종 승하 15년 후인 1878년(고종 15) 자손 없이 42세로 사망했다.

고종의 왕비는 그 유명한 명성왕후 민씨이며 그 아들 순종비 순명왕후 민씨도 여흥 민씨였다. 흥선대원군의 부인 또한 여흥 민씨다. 참고로 조선이 망했을 때 여흥 민씨들 중에는 민영환 같은 인물도 있었지만 상당수가 일본의 작위를 받았던 것도 조선 말 최고의 세력을 누렸던 집안의 권력과 무관하지 않다.

죽음의 이름,
묘호에 담긴 정치술

◎ **효종, "열조를 인조로 바꾸도록 하라!"**

1649년(효종 즉위년) 5월 15일 예조에서는 지난 8일 승하한 대행대왕의
시호와 묘호를 지어올렸다. 시호는 '헌문정무인명(憲文定武仁明)'이라 했
다. 선한 사람에게 상을 주고 악한 사람을 치는 것을 헌(憲)이라 하고, 자
애로운 은혜로 백성을 사랑하는 것을 문(文), 백성을 편안하게 한 큰 계
책을 세운 것을 정(定), 대위(大位)를 지켜 공을 이룬 것을 무(武), 인을 베
풀고 의를 행한 것을 인(仁), 사방을 두루 밝게 다스린 것을 명(明)이라고
일컫은 것이다. 묘호는 '덕을 지키고 업을 높였다(秉德尊業)' 해서 열조(烈
祖)라 했다.

그러나 신왕(효종)은 반대했다. 다시 의견을 올리라 명한 것이다. 묘호
제정은 새로운 군주가 들어설 때마다 왕과 신하가 묘하게 충돌할 수밖에
없는 사안이었다. 신왕은 선대 임금을 조금이라도 더 높이려고 했고 신

하들은 과장이나 과대평가를 경계했다.

8일 후인 5월 23일 예조에서 수정안을 올렸다. 묘호를 인조(仁祖)로 바꿨고 대신 시호에 인(仁)이 중복된다는 이유로 인명(仁明)을 명숙(明肅)으로 바꿨다. 숙(肅)은 '몸을 바르게 하여 아랫사람을 다스린다〔正己攝下〕'는 뜻이다.

조종(祖宗)에 대한 논란이 크게 일어난 것은 아니었다. 대행대왕은 반정을 통해 왕위에 올랐기 때문에 세조(世祖)에 준한다고 보았기 때문이다. 소수 의견으로 묘호를 헌(憲)으로 하자는 의견이 있었다. 이 의견이 채택됐다면 '헌조' 임금이 탄생했을 수도 있다. 또한 극소수이지만 중종도 반정으로 왕위에 올랐으나 조를 쓰지 않았다며 종으로 해야 한다는 의견도 있었다.

그러나 효종은 인조를 고집했다. 어쩌면 그것이 처음부터 효종의 뜻이 었는지도 모른다. 홍문관에서 '인종(仁宗)이 있는데 후대에 인조를 쓰는 것은 곤란하다'고 하자 효종은 '세종(世宗)의 아들이 세조라는 묘호를 썼다'며 반박했다. 그리고 이 문제는 더 이상 논쟁이 되지 않았고 결국 인조라는 묘호가 확정됐다.

◎　　　**냉정한 역사 평가의 장, 묘호 제정**

묘호란 황제나 왕이 죽은 뒤에 종묘에 위패를 모실 때 붙이는 이름이다. 우리나라에서는 신라 무열왕이 처음으로 태종(太宗)이라는 묘호를 썼고 고려 때에 들어와서는 태조 왕건부터 일관되게 사용됐다. 고려의 경우에는 일관성이 있어서 태조만이 개국의 공이 있다 하여 '조'를 썼고, 나머지는 덕이 있다 하여 '종'으로 불렸으며, 몽골 침략 이후에는 모두 왕으로 불렸다. 왕은 조선시대 때 연산군이나 광해군처럼 군에 해당하는 것이라 할 수 있다.

묘호를 정하는 과정은 임금이 생전에 보여준 인품과 업적을 두루 평가한 다음 그 결과에 기초해 예조에서 안을 만들고 임금과 정승들이 의논해 정하는 것이 일반적이다. 조선시대에 묘호가 정해지는 과정을 찬찬히 살펴보면 왕과 신하 간의 미묘한 파워 게임이 여실하게 드러난다.

고려의 무신으로 혁혁한 공을 세우고 신진 사대부들의 추대를 받아 조선을 열고 왕위에 오른 이성계는 아들 이방원에 의해 왕좌에서 물러나야 하는 수모를 겪기도 했다. 그가 1408년(태종 8) 세상을 떠났을 때 묘호에 대해서는 논란이 있을 수 없었다. 개국 임금은 언제나 태조(太祖)이기 때문이다. 같은 해 8월 7일 예조에서 '태조'라는 묘호를 올리자 아무런 논란 없이 그대로 결정됐다.

문제는 우리가 정종(定宗)이라고 부르는 두 번째 임금의 묘호였다. 그는 숙종 때까지 묘호를 받지 못하고 공정(恭靖)대왕이라는 애매한 이름으로 불렸다. 그것이 태종 이방원의 뜻이었기 때문이다. 1419년(세종 1) 공정대왕이 세상을 떠났을 때 겉으로 보기에는 세종이 묘호를 정할 필요가 없다는 명을 내리고 있지만, 사실 그것은 상왕 태종의 뜻이었다

1681년(숙종 7) 9월 18일 조정에서는 논란 끝에 시법(諡法)에 따라 '백성을 편안하게 하고 크게 염려했다'는 뜻을 담아 조선의 두 번째 임금에게 정종이라는 묘호를 내린다. 일종의 추증이라고 할 수 있다. 뒤에서 보게 되겠지만 노산군을 단종으로 높인 것도 숙종이고 사육신을 복권한 것

도 역시 숙종이다.

1422년(세종 4) 8월 8일 예조에서 대행대왕의 묘호를 태종으로 해서 올리자 세종은 그대로 따른다. 태(太)는 가장 좋은 의미를 갖고 있기 때문에 세종으로서는 반대할 이유가 없었고, 조는 이미 사용했기 때문에 더 사용할 수 없어 신하들로서도 반대할 이유가 없었다. 그리고 태종이 이룩한 업적에도 비교적 부합되는 묘호였다.

1450년(문종 즉위년) 3월 세종의 묘호를 정할 때도 예조의 건의는 신왕에 의해 그대로 수용됐다. 세(世)에는 치세를 이루었다 혹은 태평성대를 이룩했다는 의미가 담겨 있다. 2년 후 문종(文宗)의 묘호가 정해질 때도

태종무열왕릉비. 무열왕은 신라시대에 유일하게 태종이라는 묘호를 사용했다. 묘호는 중국에서 죽은 황제의 영(靈)을 태묘(太廟)에서 제사 지낼 때 사용되는 칭호로 추증됐다. 한대(漢代)에는 묘호를 가진 황제가 적었지만 그 후 점차 일반화돼 당대(唐代) 이후의 황제는 대개 묘호로 알려져 있다. 중국과 우리나라 외에 베트남에서도 사용했다.

아무런 논란이 없었다. 문종의 뒤를 이은 임금은 숙부에 의해 비극적인 생애를 마쳐야 했고 묘호도 받지 못한 채 노산군(魯山君)으로 불렸다.

◎ 묘호를 둘러싼 군신의 갈등 : 세조부터 인조까지

숙종은 정종이라는 묘호를 내릴 때 노산군도 노산대군으로 높여 부르기로 했다가 17년이 지난 1698년(숙종 24) 종친과 문무백관을 모두 불러모아 묘호 문제에 대해 논의하게 한다. 물론 숙종 자신의 뜻은 정해져 있었다. 이렇게 해서 '예를 지키고 의를 견지했다'는 뜻을 담아 단종(端宗)이라는 묘호를 추증했고, 그때까지 《노산군일기》로 불리던 것도 《단종대왕실록》으로 제목이 바뀌었다. 이로써 단종은 적어도 연산군이나 광해군과는 다른 서열로 올라서게 된다.

묘호를 둘러싸고 왕권과 신권이 처음 충돌한 것은 1468년(세조 14) 9월 세조가 죽고 둘째 아들 예종이 즉위했을 때다. 9월 24일 의정부의 전현직 정승들과 관련 판서들이 대거 참여해 의논한 결과 묘호를 신종(神宗), 예종(睿宗), 성종(聖宗) 중에서 고를 것을 청했다. 신(神), 예(睿), 성(聖) 모두 상당한 극찬의 의미를 갖는다. 그런데도 스무 살 신왕은 전격적으로 '세조'는 어떠냐고 묻는다. 이에 정인지 등이 당혹스러움을 감추지 못하며 "앞서 세종이 있었기 때문에 감히 의논조차 한 바 없습니다"라고 대답했다. 이에 신왕은 다시 한 번, 중국에도 세조와 세종이 함께 있은 적이 있다며 세조 안을 밀어붙였고 신하들은 벌벌 떨어야 했다. 이처럼 세조라는 묘호는 예조의 안을 바탕으로 정상적으로 만들어진 것이 아니라 그 아들 예종이 일방적으로 정한 묘호라고 해도 과언이 아니다.

한명회나 권람, 신숙주 등 아버지 세조의 공신들과 정면충돌을 불사하던 예종은 재위 1년 2개월 만에 의문사하고 만다. 그리고 그가 죽던 날 조카 잘산군(훗날의 성종)이 왕위를 잇는다.

잘산군은 왕의 조카에 불과한데다가 아무런 힘이 없었기 때문에 신하들이 대행대왕의 묘호를 일방적으로 결정했다. 세조를 위한 묘호 후보 중 하나였던 예종(睿宗)이었다. 이는 일사천리로 진행됐다. 신하들을 몰아세웠던 왕에 대한 신하들의 '복수'였다고나 할까?

그렇다면 연산군은 아버지 '성종(成宗)'의 묘호를 어떻게 정했을까? 1494년(연산군 즉위년) 12월 대행대왕이 세상을 떠나고 이듬해(연산군 1) 1월 14일 신왕과 신하들 사이에 묘호 제정을 둘러싼 격론이 벌어진다.

크게 나누면 노장파들은 성종을 주장했고 소장파들은 인종(仁宗)을 주장했다. 노장파들은 신왕을 좀 더 중시하는 쪽이었고 소장파들은 대행대왕에 대한 열렬한 신봉자들이었다. 노장파들은 중국에 인종이 있기 때문에 중복되는 것은 곤란하다는 논리를 폈고, 소장파들은 성(成)은 '백성을 편안하게 하고 정사를 세웠다'는 뜻인데 그것만으로는 대행대왕이 이룩한 업적을 다 담아낼 수 없으니 인(仁)으로 정해야 한다고 주장했다. 여기서는 소장파들의 주장을 들어보자.

"신들이 생각하기에 성(成)과 인(仁)은 경중이 서로 크게 다릅니다. '인'이란 것은 천지가 만물을 낳은 마음이요, 마음의 큰 덕입니다. 의논하는 자가 말하기를 '성(成)은 집대성(集大成)의 성이니 역시 아름다운 칭호입니다'라고 했지만 신들은 그렇지 않다고 생각합니다. 성(成) 자 위에 대(大) 자를 더한 까닭에 성 자가 아름다운 것이지, 만약 성 자만 쓴다면 어찌 인에 견줄 수 있겠습니까?"

그러면서 이들은 태조와 태종도 중국에 있었지만 피하지 않았는데 왜 군이 인종만 피하려 하느냐고 목소리를 높였다. 사림을 배려했던 선왕에 대한 감사의 표시였겠지만 신왕은 마음이 불편했다. 결국 신왕은 15일 노장파들의 손을 들어준다. 아버지와 그 추종 신하들에 대한 불편한 심기가 집권 초기부터 나타나고 있었던 것이다.

1506년(중종 즉위년) 반정이 일어나 왕은 연산군으로 강등됐고 얼마 후 세상을 떠났다. 묘호 문제는 제기되지 않았다. 그런데 반정 덕에 임금에 오른 중종의 경우에는 상당한 논란 끝에 중종(中宗)으로 결정된다. 1544년 38년간 재위했던 왕이 세상을 떠나자 신하들 사이에서 묘호를 두고 다양한 의견들이 제기됐다. 반정의 공도 있었지만 조광조를 비롯한 사림들을 제거했기 때문에 속으로 불만을 품은 신하들도 있었다. 게다가 여러 권신들이 농간을 부린 시기도 많았기 때문에 쉽게 결정될 수 있는 사안이 아니었다.

이듬해 1월 5일 논란이 계속되고 있었다. 일부에서는 다시 인(仁)을 써야 한다고 했고 종묘사직을 다시 바로 잡았으니 효(孝)도 좋다고 했다. 또 역성혁명의 화를 피할 수 있게 했다는 점에서 강(康)으로 가야 한다는 의견도 있었다. 결국 논란 끝에 '중흥해 다시 종사를 편안하게 했다'는 뜻을 담아 중종(中宗)으로 결정됐다.

그리고 같은 해 7월 신왕이 8개월 재위 만에 세상을 떠나자 과거 두 번이나 후보에 올랐던 인(仁)을 쓰기로 하고 묘호를 인종으로 정했다. 예종과 마찬가지로 아버지에게 올리려 했던 묘호 후보들 중 하나를 자신이 사용하게 된 것이다. 그러나 고작 8개월간 재위한 임금에게 '인종'이라

는 묘호를 올린 것은 업적보다는 동정과 연민의 정 때문이었다고 봐야
할 것이다.

인종의 뒤를 이어 왕위에 오른 신왕은 21년 11개월 동안이나 재위했
지만 무능하기 그지없었다. 게다가 후사도 없이 세상을 떠나는 바람에
왕실의 적통마저 끊어놓았다. 1567년(선조 즉위년) 7월 그의 묘호를 정할
때는 신왕이나 신하들의 뜻과 전혀 무관하게 일이 이루어졌다. 대행대왕
이 살아 있을 때 늘 "내 시호는 명(明) 자 하나면 족하다"고 했다는 이유
로 묘호도 명종(明宗)으로 정해졌다. 조선시대 대표적인 암군(暗君)이었
던 그에게는 역설적인 묘호라고 할 것이다.

1608년(광해군 즉위년) 2월 1일, 오전까지 정상적인 정무를 돌보았던
선조가 갑자기 건강이 악화되면서 명의 허준의 갖은 노력에도 불구하고
결국 세상을 떠난다. 왕위는 사실상 세자 역할을 해왔던 후궁 소생 광해
군이 이었다. 이때 광해군의 나이 이미 34세였다.

같은 해 2월 8일 대행대왕의 묘호는 '선조(宣祖)'로 정해지는 듯했다.
대신들이 "대행대왕께서는 나라를 빛내고 난을 다스린 전고에 없던 큰
공력이 있으니 진실로 조(祖)라고 일컫는 것이 마땅합니다"라는 의견을
낸 것이다. 이날 신왕도 같은 의견이라면서 반색했다. 그런데 이틀 후 사
간원 정원 이사경이 송나라의 사례를 들고 나오면서, 함부로 조라고 정
하지 말고 좀 더 폭넓게 의견을 구할 것을 청하면서 상황이 바뀐다.

홍문관에 이어 예조에서도 과공비례를 논거로 해서 조보다는 종이
낫겠다는 의견이 올라오고 신왕도 조금씩 물러난다. 상황이 이렇게 되
자 2월 21일 대신들도 자신들의 의견을 바꿔 종으로 해야 한다고 주청한
다. 젊은 관료들의 반발이 두려웠던 것이다. 결국 2월 25일 대행대왕의

묘호는 '선종(宣宗)'으로 정해진다.

그러나 7년이 지난 1616년(광해군 8) 8월 4일 정승들이 의논해 묘호를 선종에서 선조로 바꾼다. 이와 관련된 논란이 실록에 나오지 않는 것은 광해군이 정국을 완전히 장악했기 때문으로 풀이된다. 대체적으로 서인들은 왕실을 높이는 데 부정적이었는데 이때는 서인들이 숨죽이고 있던 시절이기도 했다.

아버지의 묘호를 이처럼 높였던 광해군은 인조반정으로 축출돼 제주도에서 세상을 떠난다. 그나마 67세까지 천수를 누렸다는 점에서 곧바로 죽임을 당한 연산군과는 차이가 있었다.

◎　　　**추락하는 묘호의 권위 : 영조부터 순종까지**

반정을 통해 왕권을 장악한 신왕은 선조와 후궁 인빈 김씨 사이에서 난 정원군의 첫째 아들 능양군(훗날의 인조)이었다. 양대 호란을 겪고 소현세자를 죽게 한 무능한 임금이 승하하자 신하들 사이에서는 다시 묘호를 둘러싼 논란이 일었다. 다만 반정 세력에 얹힌 중종과는 달리 대행대왕은 반정에 깊이 관여했기 때문에 일정한 지분이 있었다. 이렇게 볼 때 신왕은 세조의 예에 따라 '조'를 내세울 가능성이 높았다. 앞에서 본 것처럼 인조는 처음에는 열조였다가 인조로 최종 확정됐다.

1659년(현종 즉위년) 5월 11일 세상을 떠난 대행대왕의 묘호는 효종(孝宗)으로 정해졌다. 효종 때는 이렇다 할 큰 사건도 없었기 때문에 조종 논란이 제기될 필요가 없었고, 효(孝)는 비교적 괜찮은 의미를 갖고 있었기 때문에 신왕은 신하들의 의견을 별다른 이의 없이 받아들였다.

1674년(숙종 즉위년) 8월 24일 대행대왕의 묘호를 정할 때도 특별한 이견이 없었다. 대행대왕은 행실이 안팎으로 잘 드러났다는 의미를 담아 묘호는 현종(顯宗)으로 정해졌다. 1720년(경종 즉위년) 6월 15일 대행대왕의 묘호 숙종(肅宗) 또한 별다른 이견 없이 결정됐다. 숙(肅)은 평생 강력한 왕권을 행사했던 의미를 담아 강덕극취(剛德克就)에서 따온 말이었다. 강건함과 덕을 겸비해 앞으로 나아갔다는 뜻이다.

1724년(영조 즉위년) 재위 4년 2개월 만에 37세의 왕이 세상을 떠나자 신왕과 신하들은 대행대왕에게 경종(景宗)이라는 묘호를 부여했다. 경(景)은 '노숙한 마음으로 크게 생각했다〔老思大慮〕'는 뜻이다.

1776년(정조 즉위년) 3월 12일 대행대왕의 묘호는 영종(英宗)으로 정해졌다. 그런데 왜 우리는 그를 영조라고 '높여' 부르는 것일까? 이는 선종이 선조로 바뀐 것과는 차이가 있다. 선종이 선조로 바뀐 것은 광해군 당대에 이루어졌지만 영종이 영조로 바뀐 것은 1889년(고종 26)의 일이고 이는 정조(正祖) 또한 마찬가지다.

정조는 원래 정종(正宗)이라는 묘호를 받았는데 1899년(광무 3) 대한제국 시절에 추존됐고, 순조(純祖)도 실은 순종(純宗)이었는데 1857년(철종 8) 뒤늦게 추존됐다. 한마디로 영조 이후의 묘호는 엉망이 되었다고 해도 과언이 아니다. 그것은 안동 김씨의 세도 정치에 따른 왕실 권위의 추락과도 무관하지 않다.

사정이 이러했기 때문에 순조 이후의 묘호를 살피는 작업은 큰 의미를 갖지 못한다. 헌종(憲宗)이라는 묘호는 1849년(철종 즉위년) 6월 14일 장종(章宗), 헌종(憲宗), 화종(和宗) 중에서 '널리 듣고 다능하다〔博聞多能〕'는

철종의 어진. 재위 14년간 세도 정치의 소용돌이 속에서 여색에 빠져 정치를 바로잡지 못한 채 병사했다. 비단에 채색, 국립고 궁박물관 소장

의미로 채택됐다.

1863년(고종 즉위년) 12월 15일 대행대왕의 묘호는 철종(哲宗)으로 정해졌다. 암군에 가까웠던 무력한 임금에게 명철하다는 의미의 철(哲)을 붙여준 것은 마치 명종의 묘호가 갖는 역설을 떠올리게 한다. 묘하게도 명철(明哲)은 함께 사용되는 단어이기도 하다.

1919년 나라가 망한 상태에서 세상을 떠난 고종(高宗)의 묘호는 이왕직(李王職)이라는 식민지하 왕실 담당 기구에서 정했다. 고(高)에는 '기강을 확립하고 표준을 세웠다〔肇紀立極〕'는 뜻이 담겼다는 점에서 이 또한 역설적인 묘호라고 할 수 있다. 1926년 5월 1일 조선의 마지막 임금 순종은 순종(純宗), 경종(敬宗), 성종(誠宗) 중에서 첫 번째 것을 이왕직에서 결정한 것이다.

이처럼 조선 임금들의 묘호만 훑어보아도 500년 조선 역사의 격랑의 한 결을 읽어낼 수 있다.

권력 앞에 선
아버지와 아들들

◎ **아들을 죽이는 부왕 영조**

다시 문제의 1762년(영조 38)이다. 세자가 반란을 도모한다는 밀고가 올라왔던 5월 22일부터 세자의 시민당 뜰 대명(待命)이 시작됐다. 시민당은 창경궁에 있던 세자의 처소였다. 일주일 후에는 장인이자 영의정인 홍봉한과 우의정 윤동도가 세자를 찾아 위로했다. 그리고 두 사람은 영조를 찾아가 지금 세자가 대명 중이라며 선처를 요청했다. 이에 대해 영조는 "나는 세자가 대명 중인 줄 몰랐다"고만 답한다. 마음을 풀 생각이 전혀 없었던 것이다.

달이 바뀌어 윤5월 1일 세자는 대명하면서 내시를 보내 영조에게 문안 인사를 올렸지만 영조는 아무런 답도 하지 않았다. 한편 이날 밤 경희궁에 머물고 있던 영조를 찾아온 신하들 중에서 구윤명이 "지금 세자께서 매우 뉘우치고 있습니다"고 말하자 영조는 "그 말은 하지도 말라"며

손사래를 쳤다. 그리고 잠시 후 이렇게 말한다.

"어릴 때 그 아이의 자품(資品)이 성인군자에 가까워 내가 매우 사랑하자 늙은 환관 권성징이 세자를 지나치게 사랑해서는 안 된다고 간했는데, 당시는 권성징의 말이 지나치다고 여겼다. 그러나 지금에 이르러 생각해보니 그 말을 따르지 않아서 세자의 나쁜 버릇을 키운 것이 후회된다. 옛날 재상 이항복은 아이 때에는 오활했지만 마침내 현상(賢相)이 되었다. 하지만 이 아이는 가망이 전혀 없다."

더운 여름날 세자의 대명은 20일 가까이 계속됐다. 실록에는 나와 있지 않지만 세자빈 혜경궁 홍씨의 《한중록》에 따르면 영조가 최종적으로 세자를 죽여야겠다고 결심한 것은 윤5월 11일 세자의 '영조 암살 미수 사건' 때문으로 보인다. 이날밤 세자는 영조가 머물고 있던 경희궁으로 들어가기 위해 수구(水口)로 들어가려다가 몸이 비대해서 온몸에 상처만 입고 돌아왔다. 세자빈 홍씨는 이 같은 사실을 다음 날 시어머니인 영빈 이씨에게 알렸다. 세자의 친어머니이기도 한 영빈 이씨는 최종 결심을 한다.

"차라리 세자의 몸이 없는 것이 옳겠소. 삼종혈맥이 세손에게 있으니 내가 세자를 천만 번 사랑해도 나라를 보전하기는 이 수밖에 없겠소."

영빈 이씨는 이 같은 사실을 영조에게 낱낱이 고했다. 실록은 그냥 "유언비어가 안에서부터 일어나 임금이 깜짝 놀랐다"고만 적고 있다. 이제 영조의 마지막 확인만이 남았다. 윤5월 13일이 밝았다. 이날 영조는 경희궁을 떠나 창덕궁 선원전에서 예를 올린 다음 동궁의 대명을 풀어 함께 데리고 휘령전으로 나아갈 것을 명했다. 휘령전은 정성왕후 서씨를 모신 사당이었다. 그런데 세자는 병을 핑계로 나오지 않았다. 여러 차례 호통이 있은 뒤에야 세자가 모습을 드러냈고 일단 영조는 세자를 데리고 휘령전으로 가서 예를 행했다.

세자가 네 번 절하는 예를 마치고 엎드리자 영조는 갑자기 손뼉을 치면서 큰 소리로 명을 내렸다.

"여러 신하들 역시 신령(神靈)의 말을 들었는가? 돌아가신 정성왕후께서 정녕하게 나에게 이르기를 '변란이 호흡 사이에 달려 있다'고 했다."

아마도 영조와 세자를 시종했던 많은 신하들은 의아했을 것이다.

'신령의 말이라니?'

그러나 생각을 정리할 틈도 없이 영조는 휘몰아쳤다. 시위 병사들을 들어오게 한 다음 모두 칼을 뽑으라 하니 사정을 모르는 병사들은 좌우를 살폈다. 이때 영조가 직접 칼을 뽑아들고 "어찌해 칼을 뽑지 않는가?"라며 진노했다. 그때서야 병사들은 모두 칼을 뽑아들었다. 연이어 영조는 선전관을 불러 궁성 호위를 강화하도록 명했다. 당시 현장을 지켜본 이광현은 《임오일기》에서 "때는 사시(巳時, 오전 10시 전후) 초에 가까워 햇볕이 불처럼 뜨거웠다"고 적고 있다.

휘령전 앞마당에 부복하고 있던 세자는 "피곤함을 이기지 못해 숨을 헐떡거렸다. 세자시강원 관료들이 승지에게 세자의 병세가 심하다는 뜻으로 말해 영조에게 보고하게 했다." 영조는 무시했다. 실록의 기록이다.

"임금이 세자에게 명해 땅에 엎드려 관을 벗게 하고, 맨발로 머리를 땅에 조아리게 하고 이어서 '차마 들을 수 없는 전교'를 내려 자결할 것을 재촉하니 세자가 조아린 이마에서 피가 나왔다."

영조의 호통이 이어졌다. '차마 들을 수 없는 전교'란 아마도 욕설이 포함된 전교가 아닐까 생각된다.

“내가 죽으면 300년 종묘사직이 망한다. 네가 죽으면 종묘사직은 오히려 보존할 수 있으니 네가 죽어야 한다. 내가 너 하나를 베지 않고 종묘사직을 망하게 해야 하느냐?”

심지어 영조는 들고 있던 칼로 직접 세자를 찌르려 했다. 실록에는 없지만《임오일기》에 기록된 장면을 보면 영조와 세자는 더 이상 부자지간이 아니었다. 영조가 “너는 속히 죽으라”고 명하자 세자는 “전하가 저를 찔러도 놀라지 않을 것이니 이제 죽이십시오”라고 맞섰다.

“저 말하는 것 좀 보아라. 얼마나 흉악한가?”

“저의 마음에는 지극한 원통함이 있습니다.”

“어째서 죽지 않느냐?”

“이제는 죽겠습니다.”

세자는 허리띠를 풀어 목을 매었다. 그리고 숨이 막혀 땅에 엎어졌다. 그러나 세자시강원 관료들이 달려들어 허리띠를 풀어주었다.

막혀 있던 합문을 뚫고 영의정 신만과 좌의정 홍봉한, 중추부 판사 정휘량, 도승지 이이장, 승지 한광조 등이 들어왔지만 미처 진언(陳言)하지 못했다. 영조는 그 자리에서 3명의 대신과 한광조 4인의 파직을 명하자 모두 물러갔다.

그나마 세자를 살리려 애쓴 사람들은 시강원 관료들이었다. 대신들을 불러들인 것도 시강원 주서 이광현이었다. 이제 대신들마저 물러가자 시강원 관료들은 세손을 동원하기로 결정했다. 이에 사서 임성이 밖으로 나가니 이미 필선 홍술해가 세손을 모시고 휘령전으로 오고 있었다. 다시 이광현의 기록이다.

영조의 어진. 비단에 채색, 국립고궁박물관 소장. 영조는 이복형인 경종의 독살에 관련되었다는 혐의와 심지어는 숙종의 아들이 아니라는 유언비어에 시달리고 왕으로서의 존재를 부정당하는 무신란까지 겪었다. 이런 환경 탓인지는 모르지만 때로 감정을 억제하지 못해 이상 행동을 보이는 성격장애의 면모를 보이기도 했다.

세손은 문에 들어오자마자 곧 관을 벗고 손을 모아 애걸했다. 영조가 멀리서 세손을 보고는 진노해 말하기를 "어째서 세손을 모시고 나가지 않는가?"라고 했다. 세자가 이광현의 손을 잡고 세손을 가까이 데리고 오라고 명령했다. 세손은 문에 들어와 땅에 엎드린 후 세자에게로 점점 가까이 기어왔다. 영조가 별군직에게 명령해 즉시 세손을 안고 나가라 명령했다. 별군직이 세손을 안고 나가려 하자 세손이 저항했다. 세자가 이광현의 손을 이끌어 말하기를 "저놈의 이름은 뭐라 하느냐?" 했다. 대답하기를 "이름은 모릅니다. 별군직으로 명령을 따르는 자입니다" 했다.

세자가 직접 그를 향해 묻기를 "너는 하늘은 높고 땅은 낮다는 것을 모르는가? 세손이 스스로 나가는 것이 옳거늘 너는 어찌 감히 강박하는가? 너의 이름이 무엇이냐?" 했다. 그 사람이 황공해하며 대답하기를 "소인은 김수정입니다. 이미 명령을 받았으므로 어쩔 수 없이 세손을 모시고 가겠습니다" 했다. 드디어 세손을 안고 나가자 세자가 이광현의 손을 이끌어 말하기를 "저놈, 흉악하구나. 족히 나를 해치겠구나" 했다.

이것이 비운의 부자 사도세자와 왕세손의 마지막 대면이었다. 때는 이미 오후 4시를 넘어가고 있었다. 왕세손이 나가자 영조는 다시 칼을 들고 연달아 '차마 들을 수 없는 전교'를 내려 동궁의 자결을 재촉했다. 이때 갑자기 큰 뒤주가 뜰에 들어왔다.

"너는 속히 이 안으로 들어가라."

세자는 뒤주로 들어가려 했고 세자시강원 관료들은 목숨을 걸고 만류했다. 날은 어두워지고 있었다. 영조는 세자시강원 관료들을 모두 문밖으로 내쫓으라고 명했다. 마지막까지 남아 있던 한림 임덕제도 물러나오는데 이때 세자가 임덕제의 옷자락을 붙들고 따라나오며 곡을 했다. 놀란 관료들이 "어찌 저하께서도 나오십니까?"라고 묻자 세자는 아무런 말도 없이 수십 보를 걸어가 담장 아래에서 소변을 보고는 그 자리에 푹 주저앉았다. 세자는 목이 타올랐다. 환관이 청심환을 푼 물을 올리자 벌컥벌컥 들이마신 세자는 관료들을 둘러보며 "어떻게 하면 좋은가?"라고 물었다. 관료들은 일단 안으로 들어가야 한다고 말했다. 아마도 그들은 영조가 정말 세자를 죽일 줄은 몰랐을 것이다.

다시 문안으로 세자가 들어간 시각은 밤 8시 무렵이다. 문밖에서도 세자의 울부짖음을 들을 수 있었다.

"부주(父主)여! 살려주소서!"

철이 들고 나서 세자가 영조를 '아버지'라고 부른 것은 이때가 처음이었다. 그만큼 두 사람의 갈등의 골은 깊었다. 결국 세자는 스스로 뒤주 안에 들어갔고 영조가 직접 뒤주의 뚜껑을 덮고 자물쇠를 채웠다.

다음 날인 윤5월 14일 세자를 모셨던 환관 박필수, 여승 가선, 평양 기생 5명이 참형당했다. 그리고 뒤주 속에 있던 세자는 결국 8일 만인 윤5월 21일 숨을 거뒀다. 그날 영조의 전교다.

사도세자의 왕세자 휘지(徽旨). 사도세자가 대리청정 당시 명령을 내릴 때 사용했던 증표로 앞면에는 휘지, 뒷면에는 영조의 어압(御押)이 음각돼 있다. 1749년, 국립중앙박물관 소장

"어찌 30년에 가까운 부자간의 은의(恩義)를 생각하지 않겠는가? 세손의 마음을 생각하고 대신의 뜻을 헤아려 단지 그 호(號)를 회복하고, 겸해 시호를 사도세자(思悼世子)라 한다."

애도의 뜻을 담은 시호였다. 더불어 '수은묘(垂恩墓)'라는 묘호(墓號)도 내렸다.

◎ 부자를 갈라놓은 권력의 칼날, 태조와 태종

돌이켜보면 조선이라는 나라는 출발부터 아들이 아버지를 권좌에서 내쫓으면서 시작됐다고 해도 과언이 아니다. 흔히 1차 왕자의 난, 2차 왕자의 난이라는 표현을 쓰지만 사실 1398년(태조 7) 9월에 일어난 1차 왕자의 난은 세자 방석과 정안대군 이방원이 싸운 것이 아니라 아들 이방원이 아버지 이성계에 맞선 싸움이었다. 그 사건과 함께 이성계가 왕위에서 물러난 것만 봐도 이 점은 쉽게 확인된다.

이어 2차 왕자의 난까지 겪고 왕위에 오른 태종은 평생 불효의 문제에 시달려야 했다. 다만 태종은 선공후사(先公後私)의 논리를 바탕으로 하면서 아버지 태조 이성계가 죽는 그 순간까지 지극한 효를 다했다. 이성계가 그것을 마음속으로 받아들이느냐 하는 것은 별개의 문제였다. 허구와 사실이 섞인 함흥차사의 고사도 이런 맥락에서 나온 것이다. 태종이 겪어야 했던 불효자로서의 고심은 이성계가 어떻게 했는지를 보면 어느 정도 짐작해볼 수 있다.

마침내 태종이 형 정종을 왕위에서 내려오게 하고 자신이 왕위에 올랐을 때 누구보다 태종을 힘들게 했던 인물은 다름 아닌 아버지 이성계였다. 1401년(태종 1) 윤3월 1일 태상왕 이성계는 새 도읍인 한양으로 행차를 한다. 태종도 임진강까지 나가서 전송했다. 행차 목적은 흥천사에서 불사를 베풀기 위함이었다. 당시 이성계가 불사를 베풀던 인물들은 주로 태종에 의해 희생된 이방번 형제와 강씨 그리고 사위인 이제 등이었다. 태종에 대한 항의의 표시가 담겨 있었다.

윤3월 11일 태상왕은 개경으로 돌아오지 않고 금강산으로 행차했다. 그나마 나흘 후인 15일 삼군부 참판사 박자안과 첨서사 이첨이 명나라에서 돌아와 정종에서 태종으로의 선위를 명나라에서 승인했다는 기쁜 소식을 전했다.

4월 10일 태상왕은 고향 근처인 안변부에 머물고 있었다. 태종은 이날 도승지 박석명을 안변부로 보내 문안 인사를 올리도록 했다. 16일에는 상왕(정종)을 찾아뵙고 술을 마시고 있는데 박석명이 안변에서 돌아와 좋지 않은 소식을 전했다. 안변과 함주에 각각 정자(요즘식의 정자는 아니고 별궁에 가까운 것이다)를 지으라고 명했다며 "아무래도 오래 머무르실 뜻이 있으신 것 같습니다"고 말했다. 태종과 상왕은 눈물을 흘리며 자리를 파했다.

함흥차사란 조선 초 함흥으로 간 이성계를 모셔오기 위해 태종이 보낸 사신을 말한다. 이때 태종이 아버지의 노여움을 풀고자 함흥으로 여러 번 차사(差使)를 보냈지만 그때마다 이성계는 사신들을 잡아가두고 돌려보내지 않았다고 해서 생긴 말이다.

박석명의 말을 들은 태종은 바로 다음 날 모친상을 당해 관직에서 물러나 있던 창녕부원군 성석린을 태상왕의 행재소(行在所, 임시 거처)에 파견했다. 기록상으로는 첫 번째 함흥차사인 셈이다. 길을 떠나는 성석린에게 태종은 "태상왕께서 본래 경을 중하게 여기시니 경의 말은 반드시 따르실 것이다. 바라건대, 문안드린 끝에 은근한 말로 잘 아뢰어서 회가(回駕)하시게 하라"고 당부했다.

성석린이 떠난 지 열흘 후인 4월 26일 태상왕이 돌아오기로 했다는 희소식이 전해졌다. 성석린이 도착하자 태상왕은 기뻐하며 "일찍이 문안하는 자를 보아도 역시 기쁘지 않았었는데, 이제 경을 보니 반갑고 기쁘기 그지없다"며 반겼다. 이 말을 보면 성석린 이전에도 소위 함흥차사가 있었다는 것을 알 수 있다.

그리고 술이 얼근하게 취하자 성석린은 조심스럽게 개경으로 돌아갈 것을 아뢰었고 태상왕도 웃으며 답했다.

"경이 돌아가자고 청하기 전에 이미 나는 돌아가려고 작정하고 있었다. 경이 먼저 가라. 그러면 내가 뒤를 따르겠다."

"주상께서 날마다 돌아오시기를 바라고 있습니다."

"그렇다면 마땅히 경과 함께 돌아가겠다."

이날부터 태종은 태상왕을 맞이하기 위해 함흥에서 개경으로 들어오는 길목인 마이천에 나아가 임시 천막집을 짓고 기다렸다. 여기서 이틀을 기다렸고 4월 28일 종친과 대신들이 함께 기다리는 가운데 태상왕이 안변에서 돌아온다.

5월 28일 태종이 덕수궁에 머물던 태상왕을 찾아뵙자 태상왕은 곤란한 요구를 한다. 사실상 귀양살이를 하고 있던 회안대군 이방간을 개경으로 불러들이면 어떻겠냐는 것이었다. 이에 태종은 즉시 대답했다.

"저도 전부터 가지고 있던 마음입니다. 명대로 하겠습니다."

6월 4일 실제로 태종은 의정부에 명해 이방간을 불러들이라는 명을 내린다. 조정은 발칵 뒤집어졌다. 모든 신하들이 반대하고 나선 것이다. 삼사 영사 하륜, 좌정승 김사형, 우정승 이서 등 20여 명이 연명으로 불가론을 펼쳤다. 다음 날에는 의정부 판사 조준 등이 같은 내용의 상소를 올렸고 대사헌 유관은 한 술 더 떠서 이렇게 주장했다.

"지금 이방간이 머물고 있는 익주는 완산과 몹시 가까운데, 완산은 예로부터 군사와 말이 강력해 반란의 위험이 있으니 섬으로 옮겨 여생을 마치도록 해야 합니다."

실록에서는 "임금이 이럴까 저럴까 결단하지 못했는데, 정부와 백관들이 극력 불가하다고 말리어" 그대로 두게 했다고 적고 있다.

태상왕 이성계의 실망은 컸을 것이다. 다시 한 번 태종에 대한 배신감을 느꼈다.

'신하들 핑계로 나의 청을 거절하는구나!'

얼마 후 태상왕은 다시 금강산으로 갔다. 8월 21일 태상왕은 금강산 순행을 마치고 동북면(함흥)으로 가려고 했는데, 곧 명나라 사신이 들어오기 때문에 신하들이 행차 중지를 건의했고 이를 받아들여 이때는 개경으로 돌아왔다. 그러나 이미 마음은 태종으로부터 멀리 떠나 있었다.

11월 26일 태상왕 이성계는 한밤중에 아무도 모르게 소요산으로 갔다. 태종이 뒤늦게 이를 알고 전송하기 위해 달려갔지만 이미 출발한 뒤였다. 어쩌면 이때 태종은 자신을 외면하는 아버지에 대해 한없는 서운함을 느꼈는지도 모른다.

그 후 이성계는 소요산을 좋아해 계속 이곳에 머물렀다. 다음 해인 1402년(태종 2) 1월 8일 태종은 자신이 직접 가려다가 몸이 아파 지신사 박석명을 대신 보냈다. 박석명은 돌아와서 태상왕이 "이 절에 명사(名師)가 있으니 절 아래에다 집을 짓고 거처하고자 한다"고 전했다. 20일 후인 1월 28일 태종은 종친과 성석린 등 공신들을 대동하고 소요산을 찾아갔다. 술잔이 돌고 태상왕과 태종이 술이 거나하게 취해 시를 읊고 서로 화답했다. 종친과 성석린 등은 기회를 틈타 개경으로 돌아갈 것을 간곡하게 청하며 물었다.

"염불하고 불경을 읽는 일을 꼭 소요산에서만 해야 합니까?"

그러자 태상왕은 기다렸다는 듯이 답했다.

"그대들의 뜻은 내가 이미 알고 있다. 내가 부처를 좋아하는 것은 다름이 아니라 나의 두 아들과 한 사위를 위함이다."

그러고는 허공에 대고 큰 소리로 외쳤다.

"우리들도 이미 서방 정토로 향하고 있다!"

태종의 폐부를 찌르는 말이었다. 모두가 이미 죽은 목숨인데 왜 이리 아등바등하며 사느냐는 질책이기도 했다. 다음 날에도 연회가 열렸다. 태상왕이 일어나 춤추고 태종도 따라서 춤을 추었다. 그리고 태상왕은 소요산에 남고 나머지 일행은 다시 개경으로 돌아왔다. 3월 9일에는 태상왕이 소요산에 별전을 지었다. 그리고 태종은 다시 3월 19일부터 24일까지 소요산을 방문해 태상왕과 북방의 일도 의논하고 도중에 사냥을 하기도 했다. 4월 28일 잠시 한양을 방문했던 태상왕은 다시 5월 1일 소요산으로 돌아갔다.

11월 5일 대호군 안우세가 동북면에서 돌아와 급보를 전했다. 안변부사 조사의가 군사를 일으켰다는 것이다. 실록에는 조사의가 신덕왕후 강씨의 족속으로 '강씨의 원수를 갚기 위해' 반란이 시작됐다고 적고 있다. 그것은 사실상 이성계와도 연결된 거사였다. 초반 이들의 기세는 무서웠다. 순식간에 함경도 지방과 평안도 지방을 점령했다. 흥미로운 것은 그로부터 나흘 후인 11월 9일 태상왕이 반란의 본거지인 함주를 향해 출발했다는 것이다. 이 시점에 왜 이성계는 반란이 일어난 함주를 향해 떠난 것일까?

사실 조심스럽기는 하지만 이 무렵 태상왕 이성계의 행태를 면밀하게 관찰하면 약간은 정신이 나간 듯하다. 일종의 치매기가 있었던 것이 아닌가 생각된다. 고독함에서 오는 정신질환일 수도 있었다. 그래서 그 무렵에는 고기를 먹으면 다음 세상에서 머리 없는 곤충으로 태어난다며 고기 먹기를 거부하기도 하고, 자신을 부처님처럼 모신다면 태종을 용서하겠다는 등의 엉뚱한 소리를 해대기도 했다. 또 반란군을 어느 정도 제압해가던 12월 2일에는 평양에 머물면서 "왜 내가 동북면에 있을 때나 평양에 머물 때 사람을 보내지 않느냐? 태종이 나에게 안 좋은 감정이 있기 때문 아니냐?"며 떼를 쓰기도 한다. 이런 것으로 봐서 직접 반란을 지시했을 가능성은 별로 없지만 반란 소식을 듣고 뭔가 힘을 실어줄 요량으로 함흥으로 갔다가 다시 평양으로 이동했다고 봐야 한다. 이때 태조의 나이 이미 68세로 칠십을 바라보고 있었다.

이와 관련해 주목해야 할 중요한 기록이 실록에 있다. 12월 3일 태상왕을 모시는 승녕부 당상관인 정용수와 신효창이 순위부에 체포됐다. 죄목은 태상왕을 호종해 동북면에 들어가 조사의의 역모에 가담했다는 것이다. 이는 곧 태상왕의 뜻이기도 했을 것이다.

그러나 반란은 초반의 어려움을 딛고 뜻밖에 쉽게 진압할 수 있었다. 11월 11일에는 호군(護軍, 정4품 무관직) 송유가 명을 받고 함주에 이르렀다가 피살됐다. 11월 20일에 이천우가 조사의의 군사와 맞붙어 대패했고 아들 이밀과 10여 명이 겨우 포위망을 뚫고 살아왔다. 그런데 11월 27일 조사의의 군대는 다시 파견된 진압군의 규모에 놀라 스스로 궤멸하고 반란은 제압됐다. 12월 18일 체포된 조사의, 강현, 조홍(조사의의 아들), 홍순, 김자량, 박양, 이자분, 김승, 임서균, 문중첨, 한정 등은 모두 복주(伏誅)됐다.

◎ **효심이 깊었던 왕들, 세종과 문종과 세조**

그러나 태종은 세종으로부터 지극정성을 다하는 효도를 받았다. 세종은 흔히 효자의 상징처럼 여겨지는 전설의 순 임금에 못지않은 큰 효자였다. 세종이 세상을 떠났을 때 '해동의 요순'이라는 극찬을 받은 것도 이 같은 큰 효심과 무관하지 않다. 태종은 왕위를 세종에게 넘긴 직후 상왕으로 있으면서 세종의 처가인 심온 집안을 초토화시켰다. 그럼에도 불구하고 세종은 훗날 자신이 막강한 실권을 갖게 된 후에도 아버지의 뜻을 바꾸지 않았다. 그것은 단순한 효도를 넘어서서 아버지가 종묘사직의 번영을 위해 내린 결단이었다는 점을 세종 자신이 누구보다 잘 이해하고 있었기 때문이다.

세종의 뒤를 이어 왕위에 오른 문종은 비록 2년 3개월 정도밖에 재위하지 못했지만 이미 세자 시절 아버지의 배려로 국정에 참여했기 때문에 10년 정도는 왕권을 누렸다고 할 수 있다. 문종은 너무나도 위대한 아버지 세종에 가리기는 했지만 '작은 세종'으로 불릴 만큼 모든 면에서 아버지 세종의 뜻을 극진하게 따르는 효심을 보여주었다. 형제와의 우애는 각별했다. 그래서 《문종실록》은 그의 성품을 평하면서 "효도하고 우애를 지켰다〔孝友〕"고 말한다.

불운의 어린 군주 단종에 대해서 효를 논할 수는 없다. 이렇다 할 효심를 보여주기도 전 어린 나이로 작은 아버지에 의해 세상을 떠났기 때문이다. 장성한 삼촌과 어린 조카의 권력 싸움은 삼촌의 승리로 끝나는 게 동서고금의 상례다.

정란으로 왕위에 오른 세조는 개인적 차원에서는 아버지 세종에게 효성이 지극했던 인물이다. 특히 그는 어머니에 대한 효심이 각별했다. 친정이 몰락하는 참변을 당한 어머니 심씨를 위로해주는 것은 언제나 수양대군의 몫이었기 때문이다. 훈민정음 창제 이후 각종 불교 서적을 한글로 번역한 것도 어머니 심씨를 위한 것이었다. 그러나 그의 정권 찬탈은 사실상 공적으로 보자면 아버지의 뜻을 어긴 것이다.

◎ 폭정의 단서가 된 연산군의 불효

세조의 뒤를 예종이 잇고, 예종이 승하한 후에는 세조비였던 정희왕후와 한명회의 결탁에 의해 의경세자의 둘째 아들인 잘산군(훗날의 성종)이 왕위를 계승한다. 성종이 예종과 마찬가지로 한명회의 사위였기 때문이다.

성종의 재위 25년은 그저 무난했다. 비판적으로 보자면 왕권이 급속하게 약화됐고 신권이 지나치게 커진 기간이었다고도 할 수 있다. 성리학의 목소리가 어느 때보다 높아졌고 그에 비례해 신권도 강화됐다. 게다가 성종은 개인적인 처신의 미숙으로 폐비 윤씨를 살해함으로써 훗날 비극의 씨앗까지 뿌렸다.

그 때문인지 아들 연산군은 철저하게 반(反)성종의 길을 걷는다. 그것은 왕권 강화를 향한 길임과 동시에 아버지 성종에 대한 불효의 길이었다. 공식적으로 연산군이 친어머니 윤씨의 폐비 사건을 알게 된 것은 1495년(연산군 1) 3월 16일 성종의 묘지문을 읽고서였다고 한다. 그러나 이미 그전에 어떤 식으로건 연산군은 어머니의 이야기를 알고 있었을 것으로 보인다. 그렇지 않다면 아버지의 묘지문을 읽던 날 그냥 "수라를 들지 않다"는 정도의 반응에 그치기는 힘들었을 것이다.

아버지에 대한 연산군의 불효는 어머니 문제로 인해 이미 예정된 것이었다. 1488년(성종 19) 2월 6일 세자(훗날의 연산군)가 혼례를 올리자 4월 13일 성종은 영의정 윤필상 등을 비롯한 핵심 측근들에게 글을 내려 물었다.

"이제 폐비를 위해 예를 간략히 해서 제사를 지내려고 하는데 이렇게 하면 후일에 이의를 제기하는 자가 없지 않겠는가? 경들의 뜻에는 어떠한가?"

이후 1년 정도 논의를 거쳐 1489년(성종 20) 폐비 윤씨의 기일인 8월 15일부터 제사를 지내도록 했다. 단 칭호를 추증하는 것은 안 되며 '윤씨의 묘'라고 하되 제사의 격식은 명절에 한해 왕후에 준하는 예를 갖추도록 했다.

사실 그보다 3개월 전인 5월 16일 성종은 윤필상에게 비밀 편지를 보냈다. 거기에는 "지금 세자의 정리를 생각하면 어찌 측은하지 않겠는가? 지금 특별히 일정한 제사를 드려 자식의 심정을 위로해 영혼이 감응하게 하고자 한다. 그러나 비록 내가 죽은 뒤에라도 영원토록 바꾸지 말고 아비의 뜻을 지키게 하는 것이 어떻겠는가?"라고 되어 있었다. 문제는 맨 마지막 문장이다. 추후에라도 윤씨를 왕비로 추증하지는 말라는 뜻이다.

연산군이 적어도 이 선을 넘지 않는 정치를 했다면 우리의 역사는 전혀 다른 길로 왔을지 모른다. 그러나 연산군은 어머니에 대한 사정(私情)에 쏠려 윤씨를 제헌왕후로 추증함으로써 아버지의 뜻에 정면으로 맞선다. 이후 그가 벌인 폭정과 패륜은 어쩌면 이 같은 노골적인 불효에서 비롯된 것인지 모른다.

중종은 반정으로 왕위에 올랐다. 그의 치세는 대체적으로 무난했고 조광조와의 파워 게임에서 승리함으로써 왕권의 안정도 가져왔다. 아들 인종은 아버지의 죽음에 '과도한 슬픔'을 보이다가 8개월 만에 세상을 떠나고 왕위는 이복동생 적자 명종에게 넘어간다. 중종은 단경왕후 신씨와의 사이에는 자식이 없었고 장경황후 윤씨와의 사이에 1남(인종) 1녀가 있었으며 문정왕후 윤씨와의 사이에는 1남 4녀를 두었는데, 그 1남이 제13대 임금 명종이다. 명종의 효심은 주로 어머니 문정왕후를 향한 것이었다. 따라서 왕권 강화와는 상관이 없고 사실상 외삼촌 윤원형의 폭정 시대를 열었다는 점에서 효자라고 평하기는 곤란하다.

◎ 아들 살해를 방치한 인조, 공효와 사효가 충돌한 정조

1623년(광해군 15) 3월 인조는 서인들의 반정에 힘입어 왕위에 오른다. 그리고 선조와 인빈 김씨 사이에서 난 셋째 아들 정원군을 대원군이 아닌 원종으로 추존한다. 선조의 길이 아닌, 성종의 길을 따른 것이다. 인조는 두 차례 호란을 겪으면서도 왕위를 지키지만 청나라에 인질로 갔던 장남 소현세자의 살해를 방치하는 비정한 일을 저지른다.

결국 둘째 아들 봉림대군이 왕통을 이어받아 효종이 된다. 묘호에서 알 수 있듯 효종(孝宗)은 말 그대로 보아줄 만한 것이 효심밖에 없다는 뜻이기도 하다. 국정은 사실상 서인들의 수중에 놓이다시피 했다. 외아들 현종은 아버지의 뜻을 살펴 왕실의 강화를 시도한다. 그것은 예송논쟁과 관련해 서인들의 문제를 파고드는 것이었다. 그러나 갑작스런 죽음으로

정조의 〈화성능행도(華城陵幸圖)〉 중 〈낙남헌양로연도(洛南軒養老宴圖)〉. 정조가 사도세자의 무덤이 있는 화성에 행차해 낙남헌에서 영의정 홍낙성 등 능행에 수행한 노대신 15명과 수원부의 노인 총 384명에게 양로연을 베푸는 장면이다. 국립중앙박물관 소장

그 뜻은 아들 숙종에게 넘어간다. 숙종은 세 차례 환국 등을 통해 왕권을 반석 위에 올려놓았다. 그러나 그에게는 자식 운이 없었다. 인경왕후 김씨, 인현왕후 민씨, 인원왕후 김씨 등을 왕비로 맞았지만 아들을 얻지 못했고 결국은 희빈 장씨와 숙빈 최씨, 명빈 박씨에게서 각각 아들 하나씩을 얻게 된다. 그들이 경종, 연잉군(훗날의 영조), 연령군이다.

1720년(숙종 46) 숙종이 세상을 떠나자 경종이 33세의 나이로 왕위에 오르지만 독살설 논란 속에서 재위 4년 2개월 만에 세상을 떠난다. 게다가 단의왕후 심씨와 선의왕후 어씨 사이에 아들을 얻지 못해 왕위는 자연스럽게 세자가 아닌 세제 연잉군에게 넘어간다.

영조는 83세를 살면서 52년간 재위해 조선 최장수 임금의 기록을 세운다. 그러나 영조는 정성왕후 서씨와의 사이에 자식을 두지 못해 결국 후궁 자식 중에서 세자를 선택한다. 그것은 아마도 광해군을 마지막까지 세자로 정하지 못함으로 인해 조선 왕실이 겪어야 했던 비극을 피하기 위함이었을 것이다.

그러나 정빈 이씨와의 사이에서 난 효장세자는 얼마 후 세상을 떠나고 영빈 이씨와의 사이에서 난 장남을 세자로 봉하지만 결국 자기 손으로 뒤주 안에서 죽여야 했다. 그가 바로 사도세자다.

사도세자는 혜경궁 홍씨와의 사이에 2남 2녀를 두었다. 첫아들은 의소세손으로 봉해졌지만 어려서 세상을 떠났고 둘째가 마침내 조선의 제22대 국왕 정조가 되었다. 사도세자는 비극적으로 갔지만 그와 숙빈 임씨 사이에서 난 은언군의 손자가 훗날 임금에 올라 철종이 되었다.

정조의 즉위 일성은 "나는 사도세자의 아들이다"였다. 이는 법통으로 효장세자의 뒤를 잇도록 해놓은 영조의 유명(遺命)을 정면으로 어기는 것이다. 사적으로는 효를 다했지만 공적으로는 큰 불효를 저지르며 정조의 재위가 시작됐다. 그의 재위 24년이 순탄치 않았던 것도 정조가 숙명처럼 짊어져야 했던 공효(公孝)와 사효(私孝)의 충돌에 있었다.

정조와 효의왕후 김씨 사이에도 후사가 없어 결국 왕통은 수빈 박씨와의 사이에서 난 순조에게로 이어진다. 그러나 이때가 되면 안동 김씨의 파워가 왕실을 짓눌러 효(孝)는 왕통 계승에 아무런 역할을 하지 못하게 된다. 안동 김씨와 풍양 조씨의 뜻에 따라 왕통이 좌우됐기 때문이다.